선, 이야기로 읽는 선시의 향방

선설 선화
禪說 禪話

선, 이야기로 읽는 선시의 향방

선설 선화
禪 說　禪 話

송준영

Zen poetry and Zen stories

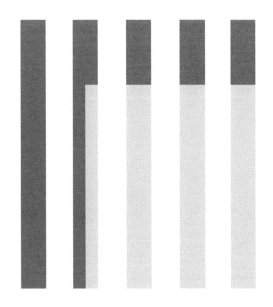

참사람의 진면목(眞面目)

　송준영 시인은 일찍이 조계종정 서옹문정(西翁門庭)에서 매두몰신(埋頭沒身) 대천상량(擡薦商量)하여 체대상승(遞代相承)하는 불조(佛祖)의 심인(心印)을 전수받은 분이다. 따라서 일촉파삼관(一鏃破三關), 선(禪)이라는 화살 하나로 교(敎)의 관문(關門), 선의 관문, 시의 관문을 투탈한 작가선장(作家禪匠)이다.

　우리 주변에 단 한 번의 첨풍발초(瞻風撥草)도 없이 혼륜탄조(渾崙吞棗) 불조의 언구를 여과 없이 받아들여 그 미묘한 뜻을 알지 못하면서 선시(禪詩)라는 이름으로 시를 발표하는 당주조한(噇酒糟漢)들이 많다. 이 당주조한들은 수성축색(隨聲逐色) 현상에만 사로잡혀 독자들의 눈을 멀게 할 뿐만 아니라 피가대쇄(披枷帶鎖) 자기 자신이 칼과 족쇄에 얽매여 있는 줄 모른다. 비록 얻은 바가 있다 해도 '나는 깨달았다 이것이 선시다' 하고 자임하면 자임 그것이 도리어 병이 되는 것 각즉빙생(覺則氷生) 물에 얼음이 생기는 것과 같은 것이다.

　송준영 이분의 시는 다 같은 언구를 사용해도 그 뜻은 범인의 그것과는 천지현격(天地懸隔) 그 경계가 다르다. 이분의 언구는 이분이 천각비공(穿却鼻孔) 스스로 코를 꿰어 끌고 귀원료성(歸源了性) 근원에 돌아가 본성을 보았을 때 터져 나온 이분의 화지일성(吳地一聲)에 연유한 이분만이 갖고 있는 독창적인 체명무진구(體明無盡句)이기 때문이다.

　그래서 이분의 시는 끝이 있어도 그 뜻은 끝이 없다. 새학전구(塞壑填溝) 곳곳에 두루하여 미치지 않은 곳이 없다. 그러나 그 어느 한 곳에도 언사형절(言思逈絶)의 세계 은밀전진(隱密全眞)의 세계만 비치게 할 뿐 진작 미친 곳이 없다. 사실상 이분의 시를 읽다 보면 극칙무로처(極則無路處) 그것이 궁극의 이치이면서 그것이 궁극의 이치라는 자취마저 없는 현묘(玄妙)한 몰종적(沒蹤跡)의 당처(當處)를 생각하게 한다. 소나기 지나가는 퇴산적악(堆山積嶽)의 한 회고목(寒灰枯木)의 울음소리가 들리는가 하면 시장 바닥의 홍파호묘(洪波浩渺) 큰 파도 흰 물결을 일으키는 동해이어(東海鯉魚)의 숨소리도 아득히 들린다.

　오늘 송준영 이분은 저잣거리에 손을 드리우고 있다. 성스러운 견해에도 머물지 않고 범속한 생각에서도 벗어나 책을 만들고 시를 쓰고 있다. 이것이 홍란저인(紅爛底人)의 참사람의 진면목(眞面目)이 아닌가.

　　검인상주(劍刃上走) 칼날 위를 달리는 이여
　　대용현전(大用現前)에 부존궤칙(不存軌則)이로다.

　　　　　　　　　　　　　　　　於 庚寅年 夏安居 解制日
　　　　　　　　　　　　　　　　雪嶽 조오현

■ *序* 참사람의 진면목(眞面目) _조오현 5

제1부 선시의 원류

제2부 혜각신미의 법맥과 훈민정음에 끼친 영향

한국의 선불교 전래

제3부 현대선시의 향방

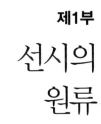

제1부

선시의
원류

선의 원천회귀성
─『육조단경』과 선종 4구게

1. 전문

　모든 앎을 떨친 이들이 있어 우리가 생각하지 못하는 곳으로부터 홀연히 나타난다. 혜능(慧能, 638~713), 그는 중국이 배출한 노자, 공자, 장자, 맹자에 버금가는 천재다. 사후 제자들에 의해 수집하고 기록되어 인쇄한 그의 어록과 상당법문, 법거량은 중국의 유구한 역사상 나타난 수많은 저술 가운데 우뚝하다. 흔히 불교의 대장경은 붓다의 말씀인 경, 율법인 율, 뛰어난 스승에 의해 해설된 논인 삼장과 어록 등으로 집대성된다. 그러나 석가모니의 말씀이 아닌 것으로 제목에 경이라고 붙은 책으로는 유일하게 그의 사상의 기록인 『법보단경(法寶壇經)』이 있을 뿐이다. 이 작은 책자는 『금강경』이나 『묘법연화경』, 『화엄경』과 같은 빼어난 경들과 어깨를 나란히 하며 영향면, 품격면에서도 뒤지지 않는 것으로 후세 학자들은 말한다.

　이 『법보단경』에서 위의 선시 두 편은 가장 우리를 저 숨 막히는 세계로 틈입시키는 것이다. 단경, 즉 『육조단경』은 논리적이고 체계적인 논서가 아니다. 깨달음으로 내달은 한 참사람의 외침이며 감격과 감동으로 가득 찬 빛의 잔치와 같다. 이 반야의 맛을 한 번이라도 본 사람이면 누구나 우리의 깊은 곳에 묻혀 있는 본성을 보게 될 것이다. 사는 동안 끊임없이 용솟음치는 반야의 샘물을 마시며 청량한 솔바람이 코끝을 흔들 것이고, 늘 싱싱하고 감미로운 삶 속에 저밀 것이다.

이것은 본 논고의 주제인 선의 원천회귀성은, 우리가 바탕으로 가지고 있는 오랜 관습과 전통의 해체, 곧 근원적인 슬기를 빼앗는 적기(賊機)의 상태를 말하며, 이 적기는 선에서 이르는 깨달음 즉, 견성(見性)을 안내하는 길이며, 아니 바로 적기가 견성이다. 오늘날과 같은 선의 본류인 선종의 집단은 혜능을 중시조로 하여 발달되었고, 선종의 오가칠종(五家七宗)은 모두 혜능의 아손(兒孫)들이다. 따라서 선의 깨달음을 조명하고자 할 때는 자연 혜능의 말씀의 묶음인『법보단경』을 살펴야 할 것이다. 또 선가의 좌우명으로 내려오는 4구게와 이 단경과 배대(配對)하여 그 원천을 살피는 것이 무엇보다도 중요하다. 이 소고에서는 선가의 4구게인 '문자를 세우지 않고(不立文字)/가르침 밖에 따로 전하며(敎外別傳)/사람의 마음을 곧 바로 가리키니(直指人心)/자성을 보고 부처를 이룬다(見性成佛)'와 혜능의 단상의 말씀인『육조단경』을 낱낱이 검토하여 서로 배대시켜봄으로, 그 선의 근원이 혜능의 돈오(頓悟)에 있음을 문증하고, 그 이후 선학의 황금시대를 이룬 선종의 오가칠종의 근본 포인트인 4구게 역시 혜능의 견성성불(見性成佛)인 돈오와 다름이 아님을 밝히고자 한다.

6조 혜능. 석가모니의 선의 등불을 이은 마하가섭(摩訶迦葉)을 1대로 하여 28대에 이르러 달마(達摩)가 중국으로 건너 중국 선종의 씨앗을 뿌린다. 다시 달마를 초조로 하여 2조 혜가(二祖慧可), 3조 승찬(三祖僧璨), 4조 도신(四祖道信), 5조 홍인(五祖弘忍)을 잇는 선의 여섯 번째 조사 혜능이란 뜻이다.

2. 기원으로 거슬러 올라간 선시의 이해

1) 신수와 혜능

身是菩提樹	몸은 보리수
心如明鏡臺	마음은 명경대
時時勤拂拭	때때로 부지런히 털고 닦아
莫遣有塵埃	티끌 끼지 않도록 하라

— 대통신수

菩提本無樹	깨달음에 본래 나무 없고
明鏡亦非臺	거울 역시 대가 아니니
本來無一物	본래 한 물건도 없는데
何處惹塵埃	어디에 먼지 일어나리오[1]

— 6조 혜능

위의 시는 선시의 기원을 이야기할 때 모두를 장식하는 게송이다. 그리고 초기 선종의 기원에 속하는 북종선과 남종선을 가름하는 노래다.

신수(神秀, 605~706)의 시는 만법이 실재하고 일체 상이 비어 있지 않기에 우리의 몸은 성불할 수 있다, 또 마음은 거울같이 맑고 고요하지만 온갖 상념에 사로잡혀 오염되었으므로 닦고 털고 티끌이 끼지 않도록 하면 근원이 드러난다고 노래했다. 그러므로 '늘 부지런히 수도하여 마음에 때가 끼지 않도록 하라'는 내용이다. 그러나 혜능(慧能, 638~713)의 자성게는 일체 만상은 모두 비어 있음을 갈파한다. 불법의 본체는 본래 보리가 아니며 청정과 오염이라는 양변의 견해는 깨달음이 아니다. 따라서 모든 것이 허상이며 가유(假有)인 까닭에 "깨달음에 본래 나무가 없고 거울 역시 대가 아니다." 이러한 절대

---

1) 신수와 혜능의 시법시와 선화는 『경덕전등록』 권3과 『조당집』 권2와 『법보단경』 「오법전의」 제1에 기록되었다.

현재 참사람에 이르면 수행도 없다. 수행이 없으니 따로 먼지와 때를 닦을 필요가 당연 없지 않은가. 그런 까닭에 "본래 한 물건도 없는데 어디에 먼지 일어나리오"라고 노래한다.

곧 신수의 게송에서 "신시보리수(身是菩提樹)"라는 말은 '마음과 색을 모두 여의면 아무것도 없다'라는 의미고, "심여명경대(心如明鏡臺)"라는 말은 '청정한 마음은 거울과 같아서 만상이 나타나지만 물든 적이 없다'라는 말과 같다. 이것은 수양을 함으로 점차 깨달음을 이룬다는 점수사상이어서 신수는 점수를 주장하였다 하여 북부지방에 세력이 분포되어 북점(北漸)이라 한다. 그러나 혜능은 "보리본무수 명경역비대"(菩提本無樹 明鏡亦非臺)에서 읽히는 것 같이 '보리란 나무가 본래 없고 명경은 또한 대가 아니다'란 의미는 '보리는 이름이고 거울 역시 그 이름이 명경일 뿐'이며 마음이 참으로 돌아가면 만법이 모두 비어 있음을 노래한다. 이런 경지에 이르면 무사한지(無事閑地)이며 무위진인(無位眞人)이어서 수행하는 경지가 아니다. 신수와 혜능의 깨달음의 경지가 자연 드러난다. 이로써 혜능이 남쪽에서 교화를 했으므로 남돈(南頓)이라 칭한다.

이 두 게송은 경지의 깊고 옅음이 있으나 모두 심오한 선리를 담고 있다. 또 선과 시가 융합되어 아시아 한자권 시문학에 지대한 영향을 준 진정한 의미의 선시의 출발점이다. 선과 시는 종교와 문학의 서로 다른 영역에 속하여 그 성질면에서는 융화될 수 없지만 앞의 시에서 보듯이 선사들은 깨침의 경지를 시로 표현한다. 이것은 시와 선의 서로 상보적 발달을 보며 선사들은 시에다가 선리를 담고, 시인들은 선리와 선취를 시에 받아들이고 선리로 시작 이론을 세웠다.

2) 선시의 배경

일직이 아버지를 여의고 홀어머니 슬하에서 자란 혜능은 638년에 광동성 영남에서 태어났다. 성은 노씨고 이름은 능이다. 어려서 가족은 모두 남해로 이사를 했고, 너무 가난하여 글자를 깨칠 기회조차 없었던 그는 청년시절 시장에다 땔나무를 팔아 어머니와 생계를 꾸렸다.

어느 날 장작을 팔고 돈을 받아 나올 때 우연히 어떤 사람이 읽는 『금강경』 독경소리 "머무는 바 없이 마음이 난다"(應無所住 而生其心)를 듣고 바로 그 글 뜻을 알았으며, 엄습하는 황홀함과 빛남에 가득 찬 혜능은 이 경전의 말씀을 베푸는 곳이 하북 황매산 5조 홍인임을 알게 된다.

많은 일들은 필연을 동반한 우연으로 나타난다. 중국 역사상 지대한 영향을 준 몇몇 천재들 가운데 한 사람인 혜능 역시 우연의 일치로 멀리 하북 황매현 빙무산(별칭 동산)을 찾아 들게 된다. 홍인(弘忍, 601~678)은 그를 보자

"그대는 어디서 왔는가, 무엇을 원하는가?" 물었다.
"제자는 영남 신주에 사는 백성입니다. 스님께 이렇게 참배 드림은 오직 부처 되기를 원할 뿐입니다." 홍인은 투박하며 진솔한 참배자에 마음이 움직여 짐짓 떠보는 말로 묻는다.
"그대는 영남사람이니 오랑캐로군. 그런 주제에 어떻게 부처가 된다는 말인가?"
이 핀잔에 대하여 혜능은 침착하며 알맞은 대답을 드린다.
"사람에게는 남북이 있겠습니다만 불성에 어찌 남북이 있겠습니까? 이 오랑캐와 스님이 어찌 같겠습니까마는 불성에야 무슨 차별이 있겠습니까?"
— 탄허, 『육조법보단경』 「오법전의」 제1, 영은사, 1959.

홍인은 이 사람이 다듬어지지는 않았으나 근기가 **빼어난** 사람임을 발견한다. 그러나 주위의 시선을 두려워하게 된다. 이것은 큰 스승이 하찮은 사람의 자질을 인정하는 친절에 대해 얼마든지 다른 생각을 가질 수 있다는 것으로

이해가 된다. 홍인은 이들의 시선을 피하기 위해 또 혜능의 본성을 담금질하기 위해 방앗간 일을 하도록 한다. 그러나 스님의 간절 노파심을 모르는 혜능은 말을 이었다.

"스님, 저는 자기 마음이 항상 지혜를 내어서 자성自性을 여의지 않는 게, 복전(福田)이라 알고 있습니다. 그런데 어떤 일을 다시 하라 이르십니까?"
"이 오랑캐가 근성이 너무 날카롭구나. 더 이상 말 마라."

여덟 달이 지난 어느 날, 조사께서 방앗간에 잠시 들렀다.

"내 자네의 견해를 인정하지, 단지 혹 그렇지 못한 무리들이 자네를 시샘할까 염려되어 말을 멈춘 게지. 알고 있는가?"
"예, 저도 스님의 뜻을 짐작합니다. 그래서 스님 앞에 서지 않으므로 다른 이들이 눈치 채지 않도록 주의하고 있습니다."

그 후 어느 날, 홍인은 법통을 전승시킬 때가 되었음을 알고 산중 모든 대중을 모아놓고 다음과 같이 말했다.

"세상 사람들은 삶과 죽음의 문제가 가장 큰 중요한 문제다. 그런데 너희들은 종일토록 다만 복전만 구하고 생과 사의 고달픈 바다에서는 벗어나려는 생각이 없는 것 같다. 자성이 미혹 하다면 복을 가지고 어떻게 생사를 벗어날 것이라 생각하는가. 너희는 각각의 지혜를 스스로 살펴 자기 본심인 반야의 성품으로 게송을 하나씩 지어 나에게 가져오너라. 만일 큰 뜻을 깨친 사람이 있으면 법과 옷을 전하여 제 6대조를 삼을 것이다. 지체하지 마라. 생각으로 헤아린다면 핵심을 놓칠 것이고 견성한 사람은 말 아래에 모름지기 볼 것이니, 이런 사람은 칼싸움 하는 진중에도 볼 수 있다.

모든 제자들은 분부에 따라 각기 방으로 물러갔다. 그들은 서로 말을 나누었다. 우리 모두 게를 지어 바칠 필요가 없다. 현재 신수상좌는 우리들의 교수사이니 틀림없이 그분이 받을 것이 아닌가. 쓸데없이 게송을 짓는다는 것은 주제넘은 일이다. 신수는 대중에게 존경을 받는 아주 정신적 깊이가 있고 진정한 믿음과 겸손을 지닌 사람이었다. 그래서 신수는 대중이 아무도 게송을 지어 조사께 바치지 않으리라는 것을 알고, 법과 옷을 받으려 함이 아니라 스승의 분부를 받드는 의미로 게송 하나를 지어야 했다.

"내가 게송을 바치려는 뜻이 법을 구한다면 옳은 일이지만 조사의 직위를 구하는데 있다면 옳지 않은 일이다. 이것은 범부가 성인의 지위를 빼앗으려는 생각과 무엇이 다르랴. 그러나 만약 게송을 바치지 않으면 결국 법을 얻지 못하니, 참으로 어렵고 난처하구나."

위의 말에서 신수의 겸허한 마음과 진실함이 그대로 전해온다. 이것은 후대에 가필됨이 아니라 이 이야기를 한 사람이나 기록한 사람이 혜능 자신이거나 혜능 문도임을 감안할 때, 신수의 인격을 명확히 알 수 있는 구절이라 할 것이다. 또 남종 돈오니 북종 점수니 하여 상호 공박함은 신수나 혜능의 다툼에서 기인한 것이 아님을 알 수 있다.

신수는 앞의 게송을 조사 스님이 보고 판단하도록 복도의 벽에 붙였다. 단경에는 이때 상황을 4일간 14번이나 게송을 바치려 하나 심중이 황홀하고 온몸에 땀이 흘러 어쩔 수 없이 벽에 붙임을 기록하고 있다. 이에 5조께서 보시고 신수가 깨닫지 못함을 알고도 여러 제자들에게 이 게송을 암기해서 따르면 악도(惡道)에 떨어지지 않을 것이라고 칭찬하였다. 그러나 조사는 그날 저녁 삼경에 신수를 가만히 불러들였다.

"자네가 지은 게송을 보니 자네는 아직 견성하지 못하였네. 다만 문턱에 이르렀을 뿐이야. 문 안에는 들지 못하였네. 이런 견해로는 무상보리를 찾는다면 끝내는 얻기 어렵지. 무상보리는 언하에 자기 본심을 깨달아야 하며 직관에 의해 자기 본성을 보아야 하네. 나지도 않고 없어지지도 아니하여 어느 때나 모든 사변을 능가하여 만법에 막힘이 없음을 스스로 보아야 하네. 그러면 하나의 진리가 참됨으로 일체가 참되는 것일세. 이러한 만 가지 경계가 스스로 여여(如如)함을 보니, 이러한 통찰은 곧 무상보리인 자성이네."

그러고는 하루 이틀 더 생각하여 다시 게송을 지어 보여 달라 하였다. 그러나 신수는 마음의 안정을 찾지 못하고 혼미함으로 휩싸였다. 아무런 게송도 지을 수 없었다.

그즈음 한 동자가 방앗간을 지나며 신수의 게송을 외우는데 혜능이 한번 듣고 이 게송이 본성을 보지 못하였음을 알았다. 그래서 혜능은 동자에게 지금 외우고 있는 게송이 누구의 게송이냐고 물었다. 이에 동자가 핀잔을 주며 이즘 일어난 일을 자세히 이야기해주었다. 혜능은 동자에게 자기도 게송이 붙은 당전으로 가서 예배를 드리고 싶으니 인도하여달라고 간청하여 그곳에 이르러 동자에게 그 게송을 읽어달라고 다시 부탁하였다. 마침 지방관리의 예방이 있어 이 말을 듣고 곧 게송을 큰 소리로 읊었다. 낭송을 들은 혜능은 자기도 게송을 짓겠으니 대신 그것을 기록해줄 것을 청하였다.

"뭐, 오랑캐가 게송을 짓다니, 별 희한한 일도 다 있군!"
"무상보리를 배우고자 하면 처음 배우는 자를 너무 가벼이 여기지 마십시오. 형편없는 사람(下下人)도 상상(上上)의 지혜가 있고 상상인에게도 얼빠진 지혜(沒意智)가 있는 법입니다. 사람을 경멸하는 것은 한량없고 가없는 죄가 되는 줄 아십시오."

이렇게 하여 씌어진 게송이 앞의 혜능의 자성게이다.
5조께서는 혜능을 밤 삼경에 불러 『금강경』을 설하여주었다. "마땅히 머문 바 없이 그 마음이 난다(應無所住 而生其心)"에서 언하에 크게 깨달음을 얻어 일체 만법이 자성을 여의지 않았음을 체득하였다. 혜능은 희열로 충만한 나머지 무아지경에서 다음과 같은 말씀을 올렸다.

何期自性 本自淸淨
何期自性 本不生滅
何期自性 本自具足
何期自性 本無動搖
何期自性 能生萬法

자성이 본래 청정한 줄 내 어찌 알았으리오!
자성이 본래 생멸 없음을 내 어찌 생각했으리오!
자성이 본래 스스로 모두 갖추었음을 내 어찌 기대하였으리오!
자성이 본래 동요 없음을 내 어찌 예측했으리오!
자성이 그 자체로 능히 만법을 냄을 내 어찌 알았으리오!

　　5조께서 본성 깨달음을 알고, '그대는 대장부요, 하늘과 사람의 스승인 부처
가 되었다(不識本心 學法無益 若識自本心 見自本性 天人師 佛 世尊)'고 말씀하셨
다.

– 탄허, 『육조단경』 「오법전의」, 영은사, 24~25쪽.

　　이로써 점차적인 수양을 통하여 깨달음을 얻는 북종선 점오사상과 단박에
깨달음을 이루는 남종선 돈오사상이 동아시아의 사상논쟁과 그에 따른 무수
한 선시를 낳게 되는 출발점이 된다. 이때 혜능의 나이 약관 23세였고, 출가
전 속인의 신분이었다.

　　여기에 후학 납자들이 6조가 의발을 전수 받은 이야기를 공안으로 삼은 많
은 게송이 있다. 그 중 두 수만 음미하자.

　㉮
六祖當年不丈夫　　　6조는 그때 장부답지 못했네
倩人書壁自糊塗　　　남의 손으로 벽에 글을 붙여 스스로 속임수 썼지
明明有偈言無物　　　게송엔 분명 본래 한 물건도 없다고 말하고는

却受他家一鉢盂　　　　　오히려 다른 이에게 의발을 전수받았네[2]

— 조인명

㉯

黃梅席上數如麻　　　　황매회상 수많은 스님 가운데
句裡呈機事可嗟　　　　혜능의 언구에 선기 드러나니, 슬프다
直是本來無一物　　　　직시하면 본래 한 물건도 없는데
靑天白日被雲遮　　　　청천백일이 구름에 가리듯 하여라

— 서탑

㉮의 게송에서 1행과 2행은 아이러니, 즉 반어법을 쓰고 있다. 역설법이다. 유머로 눙치는 조인 선사의 안목이 재미있다. 이 역사적 사실이 본래 조사의 뜻과 상반되지 않느냐 하는 것은 '정말 장부의 면목을 드러내었고, 당당한 일이다' 하는 의미다. 또 3행에선 앞의 혜능의 게송 3행이 본래무일물(本來無一物)이라 해놓고는 오히려 의발을 전수받았다. 역시 적기수사법(賊機修辭法)이다. 그러나 실제는 게송으로 수승한 경지를 표현하여 스승으로부터 인가(認可)를 받을 수 있었음을 잔양하는 시다.

㉯의 게송은 황매(5조의 별칭)의 문하에 무수한 일급 수자들 가운데 "본래무일물"을 읊은 것 자체가 없는 절대 경지를 드러내는 것이니, 가만히 놔두면 청천백일인데 다시 구름을 가리는구나'로 읽힌다. 서탑의 이 게송은 혜능의 무상게를 더 깊숙한 데로 몰고 가고 있어 묘미가 한껏 돋보이는 시다.

『선문염송(禪門拈頌)』 제4권에 의발 전수를 두고 읊은 재미있는 선화와 게송이 있다. 그 가운데 1수만 음미해보자.

6조에게 한 중이 물었다.

---

2) 두송백, 『선과시』 박완식·손대각 역, 민족사, 2000, 55~56쪽. ㉮와 ㉯의 게송 재인용.

"황매의 참 뜻은 누가 받았습니까?"(黃梅意旨 什麼人得)

"불법을 아는 이가 얻었지."(會不法人得)

"스님께서 얻었습니까?"

"나는 얻지 못했네."

"스님께서는 어째서 얻지 못했습니까?"

"나는 불법을 알지 못한다."(我不會佛法)

斬釘截鐵大巧若拙	못 끊고 쇠 자르니 큰 재주는 도리어 바보와 같다
一句單提不會佛法	한마디로 한 사람에게 전하니 불법을 알지 못하네
儘他葉落花開	제멋대로 잎이 지고 꽃이 피나니
不問春寒秋熱	봄가을의 춥고 더움을 묻지 않으리
別別	다르다 다르다
萬古碧潭空界月	만고의 푸른 못엔 하늘의 달이니라

— 원오근, 『선문염송』 112칙 「황매」

황매는 5조 홍인의 별칭이다. 황매현에 황매산과 쌍봉산 빙무산에 있는데, 쌍봉산에서 4조 도신이, 동에 있는 빙무산엔 5조 홍인이 회상을 펴서 널리 중생을 제도함으로써 동산법문이라는 이름을 얻는다. 그 회상의 당시 새로운 선풍을 동산법문이라 함도 빙무산이 동쪽에 위치해 있음으로 나온 이름이다. 6조가 의발을 전수받았음은 곧 불법을 알았기에 전수받았음이 분명한데, 위 이야기의 언표는 '불법을 모르기 때문에 5조의 참뜻을 받지 못하였다'로 읽게 된다. 역시 아이러니 기법에 의한 의미 전달이다. 그리고 불법을 안다는 것은 알지 못함에 있다.

그래서 『반야심경』에서는 "반야라는 것도 거기 없으며 깨달았다는 것도 없고 또한 깨닫지 못했다는 그런 생각조차 없다(無智亦無得)"라고 직설한다. 그리고 『벽암록』에는 절대진리를 묻는 사람에게 이렇게 말한다. "여러분, 말후구를 알고 싶은가? 단지 노호가 아는 것은 허락하지만, 노호가 만남은 허락하지 않는다(諸人 要會末後句麼 只許老胡知 不許老胡會)." 여기서 『반야심경』의 말씀이나 『벽암록』의 선구를 명확히 읽는다는 것은 위의 게송을 이해하는 것이 되니 철저히 분석해보자. "무지역무득"은 반야심경 가운데 가장 핵심이 된다. 여기서 지(智)란 산스크리트어로 jñāna인데, 이것은 주관과 객관이 대립에서 벗어나 사물을 투시할 수 있는 직관지(直觀智)다. 반야(般若, prajña)는 지(智)에서 한층 심화된 근본지(根本智)를 말한다. 주관과 객관이 완전히 허물어진, '자/타', '능/소', '주/객'이 미분화되기 전의 둘이 아닌 절대경지, 최상의 경지를 말한다.

진리의 세계인 둘이 아닌 지혜, 바로 『반야심경』에서 말하는 "색즉시공(色卽是空) 공즉시색(空卽是色)"의 지혜를 일컫는다. 이 구경의 진리는 보는 자와 보여지는 자가 녹아서 허물어졌으므로 무엇을 판단하는 가장 날카로운 직관지마저 있지 않다. 이곳은 진리의 당처(當處)이므로 주관적 인식과 객관적 인식의 대상이 없으며, 있다면 이는 이미 상대적 대립의 세계지 절대무이(絶代無二)의 세계가 아니다. 여기서 알았다면 못 알았을 것이고 얻었다면 이미 분리되므로 다른 것을 얻었을 뿐이다.

다음 노호(老胡)는 딜마의 별칭이다. 늙은 오랑캐, 반어적으로 존경을 표현한 것이다. 또 달마(dharma)는 산스크리트어로 진리나 법이니 다의적인 의미로 쓰이고 있다. 곧 노호는 절대무이인 진리 당처를 지칭한다. 곧 실상의 당처를 앎으로 받아들이는 차원은 이야기되고 가능하다 할 수 있지만 그 자리, '바로 그곳에 만났다[領會]'고 감지했을 때는 이미 다른 것일 수밖에 없다는 이 당처, 본래면목(本來面目)의 인식방법에 대하여 이렇게밖에 할 수 없음을 말하는 것이다.

이 지루한 해설을 꼼꼼히 챙긴 분들은 위 게송의 요체를 간파했을 것이다.

위의 게송은 선문 제일서라는 『벽암록』을 편찬한 원오 극근의 시다. 이취(理趣)와 선지(禪旨)가 물씬 풍기는 게송이다. 1행과 2행에서는 '뛰어난 견해를 가진 대중이 무수히 많지만 오직 불법을 혜능에게만 전한다고 했는데, 그 이유는 불법을 모르기 때문이다'라고 적고 있다. 진리의 당처인 본래면목을 영회하는 표현법을 쓰고 있다. 3행과 4행의 "제멋대로 잎이 지고 꽃이 피나니/봄가을의 춥고 더움을 묻지 않으리."는 불법의 운행을 말한 것이다. 여기서 우리는 불법(佛法)이 불법(不法)임을 파악해야 한다. 자, 여기서는 부지불식간에 피고 지는 만물, 봄이다 가을이다를 잊는, 함이 없는[無功用] 삶. 이것은 일체 만물, 불법, 구경의 당처인 본래면목을 인식하지 못한 가운데 영회하여 그래저래 산다는 의미이다. 왜냐? 바로 선화에서와 같이 "나는 불법을 알지 못하기(我不會佛法)" 때문이다. 마지막 행인 "별별, 만고벽담공계월(別別 萬古 碧潭空界月)"에서 '다르다 다르다'는 세계가 숨기고 있는 진면목에 대한 계합(契合)이니, 이 당처는 그저 놀랍고 놀라울 뿐이다. 그럼 놀라움을 알고자 하는가? '만고의 푸른 못, 하늘엔 달. 달 속에 갇힌 푸른 못'이다. 라고 형상화한다. 이 형상화는 서구적 수사법에서 말하는 상징법이 아니고, 일체 두두물물이 나와 둘이 아닌 적기수사법에 의한 선시의 무한실상이다.

위의 게송들은 중국 명대의 시론가 서정경(徐禎卿)이 『담예록(談藝錄)』에서 시와 선이 합해질 수 있는 이유를 밝힌 논지와 부합된다.

　　이치를 대략 말하지 않고 사물의 상태를 형상화하여 이치를 밝히며, 도를 헛되이 말하지 않고 그 그릇의 쓰임(器用)을 묘사하여 도를 싣는다.

이를테면 신수의 시에서 '몸을 보리수, 마음을 명경대'에 가탁하여 표현한 것과 혜능의 "본래무일물 하처약진애(本來無一物 何處若塵埃)"는 자취 없음을 드러내어 눈에 보이듯 두두물물의 실상을 그리고 있고, 조인의 시나 서탑의 시 역시 아이러니 기법을 사용하여 표현상 긴장과 부조화를 주어 독자를 그윽한 적기(賊機)의 곳으로 몰아가고 있으며, 원오 역시 개념이나 추상, 이해를 사물, 그 당처가 둘이 아님을, 실상(實相)을 그대로를 드러내고 있다. 용과 기린. 또 잎과 꽃. 못, 하늘, 달과 같은 사물로 나타냄이 바로 이원론적인 상징이 아니고, 선가에서 보는 불이(不二)의 무한실상(無限實相)이다.

사실 선은 그 정점이 실생활 자체를 여과 없이 보여줄 뿐 아니라, 여과 없다는 그 자체를 말한다. 그래서 선시의 이해는 그 변두리에 있다고 판단되는 선화(禪話) 속이 바로 요체다. 마치 『금강경』이 서양에 처음 전해져 번역되었을 때, 심오하며 철학적이고 종교적인 교리로만 가득 차 있지 않고 왜? 짧고 중요한 경문에 '밥을 빌러 가고 밥을 나누어 먹고 발을 닦고 똑바로 앉고' 같은 일상사가 기록되었는지 납득을 못한 것과 같은 이치라 하겠다.

3. 혜능의 돈오법문

혜능의 가르침은 『단경』 한 권에 집약된다. 그의 가르침을 한마디로 말할 것 같으면 돈오법문(頓悟法門)이다. 돈오법문을 가장 알맞고 명료하게 요약한 4구게(四句偈)가 있다. 물론 혜능 당대에 지어진 것은 아니고 그의 후손들의 손으로 이루어진 것이지만, 이 4구게는 선종의 특질을 가장 간단명료하게 드러낼 뿐 아니라 혜능의 사상을 가장 극명하게 나타낸 선시다.

不立文字	문자를 세우지 않고
敎外別傳	가르침 밖에 따로 전하며
直指人心	사람의 마음을 곧 바로 가리키니
見性成佛	자성을 보고 부처를 이룬다

위의 4구게를 혜능의 『단경』과 하나하나 배대하여 보면, 이후에 나타나는 선종의 일체 가풍이 혜능의 돈오법문에 근거를 두고 있음을 알 수 있다.

1) 문자에 매이지 않는다(不立文字)

역사상 불립문자(不立文字)만큼 많은 오독을 일으켜온 문구는 없을 것이다. 여기서 문제가 되는 '입(立)'은 세운다, 정립한다는 뜻이다. 불립문자의 전체적 이해는 언어나 문자에 매달리지 않아야 하며, 단지 불립문자란 자구에 집착하여 고지식하게 문자를 사용하지 않는 것에만 매어달리는 편집된 생각의 노예가 되지 말 것을 당부하였다.

> 만일 완전히 공에 집착하면 곧 무명을 기르는 것입니다. 공을 집착하는 사람은 경전을 비방하면서 바로 문자를 쓰지 않는다고 말하지만, 이미 문자를 쓰지 않는다 할진대, 사람과 말하는 것도 합당하지 않다고 하겠으나, 이 말, 또한 문자의 형상입니다.
>
> —『육조단경』 제9, 「법문대시」

이어서 글자 그대로 '문자를 세우지 않음(不立文字)'에 집착하는 사람들에 대하여 다음과 같이 말하였다.

> 또 말하되 곧은 도는 문자를 세우지 않는다(不立文字) 하지만, 곧 이 불립(不立)의 두 글자도 또한 문자의 형상임을 어찌하겠습니까? 이런 사람은 남이 말하는 것을 보고, 곧 비방하면서 문자에 집착했다 합니다. 여러분들은 반드시 알아야 합니다. 스스로 미혹한 것이 오히려 옳은 것이지, 어찌 부처님 경전을 비방할 것이겠습니까.

여기서 우리가 읽을 수 있는 것은 불립문자에 대한 6조의 견해다. 불립문자란 문자를 사용하지 않음이 아니라 문자에 대한 집착이 없어야 함을 말한다. 그럼 어떻게 하여야 문자를 사용하되 집착하지 않고 사용하는 것이 되는가 하는 것이 문제이다. 바로 문자를 쓰되 적합하게 매어달리지 않고 사용할 수 있을까. 이것은 지혜와 관계가 있다. 반야바라밀다, 곧 지혜의 완성은 중도이고 견성(見性)이다. 자성(自性)을 본 사람은 지혜를 완성한 사람이어서 모든 사물에 자연 응답을 하며, 또한 응답을 할 줄 안다. 6조는 『단경』「전향참회」에서 '스스로 미망을 제거하여 안과 밖이 밝게 관철'(內外明徹)되면 자성 가운데 만법이 모두 나타난다. 견성한 사람도 이와 같다(自除迷妄 內外明徹 於自性中 萬法皆現 見性之人 亦復如是)'고 설한다. 그리고 「남돈북점」 제7에서는 견성한 사람은 자성을 여의지 않고 모든 일을 자성 위에서 행하며 또 정신의 자유로움이 만끽함을 설한다.

> 견성한 사람은 세워야(立) 할지 세우지 말아야 할지를 훤히 안다. 그것은 가고 옴이 자유로워 머뭇거림도 없고 걸림도 없기 때문이다. 그는 사물에 순응하여 움직이며 말에 알맞게 응하여 대답을 하며, 자성을 여의지 않고 모든 상황에 자기 처신을 한다. 이렇게 자재신통을 얻어 유희삼매에 든다. 이것의 이름이 견성이다."
>
> —『육조단경』「남돈북점」

곧 자성을 보지 못하면 결국 미망에 빠지고 견성을 하면 매사에 정신적 자유로움을 얻는다. 이런 사람에게 불립문자가 무슨 장애가 되겠는가.

2) 가르침 밖에 따로 전한다(敎外別傳)

가르침 밖에 특별히 전할 것이 있는가가 문제다. 사실 별로 다르게 전할 것이 없다. 바로 이것을 전할 뿐이다. 이것을 아는 것이 선을 공부하고 선시를 이해하는 데 절대로 필요한 명제다. 3조 승찬도 그의 『심신명』에서 "지극한 도는 어렵지 않다. 분별하고 선택하는 마음만 꺼릴 뿐이니 단지 미워하고 좋아하는 양변의 견해만 버리면 대낮처럼 뚜렷하고 환해진다(至道無難 惟嫌揀擇 但莫憎愛 洞然明白)."고 노래하듯이 있는 그대로 평상심을 벗어나지 않고 있을 뿐이다. 그럼 이것을 입증할 수 있는 『단경』의 선화를 음미해보자.

이야기는 이렇다.

5조가 노행자에게 비밀히 의발을 전했다는 것을 듣고 진혜명은 동지 수십 명을 데리고 대유령에 이르러, 혜능을 가장 먼저 발견하였다. 노행자는 혜명이 오는 것을 보고 의발을 돌 위에다 던지면서 말했다.

"이 옷은 믿음을 표시하는 것, 어찌 힘으로 다투겠는가. 마음대로 가져가시오."

"제가 온 것은 법을 구하기 위한 것이오. 옷을 위한 것이 아니니 행자는 저에게 일러주시오."

"그럼 모든 연(緣)을 다 버리고 한 생각도 내지 마시오. 내 말하리라. 선도 생각하지 않고 악도 생각하지 않는 바로 이러할 때, 어떤 것이 상좌의 본래면목인가?"(不思善 不思惡 正與麼時 那箇是明上座本來面目)

이 말을 들은 혜명은 바로 크게 깨달았다. 그리고 몇 차례 절하고 물었다.

"그 외에 조사께서 보이신 비밀한 뜻이 있습니까?"

"내가 이제 말한 것은 비밀이 아니다. 스스로의 본래면목을 돌이켜 비추어보면 비밀함은 도리어 그대 자신에게 있습니다."

"저가 비록 오랫동안 황매에 있었으나 사실은 아직도 자신의 본래면목을 살피지 못했습니다. 이제 가르침을 받으니 마치 스스로 물을 마셔 보고 차고 더운 것을 아는 것과 같습니다."

—『육조단경』「오법전의」,『전등록』권4.

흔히 지식을 선가에서는 알음알이라 한다. 머리 하나만 이해되고 통달되어 아는 기술적 지식과는 달리 선적체험은 정신적 지혜와 육체적 경험, 머리와 마음을 모두 통하여 증장(增長)시킴을 의미한다.

이 선화에서 보는 바와 같이 사량분별(思量分別)하지 않는 평상심 그대로가 조사들의 입각처(立脚處)다. 이것을 체득하는 것이 중요하고 이전할 것이 없는 것을 전하니 교외별전(敎外別傳)이라 한다.

그럼 이 소식을 그린 후대 선객의 선시 한 수를 음미하자. 일상 그대로 그곳을 바로 뛰어들면 이렇게 읊을 뿐이다.

佛法會佛會	불법을 안다, 모른다 함이여
一鎚百雜碎	한 망치로 백 조각을 내버리리
毫末更飛揚	티끌만치라도 다시 먼지를 내면
虛空都覆盖	허공이 몽땅 뒤덮이리라

— 열재거사, 『선문염송』 112칙 「황매」

3) 사람의 마음을 곧바로 가리킨다(直指人心)

臥輪有技倆	와륜은 뛰어난 기량이 있어
能斷百思想	능히 백가지 생각을 끊고
對境心不起	경계를 마주해도 마음일지 않으니
菩提日日長	보리수가 나날이 자란다.

— 와륜

慧能沒技倆	혜능은 별 재주 없어
不斷百思想	온갖 생각이 끊이지 않네
對境心數起	경계 마주함에 마음 자주 일어나
菩提作麼長	보리인들 어찌 자랄까

— 혜능

사실 혜능은 마음을 자성의 하수인이라 생각했다. 자성이 본체이고 마음을 응용으로 보았다. 자성과 관계없이 마음이 외경(外境)에 이끌리어 시시각각 변화하니 마음을 휘어잡는 것보다는 자성을 밝게 꿰뚫어 보는 것이 무엇보다 중요하다고 말한다. 마음이 주인을 배신하고 밖의 유혹에 넘어가 천방지축으로 날뛰면 결국 망하게 된다. 결국 수도 끝에 자아 완성을 실현하는 것도 응용인 마음이고, 패가망신 멸문지화를 당하는 것도 마음에 의해서이다. 마음이 없는데, 마음에 의해 나타나는 '천당/지옥', '보리/번뇌', '광명/암흑', '긍정/부정' 등등의 이항대립적인 것이 있을 수 없다. 그러나 이런 마음들은 둘이 아니라 일심(一心)이다. 이 마음은 정태적인 것이 아니라 항상 움직이고 끊임없이 변화하는 동태적인 것이다. 마치 흐르는 시냇물과 같아서 외부의 변화에 따라 맑기도 하고 고요하기도 하며 혼탁하기도 하고 시끄러운 소리도 낸다. 마음은 이렇게 흐르는 것. 혜능의 깨달음은 금강경의 "머무는바 없이 마음을 낸다"(應無所住 而生其心)에 기인한다. 이것이 바로 본원을 통견(通見)하는 돈오(頓悟)의 내용이다.

　위의 와륜의 게송을 한 승려가 혜능에게 매우 올바른 견해인 것 같다고 읊은 것인데, 혜능이 듣고 단박 견성하지 못하였음을 간파했다. 그래서 혜능은 와륜의 견해가 바르지 못함을 게송으로 답했다. 그의 게송은 4행에서 보리수가 본체이고 마음이 작용이며 3행에서는 경계에 대해 마음이 일지 않으면 죽은 마음이니, 어찌 마음이라 할 수 있는가. 단지 무주(無住)로서 마음을 사용하는 것이 중요하지 않겠는가. 로 읽힌다. 그리고 혜능은 "온갖 사물을 생각하지 않음으로써 항상 생각이 끊어지도록 하지 마시오 이는 곧 법에 묶임이니 변견(邊見)이라고 합니다"라고 말한다. 곧 이것은 어떤 것에 고착됨이 없이 집착하지 않고 만물을 본다는 의미이지 생각을 끊어서 돌이나 나무가 되자는 것이 아님이 명백하다. 이런 경지는 앞에서 보았듯이 견성만이 있을 뿐이다. 와륜의 견해대로 따라 가면 결국 자기 속박과 미망으로 이어진다.

> "선지식아 마음을 깨끗이 하여 마하반야바라밀을 생각하시오."
> 잠시 후,
> "보리자성은 본래 청정하니 단지 이 마음을 사용하시오. 바로 성불될 것입니다."
>
> ─『육조단경』「오법전의」

이 말은 혜능이 조계의 보림에 이르렀을 때, 대범사 강당에서 베푼 설법의 첫 마디며, 『단경』 모두의 글귀다. 돈오법문을 간결하게 나타낸 것이다. "마음을 깨끗이 하시오" 여기서 말하는 마음이 바로 선을 아는 요체이다. 선은 앉아서 고요를 지키고 고요를 즐기는 것이 아니라, 마음의 본성 곧 자성을 보아야 하며, 자성을 봄이 견성이며, 견성은 혜능에겐 성불이다. 바로 견성성불이 선의 궁극적인 목표이기 때문에 대중에게 총정심(總淨心)하라 한 것이다. "염마하반야바라밀"(念摩訶般若波羅密)을 해석하면 '마하'는 '크다, 많다, 뛰어나다'의 의미를 가진 산스크리트어고 '반야'는 프리즈나란 산스크리트어를 음사한 말인데, '근원적 지혜'를 말한다. 이를테면 지식(knowledge)은 경험을 갖지 않고 얻어진다면, 지혜(wisdom)은 삶의 경험을 통하여 얻어진다. 그러나 반야(prajñā)는 존재 자체의 자발광(自發光)으로 '본질에서 솟는 근원적인 예지'다. 곧 분별함이 없는 상태에서 솟는 지혜인 무분별지(無分別智)다. 이제 혜능은 "지혜의 완성만 생각하십시오." 하고 대중에게 조용히 말한다. "지혜 자성은 본래 맑고 깨끗합니다. 단지 이 자성의 응용인 이 마음만 사용하십시오. 이러면 성불해 마칠 것입니다."

혜능은 좌선에 관해서도 앉아서 마음을 쉬고 고요를 즐기는 것이 아니라, 선은 마음을 완전히 자유롭게 하는 열망 그 자체임을 간파하였다. 『단경』「남돈북점」 분에 보면, 지성이라는 승려는 신수의 문도인데, 신수가 혜능에게 가서 가르침을 듣고 돌아와서 나에게 설해달라는 부탁을 받고 조계로 왔다. 이어 혜능이 지성에게서 신수가 '마음을 머무르고 고요함을 관하여 오래 동안 앉아서 눕지 말라'한다는 말을 듣고, 그는 다음과 같이 말하고 게송을 읊었다.

"마음을 머물게 하고 고요함을 봄은 병이지 선이 아니다. 오랫동안 앉아 몸을 구속한다는 것이 공부에 무슨 이익이 되겠습니까. 나의 게송을 들으시오"

生來坐不臥   살아서는 앉아 눕지 못하고

死去臥不坐	죽어서는 누워서 앉지 못하니
一具臭骨頭	냄새나는 한 구의 뼈일 뿐이니
何爲立功課	어찌 삶의 기쁨을 얻을 수 있으랴

혜능은 좌선을 하되, 그 목표는 원천을 회귀하여 자기 성품을 보는 견성에 있다는 것을 강조한다. 자칫 방편에 몰입하다 보면 본래의 목적을 잊을 수가 있음을 환기시킨다. 자성을 통견함이 깨달음이고 성불이다. 일체 바깥의 경계에 집착하면 마음에 생멸(生滅)이 일고, 마음에 생멸이 일어나면 곧 행위로 이어지기 마련인 것이 우리들의 삶이다. 모름지기 자성에 입각하여 마음을 분별없이 냄이 바깥경계에 집착하지 않는 것이고 생멸에서 벗어나는 것이라고 혜능은 말한다.

4) 자성을 보고 부처를 이룬다(見性成佛)

모든 법은 모두 자신의 마음 가운데 있습니다. 어찌하여 자기의 마음에 진여 본성을 단박 나타내지 못할까? 『보살계경』에 '나의 본래 근원이 자성이 맑고 깨끗하다'고 하였습니다. 마음을 알아 성품을 보면(識心見性) 스스로 부처의 도를 이루는 것입니다. 곧 확연히 깨쳐서 본래 마음을 도로 찾는 것입니다.

—『돈황본단경』 17, 견성

위의 말은 『돈황본단경』 「견성」 분이다. 마음을 알아 성품을 보면 부처이고 본래 마음(진심)을 도로 찾는 것이라 명백히 선언한다. 이것은 선에서 이르고자 하는 본래면목의 성품이고 그 자리인 원천회귀이며 원천회귀는 적기에 의해 이루어지는 돈오견성(頓悟見性)이다. 혜능에게는 자성이야말로 절체절명(絕體絕命)의 것이다. 자성은 시간과 공간의 저 쪽에 있으며, 우리의 말과 글이 표현할 수 있는 일체의 속성을 초월한다. 우리의 언어는 단지 현상세계와 사물과 사물이 끝없이 대립하고 융화하는 사이에 가유假有해 있을 따름이다. 가유해 있는 흔적을 우리는 자성 위에서 마음대로 사용할 뿐이다. 견성한 사람은 언어로 유희하되 마음에 흔적이 남지 않는다.

그렇다. 이 모든 말씀이 오직 말씀이고 우리는 이해는 몰이해에 있을 뿐이다. 그럼 필자는 전통 선문의 방편대로 선화 한 토막을 소개하며 몰록 적기에 의해 선가에서 보이고자 하는 원천회귀 하여 활연돈오 하기를 권하고자 한다.

양기방회(楊岐方會, 993~1046) 선사는 임제종의 양기파의 파조이다. 우리나라 조계종의 법맥을 따라 올라가면, 조선의 청허휴정과 고려 태고보우와 만나고 보우는 신라 9산 선문의 가지산 선맥과 중국의 석옥청공에게 인가를 받는다. 석옥의 법맥을 따라 올라가면 바로 임제종의 종조 임제의현을 만나게 된다.

방회는 중국 원주 의춘현에서 태어났으며, 속성은 냉(冷)씨다.

선종을 통틀어 오가칠종이라 이르는데, 오가칠종은 위앙종 조동종 임제종 운문종 법안종과 임제종에서 송대에 이르러 양기파와 황룡파로 갈라지니 천하의 선문을 이르는 말이다.

양기파의 개창조인 방회가 원주 양기산에서 종풍을 드날렸으므로 후세에 양기파라고 불렀다. 석상 초원이 남원에 있을 때 그곳을 찾아가 참구하다가 초원이 석상산으로 옮겨가자 방회도 그곳으로 따라갔었다. 방회는 초원을 오래 동안 모셨으나 깨치지 못하여 전전긍긍하였다. 초원 방장께 법을 물으면 "창고 일이 번거로우니 가보라" 하거나 또는 "감사(監寺)는 나중에 자손이 천하에 퍼질 것인데 어찌 서두르는가" 할 뿐이었다. 방회는 당시 절의 감사 소임을 맡고 있었다.

하루는 초원 방장이 산에서 비를 맞은 것을 본 방회는 "이 늙은이야, 오늘은 내게 꼭 말해라. 말하지 않으면 때리겠다"고 말하자 초원이 대답했다. "네가 이 일을 알려면, 쉬지 않고 물어보면 되지. 이제 그만두어라." 이 한마디가 채 끝나기도 전에 크게 깨치고는 진흙길에 엎드려 절하며 물었다. "좁은 길에서 만났을 적에는 어찌해야 합니까?" "네가 피하면 내가 거기로 갈 것이네."

자, 여기서 우리는 초원이 말한 "네가 피하면 내가 거기로 갈 것이네." 하는 말을 몰록 깨달아야 하는 것이 중요하다.

> 하루는 한 학인이 물었다.
> "어떤 것이 부처입니까?"
> "세 발 가진 당나귀가 발자국을 희롱하면서 다니는 걸세(三脚驢子弄蹄行)."
> 학인이 다시 물었다.
> "바로 그렇게 될 때엔 어떻습니까?(便恁麼去時如何)"
> "그야, 호남의 장로이지(湖南長老)."
>
> ─ 『양기록』 「원주양기산보통선원회화상어록」

이 선화에 대하여 『선문염송』에 뒷날 선객들의 게송이 5수가 전한다. 한 편 음미하여보자.

> 三脚驢子恁殺好　　세 다리의 나귀가 몹시도 좋으니
> 長放後園牧喫草　　후원에 오래 놓아 풀을 뜯게 하네
> 等閑牽出向人前　　넌지시 끌어내어 사람들께 향하니
> 踢倒湖南瞎長老　　호남의 눈 먼 장로를 걷어차 쓰러트린다
>
> ─ 죽암규(『선문염송』 1403칙, 「삼각려」)

이제 이 자리에서 죽암규의 게송 한 수만 풀어 읽어보자.

우선 양기가 말한 '세 발 가진 당나귀' 즉 삼각려(三脚驢)는 우리의 자성을 가리킨다. 만물의 근원인 '우리의 진면목'의 형상화. 천하 두두물물의 무한한

실상이다. 우리를 달리 생각하시지 말기를. 1행과 2행의 뜻은 '이것 그대로 좋은 것이니, 당나귀가 후원에서 풀을 뜯는다. 이것 역시 그대로 훌륭한 풍광이다. 풀을 뜯는 나귀를 끌어내어보라. 아직 마음이나 배가 가득 차지 않았는데 누가 누구를 끌어낼 수 있는가? 뒷발로 차는 '나귀를 걷어차 쓰러트리는 호남의 눈먼 장로'가 바로 그놈이 아닌가? 흐르는 물가에서 잘 사량해볼 일이다.

> "달마 조사께서 면벽하신 뜻이 무엇입니까?"
> "달마는 서역 사람이어서 중국말을 할 수가 없었지."
> 그리고 잠시 후 말했다.
> "입은 밥을 먹는 게야."
>
> —『양기록』「양기방회화상후록」

여기 '밥은 있어도 입이 없는데 우물우물 잘도 먹는다.' 하면 누가 있어 웃으시겠지.

이렇게 모든 것이 동시에 목전에 뛰어가니 눈여겨볼 일만이 남으니 "일즉일체 다즉일"(一卽一切 多卽一)이라 해도 한 겹 쌓인 것일 뿐.

4. 『육조단경』과 격의 사유

우리가 『단경』에서 읽을 수 있는 것은 함이 없는 무위적인 초월 사상이다. 자성을 돈오함으로 오는 자유로움 이것은 노장적(老莊的)이나, 마지막 고요에 빠지지 말고 고요에서 오는 환희에 안존하지 말고 혜능은 저잣거리로 돌아오라고 소리친다. 이것이야말로 실사구시(實事求是)의 공맹적(孔孟的) 사상인 인간 중심적 사유의 맛이 한껏 드러나는 대문이다. 일체의 불경과 선어록은 우리를 위하여 설하여졌고 우리의 자성, 곧 불성 위에 건립되었음을 주장한다. 그리고 혜능은 일체만물에 대한 집착이 없어져 무집착이 되었을 때, 이 무집착에 집착하는 위험을 위하여 말한다. 흔히 공에 빠지는 것을 8마계(八魔界)[3]에 빠진다고 말한다. 고요와 적적에 쌓여 혼자의 환희를 즐기는 것을 말한다. 이 빠져나가기 어려운 문제에 대해, 그 이후 혜능의 후손들은 "백 척의 낭떠러지에서 한 발 내디뎌라, 십만 세계가 모두 부처님의 진짜 몸임을 알게 되리라"[4]는 멋진 선어로 경책을 하지만, 그는 더욱 친절하고 인간적인 말로 우리에게 들려주고 있다.

그대들의 마음이 이미 선과 악의에서 벗어났다면, 깎은 듯한 공허에 떨어지지 말도록, 앞과 뒤가 끊기는 고요를 지키며 즐기는 경지에 빠지지 않도록 주의해야 합니다. 그대들은 오르지 학문을 넓히고 많은 견문을 쌓도록 애써야 합니다. 그러면 스스로의 본심을 깨달아, 모든 깨달은 이의 근본 이치를 알게 될 것입니다. 그렇게 되면 다른 사람과의 사귐에 있어서 화합이 자연 이루어지고 나와 남이라는 생각이 없어지게 됩니다. 바로 보리에 이르러, 움직이지 않는 우리의 진심을 깨달을 것입니다.

— 『육조단경』 제5 「전향참회」

---

3) 8마계 : 공부가 순숙하여 한 생각도 바깥 경계에 끄달리지 않고 일체의 인연이 끊어져 마음이 상적상조(常寂常照)하여 헐떡거림이 없는 기와나 벽돌 같아야만 견성성불에 들어간다고 선문에 제조사들은 한결같이 말한다. 이럴 때에 '기와나 벽돌'과 같이 무심경계나 승묘경계(勝妙境界)에 빠져 홀로 즐기는 것을 8마계라 한다. 성철선사는 그의 저서 『선문정로』에서 '거친 망상인 제6 의식이 모두 멸한 제8 아뢰야식의 無記가 大死이니, 이는 숙면에도 일여한 자재 보살의 지위다. 극미한 망상인 제8 아뢰야를 이탈하지 못하면 이는 질긴 의식의 뿌리를 끊지 못한 것이다. 그리고 10地의 等覺의 大死의 늪에서 豁然大悟하여 아뢰야의 無記까지 滅盡해야 진짜로 대사이니, 常死常活하고 常寂常照하여야 선문의 本分宗師가 된다'(『선문정로』 125~126쪽)라고 말한다.
4) 백척간두진일보 십만세계시진신(百尺竿頭進一步 十萬世界是眞身). 『오등회원』 권4, 경잠초현의 게송. 선의 정신은 이 게송과 같이 '머물지 않음(不住)'에 있다. 하루 살면 하루, 한 시간 살면 한 시간만큼 흐른다. 위의 게송은이와 같은 사상을 단적으로 표현하고 있다.

우리는 혜능의 설법에서 인도의 명상적이고 난해하게만 느껴지던 불교교리가 매우 현실화되고 보편화되었으며, 또 한편으로는 생활 속으로 성큼 다가옴을 느낄 수 있다. 이와 마찬가지로 혜능의 가르침은 그와 그의 사상을 잇는 선사들에 의하여 더욱 심화되고 실증되었으며, 이윽고 실생활, 문화, 문학, 사상, 정치 전반이 막대한 그의 영향 아래 놓이게 되었고, 오늘날에는 전 세계의 사상계를 강타하고 있다.

선시의 텍스트 「심우송」
─경허, 만해, 설악을 중심으로

1. 심우송의 원류를 찾아

「심우송」의 근원을 찾아 문헌을 거슬러 올라가보면 멀리 남전보원(南泉普願, 748~843)에 이른다. 남전은 마조의 고족으로서 지주 남전산에 개당하였고 항상 문도가 수백 인이서 명성이 사방에 진동하였다(『전등록』「남전보원장」). 특히 그가 발안한 공안인 양우(養牛) 공안은 수선납자들을 골탕 먹였고, 후대에 더욱 발전하여 「심우송」으로 나타났다, 또 이 게송들을 알게 쉽게 풀어 10폭의 그림(尋牛圖)으로 그려졌다. 우리가 흔히 사찰 측면과 후면에 그려져 있는 소 그림이 이것이다.

〈심우도〉와 「심우송」은 불법을 알기 쉽게 하여 대중에게 널리 전도하는데 공헌하였을 뿐만 아니라, 선시 발전에도 기여한 바가 크다. 「심우송」은 흔히 「십우송」이라 불리듯이 심우10송이 주종을 이루고 그 외 「심우8송」「심우6송」「심우4송」「심우12송」 등이 역사상 남아 전한다.

일반적으로 목우의 〈심우도〉는 2종의 도본과 게송이 널리 퍼져 있다. 하나는 보명(普明)이 지은 '소 길들이기 이전(第一 未牧)'에서 시작하여 '모두 다 사라짐(第十 雙泯)'으로 끝나는 10단계의 노래이고, 또 하나는 확암지원(廓庵志

遠)이 지은 「백우십송(白牛十頌)」이라 불리어지는, '소를 찾음(第一 尋牛)'으로부터 '저자에 들어가 팔을 드리우는(第十 入廛垂手)' 데에 이르는 10단계의 노래이다.

이 장에서는 '소 기르기'가 어떤 형태로 처음 형성되었고 이것이 후대에 「심우송」이 되어 세간에 널리 회자되었으며, 이것이 우리나라로 이어져 「심우송」이 오늘 날까지 면면히 이어옴을 살펴보기로 하자.

하루는 남전이 상당하여 대중에게 시중하였다.

> 왕노사가 어릴 적부터 한 마리의 검은 암소(水牯牛)를 길렀다. 개울 동쪽에서 풀을 먹이려니 다른 국왕의 수초를 뜯어먹으려고 하고, 개울 서쪽에서 풀을 먹이자니 역시 또 다른 국왕의 수초를 뜯어먹으려 한다. 지금 분수에 따라 조금씩 받아들이고 다른 것은 마음대로 내버려두는 것만 못하다
>
> 南泉示衆云 王老師自少 養一頭水牯牛 擬向溪東放 不免食他國王水草 擬向溪西放 亦不免食他國王水草 如今 不如隨分納些些 他總不放
>
> —『선문염송』 206칙 「양우」

남전보원은 선도리를 형상화하였다. 곧 검은 암소는 마음, 진아 본래면목의 형상화이니 바로 자성본원을 가리킨다. 개울 동쪽 서쪽은 이쪽과 저쪽을 가리키니, 이 역시 우리의 이항대립적인 인식세계를 말한다. 동쪽과 서쪽을 '차안/피안'으로 설정하였을 때는, '색계/공계'니, 어느 쪽도 한 곳에 집착하면 영원히 소를 찾을 길 없다. 차안인 색계는 환상의 세계, 범속의 세계이고, 피안인 공계는 진리의 세계며 극락의 세계다. 그러나 양변적인 흑백에 의한 마음의 선택 역시 모두 자성본원에 이르지 못하게 될 것이다. 이런 까닭에 자기 자신이 자기의 풀을 먹는 것이 아니라, 모두 타국 왕의 풀을 먹이는 격이 되어버린다. 바로 일체의 분별의식은 모두 선도리와 상호 적응하지 못한다. 남전은 목우(牧牛)를 가까이 하여 살피므로 스스로의 마음 상태를 조절하고 길

러, 마음이 집착하지 않도록 하였다. 위의 선화에서 '마음대로 소를 내버려 두는 것'은 인연 따라 임운등등(任運騰騰)하여 본분에 따르는 것. 따라서 분수에 따라 받아들이는 것만 못하게 된다.

그리고 남전과 제자 조주(趙州從諗, 778~897)가 진검을 들고 살수를 펼치는 부자간의 진검승부를 하나 더 읽으며 '소 찾기'를 읽기 위한 준비를 해두자.

남전이 욕실을 지나다가 욕두(浴頭)가 목욕물을 데우는 것을 보고 물었다.
"무엇을 하고 있나?"
"목욕물을 데우고 있습니다."
"잊지 말고 검은 암소를 불러다가 목욕을 시켜라(記取來 喚水牯牛浴)."
욕두는 '네' 하고 대답하였다. 밤이 되어 욕두는 방장으로 들어왔다.
"뭣 하러 왔나?"
"스님, 준비가 되었습니다. 어서 검은 암소를 욕실로 들여주십시오(請水牯牛去浴)."
"그래, 소고삐는 가지고 왔는가?"(將得繩索來不)
욕두는 대답이 없었다.
조주가 와서 문안을 드렸을 때 남전은 이 이야기를 하였다. 조주가 말했다.
"저에게는 한마디의 말이 있습니다."
말이 끝나자 말자 남전이 말했다.
"소고삐를 가지고 오는가?(還將得繩索來麽)"
이에 조주가 곧장 앞으로 다가가 남전의 코를 당겼다.
"야 이 사람아, 아주 좋아 그렇지만 너무 난폭하군(是卽是 太麤生)."

—『조주록』 권상, 8칙

위의 선화는 남전과 그의 상족 조주종심, 그리고 선원의 목욕탕 운영에 소임을 맡고 있는 욕두 스님이 나온다. 욕두가 수고우 즉 검은 암소를 남전으로 간주하여 마중하러 간 것까지는 수자다운 행위였지만, 결국은 생각을 지어 선적인 깨침이 없이 스승에게 다가간 것이 금방 드러난다. 관념적인 분석과 이해는 실제 우리가 살아가는 데 큰 도움이 되지 않는다는 것을 다시 한번 느낄 수 있는 대목이다.

　남전이 욕두에게 "소고삐를 가지고 왔는가?"에 바로 혼비백산해져 말문이 막혀버린다. 기막힌 일이다. 목숨을 걸고 선 수행을 한 수행자에겐 바로 목숨을 앗기는 순간이다. 변화가 무쌍한 삶, 삶의 궤적에 있어서 학습에 의한 지식의 축적은 별 쓸모가 없음이 느껴지는 대목이다.

　다음 조주의 선기, 번쩍이는 행위 자체가 소고삐임을 여지없이 보여주는 장면. 얼마나 통쾌한 것인가.

　앞에서도 밝힌 바와 같이 〈십우도〉는 2종의 도본과 게송이 널려 퍼져 있다. 그중 보명(普明)이 지은 『십우도』는 소의 색깔이 소를 길들임에 따라 검은색에서 흰색으로 변하게 하였고, '소 길들이기 이전(第一 未牧)'에서 시작하여 '모두 다 사라짐'(第十 雙泯)으로 끝나는 10단계로 이루어졌다. 확암지원(廓庵志遠)이 노래한 백우십송(白牛十頌)은 소의 색깔을 시종 흰색으로 처리했고, '소를 찾음(第一 尋牛)'으로부터 '저자에 들어가 팔을 드리우는(第十 入鄽垂手)' 데에 이르는 10단계로 이루어졌다. 두 「십우송」을 비교하여 보면 보명의 〈십우도〉가 더 오래된 것이고, 확암의 〈십우도〉가 나중에 이루어진 것이다. 확암의 〈십우도〉가 훨씬 짜임이나 발상이 더 치밀하고 확연하다. 또 자원(慈遠)이 쓴 확암 화상 〈십우도〉 서문에도 보명의 〈십우도〉에 보완점을 지적하며, 확암의 〈십우도〉는 "처음 '소를 찾다(尋牛)'에서부터 마지막 '저자에 들어가다(入鄽垂手)'에 이르기까지 온갖 기틀에 대응하는 것이 마치 목마른 사람에게 물을 주고 배고픈 사람에게 밥을 주는 것 같다."고 쓰여 있다.

1) 보명의 십우송

① 미목(未牧)

猙擰頭角恣咆哮	사납게 뿔 치켜들고 포효하며
奔走溪山路轉遙	계곡으로 내달려도 길은 멀다
一片黑雲橫溪口	한 조각 검은 구름 골짝 가로지르니
誰知步步犯佳苗	걸음걸음 곡식 짓밟을 줄 누가 알랴

소가 된 나, 길들여지지 않는 소가 된 자성본원. 바깥 경계에 대해 일어나는 망상은 지혜를 막는다. 원효는 원래 일체만물은 明으로 태어났으나, 비수에 녹이 슬 듯 어느덧 무명(無明)으로 변한다 하였다. 육체를 가지므로 오는 오관작용, 때문일 것이다.

② 초조(初調)

我有芒繩驀鼻穿	내게 소고삐가 있어 재빨리 코를 뚫어
一廻奔競痛加鞭	날뛸 적마다 모질게 채찍질했지만
從來劣性難調制	내려오는 못된 성질 길들이기 어려워
猶得山童盡力牽	목동들조차 있는 힘 다해 끌어당긴다

자, 이젠 우리는 소다. 스스로 콧구멍을 뚫어 고삐를 꿰어서 끝없는 외경(外境)의 유혹을 스스로 견책하고 절제하며 견제한다. 처음 발심한 참선인들은 스스로 참회하고 기도하여서, 무시이래 이어져오는 관습의 훈기를 없애고 마음을 다잡아야 함을 노래했다.

③ 수제(受制)

漸調漸伏息奔馳	점점 고르고 길들여 날뛰지 않으니
渡水穿雲步步隨	물 건너 구름 뚫고 걸음걸음 따라와도
手把芒繩無少緩	고삐 잡은 손 조금도 늦추지 않고

牧童終日自忘疲　　목동은 종일 저절로 피곤을 잊네

소는 이제 코뚜레나 고삐에 의해 제재를 받아 하고 싶은 대로 하지 못하게 된다. 이와 같이 사람도 마음을 밝힌 후에는 자연스럽게 스스로 발하는 빛에 의해 다스려지게 됨을 비유하고 있다.

④ 회수(廻首)

日久功深始轉頭　　날이 감에 공부 깊어 비로소 머리 돌리니
顚狂心力漸調柔　　미친 마음 점점 길들여가네
山童未肯全相許　　목동은 그래도 전혀 믿기지 않은 양
猶把芒繩且繫留　　여전히 고삐 잡고 묶어 두네

'머리를 돌이켜본다' 함은 공부가 순숙해져 이제 한시름 놓게 됨을 말한다. 바로 1행의 "날이 감에 공부 깊어 비로소 머리 돌리니"란 시구의 의미다. 그렇지만 오랜 관습의 때, '옳고/그름'으로 판단되는 훈습이 떨어지지 않아서 아직 소를 묶어두듯, 우리는 우리를 돌아보고 마음을 고르고 깨끗이 한다.

⑤ 순복(馴伏)

綠楊陰下古溪邊　　푸른 버들 그늘 아래 옛 시냇가
放去收來得自然　　풀어주나 몰아오나 자연스럽네
日暮碧雲芳草地　　해지자 푸른 구름 향기로운 초원
牧童歸去不須牽　　목동이 돌아가는 길 고삐 끔이 없네

순복은 잘 길들어짐을 말한다. 소가 마치 오랫동안 제 마구간을 자연스럽게 드나드는 것과 같다. 이럴 때 무슨 고삐나 멍에가 필요한가. 참학인도 이쯤 되면 자성본원을 밝게 들여다보며 오직 한 마음 깨달음의 길로 정진한다.

소가 목동의 견제를 필요로 하지 않듯이 마음 가는 대로 맡겨두어도 스스로 착함에 든다.

⑥ 무애(無碍)

露地安眠意自如	넓은 대지 편한 잠 스스로 이와 같아
不勞鞭策永無拘	굳이 채찍 칠게 없어 묶어두지 않네
山童穩坐靑松下	목동은 푸른 소나무 아래 편히 앉아
一曲昇平樂有餘	읊는 태평가 한 곡조, 즐거움 깃드네

무애는 자유자재, 즉 걸림이 없는 행위다. 그러니 더더욱 외양간에 소를 가둘 필요가 없다. 오직 1행, 2행과 같이 "넓은 대지 편한 잠 스스로 이와 같아/굳이 채찍 칠 게 없어 묶어두지 않네"에서 보이듯이 마음을 길들이는 주인, 즉 목동은 한가로이 태평가를 부르며 여유로움을 만끽하게 된다. 그렇지만 아직 혹 훈습된 관념의 때가 나타나지 않은까, 미심쩍다 할까?

⑦ 임운(任運)

柳岸春波夕照中	버들 언덕 봄 물결 석양에 비치고
淡煙芳草綠茸茸	아지랑이 향기로운 풀, 푸름이 무성하네
饑餐渴飮隨時過	배고프면 밥 목마르면 물, 그렇게 지내니
石上山童睡正濃	바위 위 누운 목동 깊은 잠들었네

임운등등은 소가 하고자 하는 대로 맡겨둔다는 말. 이쯤 되면 자성본원의 자발광(自發光)이어서 무슨 일을 하든 진리의 파동태(波動態)인 까닭에 털끝만큼도 벗어나지 않는다. 곧 밝음은 밝게 어둠은 어둡게 순일하게 보인다. 이럴 때는 1행, 2행 같이 "버들 언덕 봄 물결 석양에 비치고/아지랑이 향기로운 풀, 푸름이 무성하네"가 된다. "배고프면 밥 먹고 목마르면 물을 마시며 또 잠 오면 잠 자며 지낸다". 소는 목동이 필요 없고, 마음은 어떤 수련도 필요로 하

지 않는다. 그렇지만 아직 소가 있고 목동도 있다.

⑧ 상망(相忘)

白牛常在白雲中	흰 소는 언제나 흰 구름 속에 있고
人自無心牛亦同	사람은 스스로 무심, 소 또한 그러하네
月透白雲雲影白	달은 백운을 뚫고 구름그림자는 희니
白雲明月任西東	흰 구름 밝은 달 서로 동으로 오가네

상망은 서로 잊은 것. 그러나 목동도 있고 소도 있다. 목동과 소가 있지만 서로가 서로를 의식하지 않고 자유롭다. 곧 목동은 소를 잊고 소는 목동의 존재를 잊는다. 이때에 벽화에 나타나는 십우도의 소 색깔은 순백색이다. 이미 우리 마음에는 이항대립적인 구분을 가지지 않는다. 어떤 구분이 없는 세계로 듦을 말한다. 이것이 1행과 2행의 "흰 소는 언제나 흰 구름 속에 있고/사람은 스스로 무심, 소 또한 그러하네"라고 한 시행이나 4행 5행이 가리키는 의미다.

⑨ 독조(獨照)

牛兒無處牧童閑	소는 간 데 없고 목동은 한가하다
一片孤雲碧嶂間	한 조각 외로운 구름 사이 푸른 봉우리
拍手高歌明月下	밝은 달 아래 박수치고 노래하다
歸來猶有一重關	돌아옴에 아직 한 관문 있다네

서로가 서로를 잊고 있었지만, 이젠 아무것도 보이지 않는다. 이 아홉 번째 단계에 와서는 그림 속엔 소가 없고 목동만 보인다. 오랜 참선 끝, 자성본원에 합일되었음을 비유한 것이다. 그러나 아직도 자성본원이 있고 자성본원이 된 나가 있고, 자아의 견해와 자아의 존재가 있다. 그래서 그림엔 목동이 혼자 있다. 이 나가 있음을 게송에선 "돌아옴에 아직 한 관문 있다(歸來猶有一重

關)"라고 노래하였다.

⑩ 쌍민(雙泯)

人牛不見杳無蹤	사람과 소보이지 않고 자취 묘연한데
明月光含萬象空	밝은 달빛 머금고 만상이 비었어라
若問其中端的意	만약 그 중 분명한 뜻 묻는다면
野花芳草自叢叢	들꽃 향기로운 풀 절로 무성하다 하리

모두가 사라진 쌍민에 오면 일체 만상이 자성본원에 합일된다. 〈십우도〉에서는 보름달 같은 둥근 원(圓)만 있다. '텅 빈 원상' 이것은 바로 삼라만상이 진공으로 표현되고, 이 진공이야말로 구경의 경지며 이 구경의 경지의 활성화가 물질적 현상계다. 진유(眞有)의 세계인 동시에 묘유(妙有)의 세계다.

이 진유의 세계를 알고자 하는가?

바로 "들꽃 향기로운 풀 절로 무성하리(野花芳草自叢叢)"라고 표현되는 묘유의 세계. 이 세계는 일상사의 원래적 입장인 '유(有)/무(無)'가 '비유(非有)/비무(非無)'의 사상적 탐구 뒤에 나타나는 현상을 거쳐 다시 '역유(亦有)/역무(亦無)', 즉 체험적 결과로 나타나는 세계로, 바로 4행의 "야화방초자총총"(野花芳草自叢叢)이다. 『열반경』에 '불성은 있는 것도 아니고 없는 것도 아니니, 또한 있는 것은 있고 없는 것은 또한 없는 것이니 바로 있고 없고가 융합된 까닭이다,'(佛性 非有非無 亦有亦無 有無合故)라고 말하는 세계다.

2) 확암지원의 십우송

확암지원은 정주 양산 출신이며 사원이라고도 한다. 생몰 년대는 확실치 않으나 북송(北宋) 시대인 1150년 전후로 추정된다. 확암의 법계는 임제종 양기파의 양기방회-백운수단-5조 법연-장수원정(1135)의 법을 이었다. 이

〈십우도〉는 게송과 그림 모두 확암이 직접 짓고 그린 것이다.

곧 소는 우리의 자성 본원의 형상화이며 잃어버린 자기이다. 소를 찾는다 함은 바로 잃어버린 자기를 찾는 것이다.

확암의 〈십우도〉[5]는 모든 그림이 제8단계인 '사람도 소도 모두 잊는' 인우구망(人牛俱忘)의 장(場)으로 꿰어달려 있다. 제8의 주제인 사방 두루 '텅 빈 구(球)'인 절대무(絶代無), 곧 '앞생각 뒷생각이 끊기는 절대 현재의 이 찰나'에 이르고, 이어 스스로 발현하는 어디서든지 열리는 궁극의 장에서 마치 되비치는 투명한 거울의 비침으로 제9단계 10단계가 나타난다. 이것이야말로 부정과 긍정을 쌍으로 막으므로[雙遮] 쌍으로 자발광[雙照]되어, 막고 되비침이 동시[遮照同時]인 도리와 같다.

〈십우도〉 10단계의 그림이 모두 '텅 빈 구상(球相)'을 떠나 이루어지는 않는다. 다시 말하면 제1단계인 소를 찾아나서는 심우(尋牛)나 제7단계인 소는 잊고 나만 있는 망우존인(忘牛存人)도 모두 이 '텅 빈 구상'인 일원상 안에서 전개된다. 우리는 애초부터 삶의 여정을 존재케 한 세계가 일원상임을 알게 된다. 우리는 텍스트를 따라 읽다 보면 제8단계인 사람도 소도 모두 잊는 인우구망(人牛俱忘)에 이르게 된다. 그림은 사면팔방이 텅 빈 둥근 공(球)으로 표현되는데, 이 일원상이 바로 장(場)이며, 본래의 세계며, 이 본래의 세계가 시를 짓는 시인의 입장에서는 바로 시며, 세계다. 분명 이러할진대 각 장의 그림을 더욱 자세히 궁구하여 보면, 한 장의 그림마다 이 일원상을 다 갖추고 있고, 또 그에 따르는 게송마다 제8단계로 이 본래의 세계에 돈입시키려는 작가의 의도가 갈무리됨을 알게 된다. 곧 소도 사람도 모두 없는 일원상의 '텅 빈 원상'과 일대 일로 상응되는 도리가 내포되어 있다. 슬기란 무시간(無時間), 무공간(無空間)에 자유자재한다고나 할까.

앞생각 뒷생각이 모두 끊기는 절대현재의 이 찰나, 이것은 절대무(絶代無)

---

5) 경허, 『선문촬요』, 441~462쪽.

며 절대현재의 참사람이나 무위진인이라고 표현되는 진공이며 묘유의 자리가 바로 제8단계인 인우구망의 자리다.

물론 이런 것들은 슬기[機]의 찰나작용이니, 이럴 때 무슨 소가 있고 사람이 있겠는가?

그래서 게송의 작가는 각 단계마다 이런 자리의 본래자리를 설치하고 있으나, 우리는 소 찾기에 급급한 나머지 그 자리를 건너뛰어 저편에서 찾고 있기 때문에 발견하지 못할 뿐이다. 이제 우리는 십우도의 작가가 설치한 절대현재의 찰나, 이 '참나'를 보기 위해 단계를 밟지만, 눈 밝은 분들은 바로 이 찰나, 선사들이 외친 그 자리를 조고각하(照顧脚下)하여 환귀본처(還歸本處)하기 바란다.

① 심우(尋牛)

茫茫撥草去追尋	아득한 초원 헤치며 소를 찾아간다
水闊山遙路更深	물은 트이고 산은 아득, 길은 다시 깊어
力盡神疲無處覓	힘은 다하고 정신은 지쳐 찾을 곳 없어
但聞楓樹晚蟬吟	단풍나무엔 늦매미 울음 들리는구나

① 심우, 역시 소(마음)를 찾아 나선 목동의 어려움을 표현하고 있다. 여기서 알고 보면 목동이 소를 찾는 것은 자기 자신인 목동이 자기 자신인 소를 찾는 것이다. 자성이 무자성이어서 일체에 두루 편재되어 있기 때문에, 소를 찾는다는 것은 본래면목인 자성 본원을 찾는 것.

1행과 2행에서 일체 두두물물에 편재된 자성은 본래 진공이며 묘유해 있다. 그러나 바깥 경계에 끄달리어 자성본원에 비켜 앉은 우리는 눈이 있어도 보이지 않는다. 사실 자기 착각으로 인해 소의 모습을 찾는다. 따지고 보면 자기 착각 역시 자성의 변질된 것이지만. 3행과 4행, 힘이 다하여 깊이깊이 침잠하여 6식이 꺼져갈 즈음 홀로 울어대는 매미 소리. 단풍나무를 붉게 물들이는 매미 소리가 들려온다.

이 소리를 듣는가? 하며 되묻는다. 바로 3행에서 "힘은 다하고 정신은 지쳐 찾을 곳 없어(力盡神疲無處覓)"에서 "힘이 다하고 정신이 지쳐 소를 찾을 수 없어"가 바로 그것임을 알면 8단계 까지 갈 필요가 없다. 이렇게 되면 9단계와 10단계에서 노닐 면 그뿐이니, 이것이 일초직입지(一超直入地)고 직지인심(直指人心)인 그곳이고 그것이다. 이럴 땐 소도 사람도 없다.

② 견적(見積)

水邊林下跡偏多	물가 나무 아래 소 발자취 흩어졌다
芳草離披見也麼	초원 헤치며 가도 보이지 않네
縱是深山更深處	깊은 산 심산유곡일지라도
遼天鼻孔怎藏也	우주를 덮는 콧구멍, 어찌 숨기랴

②의 견적, '발자취를 발견하다'에서 바로 발자취를 발견하는 순간, 그 순간임을 알면 그뿐이다. 무얼 더 찾고 더 생각할 것이 있다는 말인가?

그래도 모르면 어쩔 수 없이 갖은 고생 끝에 드디어 소의 발자취를 찾게 된다. 곧 수선하는 길, 공부하는 방법이 잡혔음을 노래하고 있다.

그러나 아무리 찾아봐도 자취가 없다. 그러나 원래 있는 것, 숨겨도 숨겨도 원래 그냥 있는 것. 어느 한순간, 아! 이것이다, 하는 그 찰나다. 그러나 우리는 이걸 모르고 있을 뿐이니 어찌하랴!

③ 견우(見牛)

黃鶯枝上一聲聲	황금 꾀꼬리 가지 위에 일성의 소리
日暖風和岸柳靑	따슨 햇살 부드런 바람, 언덕엔 청버들
只此更無廻避路	단지 피해갈 길 없는 이것이네
森森頭角畵亂成	삼삼히 어리는 소뿔, 어이 이를 그릴까나

소를 발견함은 자성본원의 참 모습을 발견한 것. 소는 초원 도처에 드리워져 있는데, 시절인연이 무로 녹으면 언뜻 언뜻 우리들 앞에 나타난다.

가지 위에 뭇 새. 그 노래 또렷하고, 따사로운 햇살과 바람, 푸른 버들 그런 것을 통하여 자성의 활성화 그 형상을 본다. 색즉시공 공즉시색의 도리, 3행에서와 같이 "단지 피해갈 길 없는 이것이네(只此更無廻避路)", 이것만 알면 된다.

자, 이제 자성본원의 형체를 어떻게 그리나? 이것을 "삼삼히 어리는 소뿔(森森頭角)"이라고 형상화하려 한다. 이것을 어떻게 꼭 붙잡는가? 아! 이것이구나 하는 순간만 떠나지 않으면 된다.

④ 득우(得牛)

竭盡精神獲得渠	몸과 마음 다해 소를 잡았지만
心强力壯卒難除	강인한 마음과 힘 실로 꺾기 어렵네
有時纔到高原上	때로는 겨우 이르러 높은 들에 노닐다
又入煙雲深處去	다시 구름과 안개 숲, 깊은 곳에 숨네

'소를 붙들었다'는 것은 자성본원의 실체를 얻었다는 뜻. 소를 잡았지만, 야생의 소는 길들여져야 한다. 돈오견성한 뒤에도 보임을 해야 하듯이.

3행과 4행은 보임되어 고정된 관습의 때를 벗지 못한 우리의 성근 마음을 형상화하였다. 소의 고삐를 바짝 잡아야 하리.

아직 소는 목장 안에서 방목되어야 한다. 그렇지만 우리는 소의 고삐를 잡고 바짝 당기는 긴장된 순간을 벗어나 나도 목동도 소도 없다. 모든 것이 1행의 소를 잡는 순간을 벗어나지 않는다.

⑤ 목우(牧牛)

鞭索時時不離身	때때로 채찍질하여 그대 몸을 지킴은

恐伊縱步入埃塵	옛을 좇아 티끌에 듦을 두려워함이라
相將牧得純和也	장차 방목하여 뜻대로 길들어진다면
羈鎖無拘自逐人	고삐와 멍에 없어도 스스로 따르리라

소를 붙든 후에는 놓아기르듯이 돈오 뒤에 오는 보임은 만리에 풀 한포기 없는 순수한 그 곳에 되돌아가는 것.

1행과 2행에서 오랜 관습의 훈습된 무명과 분별의 세계로 다시 돌아가는 것을 막는 것. 그래서 고삐와 멍에를 바짝 당겨 소를 기르면, 있는 그대로 임운등등하여 가두거나 풀어놓거나 모두 자유롭게 활동하여도 범함이 없다. 그럴지라도 우리는 우리의 목동이 앞서고 우리의 소가 스스로 뒤따르는 그 순간, 이 순간을 무엇이라 부를 것인가?

⑥ 기우귀가(騎牛歸家)

騎牛迤邐欲還家	구불구불 소 타고 집으로 돌아가네
羌笛聲聲送晚霞	흥겨운 피리 소리 저녁놀 타고 오고
一拍一歌無限意	한 박자 한 노래, 무한한 이 뜻
知音何必鼓脣牙	아는 이는 알지, 어찌 말로 다하리오

기우귀가도(騎牛歸家圖)는 구불구불 길게 이어진 산길 따라 우리가 떠나온 곳인 자성본원으로 목동이 소 잔등이에 올라앉아 피리를 불며 돌아가는 그림이다.

어떻게 돌아갈 수 있는가?

바로 자성본원의 상징인 소를 타고, 자성본원 자신인 목동이 자성본원으로 되돌아갈 뿐. 삼라만상에 펼쳐지는 두두물물, 무한한 이 뜻. 바로 그 자리가 그 자리여서 말로 할 수 없다. 이것이 『벽암록』의 선구 "진리를 알고자 하는가? 다만 진리를 아는 것은 허락하지만, 진리를 만나는 것은 허락하지 않음

(只許老胡知 不許老胡會)"이니, 만났다 영회했다 함은 바로 '보는 자'와 '보여주는 자'가 분리된다. 이렇게 되면 상대 대립의 세계로 떨어진다.

언어는 분별의 속성을 기본으로 하는 표현이다. 그래서 4행에서 "아는 이는 알지, 어찌 말로 다하리오(知音何必鼓脣牙)"라고 표현할 수밖에 다른 도리가 없다. 이 말로 다하지 못하는 그 순간이 그것이니 달리 생각하지 말라. 바로 1행에서 자기 자신인 목동이 소를 타는 그 순간을 바로 알면 장부일대사를 마치는 것이며, 4행의 말로 못하는 바로 그놈임을 알면 그뿐이다.

⑦ 망우존인(忘牛存人)

騎牛已得到家山	소 타고 이미 고향집에 왔어라
牛也空兮人也閑	소 없음이여 나는 한가로움이 겨웁네
紅日三竿猶作夢	긴 해, 낮잠 속에 아직 꿈꾸니
鞭繩空頓草堂間	채찍과 멍에는 초당에나 던져두세

소는 잊고 나만 있으니, 바로 소가 사라진 순간이다. 이 순간이 절대현재의 찰나인 참나이다. 이미 소가 잘 길들여져 채찍과 고삐가 필요가 없다. 이 정도에 이르면 다시 분별의 세계로 떨어지지 않는 경지를 말한다. 망우(忘牛)는 소다 자성이다 도다 하는 개념이 무너졌으니, 사람과 깨달음이 하나 되어 분별심이 없다. 배고프면 밥 먹고 목마르면 물 마시는 경지다.

이렇게 1단계에서 7단계에 이르는 각 장(場)마다 한순간에 깨달음의 세계, 자성본원으로 돈입할 수 있었지만, 우리는 착각에 의해 만들어진 소를 찾느라고, 그 긴요한 곳을 뛰어넘어선 채, 소만 찾는 어리석음을 범했다. 그러나 다시 한번 생각하면 우리가 소를 찾는 걸음걸음 모두 이 텅 빈 구상(球相)에서 묘용의 슬기에 의해 행해진 것이고, 처음부터 우리가 스스로 깨닫지 못하였을 뿐, 원래 텅 빈 묘용의 일원상(一圓相)을 가지고 있었다 할 것이다.

⑧ 인우구망(人牛俱忘)

鞭索人牛盡屬空	채찍과 고삐 사람과 소, 속 속대로 비어
碧天遼闊信難通	탁 튄 푸른 하늘 통하지 않음 있겠는가
紅爐焰上爭容雪	활활 타는 이 불 속, 흰 눈 어이 머무리오
到此方能合祖宗	이곳이 이르면 능히 조종에 계합되네

이쯤 되면 일체가 활연히 관통되어, 이젠 이항대립적인 견해의 장애가 없다. 소도 잊고 사람도 모두 잊으니 흔적과 형상 찾을 길 없다. 빛은 빛이고 어둠은 어둠일 뿐이다. 이 어둠 속에 동서남북은 어디로 갔나? 이렇게 비고 가물해야 우리가 우리임을 안다. 그림에는 둥그런 텅 빈 구(球)로 나타난다.

그러나 1장에서부터 7장까지 우리가 자각하지 못하고 있었을 뿐이지 모두 '텅 빈 구상'의 되비침으로 나타난 명징한 참된 밝음의 세계이니, 사실 깨달음 속에서 깨달음을 구하고 있었다고 하겠다. 자기착각(無明)에 의해 처음부터 참된 자기 속에서 참된 자기로서의 자기가 자기를 찾아 나서고 찾아 나섰던 것이다. 이렇게 보면 소가 자기 자신이 아니고, 소는 묘용의 가유고 애초부터 우리의 진여자성은 일원상으로 존재했던 것이다.

원래 그렇게 성취되어 있는 밝음(明)의 세계를 수행에 의해 원래 밝아 있었음을 증명한 것이 된다. 이래서 원상은 사라지니 일체의 세계가 더 이상 있지 않으니 새벽에 본 샛별이나 늘 보던 담장에 핀 나팔꽃도 밝음의 세계, 단출하고 오롯한 세계의 자기로 보아진다.

⑨ 반본환원(返本還源)

返本還源已費功	근원으로 돌아간다 이미 경비와 애쓴 건
爭如直下若盲聾	어찌 바로 눈멀고 귀먹은 것 같겠는가
庵中不見庵前物	암자 속에서 암자를 보지 못하나니
水自茫茫花自紅	물 스스로 아득하고 꽃 절로 붉은 걸

자성본원으로 돌아가려 공들이고 애쓴 것은 애쓴 것이다. 이것이 어찌 귀만 먹고 눈만 먼 것뿐이랴? 본지환원(本地還處)하여 자발광의 당처로 돌아가니·눈·귀·코·혀·몸·뜻[眼耳鼻舌身意]인 6식과 그의 대경(對境)이 되는 물질·소리·냄새·맛·촉감·뜻[色聲香味觸法] 역시 모두 캄캄하게 한 빛으로 밝아, 바로 스스로의 몸에 앉아 스스로를 볼 뿐이니, 그저 물 절로 아득하고 꽃 절로 붉고 붉을 뿐이다.

일체 두두물물이 확연하니 이것이 고향 소식이다.

냇가 뚝방에 핀 패랭이꽃이든 매일 차 마시고 잠을 자던 일, 역시 밝음의 참된 세계에서 일어난 명징하고 온전한 묘용의 사건이 되는 것.

냇가에 앉아 흐르는 물속에 생각 잠겨볼 일이다.

⑩ 입전수수(入廛垂手)

露膺洗足入廛來	맨발로 가슴 풀고 저자에 뛰어드네
抹土塗灰笑滿顋	흙먼지 쑥머리 두 뺨 가득 웃음바다
不用神仙眞秘訣	신선의 용도가 아니라 진짜로 비결
直敎古木放花開	옛 나무에 꽃 피는 바로 그 소식일세

"저자에 들어 손을 드리운다(入廛垂手)"는 것은 "스스로 이득을 얻어 중생을 이롭게 한다(自利利他)"는 것이다. 자신의 깨달음을 얻어 즐기는 데 그치지 않고, 중생을 위해 삶의 본 터로 돌아가 중생과 동고동락하며 중생을 바른 길로 이끌어준다.

이것은 그야말로 맨발로 저잣거리로 뛰어들고 스스로 몸 바꾸고 환골탈태한 이류중행(異類中行)의 행위니, '성인의 지위[聖位]'에 머무르지 않고 몸을 돌려 저잣거리로 뛰어드는 나툼이다. 이것은 동사섭(同事攝)의 대비심(大悲心)이다. 또한 무위에 머무르지 않고 근원의 자리로 돌아옴이니, 더 이상 나갈길도 들어갈 길도 없는 절대현재의 이 순간이다.

절대현재의 이 순간은 바로 입전수수로 피어난다. 무위(無爲)에 머묾과 유위(有爲)의 행위가 둘이 아니니 유일무이(唯一無二)요, 온통 하나이니 전성전일(全性全一)이고, 이것은 안과 밖이 떨어지지 않으니 내외명철(內外明徹)이며, 늘 빨려들어 고요하고 햇살같이 스스로 비추니 상적상조(常寂常照)다.

이러할진대 이 〈십우도〉는 각각 다른 10개의 일원상(一圓相)이라는 구상(球相) 안에 그림이 있는 것이 아니라, 오직 사방팔면이 '텅 빈 구상'이 있을 뿐이다. 단면으로 잘린 '텅 빈 원상'에 시시각각 나타나는 10가지 모습은 일원상 스스로가 스스로 속에 반영해낸 것이다. 이 10개의 그림들이 단면으로 볼 때 한 장면 한 장면이지만 이것을 입체화시키면 한 알의 투명한 구슬이어서 천장만장(千場萬場)의 묘용을 산출시키고도 장면을 담아두지 않는 유리구슬이 된다.

이것은 마치 손가락으로 허공에다 일원상을 그리는 것 같아서 그리는 동시에 없어져버린다. 다시 말하면 허공에서 원을 그리는 것은 원상이 허공으로 없어지고 허공에서 원상이 다시 나타나는, 이것은 그려가면서 사라지고 사라지면서 그려가는 것이 된다. 여기서 우리의 착각은 삶의 단면을 상상하고 관습적으로 고정시켜 생각하고 눈에 보이는 이것을 전부인 양 정상화한다. 이것이 바로 우리의 삶이다.

사실 우리가 볼 수 있는 것은 일원상이 아니라 '텅 빈 구상'에 그려지는 동작이듯이 절대현재에 살아가는 순간일 뿐이다. 저 『반야심경』의 명구 '색즉시공 공즉시색'이나, 선가에서 말하는 '마음 밖에 일 없고 일밖에 마음 없다(心外無事 事外無心)'는 것과 딱 포개어진다.

그리고 '산은 산, 물은 물(山是山 水是水)'인 원래적 입장이 '산이 물이고 물이 산(山是水 水是山)'인 산은 산이 아니고 물은 물이 아닌 사상적 표현으로 전환되고 다시 자성본원으로 돌아와 '산 역시 산이고 물 역시 물(山亦是山 水

亦是水)'의 체험적 결과로 전환하는 것, 모두 십우도식 스타일로 볼 때는 제8인 인우구망(人牛俱忘)의 단계, 즉 그림에서 보듯이 소도 사람도 모두 사라지고 '텅 빈 원상'으로 표현되었다가, 다시 ⑨ 반본환원(返本還源)이나 마지막 ⑩ 입전수수(入廛垂手)로 들어서는 원의 전환 운동으로 볼 수 있다. 이것은 저 아인슈타인이 만년에 탐구에 몰두한 통일장 이론과 흡사함을 알 수 있다.

마치 생과 사, 색과 공이 그러하듯이 사는 동시에 슬금슬금 죽어가며 죽어지지 않고는 살 수가 없는 것과 마찬가지다. 이것은 확암의 〈십우도〉에 보았듯이 손가락으로 허공에 원을 그리면 그리는 동시에 사라져버리듯이 천장만장을 연출하면서 돌아보면 아무것도 남지 않는 투명한 유리구슬이다. 이것이 나이며 너이고 그대인 것이다.

2. 한국의 소 찾는 노래 (1)

우리는 앞 장에서 「심우송」의 뿌리를 살펴보았다. 중국 문헌상 8세기 남전보원 장에 심우의 공안이 보이나, 티베트의 「십상도」가 전해지는 것으로 보아, 이와 같은 내용의 그림들이 인도로부터 전해지는 것으로 추측된다. 단 「십상도」는 소가 아니고 코끼리이며, 검은 코끼리가 수도에 따라 희게 변하는 것으로 보아 보명의 〈심우도〉 타입일 것이다. 중국으로 들어와 확암식 스타일의 선시가 발전되었음이 추측된다.

우리나라 역시 많은 선장들의 「심우송」이 보이나 그중 경허, 만해, 구산, 설악 등의 계송이 세간에 퍼져 있다. 경허가 북송의 확암의 〈심우도〉를 보고 화답한 시다. 세상에 여러 종류의 심우도(혹은 십우도)가 있으나, 보명의 〈심우도〉와 확암의 〈심우도〉가 지금까지 사찰 법당에 벽화로 사용되고 있다. 그중 확암의 〈심우도〉가 가장 잘 갖추어져 있을 뿐 아니라, 선(禪)을 차제로 나타낸 단계 역시 분명하다.

여기에 많은 선장들이 차운하였지만, 우리나라에서는 경허와 만해의 「심우송」과 근래의 설악의 「심우송」이 우뚝하다. 확암이나 만해는 깨달음의 차제, 곧 점수로 단계적 깨달음의 여행을 시키고 있고, 이와는 달리 경허의 「심우10송」과 설악의 「심우송」은 돈오적 입장에서 화답하였다. 그리고 확암의 게송을 차운한 경허의 「심우8송」도 있다.

또 지금 수덕사 금선대에 비장되어 있는 경허의 〈심우도〉 6폭도 살펴보자. 선장들의 게송이 점오의 차제 법문이던 돈오의 일할의 법문이던 모두 순역종횡 하여 보는 이를 적기(賊機)로 몰아넣기에 충분하다. 곧 조사의 간절노파심절의 면목인, 일할(一喝)의 할(喝)로 있을 뿐이다.

* 우리나라 선을 중흥시킨 한국의 달마로 일컫는 경허성우의 법계
임제의현(38대)……양기방회(45대)……급암종신(55대) – 석옥청공 – 태고보우(57대)……청허휴정(63대) – 편양언기 – 풍담의심 – 월담설제 – 환성지안(67대) – 호암체정 – 청봉거안 – 율봉청고 – 금허법침 – 용암혜언 – 영월봉율 – 만화보선 – 경허성우(75대)

* 현금 설악산에 주석하는 선승이며 시인인 설악 조오현의 법계는 아래와 같다.
임제의현(38대)……양기방회(45대)……급암종신(55대) – 석옥청공 – 태고보우(57대)……청허휴정(63대) – 편양언기 – 풍담의심 – 월담설제 – 환성지안(67대) – 용성진종(68대) – 고암상언(69대) – 성준성각 – 설악무산(오현. 71대)

1) 경허의 「심우10송」과 설악의 「심우송」

① 소를 찾다(第一 尋牛)

본래부터 잃지 않았으니 어찌 찾을 필요 있겠는가. 다만 이렇게 찾는 게 비로자나불의 스승이야. 푸른 산 맑은 물에 꾀꼬리 제비 지저귀니, 가지가지 물건물

건 기밀 누설하네. 쯧!

本自不失何用更尋秖這尋底毘盧之師山靑水綠鶯吟燕語頭頭漏泄 咄

— 경허

누가 내 이마에 좌우 무인(拇印)*을 찍어놓고
누가 나로 하여금 수배하게 하였는가
천만금 현상으로도 찾지 못할 내 행방을.

천 개 눈으로도 볼 수 없는 화살이다.
팔이 무릎까지 닿아도 잡지 못할 화살이다.
도살장 쇠도끼 먹고 그 화살로 간 도둑이여.

— 설악

• 무인 : 엄지로 찍은 손도장.

• 주해

분주히 소를 찾는 상을 그렸다. 마음을 소로 하여 표현했지만, 마음이 소이고 중이다.

본문은 송나라의 확암의 「심우송(尋牛頌)」을 보고 경허가 스스로 경지를 읊은 게송이다. 여기에 많은 선장들이 차운하였지만, 우리나라에서는 돈오적 게송으로는 경허와 설악의 게송이 백미다. 특기할 것은 경허의 「심우10송」은 산문시로 된 반면에 설악의 「심우송」은 우리나라의 현대시조의 스타일을 띠고 있다. 확암과 만해의 차운은 차제로 노래하였고, 경허와 설악의 「심우송」은 격외적이고 파격적이며, 일초직입의 돈오적 게송이다. 그리고 주해와 착어는 필자의 소견이다.

② 자취를 보다(第二 見跡)

봄빛의 오묘함은 백화가 난만한 데 있지 않네. 누런 동자와 푸른 귤이야말로 최고 중에 최고. 노래노래 부르네. 발자취 있는 것은 소 돌아가고 있고, 마음 없으면 도가 바로 여기 있네. 좋고 좋아 노래노래 부르네. 옛 사당 속의 향로, 맑은 가을 들판의 물이네. 좋고 좋아 노래노래 부르네.

昭光之妙不在百花爛熳最是橙黃橘綠好好哥哥跡在牛還在無心道易親好好哥哥古廟
裏香爐澄秋野水好好哥哥

— 경허

명의(名醫), 진맥으로도 끝내 알 수 없는 도심(盜心)
그 무슨 인감도 없이 하늘까지 팔고 갔나
낭자히 흩어진 자국 음담(淫談) 속으로 음담 속으로.

세상을 물장구치듯 그렇게 산 엄적(掩迹)°이다.
그 엄적 석녀(石女)°가 지켜 외려 죽은 도산(倒産)이다.
그물을 찢고 간 고기 다시 물에 걸림이여.

• 임직 : 감춘 발자취.
• 석녀 : 실상을 형상화한 표현.

— 설악

• 주해

차차 소의 발자취를 발견한다. 처음 공부하여 점차 마음의 자취를 본다.

• 착어

숲은 아득하고 아무리 숲을 향해도
아무리 맨땅을 밟아도
숲밖에 있음이여 !

이 저녁
아물아물 아지랑이

③ 소를 보다(第三 見牛)

할하고 이르길 '설사 신령한 빛이 홀로 비추어 하늘과 땅을 덮을지라도 여전히 섬돌 밑 사람이 혼을 희롱하는 손과 발이니 도깨비장난은 하지 않는 게 좋다 자말하라 무엇을 보았는가? 할.

일할.

喝云得如靈光獨耀箇天箇地猶是階下漢弄精魂脚手莫魑魅魍魎好且道見箇甚麼喝 一喝

— 경허

어젯밤 그늘에 비친 고삐 벗고 선 그림자
그 무형의 그 열상(裂傷)을 초범으로 다스린다
태어난 목숨의 빚을 아직 갚지 못했는데

하늘 위 둔석(窀穸)•에서 누가 앓는 천만이다 둔석 광중•
상두꾼도 없는 상여 마을 밖을 가는 거다
어머니 사련의 아들 그 목숨의 반경(反徑)•이여.

- 둔석 : 무덤구덩이.
- 광중(壙中) : 시체가 놓이는 무덤의 구덩이를 이르는 말.
- 반경 : 지름길을 돌아 옴.

— 설악

• **주해**

소의 형태와 모양을 본다. 선지식에 법을 묻고 수학하여 본래 마음의 소 면목을 본다.

• **착어**

목 달아난다.
없다, 없어.
돌아 돌아가라.

④ 소를 얻다(第四 得牛)

보아 얻었다면 없지는 않으나 제2두*를 어찌 하려는가? 아직 보지 못한 자는 보라 이미 본 자는 오히려 미혹되어 잃게 하네. 깨달은 자는 영겁토록 깨달은 자 미혹되어 잃은 자는 영원히 미혹되어 잃은 자 자, 이러함이 정당한가 정당치 못한가?

탁자를 한 번 치고, 이르다.

한 번 버들가지 잡았으나 거두어들일 순 없으니 온풍이 옥난간에 걸리네.
見得則不無爭奈爲第二頭未見得者永得見已見得者却令迷失又却令悟得者永悟得迷失者永迷失還正當得也未以柱杖打
卓一下云
一把柳條收不得和風搭在玉欄干

• 제2두 : 제2의(第2義)에 떨어짐.

— 경허

삶도 올거미도 없이 코뚜레를 움켜잡고
헤맨 걸음 몇 만보냐 매어둘 형법을 찾아
죽어도 한뢰로 우는 생령이여, 강도여.

과녁을 뚫지 못하고 돌아오는 명적(鳴鏑)*이다
짜릿한 감전의 아픔 복사해본 살빛이다
이 천지 돌쩌귀에 얽혀 죽지 못한 운명이여.

• 명적 : 화살이 우는 소리.

— 설악

● 주해

소를 붙든 후에는 놓아기르듯이 돈오 뒤에 오는 보임은 만리에 풀 한포기 없는 순수한 실상 본지로 되돌아간다.

⑤ 소를 기르다(第五 牧牛)

선함과 악함은 모두 마음이라서 닦을 수도 없고 끊을 수도 없는 것 마치 벌레 독이 깔린 마을을 지나는 것같이 한 방울이라도 닿아서는 안 되는 것이다. 마음은 별다른 마음 없으니, 탐욕과 음욕을 끊지 못하면 마침내 금생을 다할 때 죽은 사람의 눈처럼 되지 행할 수 있는 것이 아니야. 자 말하라. 어떻게 해야 옳은지를 구구는 팔십일 이 또한 쓸 데 없네. 용천 선사는 사십년에도 항상 바삐 돌아다녔고 향엄 선사는 사십년 만에 부딪쳐서 한 조각을 이루었다.

아! 진정 얻기는 쉬워도 지키기는 어렵네. 조금 얻었다고 해서 만족하지 말지니 반드시 선지식을 참례하여 다방면으로 단련해야 비로소 얻어진다.

善惡俱是心不可以修斷是如過蠱毒之鄕水也不得霑着一滴是心無異心不斷貪婬是及盡今時如死人眼是俱是險路不可以行且道如何則是九九八十一又椀達邱湧泉四十年尙有走作香林四十年打成一片吁得易守難且莫得少爲足須參知識鑪鞴多方始得

— 경허

돌도 풀도 없는 그 성부(城府)의 원야(原野)를
쟁기도 또 보삽도 없이 형벌처럼 다 갈았나
이제는 하늘이 울어도 외박할 줄 모르네.

마지막 이름 두 자를 날인할 하늘이다
무슨 그 측연(測鉛)으로도 잴 수 없는 바다다
다시금 반답(反畓)을 하는 섬지기의 육신이여.

— 설악

● 주해

고삐 풀린 소를 잡았으나 아직 야성이 있어서 길들인다. 곧 수도로 힘을 얻었으나 아직 탐(貪)·진(嗔)·치(癡)의 관습을 끊지 못함을 노래한다.

● 착어

갈려 있고 빈손의

너그러움이여 입 없는
고놈 말마디 맵짜다
넌 원래부터
금지옥엽이어라

⑥ 소 타고 집에 돌아가다(第六 騎牛歸家)

사생육도를 거치면서 억겁토록 쓰디쓴 고생을 했지만 어찌 한 걸음인들 고향을 떠났으리.

하하하

피리 소리는 갈운곡,* 그 이름은 동정호의 마음이요 청산의 다리리.

비록 그렇다 해도 노형께선 아직 돌아가지 못했다고 말하려니 알겠는가?

계침*에 이르리라.

六途四生歷劫辛酸何曾一步移着家鄕呵呵笛聲遏雲谷名同庭湖靑山脚雖然如是敢保老兄猶未歸會麽 桂琛道底

- 갈운곡 : 피리 소리가 너무 아름다워 가던 구름도 멈춘다는 골짜기.
- 계침 : 나한계침(羅漢桂琛, 867~928) 선사. 현사사비의 법제자. 『경허어록』에서는 선의 비밀구(秘密句)라고 의역하였다.

— 경허

징소리로 비 개이고 동천(洞天) 물소리 높던 날
한 웃음 만발하여 싣고 가는 이 소식을
그 고향 어느 가풍에 매혼(埋魂)*해야 하는가.

살아온 죄적(罪迹) 속에 못 살릴 그 사구(死句)다
도매(盜買)*할 삶을 따라 달아난 그 탈구(脫句)*다
그 무슨 도필(刀筆)을 잡고도 못 새길 음양각(陽陰刻)이여

- 매혼 : 넋을 묻음. 마음을 묻음.
- 도매 : 도적질하여 팜.
- 탈구 : 벗어난 글귀.

● 주해

사람과 소가 하나가 되어 집으로 돌아온다. 고르고 복종시켜 하모니를 얻으매 들노래 부르고 피리 불며 편안히 집으로 돌아간다. 곧 이미 깨침이 있어 번뇌 망상에 벗어나 본래 마음 소를 타고 집으로 돌아가다.

⑦ 소는 잊고 사람만 있다(第七 忘牛存人)

한숨 자세 어찌 이리 설칠 일 있는가. 홀로 일없이 앉아 있으니 봄이 오고 풀이 저절로 푸르다. 이낟은 종기 난 위에 쑥뜸을 더하는 것 같다.

보지 못했는가. 곧바로 푸른 하늘에 한 방망이를 먹여야 한다.

왜 그런가? 비 내리기 좋은 비 오지 않고, 날이 개여야 할 때 개이지 않으니, 그렇네. 비로 그렇다 하더라도 이 무슨 심보냐?

아! 오랫동안 문을 나서지 않으니 이 무슨 경계인가? 이 낟 속을 향하여 되돌아보지 않으니 이 무슨 경계인가? 뜬 세상에 이러쿵저러쿵 상관치 않으니 이 또한 무슨 경계인가?

양 눈썹을 아끼지 않고 너를 위해 보인다.

머리를 숙이거나 얼굴을 들어도 감출 곳이 없고

구름은 푸른 하늘에 있고 물은 병 속에 있네.●

撞眼去何得恁地狼藉兀然無事坐春來草自靑這箇是癰瘡上添艾炙相似不見道直須靑天也須喫棒爲甚如此好作雨時不作雨堪晴天時不晴天雖然如是是甚麼心行噫噫長年不出戶是何境界莫向這裏屙出去是何境界浮生穿鑿不相關是何境界不惜兩莖眉毛爲爾提出

低頭仰面無藏處

雲在靑天水在瓶

● 「雲在靑天水在瓶」은 약산 유엄과 낭주자사 이고(李翱) 사이에서 출생한 아름답고 매혹적인 선시다. 이 선화에 덧붙여 보여주고 싶다.

몸은 연마하여 학과 같이 되었으니(鍊得身形似鶴形)
천 그루 솔 밑 두어 권 경(千株松下兩函經)
내가 도를 물으니 아무 말씀 없이(我來問道無餘說)
푸른 하늘엔 구름 병 속엔 물(雲在靑天水在瓶)   이고

낭주자사 이고는 약산(藥山惟嚴, 745~828)의 덕화를 오래전부터 듣고 흠모하여 산사로부터 내려오셔서 설법하여 줄 것을 자주 간청했다. 그러나 약산이 끝내 하산하지 않자, 산사에 직접 찾아갔으나 선사가 경을 보면서 돌아보지도 않았다. 시자가 스님께 '태수가 왔다'고 아뢰었다. 약산이 미동도 하지 않자 태수는 성질이 나서 '얼굴을 보는 것이 이름을 듣는 것 보다 나을 게 없군' 하며 무안을 쏘아 보내자, 약산이 '어째서 태수는 귀만 귀히 여기고 직접 보는 눈을 천히 여기시오?' 하니, 이고가 약산에게 '어떤 것이 도냐?'라고 물었다. 약산은 아무 말 없이 손을 들어 하늘과 땅을 가리키면서 '알겠습니까?' '모르겠습니다'

선사가 이어서 읊다. "구름은 하늘에 있고 물은 병 안에 있네(雲在青天水在瓶)."[6]

— 경허

과태료 백 원 있으면 침 뱉어도 좋은 세상
낚시를 그냥 삼킨들 무슨 걸림 있으리까
살아온 생각 하나도 어디로 가 버렸는데……

눈감고도 갈 수 있는 이승의 칼끝이다
천만개 칼만 벼르는 저승의 도산(刀山)이다.
이·저승 다 팔아먹고 새김질하는 나날이여.

— 설악

• 주해

집에 돌아와 소가 더 이상 필요치 않는 경지이다. 다른 판본에는 도가망우(到家忘牛), 곧 '집에 이르니 소를 잊다'라는 제목으로 나온다. 자기 수중에 소는 잊었으나 오히려 득우(得牛)했다는 상은 버리지 못하니, 이것은 사람이 본각(本覺)에 이르러 무위(無爲)의 땅에 도달하여 모든 상이 비었으나 오히려 아공(我空)이 되지 못한 것이다.

• 착어

그래도 내가 있다 여기 저기 달그림자 천장만장에 저것이 없다 말한다 그

---

6) 『선문염송』 9권, 335칙, 「雲在」·『경덕전등록』 14권, 「약산유엄선사」

래도 네가 있지 무한창공에 흐르는 달이 있어 달을 보네

⑧ 사람과 소 몰록 잊다(第八 人牛俱忘)

시리소로 못다야 지다야 사바하

또 버들꽃을 따고 버들꽃을 따다. 오랫동안 수행을 했어도 여기에 이르러서는 몰록 미망하고 아득하여 갈팡질팡하니 한 푼어치 가치도 없다

알겠는가?

변방은 장군의 명령이고 나라 안에는 천자의 칙령이로다. 할! 일할

悉利蘇魯沒多野地多野娑婆訶

又摘楊花摘楊花長年修行到此却是迷茫顚倒不直一分錢會麼塞外將軍令寰中天子勅 喝 一喝

— 경허

히히히 호호호호 으히히히 으허허허
하하하 으하하하 으이이이 이 흐흐흐
껄껄걸 으아으아이 우후후후 후이이

약없는 마른버짐이 온 몸에 번진 거다
손으로 짚는 육갑 명씨 박힌 전생의 눈이다
한 생각 한 방망이로 부셔버린 삼천대계여.

● 주해

소도 잊고 사람도 잊은 것이니 바로 7단계에서 남아 있던 사람마저 잊는다. 곧 사람도 잊고 소도 잊다(人牛俱忘)의 경지는 ⑨ 근원으로 돌아오다(返本還源)와 같은 경지이니 굳이 표현하자면, '어허리 달게 어허리 달게'요, '시리시리 소로소로 못다야 지다야 사바하'이고 '울 넘어 물외 따오너라'이며 '봄이 오니 풀은 저절로 푸르다'와 '옛 향로에 찬 재만 그윽하다'의 경지이니 참의 경지인 바로 진공묘유(眞空妙有)의 진공(眞空)이고 고요와 되비침(寂照)의

적(寂)의 경지라 해도 빈말이다.

● 착어

조주가 말한 '부처 있는 곳엔 머물지 말고
부처 없는 곳엔 뛰어가라. 그리고
삼천리 밖에서 사람을 만나도 거론하지 말라'
다시 '버들강아지 버들강아지'라
한 말
발로 차라.

⑨ 근원에 돌아오다(第九 返本還源)

학의 다리 비록 길어도 자르려면 걱정되고 오리의 다리는 짧아도 이으려 하
면 걱정되네. 발우는 자루가 필요가 없고 조리는 새는 것이 맞지 않은가.
금주에는 부자요 병주에는 철이로다.
만물이 저마다 본래 땅이 좋지 않은가.
양식이 풍부하고 땔감 많아서 네 이웃이 풍족하다. 이것이 호남성 밑에 불을
부는 입술은 뾰족 하고 글을 읽는 혀는 날름대니 이것은 대우의 가풍이네.
다시 한 구가 있지 내일로 미루겠노라.

鶴脛雖長斷之則憂鳧脛雖短續之則愁鉢盂不得着柄笊籬且宜有漏綿州附子并州鐵萬
物無非本處好米賤紫多足四隣是箇湖南城下吹火尖嘴讀書彈舌也是大愚家風更有一句
付在來日

— 경허

석녀와 살아 백정을 낳고 금리(金利) 속에 사는 뜻을
스스로 믿지를 못해 내가 나를 수감했으리
몇 겁을 간통 당해도 아, 나는 아직 동진(童眞)이네.

길가의 돌사자가 내 발등을 물어
놀라 나자빠진 세상 일으킬 장수가 없어
스스로 일어나 앉아 만져보는 삶이여.

— 설악

● 주해

이는 소와 사람의 상조차 모두 여의고 한 물건도 존재하지 않는 '산 저절로 산이고 물 저절로 물'의 경계에 도달한다. 스스로 마음이 본래 청정한 무소득(無所得)의 소득(所得)을 얻어 무실무득(無失無得)의 아무도 모르는 불회처(不會處)에 이른 것이다.

⑧ 인우구망(人牛俱忘)과 ⑨ 반본환원(返本還源)은 '부처를 초월하고 진인을 뛰어넘다'(超佛越祖是眞人)의 경지이니 우리는 그저 선의 진경, 부처님의 경지라 부른다. 그럼 위 선게에 초불월조시진인(超佛越祖是眞人)의 말은 무엇인가? 이것이 바로 선의 진경이고 부처님의 경지라 부르는 줄 알라.

⑩ 저자에 손을 드리우다(第十 垂手入廛)

목녀의 꿈과 석인의 노래여! 이것은 육진(六塵)의 그림자다. 상이 없는 부처도 용납지 못 하는데 비로자나불의 정수리가 무엇이 그리 귀할까 보냐?

방초언덕에 놀다가 갈대꽃 숲에서 잠을 자네.

포대를 메고 저자에서 교화함과 요령을 흔들며 마을에 들어가는 것은 실로 일을 마친 사람의 경계이네.

전날에 풀속을 헤치고 소를 찾던 시절과 같은가 다른가? 가죽 밑에 피가 있는 놈이면 모름지기 착안해보라.

木女之夢石人之歌也是前塵影事無相之佛難容毘盧之頂何貴遊芳草岸宿蘆花洲荷袋遊市振鈴入村寔爲了事漢境界與前日撥草尋牛的時節同耶不同耶皮下有血底幸須着眼始得

— 경허

생선 비린내가 좋아 견대(肩帶) 차고 나온 저자
장가들어 본처는 버리고 소실을 얻어 살아볼까
나막신 그 나막신 하나 남 주고도 부자라네.

일금 삼백 원에 마누라를 팔아먹고
일금 삼백 원에 두 눈까지 빼 팔고

해돋는 보리밭머리 밥 얻으려 가는 문둥이어, 진문둥이어.

— 설악

● 주해

시장거리로 돌아와 중생에 대한 노파심절로 자비의 손을 드리우고 제도한
다. 마치 한 사람이라도 성불치 못하면 불국토로 가지 않는 경계를 뭐라 하겠
는가?

이 경지는 바로 격외가(格外歌)로 바보들의 행진이라 할까? '깔깔 허허 우
우 호호 멍멍 엄매엄매 꼬끼오 꼬 야옹야옹'이니 아는 사람 알 뿐이다. 그러
나 세상만사 모른다고들 한다. 고요의, 부처님의, 진경(眞景)의 진공(眞空)이고,
적(寂)에서 되살아나니 묘용(妙用)이고 조(照)의 경지, 진성(眞性)의 활성화이
다.

● 착어

모른다 몰라.
제자리에서 자기 일 하는
돌 사람.
여기저기
깔깔 허허 우우 호호 멍멍
엄매엄매 꼬끼 꼬끼 야옹
야옹

3. 한국의 소 찾는 노래 (2)

한국의 달마대사로 칭호를 받는 경허화상은 희미해져가는 선의 등불을 크
게 진작시킨 대선사다. 앞에서 「심우송」의 뿌리가 되는 남전과 조주의 선화,

북송 확암의 「심우송」과 보명의 「심우송」을 살펴보았다. 그리고 우리나라 경허의 「심우10송」을 중심으로 현금의 선승인 설악무산의 「심우송」도 살펴보았다. 우리는 경허의 「심우송」에서 산문체와 응송을 뒤섞어 활달하게 순역종횡하는 쾅쾅함을 맛보았다. 그리고 그 원류가 되는 확암지원의 「심우송」에서 담담하게 차제를 따라 소를 기르고 자기화하는 과정을 익혀보았다. 그리고 살활자재함이 경허의 「심우송」을 다시 읽는 듯한 설악의 「심우송」에서 활활발발한 활구로 눈을 밝혀 보기도 했다.

이 장에서 소개하고자 하는 경허의 「심우8송」은 앞 돈오돈수적인 경허의 「심우10송」과 설악의 「심우송」에서 보여준 가풍과는 달리 중생의 근기에 알맞게 보살피고 적기하는 대선장의 간절노파심절을 읽을 수 있게 된다.

또 경허의 「심우송법문」은 수덕사 금선대에 병풍으로 비장되어 있는 것으로 진기한 선가의 보물이다. 법문 중 게송은 확암의 게송이며, 수시나 착어는 경허 자신이 지은 것이다.

그리고 이 장에서 확암의 점수적인 가르침을 이은 만해 한용운의 차제 법문을 살펴보기로 하고 이어 경허의 「심우송법문」 옮기기로 한다.

1) 경허의 「심우 8송」과 만해의 「심우송」

① 소를 찾다(尋牛)

可笑尋牛者	가소롭다 소 찾는 이여
騎牛更覓牛	소를 타고도 소를 찾네
斜陽芳草路	노을 진 방초길에
那事實悠悠	이 일이 실로 아득하구나

— 경허

분주히 소를 찾는 상을 그린 것. 마음을 소로 가차하여 표현했다.

우리의 태어나기 전 마음이 곧 우리의 마음인데 빛나는 쇠에 녹이 슬듯 몸을 받으면서 어느덧 녹이 쓸어버린다. 어느 덧이 언제이냐? '비롯함이 없는 지금[無始以來]'이라고 성현들은 말한다. 마음소가 약간 바깥 경계에 끄달리어 조금 아주 조금 비켜 앉았다 할까? 마음소가 초발심한다. 소를 찾는다. 이것이 심우다.

다시 말하면 경허가 노래하듯이 '소 타고 있으면서 다시 소를 찾는구나(騎牛更覓牛)'이다. 이것은 아는 것이 아니다. 선장들은 한결같이 불회(不會), 불여(不知) 혹은 불식(不識) 이라고 만 말한다.

그럼 소를 찾는 심우인, 만해의 심우송을 읽어보자.

此物元非無處尋　　원래 못 찾을 리 없긴 없어도
山中但覺白雲沈　　산 속에 흰 구름이 이리 낄 줄이야!
絕壑斷崖攀不得　　다가서는 벼랑이라 발 못 붙인 채
風生虎嘯復龍吟　　호랑이와 용울음에 생을 떠네

— 만해

만해의 심우송은 착실히 앞장에서 보아온 확암의 심우송을 차운하고 있다. 그와 동시에 내용 역시 패러디하고 있음을 우리는 살필 수 있다.

1행과 2행의 확암의 게송과 배대하여 보면 잘 드러난다. "아득히 풀 헤치면 소를 찾아도(茫茫撥草去追尋)/ 물 넓고 산은 멀어 길은 끝없네(水闊山遙路更深)." 그리고 3행과 4행 역시 이와 같다. 직접 확암의 게송과 만해의 게송을 읽어보자. "몸과 마음 지쳤는데 찾을 곳 없고(力盡神疲無處覓)/ 들리느니 단풍나무 늦매미 소리(但聞楓樹晚蟬唫)."

이것은 조사님네가 시를 작시하는 데 목적이 있지 않고 진흙탕에 빠져 이류중행하여 중생을 눈 뜨게 하는 데 목적이 있기 때문이다.

② 자취를 보다(見跡)

猿鳥春心慣	원숭이와 새들 춘심에 겨워하는데
未登古路悠	옛길 오르지 못해 시름에 젖었네
箇中消息在	그 가운데 소식 있으니
跡向藪雲悠	자취가 구름 숲속에 그윽하구나

— 경허

소의 발자취를 발견한다. 처음 공부하여 점차 마음의 자취를 본다.

원조춘심(猿鳥春心), 모든 물물은 삶의 흥이 절로 넘치지만, 발심한 나는 오직 '이것'뿐이다. 이것의 발자취는 물물(物物)의 두두(頭頭)이니 숨을 곳 없다.

여기서 확암은 "산이 깊고 또다시 깊고 깊은 들/하늘 닿는 소 콧구멍 어찌 숨기리" 하며 노래했고, 경허는 「심우10송」에서 "옛 사당 속의 향로 맑은 가을 들판의 물이네, 좋고 좋아 노래 부르네."라고 읊었다. 4행에서 말하듯 "자취가 구름 숲속에 그윽하구나(跡向藪雲悠)." 하지만 구름 밖에도 그윽하니 아는 사람은 안다.

狐狸滿山凡幾多	여우 삵괭이 득실대는 산
回頭又問是甚麼	머리 돌려 다시 묻네, 이 뭣꼬
忽看披草踏花跡	문득 보니 풀 헤치고 꽃 밟은 자취
別徑何須更覓他	굳이 다른 데 가서 찾을 리 있으랴

— 만해

③ 온전히 드러나다(露現全體)

曠劫相將地	광겁에 田地를 지니고 있었는데
驀然透一區	갑자기 한 구역이 뚫렸네
曾聞雪山裏	일찍이 듣자니 설산 속에
浮香萬年留	젖향기 만년이나 머물렀다 하네

— 경허

소의 형태와 모양을 보고 득의한다. 선지식에 법을 묻고 수학하여 본래 마음의 소 면목을 보고 얻는다. 그러나 오랜 습성에 의해 소는 야성 그대로이니 길들여 조복을 받아야 하리.

원래 가지고 있는 것. 하지만 우리는 콧구멍 막힌 채 살았을 뿐이다. 우리 석가 스승님, 이 콧구멍을 뚫으니 젖 향기가 만년을 머물렀고 만년 흐름이 분명하다. 무엇으로 뚫었나? 손가락이다. 경허는 말한다. '보아 얻었다면 없지는 않으나 제2두를 어찌 하려는가?' 이 '낯'은 어찌하려는가?

확암이나 경허 「심우10송」과 배대하면 ③ 노현전체(露現全體)은 '③ 견우'와 '④ 득우'에 해당한다. 그저 그렇게 보아 얻었다면 그대는 헛것을 얻었다고 감히 필자가 보증한다. 선장들은 이것을 '나무 아래서 잘 생각해보라(林下好商量)'고 권한다. 바로 '이것'이다.

至今何必更聞聲	이제 하필 그 소리 들어야 하랴
拂白白兮踏靑靑	푸른 밭 밟고 선 희고 흰 모습이여
不離一步立看披	일보도 옮기지 않고 그를 보노니
毛角元非到此成	털과 뿔 원래 오늘 이룸이 아닐세

— 만해

④ 길들이고 보임하다(調伏保任)

幾廻成落草	밭풀에 놓아 먹인지 얼마였던지
鼻索實難投	고삐를 잡아당기기 어려웠네
賴有今日事	다행히 오늘 같은 노력이 있어
江山盡我收	강산을 내가 모두 거두었네

— 경허

고삐 풀린 소를 잡았으나 아직 야성이 있어서 길들인다. 곧 수도로 힘을 얻었으나 아직 탐·진·치 관습을 끊지 못함을 노래하지만 한 번 이른 나는 꾸준히 성태(聖胎)를 장양(長養)할 뿐이다. 본문의 계송 4행에서 경허는 말한다. "강산을 내가 모두 거두었네"(江山盡我收)라고, 그렇다. 이젠 소를 길들이고 항복받고 다진다. 곧 깨친 다음 보림(保任)에 임한다.

만해는 차운하기를 "어느덧 굴레 씌워 끌지 않아도/온갖 일 따르게 됨 신기하여"라고 노래하고, 확암 역시 "돌보는 중 소의 성미 차차 순해져/안 끌어도 제 먼저 사람 따르네"라고 노래한다.

여기에 이르면 이제 실상본지로 소 타고 환지본처하는 일만 남는다.

已見更疑不得渠	보고는 다 잡지 못할까 애태워듯이
擾擾失心亦離除	잃을세라 이 걱정 끊기 어렵네
頓覺其縛紀在手	몰록 깨달으니 그 재갈 손에 있는데
大似元來不離居	본래 같이 있는 듯해 이상도 하지

— 만해

飼養馴致兩加身	기르고 길들이기 잊지 않음은
恐彼野性逸入塵	행여나 옛 버릇 나서 달아날세라
片時不待羈與絆	어느덧 굴레 씌워 끌지 않아도
萬事於今必須人	온갖 일 따르게 됨 신기하여

— 만해

⑤ 마음대로 집에 돌아오다(任雲歸家)

東西非內外	동서와 내외가 원래 없거늘
任運向家邱	내 마음대로 집을 향해 간다
無孔一枝笛	한 가자 구멍 없는 젓대
聲聲難自由	소리마다 자유롭기는 아직 일러

— 경허

사람과 소가 하나가 되어 집으로 돌아온다. 고르고 복종시켜 하모니를 얻으매 들노래 부르고 피리 불며 편안히 집으로 돌아간다. 곧 이미 깨침이 있어 번뇌 망상에서 벗어나 본래 마음소를 타고 집으로 돌아간다.

경허는 그의 「심우 10송」에서 이 대목을 통쾌 장쾌하게 노래한다. 들으라.

"사생육도를 거치면서 억겁토록 쓰디쓴 고생을 했지만 어찌 한 걸음인들 고향을 떠났으리. 하하하. 피리 소리는 갈운곡, 그 이름은 '동정호의 마음이요 청산의 다리'리. 비록 그렇다 해도 노형께선 아직 돌아가지 못했다고 말하려니 알겠는가?"

또 만해는 읊는다.

"채찍질함도 없이 돌아가는 길/안개 늘 낀들 상관 있으랴."

不費鞭影任歸家	채찍질함도 없이 돌아가는 길
溪山何妨隔烟霞	안개 늘 낀들 상관있으랴
斜日吃盡長程草	긴 길가 그 많은 풀 먹어치울 제
春風未見香入牙	봄바람의 향기도 입에 씹히네

— 만해

⑥ 소는 없고 사람만 있다(忘牛存人)

風燈泡沫了	바람 앞 등불, 물거품 일 마쳤는데
何法更堪求	무엇을 다시 구하려 하는가
寄語長安道	장안 큰 길에 말을 부치노니
聲前不得休	소리 앞에 아직 쉬지 못하였네

— 경허

「심우 10송」에서 이곳을 경허는 후련하게 토설한다.

"한숨 자세 어찌 이리 설칠 일 있는가. 홀로 일없이 앉아 있으니 봄이 오고 풀이 저절로 푸르다. 이 낡은 종기 난 위에 쑥뜸을 더하는 것 같다. 보지 못했는가? 곧바로 푸른 하늘에 한 방망이를 먹여야 한다."

'마음대로 귀가(任運歸家)'한다. 고향집이 동쪽이라고만 생각하지 말라. 동쪽도 좋고 서쪽도 좋다. 그러나 귀하는 아직 한 가지 잊은 것이 있나니. 경허는 이른다.

"보지 못했는가. 곧바로 푸른 하늘에 한 방망이를 먹여야 한다.

왜 그런가? 비 내리기 좋은 비 오지 않고, 날이 개어야 할 때 개지 않으니, 그렇네. 바로 그렇다 하더라도 이 무슨 심보냐? 아! 오랫동안 문을 나서지 않으니 이 무슨 경계인가? 이 낱 속을 향하여 되돌아보지 않으니 이 무슨 경계인가? 뜬 세상에 이러쿵저러쿵 상관치 않으니 이 또한 무슨 경계인가?

양 눈썹을 아끼지 않고 너를 위해 보인다.

머리를 숙이거나 얼굴을 들어도 감출 곳이 없고

구름은 푸른 하늘에 있고 물은 병 속에 있네."

요컨대 그럼 뜻대로 왜? 되지 않는가. 이것은 경계는 잊었으나, 마음속에 내가 있기 때문이다. 내가 있음을 깨닫게 해주니 잘 보고 보라. "머리를 숙이고 얼굴을 들어도 감출 곳 없네/오직 구름은 푸른 하늘에 물은 물병에 있지." 그렇다. 바로 망우존인(忘牛存人)이기 때문이다.

自任逸蹄水復山	빠른 걸음 소에 맡겨 산이며 물을
綠水靑山白日閑	달리느니 세월은 한가롭기만
雖然已忘桃林野	복숭아 숲을 휘돌던 일 잊고 난 뒤
片夢猶在小窓間	간간이 창밖으로 꿈은 달리네

— 만해

⑦ 사람과 소가 함께 없다(人牛俱忘)

寂光猶未至	적광토엔 아직 이르지 못했는데
添得一毛毬	쪽방울만 하나 더 얻었네
此道無多在	이 도리 별스런 데 있지 않아서•
山高水自流	산은 높고 물 저절로 흐르는구나

• 별스럽지 않다(無多在) : 임제가 황벽에게 불법이 별스럽지 않다고 말했음.

— 경허

이곳은 부처의 진경이고 진인(眞人)의 본향(本鄕)이다. 곧 인우구망하고 반본환원의 경지이니 바로 진공묘유(眞空妙有)의 진공(眞空)이고, 적조동시(寂照同時)의 적(寂)의 진경이다. 소도 잊고 사람도 잊은 것이니 바로 7단계에서 남아 있던 사람마저 잊는다. 곧 조주가 말한 '부처 있는 곳엔 머물지 말고 부처 없는 곳엔 뛰어가라. 그리고 삼천리 밖에서 사람을 만나도 거론하지 말라' 하였고 또 '버들강아지 버들강아지'라 한 말을 음미해보자.

확암은 "화로 불꽃이 어찌 눈을 용납하리요/여기에서 조종과 하나가 된다" 하였고 만해는 "하늘로 빼어든 칼 먼지 하나 못 앉거니/천추에 조종 있음 그 어찌 용납하리오" 하였다.

또 경허가 말한, '버들꽃을 따고 버들꽃을 따다. 오랫동안 수행을 했어도 여기에 이르러서는 몰록, 미하고 아득하여 갈팡질팡하니 한 푼어치 가치도 없다'고 노래했다. 그리고 이어 우리에게 왜 가치가 없다고 생각하는가? 되묻는다.

'알겠는가? 변방은 장군의 명령이고 나라 안에는 천자의 칙령이로다. 할! 일할'이며 다시 경허가 ⑨ 반본환원에서 "학의 다리 비록 길어도 자르려면 걱정되고 오리의 다리는 짧아도 이으려 하면 걱정되네. 발우는 자루가 필요가 없고 조리는 새는 것이 맞지 않은가." 그리고 "다시 한 구가 있지 내일로 미루겠노라." 한 진경처이다.

非徒色空空亦空	색만 공이 아니라 공 또한 공이기에
已無塞處復無通	막힘도 없으려니 통함인들 있을 줄이
纖塵不立依天劍	하늘로 빼어든 칼 먼지 하나 못 앉거니
肯許千秋有朝宗	천추에 조종 있음 그 어찌 용납하리

— 만해

三明六通元非功	삼명이라 육통이라 별것 없나니
何似若盲復如聾	소경인양 벙어린양

回首毛角未生外	돌아보니 털도 뿔도 나지 않은 곳
春來依舊百花紅	봄이라 활짝 핀 꽃 붉기도 한 빛

— 만해

⑧ 이류 가운데 일(異類中事)

被毛兼戴角	터럭을 쓰고 겸하여 뿔 이었으니
燈楊語啾啾	등탑•이 말하기를 추추•하더라
祖佛今身外	불조 밖의 이 몸이여
長年走市頭	긴 세월 저자 거리로 싸다니네

- 등탑(燈塔) : 대웅전 앞의 석등
- 추추(啾啾) : 벌레 우는 소리, 새 우는 소리, 원숭이 우는 소리, 방울 소리, 피리 소리, 망령이 우는 소리.

— 경허

이는 소와 사람의 상조차 모두 여의고 한 물건도 존재하지 않는 '산 저절로 산이고 물 저절로 물'의 경계에 도달한다. 스스로 마음이 본래 청정한 무소득(無所得)의 소득을 얻어 무실무득(無失無得)의 아무도 모르는 불회처(不會處)에 이른 것. 곧 진공묘유(眞空妙有)의 묘유이고 적조동시(寂照同時)의 되비침(照)의 세계다.

그럼 환지본처한 마음소는 어떠한가? 시장거리로 돌아와 중생에 대한 노파심절로 자비의 손을 드리우고 나와 남을 제도한다. 마치 한 사람이라도 성불치 못하면 불국토로 가지 않는 경계를 뭐라 하겠는가? 우리는 그저 모른다 몰라. 제자리에서 자기 일 하는 저 사람. 그렇게 말할 뿐.

「십우송」에 배대하면 ⑩ 입전수수(入廛垂手)이다. 경허는 노래한다.

"목녀의 꿈과 석인의 노래여! 이것은 육진(六塵)의 그림자다. 상이 없는 부처도 용납지 못 하는데 비로자나불의 정수리가 무엇이 그리 귀할까 보냐?

방초언덕에 놀다가 갈대꽃 숲에서 잠을 자네.

포대를 메고 저자에서 교화함과 요령을 흔들며 마을에 들어가는 것은 실로 일을 마친 사람의 경계이네.

전날에 풀 속을 헤치고 소를 찾던 시절과 같은가 다른가? 가죽 밑에 피가 있는 놈이면 모르지기 착안해보라."

'이류중행(異類中行)', 같은 종류에 속하지 않고 다른 종류에 가서 제도함이니 바로 '반본환원'한 다음, '입전수수'행을 말한다.

入泥入水任去來	어디에나 마음대로 드나들면서
哭笑無端不盈顋	울고 웃고 그 뺨엔 흔적도 못내
他日茫茫苦海裡	괴로움의 바다 속 언젠가
更教蓮花火中開	불꽃가운데 연꽃을 피게 하려니

— 만해

2) 경허의 「심우송 법문」

이 「심우송 법문」은 확암의 심우송 ⑥ 기우귀가까지를 경허가 법문한 것이다. 삼단계로 짜여 있다.

앞부분에 경허 스스로 수시(垂示)하였고, 가운데는 확암의 「심우송」을 본칙(本則)으로 삼고, 뒷부분에 붙인 경허의 4 · 4구 평으로 각 장마다 착어하였다, 수덕사 금선대에 비장된 〈심우도〉 6폭 병풍에 담겨 있다.

① 소를 찾다(第一 尋牛)

일찍이 잃지 않았으니 무엇 하려고 애써 찾는가? 깨달음을 등짐으로 말미암아 성불법에 소외되어 티끌세상으로만 향하여 드디어 집을 잃고 헤매는데 길은 점점 멀고 겹겹이 높은 산, 얻고 잃어버림이 치연하여 시비가 벌떼 일어나 듯 하도다.

망망한 풀숲 헤치고 찾아 들어가니

물은 흐르고 산은 먼데 길은 갈수록 깊기만 하여라
몸과 마음 다하여 찾을 수 없는 곳에
다만 시원한 나뭇가지에 늦매미 소리만 들려라

* 30년 동안 몇 사람에게나 되먹이장사로 속여 왔던가.
從來不失 何用追尋
由 背覺以 成疎在 向塵而 遂失家 山漸遠 岾路嵯峨 得失 熾然 是非蜂起

茫茫撥艸去追尋
水濶山遙路更深
力盡神疲無處覓
但聞風樹晚蟬吟

三十年來 賺殺幾人

② 자취를 발견하다(第二 見跡)

경을 의지하여 뜻을 알고 교를 열람하여 종지에 알음알이를 밝히라 하니, 슬프다 대중이여. 전체는 오직 하나를 위함이며, 만물은 곧 자기가 됨이로다. 사(邪)와 정(正)을 가리지 못하는데 참과 거짓을 어찌 구분하랴. 이문으로 드는 자는 권세와 방편으로 견적을 삼는다.

물가의 숲 아래 흔한 건 소 발자취
풀 우거진 그 속엔 보는가 못 보는가?
산이 깊고 또다시 깊고 깊은 들
하늘 닿는 소 콧구멍 어찌 숨기리

* 남산의 풍월 적선(謫仙)에게 실어 보낸다.
依經解義 閱敎知宗 明衆哭 爲一全體 萬物爲自己 邪正不辨 眞僞奚分 未入斯門
權爲見跡

水邊林下跡偏多
芳草披披見耶麼
縱是深山更深處
遼天鼻孔怎藏他

南山風月 輸了謫仙*

• 적선 : 일반적으로 이백을 통칭하나 여기에서는 불특정 다수를 지칭함.

③ 소를 보다(第三 見牛)

소리를 좇아 들어가 보이는 곳에서는 근원을 만나 6근 문에 부딪쳐옴과 부딪침이 서로 분명하여 움직이는 가운데 머리 머리 온전히 드러나 물 가운데 옴.

가지에 앉아 꾀꼬리 울음 울고
따스한 햇볕 기슭에는 버들 푸르러
이제는 피하려야 피치 못하기
보이네, 뚜렷한 저 뿔! 그려도 못 미쳐

* 남산(南山)에 북수(北水)가 다시 돌아오지 않는다.
從聲得入 見處逢源 六根門着 着無差動用中 頭頭現路 水中鹹味 色裡膠精 眨上眉毛 但非他物

黃鶯枝上一聲聲
日暖風和岸柳靑
只此更無回避處
森森頭角畫難性

南山* 北水* 一返不再

• 남산(南山) : 진공묘유할 때 묘유(妙有), 응용(應用), 조(照), 타향(他鄕)을 뜻한다.
• 북수(北水) : 적조(寂照)나 체용(體用)을 말할 때 진공(眞空), 본체(本體), 적(寂),

타향(故鄕)을 말한다.

④ 소를 얻다(第四 得牛)

오랫동안 문 밖에 매몰되었던 저를 금일에야 만나니, 아무리 수승한 경지로도 쫓기가 어렵다. 저 산의 우거진 방초 어쩌지 못하여 우악한 마음은 아직 일어나, 야성을 순화하고자 할진대 반드시 채찍의 재촉을 더할 일이다.

온갖 힘 기울여서 붙잡은 이 소
힘이 세어 다루기 정말 어렵네
고원 위로 겨우 끌고 오르기도 하고
안개구름 깊은 속에 거처하라

* 이러한 면목은 멀찍이 나누어 붙지 않게 하라.

久埋郊外 今日逢渠 由境勝以 難追 戀芳叢而 不已 頑心尙湧 野性猶存 欲得純化 必加鞭楚

竭盡神通獲得渠
心强力將卒難除
有時纔到高原上
又人烟雲深處去

這般面目 分疎不下•

• 우리는 너무나 오랜 관습으로 인한 자기 확신이 참인 양하는 믿음과 사유로
  고정화되어 있다. 이제 이 '낯'을 잡았다. 움직이지 마라. 무소뿔처럼 가라. 올
  라갔다 내려갔다 넘어졌다 엎어졌다. 발광하는구나.

필자가 오대산에서 미수가 넘은 노선객 고송종협 선사에게 물었다.
"끝이 가물가물할 때 어떻게 실참실수해야 하는지 일러주십시오."
"똑바로 가라."

삼배의 예를 드렸다.

⑤ 소를 먹이다(第五 牧牛)

앞생각을 겨우 일으키면 뒷생각이 서로 따르니 깨닫는 길로는 참을 이루고 혼미(迷)한 경계로는 거짓(妄)을 이룬다. 경계를 원인하지 않아도 스스로 마음은 일게 된다. 고삐 잡아당기는 알음알이로 의논함은 용납지 못하리라.

고삐를 부여잡고 놓치 않음은

행여나 제멋대로 달아날새라

돌보는 중 소의 성미 차차 순해져

안 끌어도 제 먼저 사람 따르네

* 환영의 성(城) 환영의 누각(樓閣) 남가일몽(南柯一夢)일레.

前思纔起 後念相隨 由覺路以 成眞 在迷境而 成妄 不由境有 唯自心生 鼻索 牢牽 不用議擬

鞭索時時不離身

恐伊縱步入埃塵

相將牧得純和也

羈鎖無抑自逐人

幻城幻樓 夢中南柯•

• 남가(南柯) : 남가일몽. 당나라 덕종 때 순우분은 그의 집에 늙은 느티나무 아래서 잠이 들었는데, 괴안국 사자가 와서 느티나무 안으로 따라갔다. 괴안국의 임금이 보고 매우 기뻐하여 순우분을 사위로 삼고 남가군의 태수로 삼았다. 태수가 된 지 20년, 황폐한 고장을 잘 다스려 그곳 백성들은 순우분의 공덕을 칭찬하여 송덕비를 세웠고, 임금은 순우분을 믿고 영지를 주어 재상을 삼았다. 그러나 그의 아내가 병으로 죽으므로 순우분은 태수를 그만두고 서울로 올라갔다. 모든 고관대작은 순우분과 사귀기를 원했고 따라서 권세가 점점 커갔다. 이에 국왕은 내심 불안을 느낄 때, 신하 중 한 사람이 도읍을 옮겨야 함을 상소하였다. 세상에는 순우분의 세력이 너무 강하여 화를 불러온 것이라

했다. 왕은 드디어 순우분을 가택연금시켰다. 그 후 순우분이 별다른 잘못이 없음을 알은 왕은 순우분을 고향집으로 돌려보냈다. 이때 순우분은 바로 느티나무 아래에서 잠이 깨었다.(이공좌의『남가기(南柯記)』를 간추림)

⑥ 소 타고 집에 돌아가다(第六 騎牛歸家)

예리한 창으로 이미 타파해 버리고 보니, 득실이 도리어 공이다. 나무꾼은 촌에서 노래 부르고 아이들은 들어서 피리를 분다. 소위에 가로지른 몸, 눈으로 아득히 하늘에 구름을 보아 부르고 대답함이 역력하여 뇌롱(牢籠)에 있지 않는구나.

멀리 소를 타고 집에 돌아가는 길
피리 소리에 실려가네 저녁놀 빛
한 박자 한 곡조의 무한한 뜻은
아는 이면 어이 꼭 입을 놀리랴

* 즐거운 일 아직 거두지 못했는데 또한 타향으로 어찌 나부끼는가

干戈已罷 得失還空 唱樵子之村歌 吹兒童之野笛 身橫牛上 目視雲霄 呼嗅不回 牢籠不在•

騎牛迤邐欲還家
羌笛聲聲送晚霞
一拍一歌無限意
知音何必鼓脣牙

樂事未遂 又飄他鄕•

• 뇌롱(牢籠) : 힘을 들여 억지로 만들어놓은 집.
• 낙사(樂事) : 공부가 다된 경지.

조동종의 성립과 동산의 「오위정편」 그리고 상찰의 『십현담』 연구

1. 조동종이란

조동종은 동산양개(洞山良价, 807~869)와 동산의 제자인 조산본적(曹山本寂, 840~921)에 의하여 창립되었다. 흔히 스승의 호를 앞에 두고, 제자의 이름을 다음에 붙이는 것이 상례이나, 조산의 조자(曹字)가 선종의 개조라 할 수 있는 6조의 조계(曹溪)란 이름을 따서 본적이 주석한 산에다 붙였기 때문에 조동종이라 불리게 된다.

우리나라 조선의 큰스님인 청허휴정(淸虛休靜, 1520~1604)은 조동종의 가풍을 "권도로써 오위를 열어놓아 상중하의 세 가지 근기를 잘 다룬다. 보배 칼을 뽑아들고 삿된 소견 많은 숲을 베어내고 널리 고루 통하는 길 묘하게 맞추어 모든 생각을 끊어낸다. 본래면목 나기 전 그 빛이고 천지가 생기기 전 세계의 풍광이다. 조동종은 바로 부처님도 태어나지 않는 일체가 없던 그 전, 바른 것 치우친 것, 있는 것 없는 것에 떨어지지 않는 것이다."[1]라 했다.

---

1) 청허휴정, 『선가구감』, 용담 역, 인물연구소. 1982. 181~182쪽.
　曹洞家風 權開五位 善接三根 横抽寶劍 斬諸見稠林 妙協弘通 截萬機穿鑿 威音那畔
　滿目煙光 空劫以前 一壺風月 要識曹洞宗麽 佛祖未生空劫外 正偏不落有無機

조동종은 6조 혜능-청원행사-석두희천-약산유엄-운암담성-동산양개
-조산본적의 법계니, 앞장에서 살펴본 6조 혜능-남악회양-마조도일-백장
회해-위산영우-앙산혜적을 잇는 위앙종과는 이미 6조 혜능 아래에서 갈라
진 셈이다.

조동종의 선장들은 동산양개의 제자로 운거도응, 조산본적, 용아거둔, 소산
광인 등이 있고 후대의 선장으로는 투자의청, 부용도해, 단하자순, 천동정각,
동안상찰 등이 드러났다.

2. 무정물의 설법을 듣는 양개

동산양개는 현 절강성 회계인으로 성은 유(兪)씨다. 어릴 적에 출가하였다.
스승은 그에게 『반야심경』을 강설하게 되었는데, '무안이비설신의'(無眼耳鼻舌
身意)에 이르러 갑자기 얼굴에 손을 얹고 "저는 눈 귀 코가 다 있는데 경에는
없다고만 하십니까?"[2] 하고 물으니, 스승은 이 아이가 범상치 않음을 알게
되었다. 당시 스승은 "나는 그대의 스승이 아니다"라고 감탄한다. 이것은 어
린 사미가 아직 무엇을 이해하는 데는 미숙하나 자기 스스로 판단하여 의심
이 있으면 의심을 하는 그 정신의 독자성에 대한 칭찬이다. 경전의 말씀이라
하여 무조건 따르는 학인들보다, 훨씬 자주적인 정신을 소유하고 있다는데
스승을 감탄시킨 것이다.

다음 선시는 양개가 그의 스승 운암과 작별할 때 준 화두 '바로 이것[只這
是]'을 깨치고 난 후에 읊은 오도시다. 감상해보자.

切忌從他覓　　　다른 데서 그를 찾지 말라
迢迢與我疏　　　멀고 멀어져 나와 소원하리라

---

2) 『조당집』 제6권 「동산화상」 동국역경원, 1981, 242쪽.

我今獨自往	나는 이제 혼자 가지만
處處得逢渠	어디에서나 그를 만날 것이다
渠今正是我	지금도 그는 바로 나 자신이고
我今不是渠	나는 지금도 바로 그가 아니다
應須恁麼會	이것을 깨달음으로써만
方得契如如	비로소 여여함에 계합하리라

　위의 게송은 자성본원에 활연계회하여 희열에 찬 용솟음이 그대로 전해진다. 마지막 행에 여여(如如)란 진여를 말한다. 『도덕경』 모두의 "말로 표현되는 도는 도가 아니요, 이름 지을 수 있는 이름은 영원한 이름이 아니다(道可道 非常道 名可名 非常名)."에서 '도'는 근본적으로 표현 불가능한 것으로 '도'에 관해서 얘기한다는 것은 자성본원을 벗어나는 것. '도'는 다른 사람에게 전달될 수 있는 무엇이 아니다. 따라서 누구나 스스로 직관에 의해 계합할 뿐이다. 선장들은 '도'를 보여주고 지시함이 아니라, 오직 학인들이 내재하는 지혜의 작용을 자극시키려는 의도 자체가 가르침이다. 사람들이 부르는 이름(名)들은 우리 자신이 가지고 있는 '도'를 환기시켜 우리를 근원으로 돌아가라는 일종의 방편 법문일 뿐이다. 곧 '여여'란 말은 존재자를 존재하게 하는 자존체(自存體)로서 도가(道家)의 상도(常道)에 상응한다. 위의 게송 중에서 우리가 새겨야 할 것은 다음의 구절이다.

　나는 이제 혼자 가지만
　어디에서나 그를 만날 것이다.
　지금도 그는 바로 나 자신이고
　나는 지금도 바로 그가 아니다.

　위의 시구는 어떠한 상(相)도 짓지 않는 전성전일(全性全一)하고 유일무이(唯一無二)하여 온 세상이 통째로 유리구슬이어서 '어디에서나 그를 만나게 되는 것'이 아니고, 그가 나이고 나는 그가 아니어서 당초부터 떨어져 있지 아니함을 아는 것일 뿐.

그래서 다음 행인 '지금도 그는 바로 나 자신'이어서 '나는 지금도 그가 아니다'라고 확인한다. 이것을 이해하기 위해 우리는 다시 한 번 전에 따져본 『벽암록』의 선구를 되새길 필요가 있다.

여러분! 말후구를 알고자 하는가? 노호를 아는 것은 허락하지만 노호를 만나는 것을 허락하지 않는다.
諸人 要會末後句麼 只許老胡知 不許老胡知

이 선게(禪偈)는 진리를 아는 것은 말할 수 있는 차원이지만, 진리 당처와 만난다, 혹은 만남을 안다 할 때는 이미 주객이 분리된 이해 차원으로 떨어진다. 진리를 영회하는 것은, 진리 당처와 계합하는 것은 이미 안다는 차원이 아니므로 이미 알았다는 생각이 들면 그것은 단지 이해한다는 차원일 뿐, 바로 그것이 되었다는 것은 아니다. 그래서 노호를 아는 것은 허락하지만 노호와 영회함은 허락하지 않는다는 표현을 쓸 수밖에 다른 도리가 없다.

動靜從來每如俱	오나가나 언제나 함께 했거늘
廻頭驀地始逢渠	고개를 돌리자 갑자기 만났다
直饒伊麼猶堪在	설사 그렇게 견디고 있어
喚作如如又猶迢	여여라고 불리우나 도리어 멀다

— 법진일

위의 두 선시를 낳게 한 선화는 이러하다.

동산이 그의 스승인 운암과 작별할 때 스승이 말했다.
"이번에 우리가 헤어지면 다시는 서로 만나기가 어려울 거야."

"오히려 만나지 않기가 어려울 겁니다(難得不相見)."

이렇게 대답하고 동산은 다시 물었다.

"스님께서 입적하신 뒤에 사람들이 저에게 '네 스승의 진면목이 어떻더냐?'라고 물으면 무어라고 대답해야 좋겠습니까?(和尚百年後 忽有人間 還邈得師眞否)"

운암이 한참 잠자코 있다가 대답했다.

"바로 이것이네(只這是)."

이에 동산이 이것을 생각하며 우두커니 생각에 잠겨 있는데 운암은 다음과 같이 말했다.

"이 일을 이해하려면 최대한 잘 살펴야하고 신중해야 하네(承當這个事 大須審細)."[3]

양개는 행각을 떠나 여러 곳을 순방하면서도 '바로 이것이다'라는 말을 곱씹었다. 동산은 스승의 말을 계속 음미하는데 하루는 시냇물을 건너다가 물위에 비친 자기 모습을 보고 그 자리에서 '이것'의 참뜻을 깨닫는다. 이 깨달음의 요약이 위의 게송이다.

위 양개의 오도송은 글자마다 모두가 참되고 확신에 찬 신념에서 우러나옴을 느낄 수 있다. 면밀한 통찰력에서 얻어지는 살아 있는 경험은 우리를 깊숙한 세계와 더불어 편안함을 주기에 충분하다. 양개는 이와 같이 발가벗은 '이것'을 체득하므로 자주적인 깨달음의 세계를 똑 바로 갈 수 있었다. 그는 혜능의 자성본원을 더욱 확신하므로 오직 새로운 드높은 정신의 소유자로 진정한 자유인으로 주유천하할 수 있었던 것이다.

양개는 50대 초반인 860년경에 강서성에 있는 동산(洞山)의 방장이 되었고, 이때부터 동산이란 호로 불리게 된다.

하루는 스승 운암의 기일에 제사를 올리려고 법상에 올랐는데, 한 학인이 동산에게 물었다.

---

3) 『선문염송』 권17, 680칙 「사진(師眞)」.

"스님께서 운암화상의 문하에 계실 때 무슨 특별한 교시라도 있었습니까?(和尚 在雲嵓處 得何指示)"

"내가 비록 그곳에 있었지만 아무런 교시도 받은 바 없네."

"그러시다면 스님께서는 어찌해서 큰스님에게 제사를 드리십니까?(旣不蒙指示 何故爲佗設齋)"

"그를 배반할 수는 없네(爭取違背佗)."

"그렇다면 스님은 이미 남전에게서 발심하셨는데, 어째서 운암의 제사를 지내십니까?(和尚 旣發足南泉 何故 爲雲嵓設齋)"

"나는 큰스님의 도덕이 높고 불법이 깊은 것을 존중하는 것이 아니라, 오직 그분이 나에게 진리를 설파해 주시지 않았기 때문에 그분을 존중할 뿐일세(我不重先師道德 亦不爲佛法 只重佗當時 不爲我說破)."

이 대답에 그 학인은 동산에게 운암의 가르침에 전적으로 긍정하는가의 여부를 물었다. 동산이 대답했다.

"절반은 긍정하고 절반은 동의할 수 없네(半肯反不背)."

"왜 전적으로 긍정하지 않으십니까?"

"아, 그건 내가 만약 전부 긍정하면 큰스님을 저버리는 것이 되네(我若全肯 則辜負先師去也)."[4]

여기서 우리가 읽을 수 있는 것은 그가 나이가 들어도 관념과 관습의 노예가 되지 않고 어디까지나 자주적이며 독창적 정신은 조금도 감퇴되지 않는 본연자체의 순수를 지니고 있다는 것이다. 하루는 동산이 한 학인과 대화를 나누었다.

"추위와 더위가 닥쳐옵니다. 어떻게 피해야 합니까?(寒暑到來 如何回避)"

"추위와 더위가 없는 곳으로 가면 되지(何不向無寒暑處去)."

"거기가 어디입니까?"

"그곳, 추우면 얼어 죽게 하고 더우면 그대를 타 죽게 하는 곳이지(寒時 寒殺闍梨 熱時 熱殺闍梨)."[5]

---

4) 『선문염송』 권17, 682칙 「指示」.
5) 『선문염송』 권17, 686칙 「寒暑」.

『벽암록』 43칙에 「동산무한서(洞山無寒暑)」로 기록된 유명한 공안이다. 이 선화의 첫 행인 '한서도래 여하회피(寒暑到來 如何回避)' 이면에는 '생과 사의 갈림길, 절대절명의 순간에 이르렀을 때 어떻게 해야 그것을 벗어날 수 있겠느냐?'라는 의미가 숨겨져 있다. 그리고 추위와 더위가 없는 곳은, 바로 '생사가 없는 곳으로 가면 되지 않겠나?' 하는 속뜻이 있고, 마지막 4행은 '한시 한 살사리 열시 열살사리(寒時 寒殺闍梨 熱時 熱殺闍梨)'의 기표는 '추우면 얼어 죽게 하고 더우면 타 죽이는 곳'으로 읽히지만, 이 말 뒤에는 '최선을 다해 살고 또 죽음에 임해서는 하늘이 다하고 땅이 다하도록 철저하게 죽으라'는 의미가 숨어 있다. 모름지기 도인이든 생활인이든 오직 '진인사대천명(盡人事待天命)'만이 여한이 없는 삶이라는 것을 일깨워 주고 있다. 사리(闍梨)란 말은 산스크리트어 Acary다. '아사리'로 음역된 약어다. 의역하면 교수(敎授) 정행사(正行士) 등으로 한역된다.

그럼『선문염송』에 담겨 있는 게송 몇 수를 음미하며 선의 세계로 다가서 보자.

㉮
垂手還同萬仞崖　　손을 드리워도 만길 벼랑일세
正偏何必在安排　　바름과 치우침, 어찌 분별함에 있으랴
琉璃古殿照明月　　유리궁전에 찬란한 달빛이 비치니
忍俊韓猶空上階　　바보 같은 개가 공연히 이층을 오르네
　　　　　　　　　　　　　　　　　　 — 설두현

㉯
一盤黑白互交羅　　한소반에 흑과 백이 뒤섞였으니
生殺其中細琢磨　　죽이고 살리는 일 자세히 연마했네
樵人疑着當頭着　　나무꾼이 첫 번부터 홀려들어
不覺腰閒爛斧柯　　허리에 찬 도끼자루 썩는 줄 몰라라
　　　　　　　　　　　　　　　　　　 — 청동각

ᄃ

盤走珠珠走盤	소반이 구슬 굴리고 구슬이 소반 굴리니
偏中正正中偏	정 가운데 편이고 편 가운데 정이네
羚羊掛角無蹤迹	산양이 뿔을 거니 자취가 없거늘
獵獹遶林空跦踟	사냥개는 숲을 돌며 공연히 서성댄다

— 원오근

㉔ 게송의 작가 설두현은『전등록』중 선화 100제를 뽑아 게송을 부쳤다. 세상에서 일컫는『송고백칙』의 저자다.

1행에서 "손을 드리워도 만길 벼랑일세(垂手還同萬仞崖)"에서 '수수'(垂手)는 손을 드리운다로 직역되니 곧 후학을 가르치기 위해 손을 늘어뜨림을 말하고, '만인애(萬仞崖)'라 함은 앞의 중생제도를 위해 구원의 손길을 폄, 그 자체가 매우 평범해 보이지만 실은 그대로 자성본원의 세계에 확고하게 자리 잡고 있는 제일 명제다. 쉽사리 접근할 수 없는 고준한 경지여서 '만길 벼랑'으로 표현한 것이다. 결국 앞 선화에 나오는 "추우면 얼어 죽게 하고 더우면 그대를 타 죽게 하는 곳"이란 말은 얼핏 보기엔 흔한 선문의 상투어 같이 보이나 실은 그대로가 바로 '만인애'의 고준한 경지로 읽힌다.

2행에 정편(正偏)은 동산이 제창한 오위설(五位說)에 속하는 '바름(正)/치우침(偏)'을 가리킨다. 정위(正位)란 만법의 절대관, 평등 곧 자성본원을 지칭하고 편위(偏位)란 만법의 상대관, 분별 곧 두두물물을 지칭한다. 이 구절은 '정편이 어찌 반드시 적당한 안배에 있으랴'로 읽히니, 다시 사족을 부치면 '동산이 법계'를 '바름/치우침'의 범주에 넣고 설하지만 법계란 그런 범주 밖에 엄연히 존재해 있음'을 말하고자 한다.

3행의 "유리궁전에 찬란한 달빛이 비치니(琉璃古殿照明月)"는 동산의 바름/치우침을 자재로이 활용함을 미적으로 형상화한 것이다. 동산이 말하는 '무한서처(無寒暑處)'야말로 '유리로 된 옛 궁전에 명월이 비치는 곳'이 아니고 무엇인가.

마지막 4행 "바보 같은 개가 공연히 이층을 오르네(忍俊韓獹空上階)"에서 '인준(忍俊)'의 '인'은 의지가 강함이고 '준'은 영민함을 뜻한다. '한로(韓獹)'는 전국시대의 한씨의 개가 영리하고 민첩했으나 토끼를 쫓다가 지쳐 죽었다는 고사에서 인용한 것으로 이 정도라면 개가 영리한 것인지 모자라는 것인지 알 수 없다. 이 개처럼 동산에게 질문한 승려도 무한서처(無寒暑處)가 어디 있는가 하고 찾아다니며 2층에 올라가보기도 하고 지붕 위에도 올라가보며 달빛을 찾고 있는 의지가 강하고 영민하기도 하나 바보 개가 된다. '공상계(空上階)'는 공연히 2층에 올라감을 말한다.

㉯의 게송 1행과 2행은 '흑/백, 생/사 양변의 세상사를 자세히 살피고 살폈음'을 노래했고 3행과 4행에서 범부 목동들은 태어나자마자 무명에 의해 그것이 본체 평등 일체인 줄 알고 분별로 보는 현상에 현혹되어 아옹다옹 살고 있음을 노래했다.

㉰의 게송 1행은 본체인 평등이 응용이고 응용인 분별이 본체임을 노래했고 2행은 바름과 치우침이 인연에 따라 대응하니, 정(正) 역시 편(偏)이고 편 역시 정이다. 3행과 4행은 '어찌 정/편이 모양을 가질 수 있을까 사람들은 사냥개와 같이 이곳에 닿지 못하고 공연히 서성대고 있음'을 읊었다.

자, 이쯤 되면 보일 것 다 보이고, 벗을 것 다 벗었으니 오직 여러분들에게 몸에 몸을 맡깁니다. 알아서들 하시오. 그리고 ㉯의 게송이나 ㉰의 게송을 마음껏 한번 읽어보시기 바랄 뿐입니다. 또 간절히 청하오니 비록 조사가 한번 그대들 발아래 밟힐지라도 다시 30년을 참구하시고 사량하시기 바라오.

위의 선화에서 보듯이 동산은 할이나 방을 쓰지 않았고, 그는 공안을 이용하여 학인들을 참구시키며 어렵게 하지도 않았다. 동산은 문답을 주로 사용하였는데 대화는 평이한 것이지만 그 이면의 의미는 깊고 오묘하였다.

그런 선화 가운데 하나를 더 들어보기로 하자.

한 승려가 동산이 운암의 진영에 제사를 올리는데 "돌아가신 운암 큰스님께서 '그저 이것(只這是)'뿐이라 하셨다는데 그 뜻이 무엇입니까?" 하고 물었다. 그러자 동산은 "내가 그때 자칫하면 돌아가신 스님의 뜻을 잘못 알 뻔했네"라 하였다. 다시 그 승려는 "그럼 운암 큰스님은 알고 계셨는지요" 하고 다시 묻는다. 이에 동산은 "만일 알지 못했다면 어찌 그렇게 말할 줄 알았으며, 만일 알았다면 어찌 그런 말을 긍정하였겠는가?"라고 대답했다.

이 선화에 나오는 '이것'은 앞에서도 나왔듯이 자성본원인 진아를 가리킨다. 앞에서 '있다[有]'는 실유(實有)나 실재(實在)를 말한다. 이런 존재하되 보이지 않아 말로 표현되지 않는 것들이다. 따라서 '이것'이라는 표현은 정확한 표현이 될 수 없다. 그러나 우리는 오직 '이것'이 존재함을 의식하곤 한다. 필자의 생각으로는 동산이 가리키고자 하는 것은 너와 나, 우리들의 자성본원을 드러내어 학인이 스스로 깨닫게 하기 위한 의도로 보인다. 위대한 선사인 동산은 자신의 견해를 자세히 설명해주기보다는 학인이 스스로 생각하고 해답에 이르도록 자극하고 유도하려 했다. 스스로 얻은 답은 스승이 설명해준 백 개의 해답보다 값진 것이다.

이러한 이유로 조동종을 연구하다 보면 제자를 가르치기 위한 오위정편(五位正偏)이나 오위군신(五位君臣)6)의 설법을 만나게 된다. 이 설법은 근기가 낮

---

6) 五位正偏 혹은 五位君臣으로 불리어지는 조동종의 교리는 사실 미급한 참학인을 지도하기 위해 만들어놓은 便法에 불과하다. 이 오위에 관해서 이설이 많다. 조동종의 개조인 洞山과 그의 제자 曹山조차도 그 견해와 표현을 달리한다. 참고로 조산의 오위군신은 다음과 같다. ① 正位(자성본원, 공), ② 偏位(색계, 현상계), ③ 正中偏(경험적 사실을 통하여 理法의 세계로 회향함), ④ 偏中正(경험의 세계를 떠나 中道의 세계로 들어감), ⑤ 兼帶(體/相, 理/事, 空/色 등의 이원화를 붙이

은 사람을 위해, 체계적으로 깨달음의 차제를 설정한 것이지만, 동산이 우리에게 주려는 것은 자성본원을 돈오시키기 위한 간절 노파심이다. 그런데 이러한 동산의 가르침을 잘못 읽은 학자들은 학설과 개요에 매달려 본말이 전도된 분석과 해석에만 열중함을 종종 보게 됨도 아울러 밝힌다.

지금부터 노래할 오위의 노래를 한순간에 활연영회하면 그뿐이지만 그렇지 못하면 꼼꼼히 따져보아야 한다. 그렇지만 오위의 설정은 치밀하게 분석하는데 있지 않음도 더 보태어둔다.

조동종 선장들이 한결같이 고심한 정과 편의 문제인, 즉 자성본원으로 돈입되는 평등 불이의 세계로 들기 위해, 오위정편의 기관을 통과해보자.

정(正)은 이(理), 본체의 절대적 평등을 말하고, 편(偏)은 사(事)와 응용의 끝없는 현상분별을 나타낸다.

자, 이제 게송을 통해 동산이 설한 오위의 도리를 가늠해보자.

3. 오위정편의 노래[7]

1) 정중편

正中偏	정중편이여
三更初夜月明前	삼경인 초하루 밤 달뜨기 전일세
莫愧相逢不相識	만나고도 못 알아봄 괴이쩍게 생각마소
隱隱猶懷舊日嫌	어슴프레 지난날의 흔적 아직 품었구나

로 회감 융통함)
7) 『조동록』 선림고경총서 14, 장경각, 1987, 82~84쪽.

정중편(正中偏)은 본체[正] 가운데 현상[偏], 곧 현상에 의하여 감추어진 본체를 말한다. 학인은 자기가 바로 '밝음[明]'으로 있음을 의식하지 못하고 무명으로 인해 차별적인 현상에만 머물려 든다. 오랜 현상적인 이치를 연구하고 분석하여 깨달음이 있다고 해도 깨달았다는 생각을 가지게 되어 깨달았다는 이해에 머물게 된다. 이것은 깨침이 아니라 분별이 된다. 정중편을 두 가지로 이해할 수 있다. 하나는 학인이 처음 현상과 현상의 관계를 연구하여 깨달음의 단초(端初)를 발견하게 되는 것과 다른 하나는 자성본원을 처음 깨달은 사람들의 특성을 표현했다.

깨달음이란 위의 게송대로, 달 뜨기 전 초하루 밤 삼경의 어둠에 비유될 수 있다. 모든 차별현상이 칠흑 같은 어둠에 빨려들어 어둠 본원으로 돌아간다. 철저한 치우침[偏]은 차별적 현상을 깨끗이 씻어준다. 이것은 우리의 자성본원에 이르면 모든 차별망상이 지워지듯이 '생/사', '시/비', '애/증', '번뇌/보리' 따위의 대립은 눈 녹듯이 사라져버림을 형상화하고 있다. 또 이곳은 더 이상 차별세계는 존재하지 않으니, 부처니 중생이니 본질과 현상 이런 것조차 끼어들 틈조차 없다. 일체가 밝음 일색이거나, 어둠만이 온통 가득 찬 세계. 무엇이 평등이고 무엇이 분별인가? 일체가 체/용 밖의 소식이다.

학인들은 이쯤 되면 스스로 환희용약(歡喜勇躍)하지만 꿀 먹은 벙어리가 된다. 그래서 동산은 3행으로 경책한다. "만나고도 못 알아봄 괴이쩍게 생각마소(莫愧相逢不相識)." 자성본원에 활연계회한 이는 어떻게 되는가? 당연히 알아볼 수 없고 어떻게 될 수도 없다. 이미 알았을 때는 지식의 차원이고 분별의 차원이어서 당연히 알 수 없지 않은가?

그래도 모른다면 우리는 앞장에서 살펴본 "지허노호지 불허노호회(只許老胡知 不許老胡會)"를 다시 한번 새길 수밖에 없다.

그러나 오랜 훈습에 의해 두텁게 덮인 업장이 언뜻언뜻 떠오르나니, 이럴 때는 묵묵히 가던 길로 곧장 가기만 하면 된다. 이때는 우리가 본래 자유인으로 태어났음을 어렴풋이 깨닫는 단계다.

2) 편중정

偏中正	편중정이여
失曉老婆逢古鏡	늦잠 잔 노파 옛 거울 만나는구나
分明覿面別無眞	눈앞에 분명해 다른 것 없나니
休更迷頭猶認影	머리 잘못 보아 그림자라 알지 마라

정중편은 바름 가운데에 치우침이 있어, 바름이 치우침을 어루만져 조화를 이루어 만사가 진행됨을 말한다면, 편중정(偏中正)은 현상[偏]이 본체[正]를 지시하여 문득 접근하니 구(球)와 같은 원융한 관계가 성립되어 세상만사가 조화를 이룬다. 『반야심경』의 도리로 말한다면 색즉시공(色卽是空)에 배대된다. 이러한 것을 동산은 위의 게송 중 2행으로 형상화한다. "늦잠 잔 노파 옛 거울 만나는구나(失曉老婆逢古鏡)."

위의 시행은 비유를 통하여 의미를 전이시키고 있다. 늦잠을 잔 아침에 문득 옛 거울에 비친 자기 얼굴(본래면목)을 본다. 일상에선 보이지 않던 이면까지 비친다. 이때는 거울이 자기고 자기가 고경(古鏡)이다. 분별에 의해 나타난 색상(色相)에서 스스로 얼굴을 본다. 이것이 편중정의 정체(正體)다.

확연한 이 모습 다른 것이라 이르지 말라. 분명하고 분명하다.

4행에서 '미두유인영(迷頭猶認影)'은 『능엄경』에 나오는 비유로, 연야달다(演若達多)라는 이가 거울에 비친 자기 얼굴에 도취되어 즐기고 있다가, 제 머리는 안 보이므로 자기는 머리도 없는 괴물인가 하여 미친 듯 날뛰었다는 고사에서 나온 말이다.

옛 거울(古鏡)에 의해, 옛 거울이 되었는데도, 영상과 자기를 다르게 보아 연야달다처럼 제 머리를 찾아 나선다. 이 얼마나 아이러니한가?

이제 우리는 평등이 차별이고 차별이 바로 평등인 불이의 세계인 색즉시공(色卽是空) 공즉시색(空卽是色)이어서 생사와 열반이 둘이 아닌, 번뇌와 보리가 회감회통 되는 세계에 대한 의심을 가질 수는 있더라도, 그럴 수 있다고 생각하고 묵묵히 가기만 하면 된다. 과거의 묵은 훈습을 버리지 못하고 가끔 찾아오더라도 그것은 환영일 뿐이며, 환지본처된 본래의 세계가 아님을 알면 그 뿐이다. 그래서 『반야심경』에서는 '깨달은 일이 없기 때문에/보살은 반야바라밀다가 되어/마음에 걸림이 없다/걸림이 없으므로/마음에 두려움이 없으며/마침내 뒤바뀐 꿈의 세상을 멀리 여의어서/문득, 더 나아갈 수 없는 열반에 든다'[8]고 간곡히 부촉하고 있다.

그러나 이러한 경지는 최상최고의 경지임은 분명하나, 고경(古鏡)을 본 사람 고경임을 안 각자(覺者)는 여기서 안주하지 않고 다음 단계로 들어선다고 동산은 노래한다.

3) 정중래

正中來	정중래여
無中有路隔塵埃	없음 중에 길이 있어도 티끌로 막네
但能不觸當今諱	당금의 휘를 부름이 저촉만 안 된다면
也勝前朝斷舌才	말 잘하던 고인보다 뛰어나리라

정중편이나 편중정에서 편(偏)과 정(正)이 상호 융통되는 불이의 세계를 보이기 위한 동산의 간절심을 느껴왔다. 정중래의 정은 게송, 1과 2에서 말한 정과는 다른 정이다. 곧 융합회통된 세계의 정이니, 이쯤 되면 무어라 부르든 관계가 없다. 편을 정이라 하든 정을 편이라 하든 무방하다. 편즉시정(偏卽是正)이고 정즉시편(正卽是偏)이다.

---

8) 以無所得故 菩提薩埵 依般若波羅蜜多故 心無罣礙 無罣礙故 無有恐怖 遠離顚倒夢想 究竟涅槃.

"없음 중에 길이 있어도 티끌로 막네(無中有路隔塵埃)." 자성본원에 활연계회한 후에 본질과 현상이라는 생각마저 지워버린 경지는 무어라 한정할 수 있는 말은 없다. 이는 절대현재의 이 순간이니 곧 절대의 무다. 바로 반야바라밀다 된 지혜, 반야지(般若智)가 영원한 절대적 무에 안주되어버림은 고정된 정상(定相)을 갖게 되는 것이니, 이것은 도리어 절대성을 깨어버리는 격이된다. 따라서 이 절대적인 무에 안주함을 무기공(無記空)에 빠진다 하여 선장들이 극히 경책한다. 곧 반야지의 완성은 〈십우도〉 스타일의 설법으로 볼 때, 소도 잊고 사람도 모두 잊으니 흔적과 형상이 없고 '자/타'가 무너지고 '주관/객관'이 해체되는 ⑧ 인우구망(人牛俱忘)의 경지다. 고향에 돌아오니 이를 〈십우도〉에서는 반본환원(返本還源)한다 하며, 이 고향이 바로 ⑩ 입전수수(入塵垂手)다. 상인은 물건을 팔고 농부는 일을 한다. 이것이 게송의 소식이니 '없는 속에 길이 있다(無中有路)'의 의미다.

3행에서 휘(諱)는 본명으로서 예부터 중국이나 우리나라에서 전통적으로 존장의 이름을 바로 부르는 것을 피했다. 부모나 조상, 성현이나 임금의 이름도 마찬가지다. 그런데 경전이나 선가에서도 직접 부르는 것을 피해야만 하는 '그것'은 무엇인가?

진리, 중도, 공, 무위진인, 이것, 자성본원, 이 모든 이름도 가명이고 한 겹막혔을 뿐이니, 동산은 이것을 '격진애'(隔塵埃)라 하였다. 이 '한 겹 막힌 것'을 직접 부를 수 없으니, 불러도 불러지지 않고 불러도 들리지 않으나 중생을위해 부를 수밖에 없는 동산. "당금의 휘를 부르는 것이 저촉만 안 된다면(但能不觸當今諱)/말 잘하던 고인보다 뛰어나리(也勝前朝斷舌才)."

하늘 틈을 버선목 뒤집듯 뒤집어 천하 학인에게 던지는 선장들이야말로적기(賊機)의 도적이니, 중생을 갖은 변설로 교화하기 위해 애쓰던 성인보다는 한 수 위가 아닌가?

그러나 돌아보라 여러분은 어디 있는가?

한 발자국도 '텅 빈 원상'을 벗어나지 않고 있지 않은가?

중생을 위해 휘를 부르는 것 자체가 동사섭의 자비행이니, 이것 역시 고인들의 낙초 자비다. 휘를 부르는 것은 교설과 이론으로 떨어진다.

이럴 땐 어떻게 해야 하는가. 위의 게송은 아직 미진함이 남아 있는 경지라 할 수 있다.

4) 겸중지

兼中至	겸중지여
兩刃交鋒不須避	양 칼끝 만난대도 피할 일 아니다
好手還同火裏蓮	뛰어난 기량 불 속 연꽃 같으니
宛然自有衝天氣	스스로 하늘 찌를 기개 완연하다

'사랑/증오', '긍정/부정', '평등/차별'과 같은 이항대립적인 양변의 견해가 모두 둘이 아닌, 손바닥과 손등이 같은 손이어서 연(緣)에 따라 원용하게 운용해야 할 도리를 정중편과 편중정을 통하여 보였다. 다음 정중래는 이런 깨달음이 중생을 제도하는 보살행으로 옮겨지는 단계의 설정이다. 그렇지만 보살행이 과연 원만하게 이루어질 수 있는가를 정중래에서 가늠해보니, 아직 미흡함이 있었다. 이 단계에서 다음 단계인 겸중지에 이르니, 겸중지란 시/비, 정/편이 둘이 아닌, 불이의 세계로 들어서는 최고최상의 정점에 이름을 말한다.

"양 칼끝 만난대도 피할 일 아니다(兩刃交鋒不須避)." 이미 이곳에 이른 수행납자는 연에 따라 백척간두에서 일보를 내디딘다. 위의 게송에서 이르는 '불 속에 피어난 연꽃(火裏蓮)'이나 '하늘을 찌른 기개(氣衝天)'는 마지막 수행상태에서 향상일로를 통해 나왔음에 대한 선시적 표현이다.

그럼 겸중지에 이른 한 선화를 들어 보이고자 한다. 여러분은 이것을 알기만 하면 된다.

　　동산이 하루는 대중에게 물었다.
　　"가을 첫 머리, 여름 마지막 날에 동과 서로 가되, 곧장 만리에 풀 한 포기 없는 곳으로 가야 된다. 말하라 어떻게 하면 만리에 풀 한 포기 없는 곳으로 가는 가?"
　　뒷날 석상이 이 이야기를 듣고 말했다.
　　"문을 여니 그대로가 온통 풀이군."
　　동산이 이 말을 전해 듣고 평하였다.
　　"당나라 안에 그만한 이가 몇이나 될까?"

　　동산의 시중은 정중래의 소통의 장에서 '어떻게 하면 휘를 불러도 저촉되지 않는가'를 묻는다면 석상의 대답은 바로 '정/편', '시/비'를 소통시킨 원융한 도리를 보이는 것이니 '문을 여니 그대로 온통 풀(出門便是草)'이니 그대는 아는가?
　　'눈을 감았다 떠도 싱싱한 풀이고, 문을 열지 않아도 그대로 물렁한 대지이니' 알고 알아야 한다.

5) 겸중도

兼中到	겸중도여
不落有無誰敢和	유무가 안 떨어지니 누가 감히 화답하랴
人人盡欲出常流	사람마다 범상함 벗어나려 하건만
折合終歸炭裏坐	끝내 돌아와 숯불 속에 앉아 즐겁다네

　　백척간두에 진일보하여 천하가 모두 진금이 되니, 수행납자는 겸중지를 거쳐 겸중도에 이른다. 겸중지는 〈십우도〉에 이르는 입전수수의 세계니, 화엄법계이고 본체(正)와 현상(偏)이 없는 불이의 세계다. 그야말로 밟는 땅마다

진금의 세계다. 다시 말하면 겸중지의 세계가 더 나아갈 수 없는 적멸의 세계라면, 적(寂)의 세계는 바로 되비침의 조(照)의 세계에서 완성한다. 화엄에서 이르는 적조동시(寂照同時)의 세계다. 그래서 겸중지는 겸중도를 벗어나지 않고 겸중도 역시 겸중지를 벗어남이 없다.

다시 동산이 설정한 오위(五位)를 돌이켜보면, 이 모든 과정이 앞 〈십우도〉에서 말한 '일원상(一圓相)'을 떠나 밖에 존재하는 것이 아니라, 우리가 무명에 의해 잠시 밖에 서성이었을 따름이다. 곧 오위는 학인을 제도하기 위한 방편의 설치이고, 깨달은 보살에게도 그대로 적용되는 가르침이다. 그러나 오위가 언어 안에 있고, 말이고 언어고 문자니 결국 되풀이되는 보림(保任)이다. 면밀한 조동종의 가풍이 물씬 풍기는 차제설법이다.

"끝내 돌아와 숯 속에 앉아 즐겁다네(折合終歸炭裏坐)." 전후좌우를 분간 못하는 칠흑 같은 깜깜이, 「오위정편」 마지막 게송 끝 행에서 '탄이좌(炭裏坐)'는 자성본원에 활연계회한 자는 숯 속에 앉는, 곧 암흑 속에 둘러싸임을 말한다. 이 암흑은 광명의 다른 표현일 뿐이다. 절대무 속에서는 전성전일(全性全一)하여 온통 그대로 그것일 뿐이다. 이것은 노자가 갈파한 "아직 모른다는 것을 아는 것이 최상일세(知不知上)"라 한 말과 상통한다. 여기의 숯은 암흑의 진리, 아이러니적 수사법이다.

동산은 다음과 같이 설법하였다.

> 한 물건이 있다. 이것은 위로는 하늘을 떠받치고 아래로는 땅에 박혀 있다. 그 빛깔은 옻과 같이 검고 끊임없이 움직이며 활동한다.
> 有一物 上柱天 下柱地 黑似漆 常在動用中

물론 '한 물건'은 진리의 다른 표현이다. 그리고 옻[漆] 역시 반어적 수사인 암흑의 진리를 말한다. 이것은 문하생들에게 정신 수련을 지도하기 위한 방편의 가르침이다.

4. 선시의 백미-『십현담』

조동종의 법계는 동산양개-운거도응-동안도비·동안상찰-양산연관-대양경현-투자의청-보용도해-단하자순-천동정각으로 이어지니 오늘날 임제종과 더불어 조동종은 커다란 선의 본류를 이룬다.

앞에서 소개한 조동종 종조 동산양개는 문도들에게 지침이 되는 「오위정편(五位正偏)」을 남겼다. 물론 선에서는 이런 문서가 필요할 리 없지만 후학들을 위해 남긴 조사의 지남(指南)이다. 「오위정편」을 법손인 동안상찰이 7언율시 10편으로 주해한 시가 『십현담』이다. 선시의 절창으로 일컬어지는 『십현담』의 작가 상찰은 운거도응-동안상찰로 이어지는 법계다. 이제 『십현담』을 음미하며 저 창망한 조동선의 세계로 들어서보자.9)

동안상찰(同安常察)은 운거도응의 제자여서 청원 아래 6대에 속한다. 생졸이 분명치 않으며 송대에 선사라는 것을 추측할 뿐이다. 단지 『전등록』에 의하면 상찰은 홍주 봉서산 동안원에 있었고, 『선문염송』 제26권 1175칙 「향거(向去)」에서 1179칙 「희작」이 있어 그의 선풍을 짐작할 뿐이다. 『십현담』 10수 중 앞의 다섯 수는 선종의 종지를 다루었고 뒤의 다섯 수는 수행의 요체를 노래하고 있다. 이 『십현담』은 돈오의 입장에서 그 당처를 읊은 것이라서 어느 것 하나 선의 요체에 이르지 않는 것이 없다. 하나가 각각 열을 포함하고 있어 눈이 닿는 데로 성큼 뛰어들면 바로 그 자리다. 차제를 설한 〈십우도〉와는 다르다.

『십현담』의 주해로는 법안종의 개조 법안문익의 청량주 외 많은 주해가

---

9) 『십현담』의 주해 및 번역은 『경덕전등록』 제29권과 대법안의 청량주와 매월설잠의 열경주, 한용운의 『십현담주해』와 이원섭의 『선시』를 두루 참구하고 또 심려를 기울여 역주한 서준섭 교수의 글들을 참고하였음을 밝힌다.

있고, 우리나라에는 조선 초기의 매월당 김시습의 열경주가 있으며 근래에는 만해 한용운의 비(批)와 주해가 있다. 그리고 최근에는 설악오현의 십현시 한 글 차운과 필자의 한글『십현담』의「십현시」가 있다. 위의 법안의 청량주와 설잠 김시습의 열경주와 만해 한용운 비와 주해를 상세히 소개하기에는 지면 관계상 애로가 많으므로, 필자는『십현담』의 각 게송마다 대의를 강설하고 많은 말을 생략하기로 한다. 생략한 자리는 만해의 비로 대신한다. 다음 기회 에 십현담을 모두어 보여주기로 한다.

  서문 : 동안상찰(『전등록』 권29)
  비   : 만해 한용운
  강설 : 월조 송준영

서(序)

  무릇 현담(玄談)과 묘구는 삼승(三乘)을 드러낸다. 그러나 서로 얽히지 않으며 또 서로 떨어져 있는 것도 아니다. 마땅히 맑은 하늘에 빛나는 달[朗月]과 같이 그 근기에 젖어[泯機] 그림자 도는 것[轉影]과 같이 깊은 바다의 밝은 구슬과 같 이 사람에 따라 합당하게 쓰인다. 또 배우는 무리가 있다고 하나 오묘한 이치가 무궁하여 통달한 자는 드물다.
  '근원이 미한 무리들은 삼라만상의 모든 물물이 자명하고 이사(理事)가 서로 배격하고 명언이 모두 없는 것이 은근히 달을 가리킴이니 어린애와 같이 옳다고 착오하지 말 것이다(迷源者衆 森羅萬象 物物上明 或卻理事雙祛 名言俱喪 是以懃懃 指月 莫錯端倪).'
  물을 뚫는 바늘에 미혹하지 말라. 가위 주먹을 펴논 보배[開拳之寶]와 같다. 사리(事理)를 밝히는 짧은 말로서 머릿글[序]을 줄인다.[10]

---

10)『경덕전등록』권29「詩十首」동안선사, 보련각, 1982, 213쪽.

마음 얼굴(心印)

● 강설

마음[心]과 이름[印]이 서로 간섭하지 않으며 허물이 되지 않으니 심인(心印)이라는 말이 드러난다.

마음 얼굴 어떻던가? 둥글든가 납작하든가 희든가 검든가 슬프든가 기쁘든가.

그러나 마음과 얼굴은 같으면서 다르고 다르면서 같다. 마음마다 짐짓 얼굴이 있으니, 이 얼굴이 이름이어서 거짓으로 마음 일어날 때 마다 이름 붙여 증표로 삼는다.

둥글게 둥글게 보라.[11]

| [批] | 畵蛇已失 添足何爲 |
| [비] | 뱀을 그리는 것도 이미 틀렸는데, 어찌 다리를 붙이랴[12] |

問君心印作何顏	그대에게 묻노니 마음 얼굴 어떠하던가
[批]	[비]
脂粉滿地 世無傾城	분 냄새 가득한데 경국지색은 어디 갔나

心印何人敢授傳	마음을 누가 전수한다 감히 말하랴
[批]	[비]
衣鉢早非心印	의발은 본래 마음이 아니니

歷劫坦然無異色	억겁 평평하여 다른 모양 없거늘
[批]	[비]
千眼失明	천수천안 관음보살도 실명한다

呼爲心印早虛言	마음 얼굴이라 부름은 본래 빈 말
[批]	[비]
呼心非印亦虛言	마음을 얼굴 아니라 해도 역시 빈 말

---

11) 월조 송준영, 「강설」.
12) 만해 한용운, 「비」.

須知體自虛空性　　　분명히 알아라 그 바탕 텅 빈 허공 같아
[批]　　　　　　　　　[비]
天下之不具 莫此甚也　천하의 병신이 이보다 더 나을 것 없다

將喩紅爐火裡蓮　　　불속에 핀 연꽃, 이렇게나 부를까
[批]　　　　　　　　　[비]
百花元從火裡生　　　모든 꽃이 원래 불속에 피는 것

勿謂無心云是道　　　무심을 도라 이르지 말라
[批]　　　　　　　　　[비]
網盡桃花武陵春　　　무릉 복사꽃의 봄을 모두 건졌는데
漁朗依舊到仙源　　　어부들은 여전히 선원을 찾아 든다

無心猶隔一重關　　　무심마저 한 겹 막힘이 있다
[批]　　　　　　　　　[비]
初擬萬事到夜定　　　처음엔 만사를 밤이 되어 결정코져 했는데
其奈閒愁人蒙多　　　한가한 걱정 꿈에 와 설침을 어찌할 것인가

조사의 뜻(祖意)

● 강설

　삼세의 제 조사의 뜻, 역시 이러하다. 그들은 뜻 없음으로 근본으로 삼으며, 뜻있음으로 그 징표로 삼는다. 조사의 뜻을 알고자 하는가?
　중생의 무의(無意)가 조사의 드러냄이니, 중생의 뜻이 조사의 뜻이지만, 조사의 뜻은 중생의 뜻이 아니다.

[批] 博地凡夫 本自具足 一切聖賢 道破不得
[비] 범부 역시 본래 다 갖추어 있다. 일체 성현이라도 말할 길 끊겼다.

祖意如空不是空　　　조사의 뜻, 빈 것 같지만 빈 것이 아니다
[批]　　　　　　　　　[비]

一葉天下秋 　　　나뭇잎 하나에 천하가 가을이라

靈機爭墮有無功 　　신령스런 슬기 어찌 '유/무'에 떨어지랴
[批] 　　　　　　　[비]
無報無應 　　　　　보답할 것도 베풀 것도 하나 없다

三賢尙未明斯旨 　　삼현도 오히려 이 뜻에 밝지 못하거늘
[批] 　　　　　　　[비]
盂水之覆 芥爲之舟 　한 잔 물을 엎질러 겨자씨 배 띄우는 격

十聖那能達此宗 　　십성이 어찌 이런 뜻을 알겠는가
[批] 　　　　　　　[비]
百尺竿頭 　　　　　백척의 낭떠러지다

透網金鱗猶滯水 　　그물 뚫은 고기 되려 물에 머무는데
[批] 　　　　　　　[비]
天下之金鱗 不死於網 천하의 금고기 그물엔 살아났지만
面死於水者多矣 　　물에 걸려 죽는 자 많구나

廻頭石馬出紗籠 　　머리 돌린 석마가 사롱을 빠져나가니
[批] 　　　　　　　[비]
須彌納芥 恢有餘地 　수미산을 겨자씨에 넣어도 여지가 있다

慇懃爲說西來意 　　조사서래의를 귀띔하노니
[批] 　　　　　　　[비]
口業未淨 　　　　　구업이 아직 다하지 않았군

莫問西來及與東 　　서쪽이냐 동쪽이냐 묻지들 마라
[批] 　　　　　　　[비]
尋春莫須向東去 　　봄 쫓아 굳이 동쪽으로 갈 필요 없지
西園寒梅已破雪 　　서원의 한매가 이미 눈을 뚫고 있어

현묘한 슬기(玄機)

● 강설

이놈의 정체는 현묘한 기틀조차 없는 것을 본으로 한다. 현기가 없으므로 생
성하지 못하는 것이 없고 생성하지 못하는 것이 없으므로 현기가 있다.

이 도리를 알고자 하는가?

봄바람에 펄럭이는 여인의 치마자락이요, 가을 달을 바라보는 사내의 가슴에
불어오는 피리 소리라.

[批] 不是秋花不是紺
[비] 가을꽃도 아니고 하늘빛도 아니지

超越空劫勿能收	공겁을 뛰어넘어도 거둘 수 없나니
[批]	[비]
春風桃李 秋水芙蓉	봄바람에 복숭아 오얏, 가을 물에 부용이라

豈與塵機作繫留	어찌하여 진기에 매여 머뭇거리겠는가
[批]	[비]
依天長劍	하늘에 기댄 장검이다

妙體本來無處所	그 묘체 본래 머물 곳이 없으니
[批]	[비]
君臣同座 始得太平	군신이 자리를 함께하니 태평스럽

道芽何更有蹤由	도의 싹, 어찌 흔적 있으리오
[批]	[비]
春雨未能潤	봄비 능히 적시지 못하거늘
秋霜何曾枯	가을서리 어찌 시들게 할 수 있으리오

| 靈然一句超羣像 | 신령스런 일구는 만상 훌쩍 초월하여 |
| [批] | [비] |

一句不在一句中	일구는 일구 중에 있지 않으니

迴出三乘不假修	삼승을 멀리 벗어나 수행따윈 필요없다
[批]	[비]
夜光之璧 不因彫琢而得	야광주는 조탁으로 얻어지는 것 아니니

撒手那邊千聖外	천성들 저 끝에서 손을 모두 털었나니
[批]	[비]
佛也打 祖也打	부처도 쳐 버리고 조사도 부수니
滿地無一物	이 누리 가득 일물도 없음이라

廻程堪作火中牛	돌아오는 길 '불속의 소'나 되어볼까
[批]	[비]
去平安 來平安	가는 것도 평안이요 오는 것도 평안이네

티끌은 다른가(塵異)

● 강설

맑고 흐림이 무슨 뜻이 있으랴. 맑음도 흐림이요 흐림 역시 맑음이다.
사람들은 괜히 맑음을 흐림으로 짝하네.
이놈은 진세에 살지만 뒤섞임이 없고 진세를 떠났지만 뒤섞여 있다. 이것이
진이(塵異)다.

[批] 一室千燈
[비] 방 하나에 일천등이라

濁者自濁淸者淸	더러움도 제 홀로고 깨끗한 것 스스로 깨끗한 것
[비]	[批]
春光妙在各自得	봄빛이 묘한 건 스스로 얻음인데
堪笑種蘭剪荊莿	우습네, 난은 심고 가시는 자르는 것
菩堤煩惱等空平	보리와 번뇌, 그게 그것

[批]
春草王孫今何在　　봄풀아, 왕손은 지금 어데 갔는가
黃砂白骨共無邊　　황사 저 백골만 끝이 없구나

誰言卞璧無人鑑　　누가 변화의 옥, 알아볼 이 없다 말하랴
[批]　　　　　　　[비]
卞璧千古不爲卞石　변벽은 천년이 되어도 변석이 되지 않느니

我道驪珠到處晶　　내 가는 곳곳마다 구슬 빛뿐이로다
[批]　　　　　　　[비]
空谷之蘭 不以無人不馨　빈 골짝에 난, 그 향기를 알아보는 이 없다

萬法泯時全體現　　만법이 스러질 때 본체 그대로 드러나니
[批]　　　　　　　[비]
酒殘歌罷 淸興方妙　술이 다하고 노래가 끝나야 청취가 묘해진다

三乘分別强安名　　삼승을 분별하여 억지로 이름 붙임이라
[批]　　　　　　　[비]
一二三　　　　　　하나, 둘, 셋,

丈夫自有衝天志　　장부는 스스로 하늘 뚫을 패기 있기에
[批]　　　　　　　[비]
乾坤一我　　　　　이 하늘 이 땅, 나 혼자구나

莫向如來行處行　　여래가 간 자취 뒤밟지 않네
[批]　　　　　　　[비]
芳草有人跡 更踏落花老　풀숲에 인적 있어 다시 꽃 떨어진 길 밟네

말씀(演敎)

● 강설

만해가 말하기를 '여래가 중생을 위하여 말없음으로 설교하고 다시 말씀을 하였다'(如來爲衆生 故無言說敎 更生言說)라고 했다. 진실함이여! 이는 얼음을 차다 함이고 불은 모든 것을 태운다 한 것뿐이다. 아는가.

[批] 無數黃葉葉 盡作止啼錢
[비] 무수한 누런 잎 잎들, 우는 아기 달래는 종잇돈

三乘次第演金言   삼승은 차례로 좋은 말씀 폈고
[批]   [비]
不辨牛馬秋水至   소인지 말인지 모르고 추수에 이르러
莫道滄海有幾多   바다가 넓다든지 많다든지 말하지 말라

三世如來亦其宜   삼세의 여래들 또한 그러했노라
[批]   [비]
前車覆轍 後車不戒   앞 수레 뒤집혔는데 뒷 수레 조심 않네

初說有空人盡執   처음 유/공을 말하자 사람들은 다 집착하여
[批]   [비]
種荳得荳   콩 심은 데 콩 난다

後非空有衆皆捐   뒤엔 공도 유도 아니니 사람들은 다 집착 버렸네
[批]   [비]
君言亦復佳   그대 말 또한 아름답다

龍宮滿藏醫方義   용궁에 가득찬 저 보물은 약방문이요
[批]   [비]
病如牛毛 藥似泰山   병은 쇠털 같고 약은 태산 같다

鶴樹終談理未玄	학수의 마지막 설법마저 방편인 걸
[批]	[비]
四十九年道不破	49년간 설해도 깨트리지 못했으니
萬事瘀今水東流	만 가지 일이여, 물이 동쪽으로 흘러가네

眞淨界中纔一念	진정계 그 가운데 한 생각 비침이여
[批	[비]
纔有一念 原非眞淨	한 생각 비쳤다면 이미 진정계 아니지

| 閻浮早已八千年 | 지구 시간으로는 이미 8천 년 지났네 |
| [批] | [비] |
| 一刻抵千金 　일각이 천금이다 |

근본에 이르다(達本)

● 강설

밖에서 쳐들어오는 놈 쳐놓고 도둑 아닌 자 없다. 안에서 튀는 자 역시 도둑
이니 잘 살피고 살펴야 한다.

일체를 쉬고 한 생각 다다르니 이곳이 본가다. 머뭇거리지 말자.

[批] 踏破雲山無限路 還家依舊離家在
[비] 구름, 산 헤쳐 헤쳐 여기 왔으나 환가 자체가 옛 대로 집을 떠나 있다.

勿於中路事空王	중도에 헛것에 사로잡히지 말고
[批]	[비]
鄕愁無端惱殺人	끝없는 향수가 사람을 휘잡는다

策杖還須達本鄕	지팡이 재촉하여 고향으로 돌아가라
[批]	[비]
方有事于旋踵	바야흐로 이 일은 발꿈치 돌리는 데 있다

雲水隔時君莫住	구름과 물 막힐 때 머뭇거리지 말라
[批]	[비]
雲水仍是天涯	구름과 물은 하늘 끝이니라

雪山深處我非忙	설산 깊은 곳 나 바쁠 것 없나니
[批]	[비]
勞而無功	수고로우나 공은 없다네

堪嗟去日顔如玉	슬프다, 지난날은 옥 같은 얼굴이더니
[批]	[비]
回憶自生憐	지난날 돌아보니 마음 슬퍼진다

却嘆廻時髮似霜	오는 길, 머리칼은 서리가 내렸구나
[批]	[비]
佛法惟有白髮在	불법은 오직 백발에 있다

撤手到家人不識	빈털터리 집에 오니 아는 이 하나 없고
[批]	[비]
識則非妙	알아보는 이 있다면 묘할 것 없지

更無一物獻尊堂	존당에는 한 물건도 바칠 것 없다
[批]	[비]
猶有尊堂在	존당에는 벌써 바쳐져 있다네

귀향마저 쳐부수다(破還鄕)

● 강설

환향, 고향으로 돌아오다. 곧 환지본처하여 내외명철한 자성본원으로 돌아옴을 이른다. 여기에다 다시 '깨트리다[破]'니, 곧 자성본원, 본래면목에 이르렀다는 생각마저 버려야 함을 말한다. 자성본원, 본래면목이 무엇인가? 사유의 표현인 언어, 곧 생각마저 잊음을 의미한다.

게송을 겉돌 듯 읽어치워라.

[批] 何地非故鄕
[비] 어느 곳인들 고향이 아니랴

返本還源事已差   근본으로 돌아가면 이미 일은 틀린 것
[批]   [비]
金屑難鬼 着眼則病   귀한 금도 눈에 들면 눈병 나지

本來無住不名家   본래 머물 곳 없고 집 또한 없는 것
[批]   [비]
滿身淸風明月   온몸 가득 청풍과 명월

萬年松逕雪深覆   만년 소나무오솔길 눈에 깊이 덮혔고
[批]   [비]
何日松有逕   어느 날의 소나무길이며,
雪覆又幾年   눈에 덮인 지 또 몇 해던가

一帶峰巒雲更遮   한 띠의 산봉우리 구름이 다시 가린다
[批]   [비]
一步更奇於一步   일보는 다시 일보 내딛는 데 묘미 있지

賓主穆時全是妄   손과 주인이 화목할 때 모두 망령이오
[批]   [비]
禮有揖讓   예의 하나 바르군

君臣合處正中邪   군신의 동석, 옳은 듯하나 잘못된 것
[批]   [비]
宮中紊亂   궁중의 법도가 문란하군

還鄕曲調如何唱   환향곡 저 가락 어떻게 하면 불러볼까

[批]   [비]
漁歌樵笛   고기잡이 노래요 나무꾼의 피리 소리로다

明月堂前枯樹花 명월당 앞 마른등걸에 핀 꽃이다
[批]   [비]
聲前非寂   소리 앞에도 고요치 않았고
聲後無聞   소리 뒤에도 들은 것 없다

자리 바꾸다(轉位)

● 강설

'자리를 바꾸지 말라' 우리는 이미 자리를 바꾸었다. 또 바꾸어도 별로 기특할 것이 없다. 단지, 간장과 콜라를 가리는 것이 중요하다.

[批] 步步白水靑山
[비]걸음마다 백수요 걸음마다 청산이다

涅槃城裡尚猶危 열반성이 오히려 위태롭네
[批]   [비]
佛祖位中多危懼 불조의 자리는 위태롭고 두려움이 많아
夜來依舊宿蘆花 밤이 오면 옛대로 갈숲에 깃든다

陌路相逢沒定期 저잣거리에 기약 없는 만남은
[批]   [비]
磊落不羈漢 可逢亦可離 떠돌이 저 사내 만날 수도 헤어질 수도

權掛垢依云是佛 방편으로 헌옷 걸어놓고 부처라 부르면
[批]   [비]
陽焰元非水   아지랑이 원래 물이 아니거늘
渴鹿豈可飮   목마른 사슴이 어찌 마실건가

却裝珍御復名誰　　진주비단 좋은 장식 무어라 이름하리
[批]　　　　　　　[비]
醜甚於一醜　　　　더러움에 더러움이 더하는구나

木人夜半穿靴去　　목인이 오밤중에 신을 신고 돌아가고
[批]　　　　　　　[비]
喝　　　　　　　　할!

石女天明戴帽歸　　석녀는 날 새자 모자 쓰고 가는구나
[批]　　　　　　　[비]
百鬼遯跡　　　　　온갖 잡귀 자취없다

萬古碧潭空界月　　만고의 푸른 공계의 저 달
[批]　　　　　　　[비]
雲泥有差　　　　　구름과 진흙 그 차이다

再三撈摝始應知　　두 번 세 번 건져봐야 알게 된다
[批]　　　　　　　[비]
無微不入　　　　　적어도 스며들지 않는 곳 없다

기틀을 돌리다(迴機)

● 강설

　회기는 '본래자리'로 돌아감이니, 본래자리는 본래자리가 없음이다.
　동에서도 튀어나오고 서에서도 돌아나간다. 그래서 봄에 새싹이 돋고 가을에
열매를 거둔다. 궤와 규칙이 없음이 바로 궤이고 규칙이다.
　저 언덕에 핀 꽃을 들국화라고만 하지 말라. 어저께 진 우담바라가 오늘 아침
다시 핀다.

　[批] 風起花香動 雲收月影移
　[비] 꽃 향은 바람에 움직이고 달그림자는 구름 따라 옮겨간다.

被毛戴角入鄽來　　　　　 털 입고 뿔 얹고 저잣거리 드니
[批]　　　　　　　　　　 [비]
三世諸佛　　　　　　　　 과거 현재 미래의 모든 부처님이
爲牛爲馬　　　　　　　　 소가 되기도 하고 말이 되기도 한다

優鉢羅花火裡開　　　　　 우담바라꽃 불 속에 활짝 피었다
[批]　　　　　　　　　　 [비]
所懷伊人　　　　　　　　 내가 가장 사모하는 그 사람이여

煩惱海中爲雨露　　　　　 번뇌의 바다에 이슬비 되니
[批]　　　　　　　　　　 [비]
無多春宵一滴露　　　　　 짧은 봄밤 이슬 한 방울
終朝付與百花頭　　　　　 아침이 다하도록 온갖 꽃 적셔준다
無明山上作雲雷　　　　　 무명산 정수리에 우레 소리 울린다
[批]　　　　　　　　　　 [비]
慶快平生　　　　　　　　 평생을 결정함을 경하한다

鑊湯爐炭吹敎滅　　　　　 끓는 가마의 숯불 가르침으로 불어 끄고
[批]　　　　　　　　　　 [비]
割鷄牛刀　　　　　　　　 닭 잡는 데 소 잡는 칼을 쓰는군

劍樹刀山喝使摧　　　　　 칼과 검 모두 '할' 한소리에 깨트리다
[批]　　　　　　　　　　 [비]
微勞何是謝　　　　　　　 그까짓 수고 무엇 그리 대단하냐

金鏁玄關留不在　　　　　 금자물쇠의 현묘한 관에 머물지 말고
[批]　　　　　　　　　　 [비]
神龍元非池中物　　　　　 신룡은 원래 못 속의 것이 아니거늘
肯同魚鼈接香餌　　　　　 물고기나 자라 되어 낚시 밥에 걸리리

行於異路且輪廻　　　　　 온갖 길로 가서 다시 윤회하리라

[批]   [비]
一竿風月 滿地江湖   지팡이 끝 풍월이요 가득 찬 강과 호수로다

한빛(一色)

● 강설

손가락으로 허공에 원을 긋지 말라. 원 밖에 원이 있고 원 안에 원이 있다. 그
으면 사라지고 사라지면 긋나니, 무엇이 일색의 소식인가? 창 밖 강변을 걷는
젊은이 한 쌍이 마주보고 웃고 있다.

[批] 一色知在一色外
[비] 한빛은 한 빛 밖에 있다

枯木岩前差路多   마른나무 바위 앞 갈림길도 많아
[批]   [비]
愈岐愈失   갈수록 갈림길, 갈수록 빗나간다

行人到此盡蹉跎   나그네 여기 와서 다 헛디뎌 넘어진다
[批]   [비]
歲不我與   세월은 나를 기다려주지 않는다

鷺鷥立雪非同色   백로가 눈에 서도 같은 색이 아니요
[批]   [비]
同則非同   같다면 이미 같은 것이 아니다

明月蘆花不似他   명월과 갈대꽃, 닮음도 다름도 아니니
[批]   [비]
有類卽非高   견줄 것 있다면 벌써 높은 것은 아니다

了了了時無可了   알았다 알았다 할 땐 안 것 아니고
[批]   [비]

조동종의 성립과 동산의 「오위정편」 그리고 상찰의 『십현담』 연구 123

可愧傍人　　　　　　옆 사람 보기 부끄럽다

玄玄玄處亦須呵　　　깊고 깊고 깊은 곳도 역시 웃음거릴 뿐
[批　　　　　　　　　[비]
無處不玄　　　　　　깊지 않은 곳이 어디 있지

慇懃爲唱玄中曲　　　그대 위해 남몰래 현중곡을 부르나니
[批　　　　　　　　　[비]
三世佛祖 一時耳聾　　삼세의 불조도 귀 먹겠구나

空裡蟾光推得麼　　　허공 속의 저 달빛 꺾어올 수 있겠느냐
[批　　　　　　　　　[비]
千手不到 萬古明月　　천 개의 손도 이르지 못하니 만고의 명월이다

『십현담』과 그 주해시 고찰

1. 들어가며 : 상찰의 『십현담』 선시에 대한 고찰

『십현담(十玄談)』은 조동종의 3조 동안상찰(同安常察, ?~961) 선사의 소작이다. 『십현담』은 '담(談)'이라는 이름이 붙여진, 선화 10편의 편제에 7언율로 된 선시 80구로 이루어져 있다. 『십현담』이 만들어진 시기의 정확한 기록은 없고 그 시대에 상호 관계 지어졌던 주위를 살펴본 결과 대략 10세기 초라고 추측된다.

『십현담』의 저자 상찰의 법계는 두 가지 이설이 있지만 필자는 고려의 진각국사 혜심(眞覺慧諶, 1178~1234)의 편집인 『선문염송』의 기록을 따라 동산양개(조동종 개조)-운거도응-동안상찰-양산연관-대양경현으로 이어지는 법계를 취하였다. 이 법계에 의하면 상찰은 오늘날까지 사자상승(師資相承)되는 조동종(曹洞宗) 법계 한 가운데 위치한 적통 종사로 본다.[1] 『십현담』은 조

---

1) 상찰의 법계에 대해서는 문헌상 이설이 있다.
  ① 상찰은 『조당집』이나 『전등록』에 의하면 청원행사 아래 6대이다.

청원행사-석두희천-약산유엄- ┌② 운암담성-동산양개-운거도응-동안상찰-양산연관
                              │ -대양경현-투자의청-부용도해-단하자순-천동정각…
                              └① 도오종지-석상경제-구봉도건-동안상찰

동종의 종지인 「조동오위정편」을 활성화하고 생활화하는 데 있어서 무엇보다도 요긴한 지남이 되는 10가지 현담을 게송화한 것이다.

선문을 통틀어 5가 7종이라 일컫는다. 그중 조동종은 임제종과 함께 오늘날까지 법맥이 사자상승되는 양대 선문이다. 우리나라는 임제종이 현금까지 크게 융성하고 있고, 조동종 역시 조선 초기까지 면면히 이어오고 있음을 더듬어 알 수 있다.

신라의 9산 선문 가운데 수미산문 개창조 진철이엄(眞澈利嚴, 870~936)은 27세에 입당하여 조동종 2세 운거도응(雲居道鷹, ?~902)에게 심인을 받고 귀국하여 경순왕 6년(932) 지금 황해도 해주 수미산록에서 광조사를 창건하고 9산 선문의 마지막 수미산문을 개창한다.2) 이것이 한국의 최초의 조동종 선문이며 이엄은『십현담』의 저자 동안상찰과 동문 사형제가 된다. 그리고 고려의 보각국사 일연(一然見明, 1206~1289)은 가지산문 후손이나, 『중편조동오위』2권을 저작하였고, 조선 초 청한설잠(淸寒雪岑 金時習, 1435~1493)이 『십현담』의 최초의 주해자 청량문익(淸涼文益, 885~958)의 주해본인 『십현담주

---

2) 상찰은『선문염송』의 기록에 의하면 조동종 선승으로 청원 하 6대이다.
　필자가 보는 ②의 법계가 동안상찰의 법계이며 양산연관은 상찰의 법자이고, 대양경현은 양산의 법자이며, 오늘날 까지 법계가 사자상승되는 조동종 적통이다. 만약 ①의 법계로 본다면 조동종 먼 조상의 약산유엄의 원손일 수는 있지만, 조동종과는 직접적인 관계가 없어진다.
　※ 두 법계에 대하여 일반적으로 선종역사서로 권위 있는『조당집』(952)이나『전등록』(1004)을 따르고 있으나, 필자가 고찰한 바로는 상찰은 조동종의 선승이며, 특히 중국 조동종 선종사에 나타나는 동산양개－운거도응－동안상찰로 이어지는 법계이다.
　고려의 진각혜심(1178~1234)이 지은『선문염송』(1226)에 의하면 동안도비와 동안상찰은 모두 다 운거도응의 상족들이다. 우리가 살펴야 하는 부분은 동안상찰이나 동안도비의 법명 위에 붙은 동안은 동안원이라는 절 이름이니, 곧 동안원의 상찰, 동안원의 도비라는 의미다. 동안원은 당시의 홍주, 현재 강소성 남창시에 있는 봉서산 동안원이다. 상찰과 도비는 사형제의 관계임을 보아 당시 이절은 조동종 선찰이라는 추측이 가능하다. 동안상찰의『십현담』은 「조동오위정편」을 의미 중심으로 게송을 만든 것이다. 이런 것이 조동종 선승 상찰로 보는『선문염송』의 기록을 따르는 이유다.
2) 이지관,『한국불교소의경전연구』, 서울 : 보련각, 1969, 436~437쪽.

해』를 읽고 『십현담요해』를 저술한 것으로 보아도 조동종 선풍이 제방에 흐르고 있음을 알 수 있다. 더욱이 설잠의 『십현담요해』를 읽다 보면 이본의 예를 들고 있다. 이것을 보아도 당시에 『십현담』의 이본들이 선문에 퍼져 전해오고 있었음을 알 수 있다. 그리고 다시 15세기에 김시습이 그랬듯이 400여 년 후, 오세암 한 방에서 만해(龍雲奉玩, 1879~1944)가 설잠 김시습의 『십현담요해』를 읽게 되고, 이어 만해의 『십현담주해』에 독창적인 비(批)와 주(註)를 남기게 된다. 이러한 것은 조동종의 선풍이 우리나라 제방 선원에 면면히 이어오고 있음을 짐작하게 한다.

조동종 종풍을 조선의 큰스님 서산대사(清虛休靜, 1520~1604)는 다음과 같이 노래했다.

權開五位 善接三根	권도로써 오위를 열어 상·중·하 근기를 잘 다루고
橫抽寶劍 斬諸見稠林	보검을 빼어들고 모든 견해의 빽빽한 숲을 고르네
妙協弘通 截萬機穿鑿	넓고 고루 통하여 천만 슬기 절단해버리니
威音那畔 滿目煙光	위음왕불 나기 전 가득 찬 그 빛의 세계이며
空劫已前 一壺風月	하늘과 땅 생기기 전, 한 병 안의 세계이네
要識曹同宗麼	조동종을 알려하느냐
佛祖未生空劫外	부처님도 안 나시고 아무것도 없던 그 전
正偏不落有無機	'정/편' '유/무' 어떤 것에도 떨어지지 않네[3]

조동종을 충실히 이해하는 데는 서산대사가 "부처님도 안 나시고 아무것도 없던 그전/정과 편, 유와 무 어떤 것에도 떨어지지 않네(正偏不落有無機)"라고 노래하였듯이, 조동종 개창조 동산양개(洞山良价, 807~869)가 지은 「오위정편(五位正偏)」의 낌새를 알아채는 것이 무엇보다도 중요하다. 특히 『십현담』은 조동종의 「오위정편」을 의미 중심으로 게송을 만든 것이다.[4] 『십현

---

3) 청허, 『선가구감』, 용담 역, 서울 인물연구소, 1982.
4) 한종만, 「한용운의 〈십현담주해〉에서 본 진리관과 선론」, 『한용운의 사상연구』, 서

담』의 저자 동안상찰은 동산의 전법제자 운거의 직전제자로 「오위정편」을 『십현담』이라는 이름으로 송화한다. 이것을 첫 주해자 문익이 '조동오위설'의 뜻과 어구 표현으로 주석하였고, 500년 후 즈음에, 설잠 김시습이 상찰의 본문과 문익의 주해를 묶어 『십현담요해』를 탈고하게 된다. 만해는 이 『십현담』을 주해한 동기를 그의 『십현담주해』에서 잘 밝혀주고 있다.

2011년 '만해축전세미나'에 이만식이 발표한 논문 「고전선시와 현대선시 ─십현담을 중심으로」의 모두는 다음과 같이 시작된다.[5]

만해는 십현담을 "동안상찰 선사가 지은 선화"라고 정의하고 있는데, 서문에서 이런 정의를 제시한 만해의 십현담주해를 포함한 한용운작품선집을 편역한 서준섭은 다음과 같이 십현담을 선시라고 정의한다.[6]

위의 인용문의 문맥을 잘 살펴보면 이만식은 『십현담』의 제명에 대해 확실한 것을 밝히지 않고 사용하고 있다.[7] 이 『십현담』을 무엇이라 불러야 하는가 하는 문제에 대해서는 필자는 원전이 기록된 『전등록』 29권을 들추고 생각을 더 보태어 살핀 결과 원제 『십현담』은 '선에 관한 현묘한 담론', 즉

울 : 민족사, 1981.
5) 이만식, 『2011 만해축전』 상, 서울 : 백담사 만해마을, 2011.
6) 서준섭 『한용운작품선집』, 강원대학교출판부, 2001, 159쪽.
7) 위의 책』, 304쪽.
"『십현담』이라는 제목은 '10편의 시로 표현한 현묘한 선에 대한 담론'이라는 뜻이다. …(중략)… 이만큼 문학성이 뛰어나고 시적인 정취가 물씬 풍기는 선시 작품도 흔하지 않다."라고 서준섭은 쓰고 있다.

위의 서준섭의 글은 분명히 담론으로 규정하고 있다. 그리고 『십현담』은 '교술적 성격을 띤 작품이지만, 형식이 간명하면서도 '번뇌의 마음을 다스리는 기술'로서 고도의 시적 비유와 불교적 어법으로 표현되고 있어, 이 작품은 불교문학의 걸작이라 생각한다.' 라고 하락한 부분을 말하며, 이와 같은 '선시 작품도 흔하지 않다.'라고 말한다.

이것은 분명 『십현담』을 표현한 선화계송을 선시라고 읽고 있다. 여기서 유의할 것은 『십현담』을 본제목을 보고, 그 표현은 10개의 현담에 각 편제를 붙여 7언 율시로 기록하고 있다

선화(禪話)의 게송 10편으로 봄이 타당하다고 생각한다. 『십현담』이 처음 실린 『전등록』에는 『십현담』이라는 본제목을 쓰고 있다. 10편의 현묘한 선화에다 게송을 짓고, 1편마다 소제목이 붙어 그 제(題)에 대해 7언 율시 8구로 지어져 있다. 곧 『십현담』은 선화 10편의 제목마다 8구 80행으로 이루어진 선화의 게송이라고 본다.[8]

1) 상찰의 『십현담』과 조동종의 「오위정편」과 「오위공훈」

『십현담』을 요해하는 데는 무엇보다도 조동종의 「오위정편설」을 아는 것이 중요하다. 「오위정편」[9]은 조동종에서 학인을 가르치기 위한 방편설이며 반드시 학인이 통과해야 하는 기관이다. 『십현담』과 「오위정편」은 밖과 안

---

8) 이 각주는 이만식의 논문 「고전선시와 현대선시 — 십현담을 중심으로」에서 서준섭, 김광원과 같이 송준영도 『십현담』을 「십현시」로 보고 있다는 글에 대한 소견이다.
동안상찰의 『십현담』이 처음 기록된 『전등록』 29권(송나라, 1004)에는 분명 원제가 「십현시」라고 쓴 것은 10의 현담을 시로 표현한 것이다. 그러나 오랜 세월 전체의 제목을 『십현담』으로 기록 되어 있고, 이 『십현담』을 '心印, 祖意, 玄機, 塵異, 演敎, 達本, 還源, 廻機, 轉位, 一色' 10편을 소제목을 붙이고, 각 편마다 8행의 7언 율시를 노래로 정리하고 있다. 그리고 10편의 7언 율시 앞에 『십현담』의 편제를 붙이고 있다. 『십현담』을 최초로 주해한 문익도 이를 따랐고, 설잠(김시습)과 만해 역시 그대로 따르고 있다.
1000여 년을 이렇게 내려오는데, 어찌 필자가 『십현담』을 단지 시만 보고 '십현시'가 맞다 하고 따를 수 있겠는가. 법안(885~958) 이후 477년이 지나 태어난 김시습(1435~1493), 다시 만해가 1925년에 집필한 『십현담주해』에도 『십현담』이라는 원전의 기록을 하나같이 그대로 따르고 있다. 필자의 과문인지 모르지만 역대 주해자들이 『십현담』이냐 '십현시'냐를 놓고 논쟁한 글들을 본 적이 없다. 이것은 그분들의 입장에서 본다면 쟁의거리가 되지 못하고, 원전에 쓰여 있는 대로 보면 그만이기 때문일 것이다. 단지 필자가 『십현담』이 아니고 '십현시'라고 주장한 글을 처음 본 것은 『전등록』 권 29에 「시십수」이다. 시가 나오기 전에 서문으로 쓴 것을 살펴보면 드러난다. '시십수는 동안선사 작이다. 동안상찰 선사 십현담의 서문을 겸한다.'로 모두에 적고 있다. 본래 십현담은 있지만 십현시란 말을 있지 않다. 필자가 처음 십현시를 대한 것은, 석지현의 「十玄詩에 대하여」(석지현, 「十玄詩에 대하여」, 『禪詩』, 서울 : 현암사, 1982, 402~404쪽) 서다. 이것은 본제목 아래 10수의 7언 율시만 말할 때 동안선사는 「시십수」 제목을 달고 있고 시십수라고 시만 지칭하고 있다.
9) 송준영, 『현대언어로 읽는 선시의 세계』, 서울 : 푸른사상사, 2006, 361~369쪽.

같은 것이다.

하지만 만해의 『십현담』비(批)와 주(註)에서는 조동 「오위정편」에 관한 어구의 기록은 별로 없다. 그것은 아마 당시 일제침략기이고 일본의 조동종과 우리나라의 임제종과 통합하려는 움직임이 있었고, 독립운동가였던 만해가 의식적으로 피한 듯싶다. 또 만해는 철저한 임제종의 법손이며, 임제선풍과 조동선풍이 가풍상 다르기 때문이고 만해는 만해의 선관에 의해 『십현담』을 재창조하고 있다는 생각이 든다.

그러나 첫 주해자인 청량문익이 조동의 「오위정편」의 의미와 어구에 의해 주해하였고, 설잠도 「오위정편」을 바탕으로 주석하였다. 그러나 세 분의 주해를 낱낱이 살펴보면 그 뜻과 깊이를 같이 한다. 만해가 비록 '오위정편설'적인 느낌이나 어구를 사용하는 데 벗어나고 있지만, 「오위정편」에 대한 깊은 이해가 닿아 있다는 것을 '바름[正]과 치우침[偏]을 모두 얻고 본체와 쓰임을 모두 드러내다(正偏兩得 體用全彰)'라는 표현으로 보아도 알 수 있다. 상찰, 문익, 설잠, 만해 네 분 모두 스스로 근본을 본 선장들로서 어떤 어구로 자기의 사상을 표현하더라도 똑같이 궁극적인 곳, 자성본원(自性本源)으로 환지본처(還至本處)하고 있다는 직감이 든다. 이것은 바로 네 분 모두 선관을 투과한 종사들이고, 선의 일착지(一着地)에 모여 있기 때문일 것이다. 그럼 조동종 종조 동산양개와 종사들이 학인을 일깨우기 위해 설치한 「조동오위정편」을 살피고 점두함이 중요하다.

이 기관을 통과한다는 것은 바로 『십현담』을 움켜잡는 것이 되기 때문이다. 앞의 글 조동오위정편을 살피고 살펴서 벗어남이 십현담의 핵심이다.

오위정편 마지막 게송 끝 행에서 '탄이좌(炭裏坐)'는 자성본원에 활연계회한 자는 숯 속에 앉는, 곧 '깜깜이' 속에 둘러싸임을 말한다. 결국 조동종의 학인들을 위한 방편 시설인 「오위정편」의 정중편 편중정 정중래 편중지 겸중도와 『십현담』과는 내용을 같이하며 「오위정편」이 회호(回互)하듯이 십현 역시 갈마 돈다. 이것은 무엇이 따로 있음이 아니라 그것이 그것이라는 그것에서 그것을 찾는 순례여행의 연속이다. 이 암흑은 광명의 다른 표현일 뿐이다. 절대무 속에서는 전성전일(全性全一)하여 온통 그대로 그것일 뿐이다. 이것은 노자가 갈파한 "아직 모른다는 것을 아는 것이 최상일세(知不知上)"라 한 말과 상통한다. 여기의 숯은 암흑의 진리, 선시의 적기수사법이니 반상합도적 표현이다. 바로 탄이좌는 입전수수(入廛垂手)의 세계다.

그리고 동산은 「오위공훈(五位功勳)」이라는 새로운 명칭을 붙여 깨달음의 차제를 묘사하기도 했다. 이것 역시 문하생들에게 정신 수련을 지도하기 위한 방편의 가르침이다.

오위공훈

① 향(向) : 예찬, 찬미
② 봉(奉) : 순종
③ 공(功) : 결실, 수확
④ 공공(共功) : 깨침으로 인한 충만한 결실
⑤ 공공(功功) : 충만한 결실의 결과

「오위공신」 역시 우리의 공부가 본래 상태로 돌아와 우리가 우리로 그렇게 됨, 자체를 깨우치기 위한 시설이다.[10][11]

---

10) 동산이 지은 ⑤ 功功의 게송 한 수를 읽어보자.
頭角纔生已不堪/擬心求佛好羞慙/迢迢空劫無人識/肯向南詢五十三
공공은 충만한 결실의 결과다. 이 결과는 본래 상태로 돌아가 우리가 우리로 그렇게 됨, 자체다.
첫 구 '頭角纔生已不堪'의 두각재생은 '머리에 뿔이 난다'로 직역되지만, 수행인의 입장에서 찰나에 스치는 어떠한 생각도 역시 머리에 뿔이 돋는 것일 뿐이다. 3행에서 가없는 흐름의 공간에서 이미 알았으면 알았다는 생각으로 알았으므로 이것 역시 분별이어서 '無人識'이라 했고, 4행에서 선재동자가 도를 찾아 남방으로 순례한 일 이 역시 부질없다는 것. '이것'은 인간이 '알아야 할(to know)'바의 것이 아니라, 인간 스스로 인간이 '되어야 할(to be)' 바의 것이다.

「오위정편」,「오위공신」은 모두 조동종의 조사 동산양개가 설정한 학인들을 위한 지남침이 되는 기관이다. 이것을 충분히 이해한다는 것은 바로『십현담』을 받아들이는 지침이 된다.

이제 조동종의 조사들이 설치하여 학인을 깨달음으로 안내하던 기관 「오위정편」의 대략을 훑어보았다. 앞에서 주지하다시피 동안상찰은 조동종 3대의 종사이다.『십현담』을 충분히 읽기 위해서는 조동종의 현관인 「오위정편」 마스터함이 무엇보다 중요하다. 이것을 충분히 살핌이『십현담』을 읽어내는 최고의 방법이라는 생각이어서, 필자는 많은 글을 덧붙였다.

2. 역사상 이어지는『십현담』주해들

상찰(?~961)의 생몰년대가 확실치 않으나 상찰이 입적한 해인 961년은 송태조 2년이 된다. 추측하건대 대부분의 생애를 중국 혼란기인 5대(907~960)에 살았다.『선문염송』에 의하면 조동종 제3세로 기록이 나타난다.『전동록』17권에 「홍주동안상찰선사」장에 기연이 기록되어 있고『전동록』29권에『십현담』이 실려 있다. 그리고『선문염송』26권 1175칙 「향거」와 1176칙 「의경」, 1177칙 「강서」, 1178 「천인사」, 1179칙 「희작」이 있어 그의 선풍을 짐작하게 할 따름이다.

『십현담』을 살펴보면『십현담』은 조동종의 법손 작품이어서 열 가지 선(禪)의 담시(譚詩) 중에는 조동종 선풍이 고스란히 들어 있다. 선의 근본 지침, 열 가지 현담(玄談)에 각각 7언율의 송을 붙인 것이다. 심인(心印)·조의(祖意)·현기(玄機)·진이(塵異)·연교(演敎)까지의 5수는 종문의 요지인 깨달음을

---

11) 송준영,『현대언어로 읽는 선시의 세계』, 서울 : 푸른사상사, 2006, 369~372쪽 참조.

노래하였고 환원(還源, 還鄕曲)·회기(廻機)·전위(轉位)·일색(一色, 正位前)까지는 깨달음을 이루는 길인, 실천의 요긴한 길을 지시하고 있다.

『전등록』제29권『십현담』에는 저자의 서문이 기록되어 있고, 첫머리에 각주 달기를 『십현담』은 동안상찰의 작품이라고 기록되어 있다. 묵암의 『조정사원』(祖庭事苑) 제8에 이 『십현담』에 대한 해석이 있다. 이 책에 의하면 『십현담』은 처음 8수만 전해져왔으나, 묵암이 상찰의 영당에서 『십현담』완본과 서문을 발견해 보충했다고 한다. 주석서로는 청량법안(문익)의 『십현담주해』, 청한설잠(김시습)의 『십현담요해』와 지월혜민의 『십현담가명주』와 『십현담불능어』, 천장실암의 『십현담주석』, 현루오룡의 『십현담접자』와 만해용운 『십현담주해』의 비(批)와 주(註) 등이 있다.

우리나라에 잘 알려진 주해서는 법안문익의 『십현담주해』와 설잠 김시습의 『십현담요해』와 만해 한용운의 『십현담주해』인 비와 주가 있다. 설잠의 『십현담요해』에는 상찰의 본문 시구에다 법안의 주(註)가 있고 그 밑에 김시습의 주가 나와 있어 중요한 선학의 지침서가 된다. 1000년 전, 당나라의 상찰이 지은 『십현담』이 오늘날까지 우리나라에 회자됨은 바로 설잠 김시습에 의해서다. 불우한 생을 마친 김시습은 폭천정사에서 문익이 주해한 『십현담』을 읽고 상찰의 원문과 문익의 주를 붙이고 스스로의 주해도 곁들인다.

만해가 처음 『십현담』을 주석하게 된 동기는 그의 『십현담주해』에서 다음과 같이 밝혀져 있다.

1925년 47세 들던 해 설악산 오세암에서 여름을 지내다가 우연히 십현담을 열독하게 된다. 비록 십현담의 그 글이 평이하나 그 뜻은 심오하여 초학자는 쉽게 알기 어려울 만치 뜻이 깊었다. 원주자는 미상이고 나란히 열경(김시습의 자)의 주가 있었다. 곧 김시습이 오세암에서 주해를 한 것인데, 법안의 주가 작자미상의 주와 나란히 있고, 이어 나의(한용운) 주를 병기하였다.
김시습은 현세를 불굴하는 입장에 있었고, 이런 입장에서 내가 오세암에서 또 김시습의 주를 보니 수백 년이 지난 뒤에도 감회가 새로워서 『십현담』을 주해한

다고 했다.12)

1) 법안문익의 청량주

『십현담』을 처음 주해한 문익(淸凉文益, 885~958)은 출중한 대선장이다. 소위 선문을 일컫는 5가란 위앙종 조동종 임제종 운문종 법안종을 가리키는데 바로 법안종은 청량문익이 개창한 선문이다. 뒷날 남당의 군주로부터 대법안이란 사호를 받았으므로 법안문익이라고 하며 청량은 문익이 말년에 주석하던 절 이름이다.

문익에 대한 행장은 그의 법어집 『법안록』에 의하면 여항 노씨 집안에 태어났으며 어려서 동진 출가하여 처음엔 희각 율사의 문하에서 수학했다. 희각은 문익을 가리켜 내 문하에 자하와 자유 같은 사람이라 칭송하였다. 그는 불경뿐 아니라 유학 경전도 두루 섭렵하였으나 만족하지 못하고, 20세 즈음에 월주 개운사에 구족계를 받고 행각의 길을 떠난다. 행각 중 눈사태를 만나 지장원에 머물다가 지장원 방장 계침(羅漢桂琛, 867~928)을 만나 계침의 말 한마디에 문득 활연계회하게 된다.

어느 날 문익이 화로에 몸을 녹이고 있었고, 이 절의 방장인 계침이 묻는다.

> "행각의 행선지는 어디입니까?"
> "예, 그저 다니고 있습니다."
> "무슨 이유로 그저 다니고 있습니까?"
> "저도 잘 모르겠습니다(不知)."
> "모른다는 것이 제일 친한 것이지요(不知最親切)."
>
> ─『선문염송』 권28 1287칙 「不知」

그 후 임천 숭수원 주지를 거쳐 금능(현, 남경) 보은선원에 있다가 나중에

---

12) 『한용운전집』 3권, 335쪽.

는 청량원에 주석하게 된다. 문익의 주해에 청량문익으로 된 것으로 보아 청량원에 주석할 때 『십현담주해』가 완성된 것으로 추측된다. 일반적으로 불교에서는 법명 앞에 붙는 호는 승려들의 같은 이름이 많아지므로 이름 앞에 그가 주석하던 산 이름이나 절 이름, 혹은 지명을 붙여 상호 판별하게 된다.

나중에 남당의 군주로부터 대법안이라는 사호를 받을 정도로 그의 가르침은 제방에 널리 알려졌다. 특히 법안은 선객을 제접할 때 보인 물음을 되받아 주는 즉답을 전문적으로 활용하고 있다. 이 즉답을 후세의 선사들은 즉물계신(卽物契神)이라 하며 법안종의 묘지(妙旨)라고 칭송하였다. 즉물계신은 목전의 현상 그대로가 진리를 현현한 것, 하나하나의 현상 그대로가 본래면목인 진리, 그 자체라는 것이다. 법안 묘지인 선화 한 토막을 살펴보기로 하자.

한 학인이 법안에게 물었다.
"어떤 것이 조원일적수입니까?(如何是曹源一滴水)"
법안이 냉큼 대답했다.
"조원일적수."

조원은 조계의 근원이란 의미다. 일적수는 한 방울의 물이니, 결국 6조 혜능으로부터 전수된 요체가 무엇이냐? 하는 물음이 된다. 이것은 말 밖의 뜻을 묻는 것이다. 임제 같은 면 '할', 덕산은 '방'을 날렸을 것이고 조주는 구순피선(口脣皮禪)으로 학인을 적기(賊機)했을 것이다. 그러나 법안은 그저 '조원일적수' 하며 되받을 뿐이다. 이때 질의자는 '적기'에 의해 천하가 칠통이 되어 굳어 있는데, 옆에 있던 덕소가 언하에 바로 깨닫는다. 이것이야말로 조사들이 갖추고 있는 활인검법이며 낙초자비심절이다. 이 즉물계신(卽物契神)이야말로 선계(禪偈)에서 이르는 '추위에 떠는 사람의 옷을 벗겨오고' '도둑이 훔쳐놓은 물건을 도로 빼앗아 오고, 배가 고파 정신없이 퍼 넣는 밥을 도로 빼앗아 오는' 수법이니 실로 악랄하기 그지없는 조사들의 적기수법이다.

법안종의 이런 수법을 『인천안목』에서는 전봉상주(箭鋒相拄)라 했다. 곧 자기를 향해 날아오는 화살을 마주 쏘아 부딪치게 하는 솜씨를 말한다. 법안의 회상에는 늘 500여 명의 수좌들이 모여 수선을 했다 하니 이를 선종사에선 오가의 하나인 법안종이라 했다. 법안종 종조 대법안 문익은 74세에 입적하니, 그의 법계는 청원—석두—천황—설봉—현사—나한—법안으로 내려오는 법계다.

우리는 법안의 선풍과 그의 행적을 약간이나마 훑어보았다. 법안은 『십현담』의 원저자 동안상찰과는 서로 닿는 연고가 없어 보인다. 상찰의 주석지 홍주 동안원(현 강서성 남창)과 법안의 주석지인 금릉(현 남경)과는 먼 거리에 있었고, 상찰은 청원—석두—약산—운암—동산—운거—동안상찰로 내려오는 조동종 법계로 청원 아래 6대이다. 석두 아래 약산과 천황에서 서로 갈린다. 아무런 문중 연고나 지연 연고도 없는 법안 같은 대종사가 『십현담』을 최초의 주해자로 선종사에 보이는 것은 『십현담』이 선의 텍스트로 품격을 갖추고 있을 뿐 아니라, 가장 선에 밀접한 현지(玄旨)가 갖추어 있다고 보는 법안의 선안(禪眼)이 『십현담』을 주해하게 한 것이라고 본다.

법안(885~958)은 당 희종 13년에 태어나 907년 22세 되던 해에 당이 멸망하고 그 후 51년간을 여러 왕조가 흥망성쇠하는 5대(907~960)에 살았다. 법안이 받은 대법안 사호도 남당의 장종에게 받았고 법안이 산 이 기간 동안 8개의 나라의 흥망이 있었다. 그리고 동안상찰, 역시 입적 연대 961년을 되돌아 살펴보면 동안 역시 여러 제국의 흥망 시기인 같은 시대에 살았다고 판단된다.

급변하는 왕조의 몰락이 사회를 불안하게 하였고 선원 역시 흔들렸고, 선의 황금시대는 점점 쇠미해지며 상찰은 이런 왕조의 혼란시대를 거쳐 송 태조 2년(961)에 입적한다.

설잠의 『십현담요해』의 분석에 들기 전 서준섭이 발제한 논고의 일부를 옮기며 법안의 『십현담』의 긴요한 점을 짐작해보자. 서준섭은 법안이 지은 「종문십규론」 중 '5) 이사(理事)를 어그러뜨리고 청탁을 분간하지 못하다'에 서 "이치[理]와 현상[事], 바름[正]과 지우침[偏]이 둘이 아니게 하고 싶은가? 중요한 점은 원융이다. 조동종의 가풍은 편(偏)과 정(正), 명(明)과 암(暗)을 말 하고 임제는 손[賓]과 주인[主], 본체[體]와 응용[用]을 세운다."13)라고 했다. 결국 조동의 가풍이나 임제의 가풍은 학인들에게 보이는 시설은 같지 않으 나, 원융에 의해 불이(不二)에 든다는 해설이다. 『화엄경』에 말하는 "쌍으로 막고 쌍으로 비침은 곧 막고 비침이 동시(雙遮雙照 遮照同時)"를 이르는 것을 말하는데, 이것은 곧 원융이다. 이러한 법안의 이사겸비(理事兼備)와 원융의 도리는 『십현담』을 해량하는 데 중요한 단서라 할 것이다. 결국 선문의 5가 7 종 어느 것 하나 이 도리를 벗어나는 것이 없다. 아니 8만대장경 역시 이 두 리를 설했을 뿐이다. 따라서 『오위정편설』은 직접적으로 『십현담』을 이해하 는 데 지표가 된다. 필자가 앞에서 동산의 『오위정편설』을 간추려 밝힌 이유 인 것이다.

2) 청한설잠의 열경주(1475)

불우한 천재 김시습(金時習, 1435~1493)은 유가의 인물로 편입되어 유가적 인 입장에서 볼 때 많은 문제를 가지고 있는 경박하고 부덕한 인물로 간주되 어왔다. 매월당의 전기로는 이율곡(李珥, 1536~1584)이 왕명을 받들어 지어 올 린 본전 외에 윤춘년(1514~1564)이 선한 「매월당선생전」이 있다. 아깝게도 그 의 직전제자들이 지은 청한(淸寒)비구 설잠(雪岑)의 행장은 없다. 당대의 거유 율곡이 쓴 행장에서도 역시 배불숭유라는 국시와 유교의 인간관에 의해 인간 김시습의 참모습이 많이 얼룩져 있다. 윤춘년이 지은 행장이 그래도 인간적

---

13) 『시와세계』 2004, 여름호.

이며 사문으로서 면모를 보이고 있는 사실적 기록을 많이 쓰고 있으나 반면에 본전인 율곡이 지은 행장에서는 이런 측면이 배제되어 있다.

따라서 율곡이 봉교제진(奉敎製進)한 설잠 김시습의 평전에는 "출가는 자취만 불가의 의탁하여 승려 모양을 취한 것으로서, 일부러 비정상의 행태로 그의 진실을 가렸을 뿐이다."라고 기록하고 있다. 결국 '정신은 유가의 종지를 잃지 않았다(橫談竪論 多不失儒家宗旨)' 곧 '정신은 어디까지나 유가인데 외양만 사문(心儒蹟佛)'으로 오해된 것이라고 쓰고 있다.

그렇지만 필자가 읽은 김시습의 주저인 『대화엄법계도주병서』나 『십현담요해』, 『조동오위요해』, 『연경별찬』, 『화엄경석제』에 의하면 모두의 저자 이름에 청한 비구 설잠이라고 스스로 명기한 것만 보아도 그의 정신은 설잠 비구에 있다고 생각한다. 주지하다시피 신라 의상의 저술 『법성게』를 설잠이 선해(禪解)한 『대화엄법계도주병서』, 선의 요체를 선시로 표현하고 주해한 『십현담요해』, 대승경전의 정수인 법화경찬인 『연경별찬』, 조동종의 요지인 종조 동산이 지은 「오위정편설」, 그리고 대승불교의 최상의 경전이라 할 수 있는 『대방광불화엄경』의 『화엄경석제』는 심오하고 미묘한 정신세계의 노작들이다. 지금 현존하는 5종의 글은 우리 민족의 정신 폭을 넓혀준 명저로 알려져 있다. 그리고 설잠 김시습은 전국 방방곡곡을 유랑하며 수많은 시를 지은, 명시를 남기 천재 시인이다(현금에 남은 시 2,200여 수). "대다수의 시는 나뭇잎에 시를 써 물에 흘려버리면 제자들이 주워서 책을 묶었는데, 이때 열에 예닐곱은 잃었고 남은 것은 작은 부분이다."라는 기록이 있다.[14]

문제는 율곡이 왕명에 의해 지은 김시습 행장은 김시습의 정신세계를 표현한 불가냐 유가냐를 따지기 전에 가장 정신요체의 기록들인 위의 5종의 노작들을 참고한 흔적이 보이지 않고 있다. 이러한 이유로 김시습은 불가의 비구, 또 청한설잠 선사가 본색임을 필자는 주장한다.

---

14) 『임영지』 제3장, 충절, 1 김시습, 310~314쪽.

본 주제인『십현담요해』는 설잠의 나이 35세 들던 해인 1475년 서울 수락산 폭천정사에서 저술하였다고 서문에 기록되어 있다. 일세를 풍미했던 설잠 김시습은 시운이 맞지 않아 박제된 천재로 우수와 절개를 심신에 품은 생육신으로 한 생을 마감한다. 하지만 그의 사상이 심오함은 그가 남긴 불서로 선서로 선시로 우리나라 정신사에 우뚝하며 그가 입적한지 600여 년이 지난 지금도 빛을 발하고 있다.

3) 용운봉완의 만해주

상찰의『십현담』원전을 살펴보면 내용 면에서 법안문익의 주나 설잠 김시습의 주나 만해의 주는 선의 궁극적인 경지인 반야바라밀의 세계에서는 일치된다.『십현담』의 원진과 세 분 선장들의 주해가 빼어남은 '정/편', '주/객', '체/용', '본체/현상'의 양변을 반상합도(反常合道)함으로 오는 실생활의 일상화, 곧 활선(活禪)에 있다. 법안이나 설잠의 주해에서 보이는 피모대각(皮毛戴角)이나 이류중행(異類中行), 입전수수(入廛垂手)의 선어들이 그것을 말해준다.

특히 만해의 비와 주에는 조동선의 주도면밀한 선풍과 살불살조(殺佛殺祖)하고 살활자재한 임제종의 선풍이 원융융섭(圓融融攝)함으로 면밀하면서도 활기찬 만해선을 성립시키고 있다. 앞장에서 살펴본 것같이 원래 조동종의 학인을 깨우치기 위한 시설인「오위정편」은 정[본체]과 편[현상]이 상즉상입(相即相入)하여 분리되지 않고 하나를 이루면서 끝내는 그 하나마저도 종적이 없는 공의 경지를 드러내는 것이다. 결국「오위정편」을 '십현'으로 구분해서 상호 연관하여 회호(回互)시켜, 언어로 거짓 표현하고 있는 현묘한 선도리를 드러낸다. 따라서『십현담』역시 정중편, 편중정, 정중래, 편중지, 겸중도라는「오위정편」과 내용을 같이한다. '십현'은 앞에서 살핀 것과 같이 상호회호적(相互回互的) 관계로 공[球]이 굴러가듯 갈마들고 있다.

결국 만해는 굴러가는 공의 회호뿐만 아니라 바로 그 자리에서 '이것'을 밝혀내고 있다. 주지하다시피 만해는 임제종 종사이다. 역사상 임제종과 조동종은 조동의 묵조선과 임제의 간화선(看話禪)의 논쟁에서만 보더라도 선풍이 서로 다름을 짐작할 수 있다. 참선의 방식만 해도 만해는 다음과 같이 부르짖는다.

선에 있어서도 화두를 드는 이외에는, 무슨 방법이든지 방법을 쓰는 것은 금물이다. …(중략)… 마음을 닦는 것은 마음의 본체 즉 虛靈湛寂 그대로를 보유하는 것이다. 그러나 아무리 模捉處가 없이 본체를 보유한다는 것은 너무 막연한 일이어서 하근중생으로 하여금 懸崖想을 내게 하기 쉬운 고로 부득이 화두의 방편을 설해야 일종의 방법을 삼게 하였다. 그러나 화두라는 것은 선학자의 疑情을 일으키기 위하여 강설한 것이 아니라 노파심절한 諸佛諸祖의 直示明答한 법어이다. 화두라는 것은 학자로 하여금 의정을 일으키기 위하여 일부러 만든 것이 아니라 조금도 의정할 것 없이 직시명시한 법어를 하근 중생이 스스로 알지 못하여 의정을 하게 되는 것이다 그것이 이른바 화두가 되었나니 화두라는 것은 선의 목적이 아니라 선의 방편이다.[15]

만해는 임제종의 가풍을 그대로 지니고 있는 간화선 종사이다. 만해의 『십현담주해』가 위의 법안이나 설잠과 같지 않은 것은 만해의 성정과도 관계가 있겠지만 임제종의 종풍에 기인하는 바도 크다고 본다.

만해는 『십현담』의 원저자 상찰, 문익, 설잠같이 조동종 종풍에 의해 주해하는 데만 있지 않고 자신의 기봉과 가풍을 『십현담주해』를 통하여 그대로 보여주고 있다.

위의 네 분의 선사들은 선종사에서 드러난 일급 선사들이며, 선의 궁극처를 본 선지식들이어서 네 분 모두 대의적인 측면에서 본다면 같은 세계에 같은 자리에 노니고 있다. 그러나 작은 부분을 따져볼 때, 서로 다른 면이 있다고 할 것이다. 이것은 서울로 상경하는 데 여러 가지 방법이 있기 때문일 것

---

15) 한용운, 「선의 방식」, 『한용운전집』, 312쪽 참조.

이고 또 하나는 각각의 선장들의 천성과 살아온 환경에 따라 달리 나타나기 때문일 것이다. 곧 조동선의 「오위정편」, 혹은 「오위군신」16)에 의하든, 임제선의 「사료간」이나 「삼현삼요삼구」의 시설17)에 의하든, '침묵'이든, '할'이든 근원처로 환지본처(還至本處)한 깨친 선사들에겐 부질없는 것이기 때문일 것이다. 선가에서는 전래되는 금언 중 "세상에 모든 것을 다 알아도 '이것' 하나 모르면 다 모르는 것이고, 세상에 모든 것을 다 몰라도 '이것' 하나 알면 다 아는 것"이라는 말이 있다. 위의 네 분은 '이것' 하나 명철히 철증한 분이어서 『십현담』이나 『십현담주해』를 우리의 시각으로 이리저리 맞추고 분석하는데 유의해야 함이 무엇보다 중요하다.

주지하다시피 만해는 '푸른 하늘에 벼락치고 평지에 물결인다'(靑天轟霹靂 平地起波濤)18)는 임제종의 선풍을 그대로 보여준 선사이며 최초의 한글 선시집 『님의 침묵』을 지은 시인이며 독립투사, 우국지사로 우리 민족의 불세출의 정신으로 추앙 받는 몇 분 가운데 한 분이다.

3. 상찰의 『십현담』 갖추어 읽기

이제 이 글의 주제 글인 『십현담』에 담겨 있는 10편의 7언율시와 십현의 편제(篇題)에 대하여 참구하기로 하자.

---

16) 송준영, 앞의 책, 369~375쪽 참조.
17) 위의 책, 434~443쪽. 참조
18) 임제종 가풍을 우리나라 대선장인 서산휴정은 그의 저 『선가구감』에 다음과 같이 밝히고 있다.
　　"빈손에 단도를 드니 부처도 용서 없고 조사도 죽인다(赤手單刀 殺佛殺祖). 옛과 이제 모두 三玄과 三要로써 판별하고 용과 뱀을 賓主句로 알아낸다. 금강보검으로 도깨비를 쓸어내고 사자 같은 위엄으로 뭇짐승의 마음과 간담을 찢어버린다. 임제종의 종지를 알고자 하는가? 푸른 하늘에 벼락치고 평지에 물결 인다(靑天轟霹靂 平地起波濤)."

위에서 몇 차례 언급한 것 같이 열편의 시제는 '심인(心印), 조의(祖意), 현기(玄機), 진이(塵異), 연교(演敎), 달본(達本), 환원(還源), 회기(廻機), 전위(轉位), 일색(一色)'으로 되어 있다. 먼저 원저자 동안상찰의 원문에다 문익(사호 법안)과 설잠 김시습과 만해용운의 주해를 옮기는 이유는, 선종사에 전해 내려오는 『십현담』의 주해를 갖추어 읽음으로, 각각의 주에 따른 상통하는 바와 특색적인 면을 밝혀 『십현담』을 이해하는 데 그 넓이와 깊이를 더하고 싶었기 때문이다. 여기에 필자의 소견을 덧붙여 회통시킨 다음 필자의 한글주해시를 옮겨 보이고 독자 여러분으로부터 통방(痛棒)을 맞고자 한다.

갖추어 읽기 짜임

① 십현담원전 : 동안상찰(상찰, 『십현담』『전등록』. 29권.)
② 십현담주해 : 청량문익의 주(문익, 「십현담요해」, 『매월당전집』 별집 2권.)
③ 십현담요해 : 청한설잠의 주(김시습, 「십현담요해」, 『매월당전집』 별집 2권.)
④ 십현담주해 : 용운봉완의 비, 주(『한용운전집』 권3. 「십현담주해」)
⑤ 한글주해시 : 월조 송준영(『조실』 2부, 『십현담』)
⑥ 강설, 총강 : 월조 송준영

마음 얼굴 : 심인(心印)

① 동안상찰의 원작 선화게송

心印	마음 얼굴
問君心印作何顔	그대에게 묻노니 마음 얼굴 어떠하던가
心印何人敢授傳	마음을 누가 전수한다 감히 말하랴
歷劫坦然無異色	억겁 평평하여 다른 모양 없거늘
呼僞心印亦虛言	마음 얼굴이라 부름은 본래 빈 말
須知體自虛空性	분명히 알거라 그 바탕 텅 빈 허공 같아
將喩紅爐火裡蓮	불 속에 핀 연꽃, 이렇게나 부를까
勿謂無心云是道	무심을 도라 이르지 말라

| 無心猶隔一重關 | 무심마저 한 겹 막힘이 있다 |

② 청량문익의 주

허공에는 얼굴이 없으니 어찌 지분으로 화장을 할 수 있겠느냐. 마음에는 원래 이름이 없으며, 연(緣)에 따라서 가명으로 부를 따름, 이를 가리켜 심인이라 부른다.19)

● 강설

『금강경』의 경문 "부처님이 말씀한 지혜완성은 곧 지혜완성이 아니고 그 이름이 지혜완성이다(佛說般若波羅蜜 卽非般若波羅蜜 是名般若波羅蜜)"라는 경구가 생각나는 대목이다. 우리는 여기서 반야바라밀이라는 말 대신 필자의 이름을 넣어서 한번 새겨볼 필요가 있다. '부처가 말씀하신 송준영은 곧 송준영이 아니고 그 이름만 송준영이다.' 우리는 여기서 중요한 선시에서 자주 쓰이는 적기수사법의 한 도식을 도출할 수 있다. 곧 'A라고 부르는 A는 곧 A가 아니라 그 이름이 A다.' 이것을 도식하면 A=Ā, 즉 'A는 A가 아니므로 A이다'가 된다. 이것은 천하 만물의 존재방식의 양태다. 일체 만물은 스스로 자기의 본래의 성품이 없다. 우리들의 고정관념에 의해 본래의 성품 있다고 보면, 여기에 있는 만년필은 필기도구로 있다. 그렇지만 이 만년필은 꼭 필기도구로 존재하지는 않는다. 이 만년필은 시간과 공간인 상황에 따라 흉기도 되고 시를 쓰는 필기도구도 된다. 이것은 우리가 이름 지은, 그 이름으로 존재하지만 진공묘유(眞空妙有)해 있다는 것이다. 진짜로는 진공(心)인데 짐짓 그렇게 묘하게 존재(印)하고 있다는 것이다. 이와 같이 마음도 이 도식에 의하면 '만년필은 곧 만년필이 아니라 그 이름이 만년필이다.'라는 것이다. 이것이 마음얼굴이다.

---

19) 虛空無面目 何用巧粧眉 然心本無名 隨緣假號 或名心印.(김시습, 「십현담요해」, 『매월당전집』, 강원도, 2000, 1181쪽).

③ 설잠 김시습의 주

주 : 달마가 중국에 와서 불립문자(不立文字)로 심인을 단전(單傳)하여 직지인
심 견성성불(直指人心.見性成佛)이라 했는데, 이 인(印)은 언어 문자로써 일용사물
을 나타낼 수 없고 다만 어묵동정(語默動靜)한 때에 뚜렷이 나타나므로 심인이라
한다.[20]

● 강설

달마가 선의 전승자로 중국에 와서 가르친 것을 선불교라 통칭한다. 인도
대륙과 중국대륙은 지형적 여건으로 고대에는 서로 소통되지 못하는 다른 한
대륙이었다. 인도는 국민성이 명상적이며 중국의 민족성은 현실적이라는 것
이 통설로 되어 있다. 이것이 달마에 의해 명상인 선정이 중국으로 건너와 중
국의 본래 문화와 격의시대를 거쳐서 선종이 탄생된다. 역사상 이백, 두보,
왕유, 백거이, 이하 조식 등등, 선을 수행하고 이해하는 기라성 같은 문인들
의 탄생과 더불어 세계 최강의 당(唐) 송(宋) 원(元)과 같은 부강국가, 문화국
가를 이루었다고 사계의 권위자들은 말한다.

흔히 선종의 사구게(요체)로 "불립문자 교외별전 직지인심 견성성불"(不立
文字 敎外別傳 直指人心 見性成佛)을 이른다. 이것은 통증(通證)에 의한, 직관에
의한, 원천적 지혜를 얻어 활용하므로 대자유인이 된다는 것을 말한다. 이런
말은 후대에 임제에 의해 살불살조(殺佛殺祖)라는 말로 태어난다. 사물과 사
물 사이, 존재와 존재 사이에는 작용이 있으므로 존재가 나타난다는 것은 A
와 Ā 사이에는 견자(見者)가 있으므로 관계 지어진다는 것이다. 이것이 마음
얼굴이다.

---

20) 達磨西來 不立文字 單傳心印 直指人心 見性成佛 此卽不可 以語言文字形容 於日用
事物上 動靜語默時 文彩全彰 當處歷然 古曰心印.(위의 책, 1181쪽)

④ 만해용운의 비, 주

비 : 뱀을 그리는 것도 이미 틀렸는데, 어찌 다리를 붙이랴.(畵蛇已失 添足何爲)
주 : 마음에는 원래 일정한 본체가 없다. 모양을 여의고 자취를 끊나니, 마음
이라 부르는 것도 하나의 假名인데 다시 印이라는 말도 쓸 수 있겠는가. 그러나
만법이 모두 이것으로 기준 법칙으로 삼고, 모든 부처님이 이것으로 증명하는
까닭에 이름 하여 心印이라 한다.

● 강설

비(批)는 비점 평정(批點 評定)의 뜻으로 몇 자로 단평을 한 것이다. 거두절
미하고 언어도단의 이 '일할'은 만해가 우리들에게 주는 강한 힘으로 읽힌다.
만해의 주(註)는 상찰의 원문 심인의 제목에 '비'가 있고 또 전체 시에 대한
'주'가 있다. 그리고 본문 시 8행에 각각 활주(割註)를 붙이고 있다. 지면 관계
상 본문 8행에 대한 비(批)인 활주는 생략하였다. 심인은 전체의 주만 읽어도
그 대의를 짐작하고 남음이 있다.

만해는 주에서 "본체와 가명이 서로 방해가 되지 않을 때 심인의 뜻이 스
스로 밝아진다"고 하였다 그러나 다른 주석에서는 심인을 설명할 때 언어와
문자로는 가히 표현할 수 없는 것이라 하고 이를 당연히 심인이라 이름한다
고 적고 있다. 그러나 만해는 더욱 구체적으로 "심의 본체와 형상과 응용을
들어 낱낱이 풀어놓고 있다. 곧 주에서 심은 체가 없고 상을 이별하고 자취를
끊었으니 심이라 부르는 것도 짐짓 붙인 것인데 무슨 인이랴."[21] 하며 더욱
"분명하고 뚜렷이 본체와 가명이 서로 용납할 때 심인이 뜻이 서로 밝아진다
(本體假名 兩不相病 心印之智明矣)"(만해『십현담주해』「심인」)고 더욱 구체적
으로 풀고 있다.

필자가 보건대, 이것은 만해가 말하는 본질과 현상 곧 본체와 가명이 서로
·양불상 병(兩不相 病)이라 말하는 것은 가명에 집착하지 않음은 물론 본체에

---

21) 心本無體 離相絕跡 心是假名 更用印爲.(「십현담주해」,『한용운전집』권3. 심인 주)

도 집착하지 않아 본체와 가명을 동시에 살려보는 만해의 혜안이 돋보이는 부분이다. 이 유형의 가명을 버리라고 무형의 본체를 찾아야 한다는 방편적인 법문으로서 그렇다고 무형의 본체가 유형의 가명을 떠나 존재하는 것이 아니다. 여기에 본체와 가명이 병이 아니라는 만해의 주는 현제 독송하고 있는 현장의 약본『반야심경』에는 번역 중 빠져 있지만, 산스크리트어『반야심경』을 그대로 옮기면 이 부분의 가름이 명확하게 드러난다.

> 이 세상에서 물질적 현상[색]에는 실체가 없으며,
> 실체가 없기 때문에 바로 물질적 현상[색]이 있게 된다
> 물질적 현상[색]과 본질[공]은 그 자체가 다르지 않고, 본질의
> 순수함이 모든 구체화된 현상[색]과 다르지 않으니
> 물질적 현상과 본질의 순수함이 바로 같으며 본질의 순수함[공],
> 이것의 활성화가 바로 물질적 현상[색]으로 구체화된 것이다.
> 色性是空 空性是色 色不異空 空不異色 色卽是空 空卽是色[22]

바로 색과 공을 어느 곳에든 집착하지 않고(色性是空 空性是色) 색으로 공을 포월(包越)하고 공으로는 색을 포월하여(色不異空 空不異色) 색 즉시 공이며 공 즉시 색임을 알아 색공을 동시(色卽是空 空卽是色)에 살리는『화엄경』이나『마하지관』에서 이르는 '쌍차쌍조 차조동시(雙遮雙照 遮照同時)'의 혜안을 갖추어야 함을 강조 하고 있다.

그리고 상찰의 심인의 4행에서 '마음 얼굴이라 부르는 것도 본래 빈말(呼爲心印早虛言)'에 대한 만해의 '비'에는 '마음을 얼굴 아니라 해도 역시 빈말(呼心非印亦虛言)'이라고 받아치고 있다. 상찰의 원문에서는 심인이라 짓는 이름을 파하는데 반하여 만해는 이름 하지 않는 것에 집착함을 파하니『화엄경』에서 이르는 양변의 견해를 똑같이 막고 양변을 똑같이 살리는 것조차 허

---

22) 송준영, 『반야심경강론』, 경서원, 1993.

물어뜨리는 '막고 살리는 것을 동시(遮照同時)'에 보여주는 살활자재의 법문을 드러내 보이고 있다.

⑤ 송준영의 한글주해시

마음 얼굴

그러나 마음과 얼굴
같으면서 다르고 다르면서 같다. 마음마다
짐짓 얼굴 있으니, 이 얼굴이 이름이어서
거짓으로 마음 일어날 때
이름 붙여 증표로 삼는다 그저
둥글게 둥글게 보라

마음과 이름이 서로 간섭하지 않으며
허물이 되지 않으니 心印이라는 말 드러난다

마음 얼굴 어떻던가? 둥글든가
납작하든가 희든가 검든가 슬프든가 기쁘든가

*

다리도 꼬리도 없이 하늘 밖을 치솟는 넌,
아네모네 남 마담이어라

⑥ 총강

누차 말씀드렸듯이 졸시는 오직 상찰의 『십현담』을 내가 보는 선관(禪觀)에 의해 한글로 주해한 시다. 한문 투의 원전 시를 뜻에 알맞게 단지 현대선시의 양태로 주해한 것이다.

심인(心印)을 의역하여 '마음 얼굴'이라 분절한 것은 조동종의 정, 편과 같은 심과 인으로 봄이 훨씬 살펴보기에 쉽기 때문이다.

'마음'과 '얼굴'에서 마음은 조동의 「오위정편」으로 보았을 때는 마음은 正이고 얼굴은 편이다. 곧 적(寂), 체(體), 공(空)은 마음이고 조(照), 용(用), 색(色)일 때는 얼굴[印]이다. 그러나 분절하지 않고 바로 읽을 때, 마음얼굴은 곧 마음은 얼굴인 동시에 얼굴은 마음이다. 이것을 화엄도리로 읽을 땐, 보이고 보이지 않는 것을 동시에 이룰 때는 차조동시(遮照同時) 혹은 적조동시(寂照同時)라 한다. 졸시에서 첫 연 "그러나 마음과 얼굴/같으면서 다르고 다르면서 같다. 마음마다/짐짓 얼굴 있으니, 이 얼굴이 이름이어서/거짓으로 마음 일어날 때/이름 붙여 증표로 삼는다 그저/둥글게 둥글게 보라"에서 첫 행 '그러나 마음과 얼굴'에서 '그러나'를 붙인 이유는 앞에서 이와 같이 말하고 있으나 '마음과 얼굴'은 '같으면서 다르며 다르면서 같다.'는 것이고, 다음 행은 '마음마다 짐짓 얼굴이 있으니, 이 얼굴이 이름이다.'라고 진술하고 있다.

'짐짓'에 관해 주의를 기울여보자. 짐짓은 '일부러', 혹은 '거짓으로', '괜히'라는 의미가 있는 부사다. 알다시피 마음은 정(正)이고 적(寂)이고 본체(本體)이고 진공(眞空)이어서 나타나지 않는다. 마음은 움직일 때 그 자취를 드러낸다. 움직임이 우리에게 포착될 때, 마음은 짐짓 그 모습이나 그 흔적을 보여준다. 그래서 마음이 나타나는 얼굴(응용, 현상)마다 그 이름을 지어 부른다. 우리는 이 마이크를 마이크라 짐짓, 이름을 붙여 부를 따름이다. 마이크를 스피커라 하여 달라지는 것이 없는 것과 같은 도리다. 그래서 '거짓으로 마음 일어날 때/이름 붙여 증표로 삼는다.'고 시행을 적었고, 이 도리는 그리 머리 아프게 심각하게 생각할 필요가 없다. 시원한 바람 지나갈 듯 '그저 둥글게 둥글게 보'아야 된다. 논문 쓰는 것이 아님을 명심해야 한다.

그럼 어떻게 해야 마음과 얼굴을 똑바로 읽을 수 있는가? 마음과 얼굴이 떨어져 있던 소통 되든 서로 아무런 간섭이 되지 않으며 또 상호 괴롭힘이나 즐거움이 되지 않는다. 그래도 마음과 얼굴이 선명히 드러나지 않으면 백담 계곡물에 발 담그고 앉아서 사랑해 보는 길 밖에 없지 않은가. 그럼 마음 얼굴 어떠하던가? 잠시 후, 그렇다. 이 정체도 없고 때도 곳도 없는 이놈, "다리도 꼬리도 없이 하늘 밖을 치솟는 넌,/아네모네 남 마담이어라." 있다가도 없고 없다가도 나타나는 이놈은 바로 애간장 녹이는 남 마담이 분명하다. *표시에 따르는 게(偈)는 전통적인 선문에서 자주 나타나는 단평을 '게'로 찔려준 것이다.

(* 지면 관계상 각 주해자의 주는 다음 기회로 미루고 총강만 해설하기로 한다.)

소사의 뜻 : 소의(祖意)

① 동안상찰의 원작 선화게송

祖意	조사의 뜻
祖意如空不是空	조사의 뜻, 빈 것 같지만 빈 것이 아니다
靈機爭墮有無功	신령스런 슬기 어찌 '유/무'에 떨어지랴
三賢尚未明斯旨	삼현도 오히려 이 뜻에 밝지 못하거늘
十聖那能達此宗	십성이 어찌 이런 뜻을 알겠는가
透網金鱗猶滯水	그물 뚫은 고기 되려 물에 머무는데
廻頭石馬出紗龍	머리 돌린 석마가 사룡을 빠져나가니
慇懃爲說西來意	조사서래의를 귀띔하노니
莫問西來及與東	서쪽이냐 동쪽이냐 묻지들 마라

② 청량문익의 주

조의의 뜻을 파악하는 데 있어서 문익은 '방향을 가리키는 것이 없으면 어찌 방향을 찾아 걸을 수 있으리오, 따라서 조사들이 이 법을 서로 계승해서 심원한 도를 번창케 하기 위해 손바닥 위에 놓인 것 같이 환하게 알려주게 되었다.

③ 설잠 김시습의 주

달마가 이 땅에 대승근기가 있어 심인을 깨칠 줄 알고 다만 이 심인을 가지고 와 몽매한 이에게 개시했다. 만약 문자 위에서 얻으려 함도 잘 되지 않을 것인데, 더구나 문자가 없는 위에서 체득하려 하면(況於沒文字上薦得) 그 거리가 어찌 흰구름 같이 아득한 천만리 정도겠는가? 바로 측간에 가기 전에 터득해야 비로 얻는다(直須未厠已前 承當始得) 하겠다.

④ 만해용운의 비, 주

비 : 범부 역시 본래 다 갖추어 있다. 일체의 성현이라도 말할 길 끊겼다. (博地凡夫 本自具足 一切聖賢 道破不得)

주 : 조사의 뜻이란 게 일찍이 어떤 뜻이 있는 것이 아니다. 중생이 뜻이 있으면 조사도 또한 뜻이 있으니 조사의 뜻이란 중생의 뜻인 것이다.[23]

⑤ 송준영의 한글주해시

조사의 뜻

중생의 무의(無意)가 조사의 드러냄이니, 중생의
뜻이 조사의 뜻이지만, 조사의 뜻은 중생의
뜻이 아니다

삼세 제 조사의 뜻, 역시
이러하다 그들은 뜻 없음으로
근본으로 삼으며, 뜻있음으로
그 징표로 삼는다 조사의 뜻 알고자 하는가?

*

중앙시장 난전(亂廛)에 퍼질러 앉아 고추를 낳는

---

23) 祖師之意 何嘗有意 衆生有意 祖亦有意 祖意者 衆生之意也.(『한용운전집』 권3, 339쪽)

⑥ 총강

설잠은 만약 문자 위에서 얻으려 함도 잘 되지 않을 것인데, 더구나 '문자가 없는 위에서 체득하려 하면, 바로 측간에 가기 전에 터득해야 비로소 얻는다 할 것이다.' 하였고, 만해는 '하열한 범부도 본래 스스로 갖추어 있지만 이것은 성현도 말로서 깨뜨릴 수 없다'고 批하였다. 그리고 주(註)하기를 조사의 뜻이란 본래 어떤 뜻이 있는 것이 아니라 중생이 뜻이 있으면 조사도 뜻이 있으니 조의(祖意)란 바로 중생의 뜻이라 했다. 문익이나 설잠의 주를 살펴보면 중생을 제도하는 조사의 입장에서 설법을 하고 있다. 그러나 만해는 조사의 입장에서 설하는 것이 아니라 중생의 입장에서 비와 주를 달고 있다. 이것이야말로 만해가 채득하고 있는 법력이요 활선(活禪)이라 할 것이다.

필자의 졸시 1연에서 "중생의 무의(無意)가 조사의 드러냄이니, 중생의/뜻이 조사의 뜻이지만, 조사의 뜻은 중생의/뜻이 아니다" 함은 문익이나 설잠의 주와는 거리가 있고, 만해의 비와 주를 그대로 옮겨놓은 것 같은 느낌이 든다. 이건 절대 패러디한 것이 아니고, 필자가 이 주해시를 쓸 때는 문익이나 설잠, 또는 만해의 주를 전혀 염두에 두지 않고, 오직 상찰의 원전만을 읽고 주해한 한글선시일 뿐이다. 그렇지 않은가. 1행에서 '중생의 뜻 없음이 조사의 뜻을 드러낸 것'이다. 그리고 '중생의 뜻이 조사의 뜻이고, 조사의 뜻은 중생의 뜻이 아니다' 한 것은 필자가 많은 고전선시나, 조사들의 자비간절심에서 우러나오는 방편법문에서 늘 보고 느낀 것으로 청자를 적기하므로 깨달음을 얻게 하려는 직시명시(直示明示)한 적기법문이다. 이것은 선시의 적기수사법(賊機修辭法)적인 표현이다. "조사의 뜻은 중생의/뜻이 아니다"로 행갈이를 한 것은 '조사의 뜻은 중생의 뜻은'이란 구절을 '조사의 뜻은 중생의'로 축약한 것이고 결국은 '조사의 뜻은 중생의 뜻은, 뜻이 아니다'라는 표현을 한 것이다. 그럼 무엇이란 말인가? 이것은 뜻이 아니다. '새벽이 오면 해가 동쪽에 떠오른다(曉來日出東)'이라 할까. 그런 것일 뿐이다. 이렇게 놓고 볼 때 만해의 비, 주에서 전혀 벗어나지 않고 있음을 알게 될 것이다.

2연 "삼세 제 조사의 뜻, 역시/이러하다. 그들은 뜻 없음으로/근본으로 삼으며, 뜻있음으로/그 징표로 삼는다 조사의 뜻 알고자 하는가?"는 1행에서 과거 미래 현재의 제 조사 뜻도 1연과 같다는 것이고 또한 '삼세의 모든 조사네는 무의(無意)로 근본을 삼고 뜻 있음으로 징표로 삼는다'는 앞 '마음 얼굴'[心印]에 강설하였듯이 '마음'은 '뜻 없는 것의 본체'이고 '얼굴'은 '뜻 있음의 징표'이며 현상이다. 자, 그럼 조사의 뜻은 곧 중생의 뜻이라서 게(偈)로 읊는다. ＊ "중앙시장 난전(亂廛)에 퍼질러 앉아 고추를 낳는/노총각 김씨의 셋째 딸을 오늘도 보네."『십현담』원저자 상찰도 조사가 서쪽에서 온 뜻[祖師西來意]을 마지막 구에서 "서쪽이냐 동쪽이냐 묻지들 마라(莫問西來及與東)"로 결구를 내지른다. 알겠는가?

현묘한 슬기 : 현기(玄機)

① 동안상찰의 원작 선화게송

玄機	현묘한 슬기
超越空劫勿能收	공겁을 뛰어넘어도 거둘 수 없나니
豈與塵機作繫留	어찌하여 진기에 매여 머뭇거리겠는가
妙體本來無處所	그 묘체 본래 머물 곳이 없으니
道芽何更有蹤由	도의 싹, 어찌 흔적 있으리오
靈然一句超羣像	신령스런 일구는 만상 훌쩍 초월하여
迥出三乘不假修	삼승을 멀리 벗어나 수행 따윈 필요없다
撒手那邊千聖外	천성들 저 끝에서 손을 모두 털었나니
廻程堪作火中牛	돌아오는 길 '불 속의 소'나 되어볼까

② 청량문익의 주

조사가 이기(利器)를 주장하여 이끌어서 슬기의 요체를 영롱하게 터득함이 세간의 지혜보다 월등하게 뛰어났다. 그래서 현기라는 칭호를 세웠다.[24]

③ 설잠 김시습의 주

속세[塵機]를 벗어나는 일지(一智)에 얽매이지 않으며 종횡과 역순을 막론하고 걸리고 막히는 바가 없는 것이 현기다. 그렇다면 어떤 것이 현기이냐? 어제는 술에 취해 사람을 꾸짖더니만 오늘은 향을 사루어 예를 올린다.(김시습 앞의 책, 1183쪽)

④ 만해용운의 비, 주

비 : 가을꽃도 아니고 하늘빛도 아니지(不是秋花不是紺)
주 : 모난 것과 둥근 것을 초월했고 또 길다 짧다 할 것도 없지만 활용에 있어서는 활용되지 않는 곳도 없고 모든 법을 이루지 아니함이 없으므로 현기라 한다. 현기는 묘유의 지극함이다.(昨日醉酒罵人 今夕燒者作禮)

⑤ 송준영의 한글주해시

현묘한 슬기

봄바람에 펄럭이는 여인의 치마자락이요, 가을
달을 바라보는 사내의 가슴에 불어오는 피리 소리라

玄機가 없으므로 생성하지 못하는
이놈의 정체는 현묘한 기틀조차 없는 것을 본으로 한다
생성하는 것이 없고 생성하지 못하는 것이 없으므로
현기가 있다
이 도리를 알고자 하는가?

---

24) 祖師唱導利器 被機關누 玲瓏 迥出世智 故云 玄機 遂立斯號(김시습, 「십현담요해」, 『매월당전집』, 강원도, 2000, 1183쪽)

*

제기랄, 하늘 장배기로 솟아오른 널 안아보니
아지랑이 아롱아롱 패캐지 비닐 빽이군, 그래

⑥ 총강

앞의 주에서 보듯이 설잠은 종횡과 역순에 걸리거나 막힘이 없는 경지가
현기라고 밝힌다. 만해는 한층 더 나아가서 현기의 작용을 어떤 곳이든 활용
되지 않는 곳이 없고 어느 법인들 이루지 않음 이 없는, 자재가 사통오달함을
강조하고 있다. 만해는 현기의 의미를 풀어주는 데 그치지 않고 선의 쓰임,
궁극적 경지가 현실의 활용을 말하고 있다. 이것은 그윽한 적멸의 세계[眞空]
보다 실사구시[妙有]에 더 폭을 확장하는 활선(活禪)에 기본을 두고 있다는 것
을 알 수 있다.

졸시 1연은 '머물지 않는 곳이 없는[無所不在]' 현기의 성능을 "봄바람에 펄
럭이는 여인의 치마자락이요, 가을/달을 바라보는 사내의 가슴에 불어오는
피리 소리라"고 형상화하였고, 현기의 정체야말로 현묘한 기틀소차 없는 것,
이것이 현기의 정체라고 밝힌다. 이 행은 아이러니적 표현을 썼고, 그야말로
전지전능한 현기의 공능(功能)을 진술한다. 그럼 현기가 나타남을 보고 싶은
가? "* 제기랄, 하늘 장배기로 솟아오른 널 안아보니/아지랑이 아롱아롱 패키
지 비닐 빽이군, 그래" 하고 게(偈)에서 읊는다.

티끌은 다른가 : 진이(塵異)

① 동안상찰의 원작 선화게송

塵異	티끌은 다른가
濁者自濁淸者淸	더러움도 제 홀로고 깨끗함도 스스로 깨끗함이니
菩提煩惱等空平	보리와 번뇌, 그게 그것

誰言卞璧無人鑑	누가 변화의 옥, 알아볼 이 없다 말하랴
我道驪珠到處晶	내 가는 곳곳마다 구슬 빛뿐이로다
萬法泯時全體現	만법이 스러질 때 본체 그대로 드러나니
三乘分別强安名	삼승을 분별하여 억지로 이름 붙임이라
丈夫自有衝天志	장부는 스스로 하늘 뚫을 패기 있기에
莫向如來行處行	여래가 간 자취 뒤밟지 않네

② 청량문익의 주

조사가 출생한 것은 현기를 밀밀히 운용하고자 함이다. 그러나 현기는 진세와 함께해도 초연해서 다름이 있는 까닭에 진이라고 한다.

③ 설잠 김시습의 주

성인은 진노 중에 있으나 마치 연꽃이 진흙 속에서 나왔으나 진흙에 물들지 않는 것과 같고, 자기의 지덕의 빛을 감추고 진세에 함께 하나 물들지 안하다는 것이다.

④ 만해용운의 비, 주

비 : 한 방에 천 등이 켜짐이라 (一室千燈)

주 : 티끌세상[塵世]를 초월하되 중생을 버리지 않고 세속에 파묻히되 그에 혼염되지 않는 것이다.

⑤ 송준영의 한글주해시

티끌은 다른가

사람들은 괜히 맑음을 흐림으로 짝하네
이것이 진이(塵異)다
맑고 흐림이 무슨 뜻이 있으랴 맑음도
흐림이요 흐림 역시 맑음이다
이놈은 진세(塵世)에 살지만 뒤섞임이 없고

진세를 떠났지만 뒤섞여 있네

＊

몰랐다 해도 건달바성 칠공자의 아비다

⑥ 총강

문익의 현기는 '진세에 함께 하나 초연해서 다름이 있는 면을 강조하였고', 설잠도 '성인이 진세에 함께하나 연꽃이 진흙에 물들지 아니함과 같이 섞이지 않음을 강조하였다.' 이에 대하여 만해는 '섞이지 않는다(不混)는 초월보다도 진세를 멀리하지 않는다(不隔)는 내재(內在)를 통해서 대승의 보살정신을 더욱 드러내고' 있다.

탁한 것은 스스로 탁하고 맑은 것은 스스로 맑다는 원문을 문익은 "6진(眼·耳·鼻·舌·身·意)과 4대(地·水·火·風)가 천차만별이요, 생멸광정(生滅狂情)은 탁하게 요동치지만 진여묘각(眞如妙覺)과 계(戒)·정(定)·혜(慧)는 아주 청정한 것으로서 세진(世塵)과는 스스로 다르다."고 주(註)했다. 이에 대하여 만해는 "봄꽃의 묘함은 각각 제 모습을 드러내는 데 있고, 난초를 심어놓고 잡초를 끊어냄은 우스울 뿐이라"고 비(批)했다. 그리고 청(清)과 탁(濁)은 각각 묘리(妙理)가 있는 것이니 탁이라 해서 하열한 것이 아니고, 청이라 해서 고상한 것이 아니어서 취하고 버릴 것이 따로 없다. 또 청과 탁은 서로를 여읜 것이 아닌 본래 한 근원으로서 그것이 다르다고 하는 것은 물의 파류(波流)가 다르기 때문이라고 주했다.

"더러움도 제 홀로고 깨끗함도 스스로 깨끗함이니(濁者自濁清者清)" 하는 상찰의 『십현담』 원문을 문익은 '청과 탁을 격리시켜 진여만을 청정한 것'으로 읽는 경향을 보인다. 그런데 만해는 이러한 것은 난초만을 키우기 위해 모든 풀들을 다 뽑아내는 격이라 하면서 청탁에 각각의 묘리를 취하여 간택분별심을 없애버린다. 곧 탁은 청을 떠나 있지 않고 역시 청은 탁을 떠나 있지 아니하니 바로 만수일원(萬水一源)을 말한다. 여기서 다시 일원을 파랑과 둘이 아니니, 그것이 만수일원이다.

그래서 졸시에는 "사람들은 괜히 맑음을 흐림으로 짝하네/이것이 진이(塵異)다/맑고 흐림이 무슨 뜻이 있으랴 맑음도/흐림이요 흐림 역시 맑음이다/이놈은 진세(塵世)에 살지만 뒤섞임이 없고/진세를 떠났지만 뒤섞여 있네"라고 노래했고, 또 게로 한 말씀을 곁들이니 " ＊ 몰랐다 해도 건달바성 칠공자의 아비다"라 했다. 이것은 모르고 알고의 문제가 아니다. 본래 그렇게 된 것이다. 건달바성은 실체는 없이 공중에 나타나는 성(城)이나 신기루 따위를 말하며, 서역에서는 악사를 건달바라 부른다. 인도에서 음악을 직업으로 하는 사람을 말하며 음식의 향기만을 찾아 그곳을 찾아가 노래하며 악기를 연주하고 음식을 얻어서 살아간다.

천차만별의 두두물물이 있듯이 원래 그렇게 그렇게 살아간다. 건달바성에서 노래하고 악기를 연주하는 7공자와 그 아비와 같이 청과 탁이 구분되어도 구분 안 되어도 세상만사에 다르지 않다.

말씀 : 연교(演教)

① 동안상찰의 원작 선화게송

演教	말씀
三乘次第演金言	삼승은 차례로 좋은 말씀 폈고
三世如來亦其宜	삼세의 여래들 또한 그러했노라
初說有空人盡執	처음 '유/공'을 말하자 사람들 모두 집착하여
後非空有衆皆捐	뒤엔 '공/유' 아니라 하니 그때야 다 집착 버렸네
龍宮滿藏醫方義	용궁에 가득 찬 저 보물은 약방문이요
鶴樹終談理未玄	학수의 마지막 설법마저 방편인걸
眞淨界中纔一念	진정계 그 가운데 한 생각 비침이여
閻浮早已八千年	지구 시간으로는 이미 8천 년 지났네

② 청량문익의 주

여러 조사의 현기는 인간 티끌세상[世塵]에도 스스로 달랐다. 여래의 가르침은 완전한 청규다. 그런 까닭에 차제 말씀이라 한다.(列祖玄機 塵中自異 如來演敎 完尒淸規 故云次第演敎)[25]

③ 설잠 김시습의 주

모든 부처의 현기는 인간 티끌세상과는 완전히 다르므로 하나의 티끌 가운데에 대법륜을 궁굴려서 일원음(一圓音)으로써 곡과 순의 근기에 맞게 하였다. 마치 봄바람에 천지가 동하여 갖가지 꽃이 난만해지는 것 같다.

④ 만해용운의 비, 주

비 : 무수한 누런 잎 잎들, 우는 아이 달래는 종이 돈(無數黃葉葉 盡作止啼錢)
주 : 여래가 중생을 위했기에 언설로 할 수 없는 자리를 언설로 다시 소생시켰다.(如來爲衆生 故無言說處 更生言說)

⑤ 송준영의 한글주해시

말씀

만해가 말하기를 '여래가 중생을 위하여 말없음으로 설교하고 다시 말씀을 하였다'라고 했다

대추나무에 연 걸림이여!

이는 얼음을 차다 함이고 불은 모든 것을 태운다 한 것뿐이다,
아는가

＊

---

25) 김시습, 『매월당전집』, 강원도, 1184쪽.

⑥ 총강

문익은 인간의 근기에 따라 차제의 말씀을 하였고, 설잠은 어디에도 걸리지 않은 일원음으로 근기에 맞추어 폭넓게 마치 계절 변화가 오는 것과 같이 어느 것이나 모두 함유하는 말씀을 하였다. 만해는 일체의 언설이 없으므로 모두가 아닌 것이 없고 아닌 것이 없으므로 둘이 아님을, 곧 언설할 수 없는 곳을 파헤쳐 무언설처(無言說處)를 다시 언설로 보여주었다.

상철의 게송 2행, "삼세의 여래들 또한 그러했노라(三世如來亦其宜)"를 설잠은 "일미평등법으로 상중하 근기에 맞추어 차례로 살폈지만 일미평등법은 우열이 없는 까닭에 금언이고 이 금언은 비단 현재불이 설할 뿐 아니라 시방삼세일체불이 그때에 똑같은 일음(一音)으로 이 법을 연설하고 있다"[26]고 했다. 사실 과거 현재 미래는 일시이니 곧 절대현재 이 순간임을 아는 것이 중요하다. 이에 대해 만해는 더 나가서 "일체제불(一切諸佛)이 일체중생(一切衆生)을 위하여 연교(演敎)하였지만 불과 중생과 법이 하나임을 밝히고 있다."[27]

졸시 1연에서 "만해가 말하기를 '여래가 중생을 위하여 말없음으로 설교하고 다시 말씀을 하였다'라고 했다." 이것은 앞의 만해 주에서도 밝혔듯이 만해는 말 할 수 없는 곳을 파헤쳐서 가르쳤고 이것을 다시 보여주었다는 주에 대한 주해이다. "대추나무에 연 걸림이여!" "이는 얼음을 차다 함이고 불은 모든 것을 태운다 한 것뿐이다, 아는가." 2연은 거듭거듭 다함이 없는 화엄법계를 형상화한 것이고, 3연은 역시 석가모니의 연교가 청규임을 구체적으로 형상화한 것이다. 그리고 또 한 게가 있으니 들어보라! ✻ "그뿐인가."

그뿐인가. 냇가에 앉아 잘 생각 생각 바랍니다.

---

26) 위의 글, 1184쪽.
27) (註) 佛無異佛 衆生亦無有異 異無異之佛 敎不異之衆生 所說之法 不得不同.(『한용운전집』 3권, 350쪽)

근본에 이르다 : 달본(達本)

① 동안상찰의 원작 선화게송

達本	근본에 이르다
勿於中路事空王	중도에 헛것에 사로잡히지 말고
策杖還須達本鄕	지팡이 재촉하여 고향으로 돌아가라
雲水隔時君莫住	구름과 물 막힐 때 머뭇거리지 말라
雪山深處我非忙	설산 깊은 곳 나 바쁠 것 없나니
堪嗟去日顔如玉	슬프다, 지난날은 옥 같은 얼굴이더니
却嘆廻時髮似霜	오는 길, 머리칼은 서리가 내렸구나
撤手到家人不識	빈털터리 집에 오니 아는 이 하나 없고
更無一物獻尊堂	존당에는 한 물건도 바칠 것 없다

② 청량문익의 주

달마가 서쪽에서 온 것이나 세존이 출현한 것은 중생으로 하여금 부처의 지견(知見)을 깨닫게 하려는 것이다. 그래서 달본이라 했다.(어떤 책에는 환향곡(還鄕曲)으로도 되어 있다)[28]

③ 만해용운의 비, 주

비 : 구름, 산 헤쳐 여기 왔으나 환가 자체가 옛 대로 집을 떠나 있었는 것뿐.
주 : 백천(白千)의 방편은 모두 근기에 알맞게 하는 것이며 한 생각 돌이켜 깨친 것은 이미 근본에 도달한 것이다.[29]

④ 송준영의 한글주해시

근본에 이르다

일체를 쉬고 한 생각 다다르니 이곳이 본가다

---

28) 김시습, 「십현담요해」, 『매월당전집』, 강원도, 1185쪽.
29) (批) 踏破雲山無限路 還家依舊離家在
　　(註) 白千方便 盡是機宜 一念回光 무己達本.(『한용운전집』3권, 352쪽)

머뭇거리지 말자

밖에서 쳐들어오는 놈 쳐놓고 도둑 아닌 자 없다. 안에서
튀는 자 역시 도둑이니 잘 살피고 살펴야 한다

＊

돌아가지 마라, 마라, 마라, 본가다 다다르지 마라 이곳도
옛집이다

⑤ 총강

 갖은 수행 끝에 고향으로 돌아오니 떠날 때의 모습 그대로임을 깨닫는다. 이것이 달본이다. 사실 부모미생전의 본래면목[父母未生前 眞面目]은 어디로 간 것도, 우리를 떠난 것도, 우리가 떠난 것도 아니다. 아무런 일도 아무렇지도 않는 '그것' 그대로임을 오직 아는 것일 뿐, 우리는 원래 이 자리를 떠난 적이 없다. 늘 그와 붙어 다녔고, 그와 같이 누웠고 그와 같이 앉았다. 그는 나이고 나는 그가 아니었을 뿐, 아닌가?
 이것은 단지 나와 같이 떠나기도, 떠나지 않았기도 하였음을 아는 것이 중요하다.
 졸시 2연에서 "밖에서 쳐들어오는 놈 쳐놓고 도둑 아닌 자 없다. 안에서/튀는 자 역시 도둑이니 잘 살피고 살펴야 한다" 하며 스스로를 다짐한다. 자고로 '밖에서 들어오는 자는 내 새끼 아니고 내 속에서 나가는 놈만이 내 새끼다'라고 하듯이 이 일도 그렇다.
 졸시 ＊ 는 '돌아가는 곳도 돌아가지 않는 곳도 그대로 본가이고 지금 이 자리가 옛집이라'고 귀띔한다.

귀향마저 쳐부수다 : 파환향(破還鄉)

① 동안상찰의 원작 선화게송

破還鄉	귀향마저 쳐부수다
返本還源事已差	근본으로 돌아가면 이미 일은 틀린 것
本來無住不名家	본래 머물 곳 없고 집 또한 없는 것
萬年松逕雪深覆	만년 소나무 오솔길 눈에 깊이 덮였고
一帶峰巒雲更遮	한 띠의 산봉우리 구름이 다시 가린다
賓主穆時全是妄	손과 주인이 화목할 때 모두 망령이요
君臣合處正中邪	군신의 동석, 옳은 듯하나 잘못된 것
還鄉曲調如何唱	환향곡 저 가락 어떻게 하면 불러볼까
明月堂前枯樹花	명월당 앞 마른 등걸에 핀 꽃이다

② 청량문익의 주

처음 발심에 깨달음을 열고 달본으로 먼저로 삼는다. 이미 마음의 근본을 깨달았으면 응당 머무는 바가 없이 꿰매고 연마하여야 안락한 문이 되며, 흰 암소와 고양이가 비로소 소요(逍遙)할 곳을 다하였다 할 것이다. (환원, 어떤 본에는 파환양곡이라 한다.)[30][31]

③ 만해용운의 비, 주

비 : 어느 곳이 고향이 아니랴(何地非故鄉)

주 : 끝도 이미 공하니 근본도 또한 있는 것이 아니라 하니 근본에 도달하고 고향에 돌아왔다는 말조차 다시 어젯밤 꿈과 같다.[32]

④ 송준영의 한글주해시

귀향마저 쳐부수다

---

30) 初心刱悟 達本爲先 旣悟心源 應無所住 彌縫連磨 方爲安樂之門 白牯狸奴 始盡逍遙之處
31) 김시습, 「십현담요해」, 『매월당전집』, 강원도, 1186쪽.
32) (註) 末云旣空 本亦非有 達本還鄉 更如昨夢.(『한용운전집』 3권, 354쪽)

겉돌듯 읽어치워라

환향, 고향으로 돌아오네 곧
풀 한 포기 솟지 않는 본래 그곳으로 돌아가네 여기
'깨트리다(破)'니, 다시 풀 한포기 솟지 않는 그곳에서
돌아 나가네. 본래면목에
이르렀다는 생각마저 버려라 이 봄날
떠도는 홀씨에게 물어보라

풀피리 소리 입 막고 그 생각마저 잊으라네

＊

풀피리 입 막고 겉돌듯 읽어 치우라네

⑤ 총강

문익의 주에는 '이미 달본하였다' 하는 것에 주착(住着)하지 말라 하면서도 발심에서 달본까지의 착실한 수련을 강조하고 있다. 이에 만해는 비(批)에서 '어느 것이 고향이 아니랴' 하며 끝이 있어야 끝을 잡고 근본이 있어야 근본에 도달할 터인데, 끝도 없고 근본도 비었으니 주착할 근본마저 공했다고 주(註)했다. 이렇게 철저히 비워야 깨침이니 이럴 때가 바로 대자유인이 되고 생활에 마음 끄달리지 않으니, 저절로인 무공용(無功用) 상태가 된다.

상찰의 본문 시, 6행에서는 "환향곡 저 가락 어떻게 불러볼까(還鄕曲調如何唱)"에 대해 만해는 "고기잡이 노래요 나무꾼의 피리 소리로다(漁歌樵笛)" 비(批)하고는 고향에 돌아왔다고 하는 것은 잘못된 것이어서 고향으로 돌아왔다는 생각을 깨뜨린다. 이어 환향곡조를 어떻게 불러야 할 것인가. 비록 타파됨을 면하였다 하여도 이 곡조는 묘해서 오음(궁상각치우)으로서는 실로 부르기 어렵다고 주하였다.33)

졸시 1연에서 "겉돌듯 읽어치워라"라고 충고한다. 심각하고 심사숙고한다 해도 이미 모자랄 때는 외로 겉돌듯 읽어치우는 것이 훨씬 잘 마주친다. 이것은 골똘히 생각하는가, 겉돌듯 읽어치우는가에 문제에 있지 않기 때문이다. 이제 고향집으로 돌아온다, 돌아간다. 만 리에 풀 한 포기 없는 본래의 노지(露地)로 돌아오네, 이 고향마저 깨뜨려버리니 풀 한 포기 솟지 않는 '그곳'에서 돌아나간다. "본래면목에/이르렀다는 생각마저 버려라 이 봄날/떠도는 홀씨에게 물어보라"한다. 3연에선 "풀피리 소리 입 막고 그 생각마저 잊으라네" 하고 잊으라 한다. 풀피리는 관두고 근본처인 입을 막으라 한다. 그 근본마저 송두리째 빼버려라 한다. 그러면 어떻게 되는가. * "풀피리 입 막고 겉돌 듯 읽어 치우라네."

자리 바꾸다 : 전위(轉位)

① 동안상찰의 원작 선화게송

轉位	자리 바꾸다
涅槃城裡尚猶危	열반성이 오히려 위태롭네
陌路相逢沒定期	저잣거리에 기약 없는 만남은
權掛垢依云是佛	방편으로 헌옷 걸어놓고 부처라 부르면
却裝珍御復名誰	진주비단 좋은 장식 무어라 이름하리
木人夜半穿靴去	목인이 오밤중에 신을 신고 돌아가고
石女天明戴帽歸	석녀는 날 새자 모자 쓰고 가는구나
萬古碧潭空界月	만고의 푸른 공계의 저 달
再三撈摝始應知	두 번 세 번 건져봐야 알게 된다

---

33) 還鄉曲調如何唱(상찰의 『십현담』 「파환향」의 8행)
    批 : 漁歌樵笛
    註 : 以還鄉爲不可 而至於破還鄉 則還鄉曲調 如何唱道 方免得破 五音實難妙唱.(『한용운전집』 3, 356쪽)

② 청량문익의 주

처음에는 달본(達本)을 밝혀 법문을 깨닫게 하고 다음에는 파환향(破還鄕)으로 복귀시켜 정위(正位, 근본)에 거(居)하지 않게 하였다. 이들 모두 걸림[滯]이 있어서 아직 '최고의 것[宗]'을 얻은 것이 아니다. 앞의 지위가 안정된 것이 아니므로 여기에서 모름지기 전위(轉位)라 이름 한다라 주하였다.34)

③ 설잠 김시습의 주

동산양개가 이르기를 "기연을 벗어나지 않으면면 독해(毒海)에 떨어진다 하였으니" 어찌 그 소식을 알 수 있으리오, 문득 놓아버려라. 새가 허공을 날며 자재하게 놀아도 떨어지지 않듯이. 비록 허공에 의지하여 놀아도 허공에 붙잡히지 않으며 또 허공에 구애되지 아니하므로 전위(轉位)라 일컫는다.35)

④ 만해용운이 비, 주

비 : 걸음마다 백수(白水)요 걸음마다 청산(靑山)이다(步步白水靑山).
주 : 취한다고 해서 아름다운 것이 아니요, 버린다고 해서 묘경이 아니다. 그래서 다시 한 위(位)를 구르[轉]니 구르고 또 굴러서 '응하여 사귈'(應接) 여가가 없다.36)

⑤ 송준영의 한글주해시

자리 바꾸다

'자리를 바꾸지 말라' 우리는 이미 자리를 바꾸었다. 또
바꾸어도 별로 기특할 것이 없다 단지,
간장과 콜라를 가리는 것이 중요하다

        *

---

34) 김시습, 「십현담요해」, 『매월당전집』 3, 1187쪽.
35) 위의 책, 407쪽.
36) (註) 取之非佳 捨之更非妙境 古更轉一位 轉之又轉 應接不暇.(『한용운전집』 3, 357쪽)

혀로 맛보지 말라 암, 발바닥으로 맛보는 자네
눈 치 없는 금지옥엽이라
눈썹 또 찡그리네

⑥ 총강

문익은 "달본과 파환향 모두 걸림이 있기 때문에 이를 넘어서는 것이 전위
(轉位)라" 하였고 설잠은 "공(空)에 근거하지만 공에 붙잡히지 않는 것이 전위
라" 했다. 만해는 "달본을 취하고 파환향을 버려서 이를 넘어서는 전위를 인
정하지만, 그러나 전위라 경지 역시 다른 경지가 아니라" 한다. '보보백수청
산(步步白水靑山)'이라 한 비(批)에서 말하듯이 전위한다는 생각조차 때려 부
순다.

앞장에서 누차 언급하듯이 「오위정편」에서 정위(正位)는 만유의 본체이고
진공의 묘한 이치를 뜻하며 편위(偏位)는 두두물물의 실상이니 묘유의 현상을
뜻한다. 이러한 정과 편이 서로 떨어질 수 없는 관계를 조동종에서는 '오위정
편설'로 밝힌다. 만해는 전위의 의미를 밝히는데 '편과 정을 모두 얻으니, 본
체와 현상 전체가 뚜렷하다(偏正兩得 體用全彰)'고 규정하였다. 만해가 시대적
인 상황으로 조동종의 어구를 거의 사용하지 않고『십현담주해』를 비(批), 주
(註)하고 있지만 조동종의 골수인 '편정양득 체용전창'(偏正兩得 體用全彰)을
짚는 것 보아 충분히 「조동오위정편」을 이해하고 있음이 드러난다. '편정양
득 체용전창'은 쉽게 예를 들면 지폐의 앞면이나 뒷면만 있을 때는 돈의 가
치가 없지만 앞면과 뒷면을 모두 있을 때는 돈으로 사용할 수 있다는 얘기와
다름이 없다.

졸시 역시 1연의 1행과 2행에서 "'자리를 바꾸지 말라' 우리는 이미 자리
를 바꾸었다. 또/바꾸어도 별로 기특할 것이 없다" 전위를 한다 한다 하지만
그것이 그렇게 중요한 것이 아니고 오직 간장과 콜라를 맛보아 더 이상 의심
이 없도록 하는 것이 중요함을 노래한다. 근본이 확실히 정제(整齊)함이 무엇

보다 중요하다. 자, 그럼 유리병 속 콜라와 간장을 어떻게 맛 볼 것인가? 혀도 눈도 코도 없는 자네, 암 발바닥으로 맛보아야지. 이것이 전위다.

기틀을 돌리다 : 회기(廻機)

① 동안상찰의 원작 선화계송

廻機	기틀을 돌리다
被毛戴角入鄽來	털 입고 뿔 얹고 저잣거리 드니
優鉢羅花火裡開	우담바라꽃 불 속에 활짝 피었다
煩惱海中爲雨露	번뇌의 바다에 이슬비 되니
無明山上作雲雷	무명산 정수리에 우레 소리 울린다
鑊湯爐炭吹敎滅	끓는 가마의 숯불 가르침으로 불어 끄고
劍樹刀山喝使摧	칼과 검 모두 '할' 한소리에 깨트리다
金鏁玄關留不在	금자물쇠의 현묘한 관에 머물지 말고
行於異路且輪廻	온갖 길로 가서 다시 윤회하리라

② 청량문익의 주

슬기가 만일 정위나 편위를 벗어나지 못하면, 이는 물이 스며들고 새는[삼루(滲漏) : 한 소식한 사람의 마음에 남아 있는 집착] 것과 같은 허물이다. 회기(廻機)하는 일문(一門)은 전위(轉位) 다음이다.

③ 설잠 김시습의 주

이미 능히 전위하였으면 모름지기 회기해야 한다. 전위는 처음 출발이고, 회기에 이르러야 진기(眞機)가 이미 발해서 역순종횡(逆順縱橫)으로 동용서몰(東湧西沒)로 일방일수(一防一收)로 큰 쓰임이 앞에 나타나서 궤칙에 얽매이지 아니하여 때로는 금강보검과 같고 때로는 千가지 차이를 앉아서 끊고 때로는 물결 따라 물결을 이루니 어떠한 경계일까. 돌(咄) (회기는 다른 이본에는 전위귀(轉位歸)로 되어 있다.)

④ 만해용운의 비, 주

비 : 꽃향은 바람에 움직이고 달그림자는 구름 따라 옮겨간다
주 : 전위하며 회기가 따른다. 한번 돌이키고 두 번 돌이킴에 궤칙이 없다.[37]

⑤ 송준영의 한글주해시

기틀을 돌리다

그래서 봄에 새싹이 돋고 가을에
열매를 거둔다네
궤와 규칙이 없음이 바로 궤이고 규칙

본래자리로 돌아감이니, 무엇이 본래인가
본래자리는
본래자리가 없음이라 하네
동에서도 튀어나오고 서에서도

저 언덕에 핀 꽃, 오늘 아침
어저께 진 우담바라가 오늘 아침 들국화라고만 하지 말라

＊

달그림자는 구름이요 이 봄날
버들강아지 버들버들
봄이어요

⑥ 총강

회기에 대하여 "의지하고 기대는 데는 완전히 손을 떼고, 다른 무리들 속

---

37) (批) 風起花向動 雲收月影移
　　(註) 轉位 則廻機隨之 一廻二廻 不存軌則.(위의 책, 357쪽)

으로 기틀을 돌린다(撒手忘依倚 廻機異類中)"고 총설하였다. 이것은 불조의 뜻에서 한 걸음 나아가 대기용을 발하여 중생 속에 뛰어들어 수기접물(隨機接物)해서 자유자재하게 중생을 제도하는 것을 말한다. 문익은 깨달은 사람이라면 집착, 훈습마저 넘어서는 것을 회기라 하고, 설잠은 물결 따라 물결을 이루는 자재성을 인정하고 만해 역시 회기의 자재성을 인정하면서 바람이 일어나니 꽃향기가 풍긴다는 능동성을 강조하고 있다.

필자의 주해시에서는 1연은 봄 여름 가을 겨울이 이어서 오듯 천하만물은 모두 스스로 어떤 규칙이나 길이라 할 것이 따로 있지 않고, 자재(自在) 자체가 규칙이고 도라 보았고, 본래자리라는 것도 그 이름이 본래자리이지 정해진 이름이 없음을 노래했다.

대자유인이 된 이 사람, 자유자재하고 임운등등(任運騰騰)함을 착어하기를 * "달그림자는 구름이요 이 봄날/버들강아지 버들버들/봄이어요"라고 노래 부른다. 자유 만만세!

한 빛 : 일색(一色)

① 동안상찰의 원작 선화게송

一色	한 빛
枯木岩前差路多	마른나무 바위 앞 갈림길도 많아
行人到此盡蹉跎	나그네 여기 와서 다 헛디뎌 넘어진다
鷺鷥立雪非同色	백로가 눈에 서도 같은 색이 아니요
明月蘆花不似他	명월과 갈대꽃, 닮음도 다름도 아니니
了了了時無可了	알았다 알았다 할 땐 알은 것 아니고
玄玄玄處亦須呵	깊고 깊고 깊은 곳도 역시 웃음거릴 뿐
慇懃爲唱玄中曲	그대 위해 남몰래 현중곡을 부르나니
空裡蟾光撮得麼	허공 속의 저 달빛 꺾어올 수 있겠느냐

② 청량문익의 주

일색은 정위(本源, 根本)이다. 정이라는 것은 한회고목(寒灰枯木)은 전혀 기식이 없는 것이다. 학인이 이곳에 이르면 이것이 한 관문이 된다. 옛사람이 이르기를 황전(荒田)에 풀을 가리지 않아야 했는데, 풀을 깨끗이 없애고 보니 사람이 미혹해졌다. 또 가시밭 수풀에는 오히려 발 딛기가 쉽지만, 밤이 밝은 주렴 밖에서는 몸 움직이기가 어렵도다.

③ 설잠 김시습의 주

이름할 수도 없고 형용할 수도 없는 것이다. 노지(露地)에 백우(白牛)라고나 할까, 오히려 이것이 文彩[겉치레]가 된다. 곧 모름지기 문채가 생기기 이전을 향하라. 보고 보아라, 바야흐로 정위전(正位前)이라 이름 할 것이다. (일색을 어떤 책에는 일색과후(一色過後)로 되어 있고, 어떤 책에는 정위전(正位前)이라고 되었음)

④ 만해용운의 비, 주

비 : 한 빛은 한 빛 밖에 있다(一色在一色外).
주 : 만 번 구르고 천 번을 돌려도 한갓 노고만 더할 뿐이다. 결국 일색으로 들어가는 것이니 이것을 대동(大同)이라 한다.

⑤ 송준영의 한글주해시

한 빛
그으면 사라지고 사라지면 긋나니, 창 밖
강변 젊은이 한 쌍이 마주보고 웃고 있다

손가락으로 허공에 원을 긋지 말라
원 밖에 원이 있고
원 안에
원이 있다

무엇이 일색의 소식인가?

*

한 빛 한 빛 한 빛, 이미 빛 안 출렁이는
파도 소리인가
가을 가각(街角), 생선 파는 노파 눈썹 찡긋
해를 가린다

⑥ 총강

여기 이르러서는 문익은 맑은 땅이라는 한 생각마저 넘어서라고 했고, 설잠 역시 "백우라고 생각하는 문채(文彩)마저 넘어서라"고 밝혔다. 여기서 백우란 흔히 '노지에 말간 소'는 자성의 형상화인데, 그런 것조차 자취, 겉치레[文彩]임을 알라고 했다. 또 만해는 일색이 밖에 있어야 일색을 안다고 하였고 비에서는 일갈을 하였고, 더 넘고자 하여도 더 넘어설 길이 없음을 밝혀 크게는 같은 '하나의 자리'를 드러냈다. 그러나 하나라고 할 수 없는 하나이기에 크게 한가지다. 이러한 일색은 곧 심인이라고 할 수 없는 심인인 것이다. 다시 구(球)가 되어 심인으로 어슬렁어슬렁 되돌아간다.

그럼 만해가 '일색 밖에 있어야 일색을 안다.'고 한 진경은 무엇인가. 졸시 1연에서 "그으면 사라지고 사라지면 긋나니, 창 밖/강변 젊은이 한 쌍이 마주보고 웃고 있다"로 형상화한다. 바로 이것이 1연 2행에서 말하는 '하나의 자리'이며, 이것은 '절대현제의 이 순간'을 구체화하였다. 2연 역시 일색의 소식을 진술하고 다시 반어적으로 일색의 소식을 이르는 *의 게 1행, 2행은 일색을 진술하고 마지막 3행과 4행은 이것을 뒤집어 형상화한다. 그럼 한빛은 무엇인가? "한빛 한빛 한빛, 이미 빛 안 출렁이는/파도소리인가/가을 가각, 생선 파는 노파 눈 섶 찡긋/해를 가린다" 해를 가린다, 해를 가린다, 해를 가린다……

* 설잠이 주를 한 뒤, 첨언에서(다른 본에서는 일색과후(一色過後), 혹 정위전 (正位前)으로 되어 있다고 부기한 것을 보아 『십현담』이본(異本)이 조선 초기까 지 퍼져 있다고 할 것이다.)

4. 나가며

조동종의 개창조인 동산양개가 학인을 위해 시설한 기관인 「오위정편」과 조손인 동안상찰의 의해 만들어진 『십현담』은 상호 내포가 외연의 관계에 있 다. 두 개의 기관은 조동종의 종지를 학인들에게 여실하게 보여주었다. 결과 후대에 조동선의 지남침이 되었고, 조동종의 전통선이 된 묵조선[38]은 오늘날 임제종의 간화선과 더불어 천하의 선종을 대표하는 양대 선문의 수선법으로 남게 되었다.

앞장에서도 살펴본 바와 같이 「오위정편」과 『십현담』은 정(正, 본체)과 편 (偏, 현상)이 상즉불이(相卽不二)하게 하나를 이루면서 하나마저 흔적이 없는 본원으로 틈입시킨다. 곧 『십현담』은 '오위정편'을 십현(十玄)으로 구분하며 상호종횡으로 공[毬]이 되어 회호(回互)시켜 선의 궁극적인 경지를 밝히고 있 다. 곧 심인에서는 진리 그 자체를 밝히고 조의에서는 조사의 뜻을 밝히고 있 고 현기에서는 그 슬기의 활용을 밝히고 있고 진이에서는 현상의 묘유를 밝 히고 있고 연교에서는 설법에 의한 중생의 제도함을 밝히고 있다. 그리고 달 본에 있어서는 수도를 통하여 자성의 본향으로 돌아옴을 밝히고 있고 파환향 에서는 본향으로 돌아왔다는 관념마저 놓게 하였고, 전위에서는 불타의 지위 증득을 밝히고 있고 회기에서는 다시 중생제도의 응용을 밝히고 일색에서는

---

38) 송준영, 『선, 빈거울의 언어』, 서울 : 푸른사상사, 2016, 373쪽 참조.

묘유 속에서 자성의 바다를 발견하는 궁극적 원리를 밝히고 있다. 다시 자성의 바다에서 드러나는 마음[體·玄·正]과 얼굴[用·談·偏]인 심인은 다시 조위로 조위에서 현기로…… 다시 일색으로 갈마들면서 머리와 꼬리를 없애고 자취를 드러내지 않게 하여 우리를 본원에 계합시킨다. 이와 같은 것은 만해가 이르는 '편정양득 체용전창(偏正兩得 體用全彰)'을 우리에게 확연히 보여준다.

이렇게 되면 『십현담』의 본체인 현담이 자연 드러난다. 설잠이 주하기를 "『자설(字設)』에 이르기를 '담(談)'은 '온화하고 기쁜[화역(和懌)] 표정으로 즐겁게 말함이다.'" 했다. 이 『십현담』은 상찰이 조사 동산의 텍스트인 오위정편을 다시 현묘한 뜻[현지(玄旨)]을 훤히 밝혀서 사람들에게 일러준 것이다. 이 말씀 자체가 십현을 '담' 한 자로 표현하고 있다. 결국 이것은 밀밀한 우리들 삶의 양태를 나타낸 것이라고 볼 수 있다.

『십현담』의 원저자나 『십현담』의 주해가들은 아래와 같이 우리들의 삶을 명쾌하게 밝혀주고 있다. 선은 마치 공과 같은 삶을, 종내는 모든 이사(理事)가 상호회호(相互回互)하며 갈마드는, 그와 같은 우리의 삶을 보여주며 알려주고 있다. 『십현담』이나 「오위정편」의 게송들은 삶의 의미, 선의 본색을 드러내기 위해 모두 회호시켜 종내는 삶 자체를 아무런 관념을 배제한 채 그대로 보여주고 있다. 이 중 어느 '하나'의 벼리를 잡으면 분명 깨달음의 세계로 직입할 뿐 아니라, 명쾌한 대자유인이 된다고 노래한다. 우리들에게 삶이 어디로 굴러가든 상호 회호하며 온전하게 살아가는 지혜를 제공할 뿐만 아니라, 이것만이 장부가 살아가야 하는 대자유인의 삶임을 여실히 노래한다. 이 때부터 우리는 우리의 뜻대로 살아가게 될 것이다.

문익이 찬송하기를 "대저 현담의 미묘한 글귀는 삼승을 멀리 초월하여 이미 인연에 혼합된 것이 아니며 그렇다고 독립된 것도 아니다"[39] 하였고, 설잠이 주해하기를 "인연에 혼합되지 않았으니 속되지 않고 청아하고 독립된 것이 아니므로 그 말이 아주 평상적이어서, 다만 사람들이 발꿈치 아래서 이를 반조하여 돌아보는 데에 달려 있다"[40]고 하였다.

설잠은 『십현담』의 제목을 가리면서 아래와 같이 열 가지 현담 10편이 상호회호하고 있다고 말한다.

> 모름지기 심인(心印)을 분명하게 본 뒤에 조의(祖意)를 알게 될 것이고 조의를 앎에 현기(玄機)를 깨닫게 되고 현기를 깨달은 뒤에 진이(塵異)를 가려낼 것이고 진이를 가려내면 불(佛)의 가르침을 살필 것이고 불의 가르침을 깊이 살피면 곧 능히 환향(還鄉)하게 될 것이고 환향한 뒤에는 머물지 않았음을 알게 될 것이다. 그러나 머물지 않았음을 알고서도 회기(廻機)를 못하면 이것은 곧 새는 것이므로 회기한 뒤에는 모름지기 전위(轉位)할 줄 알아야 되고 전위한 뒤에는 일색(一色)의 경지가 비교할 데 없을 정도로 시원스럽게 전개 될 것이다. 그 일색이 밝아져야 의자에 앉은 그대로 가시덩굴 속으로 거꾸러트리더라도 편안하게 다리를 펼 수 있을 것이다. 그렇게 되면 날이 밝은 밤 주렴 밖에서 벗은 몸으로도 임금에게 조회할 수 있을 것이니, 일색이 환하게 되면 곧 심인을 보게 된다. 하나의 현담 속에는 10가지의 문을 각각 갖추어서 모든 것을 무궁하게 지니고 있다.[41]
>
> ― 김시습, 『매월당전집』 별집 권2, 「십현담요해」, 변제목

이것은 조동종의 학인들을 위한 방편 시설인 「오위정편」의 정중편 편중정 정중래 편중지 겸중도와 『십현담』과는 내용을 같이하며 '오위정편'이 회호하듯이 '십현' 역시 상호 갈마든다. 이것은 어떤 삶이 따로 있는 것이 아니라 그것이 그것이어서 그것에서 그것을 찾는 순례여행의 연속임을 우리들에게

---

39) [송왈] 夫玄談妙句 迴出三乘 旣不混緣 亦非獨立(『매월당전집』)

40) 不混緣 故其言 灑落非獨立 故其語平常 只在人人脚跟下照顧

41) 須分明見心印而後 知祖意 知祖意而後 悟玄機 悟玄機而後 辨塵異 辨塵異卽佛敎可審 審佛敎卽便能還鄉 還鄉而後須知非住 須知非住不能廻機 亦是滲漏 故廻機之後 須識轉位 轉位之後一色冷然 無可比方 須明一色乃可和座子撞倒荊莿中 恬然下脚 夜明簾外 脫體朝君 明了一色 卽見心印 一玄談裏 各句十門摠持無窮.

연교(演敎)한다.

'오위정편설'이나 '오위공신설'은 조동종의 조사 동산양개가 설정한 학인들을 위한 지남이 되는 기관이다. 이것을 충분히 이해한다는 것은 바로 『십현담』을 받아들이는 지침이 된다.

따라서 상찰의 『십현담』을 알려면 「조동오위정편」을 알아야 한다. '오위정편설'에 의해 『십현담』의 게송인 '십현시'를 지었기 때문이고, 또 묵조선(黙照禪)을 실참(實參)하여 가늠해야 한다. 묵조선은 조동종의 수선법인 동시에 조동종 체위에 가장 알맞게 육화된 선이기 때문이다.

필자의 한글주해시 『십현담』은 단지 상찰이 지은 『십현담』 원전을 필자의 안목이 열린 만큼, 필자가 공부해온 선관에 맞추어 한글로 주해한 시일 뿐이다. 간혹 혹자들은 침소봉대하여 만해의 『십현담주해』에서 만해의 시집 『님의 침묵』을 낳듯이 이와 같이 연관 지어 『님의 침묵』과 비교하여 무엇이 더 '좋고' 무엇은 '아직'이라는, 이론이라기보다 스스로의 느낌대로 적고 있다. 이것은 필자의 의도와는 무관한 것이다. 필자의 견해를, 오직 필자의 것으로만 해석해주면 그만이다. 필자가 상찰의 『십현담』이나 선장들의 『십현담주해』를 읽고 이만식이 말하듯이 시집 『조실』을 상재한 것이 아니기 때문이다.

그래서 필자는 필자가 볼 수 있는 주해서를 간략하게나마 밝히게 된 것은 필자의 주해시와 더불어 읽으므로 이에 대한 오해와 오독에서 벗어나기를 바라기 때문이다.

사실 만해의 『십현담주해』는 1925년 만해(1879~1944)가 47세 되던 해, 설악산 오세암에서 여름을 지내다가 우연히 설잠 김시습의 『십현담요해』를 읽고 만해 스스로의 선관에 의해 탈고한 주해서이다. 이어 만해는 선시집 『님의 침묵』을 1925 10월 16일(음력 8월 29일)에 탈고하고, 다음 해(1926) 5월에 초간본을 펴내게 된다.

만해가 『유심』 1호에 처음 발표한 「심(心)」(1918)[42]은 얼핏 보아도 신체시라는 느낌을 받기에 족하다. 만해의 처음 발표작인 「심」과 그의 시집 『님의 침묵』과는 7년이라는 시간적 거리가 있다. 첫 시 「심」과 비교하여 『님의 침묵』 88편의 시들은 어마어마하게 차이가 나는 시적 향상을 보여준다. 여러 선학들의 연구에 의하면 만해가 타고르의 시쓰기에 영향과 자극을 받았다[43]는 것이 정설로 거의 굳어져 있다. 그것은 만해의 시편 중 「타골의 시(GARDENISTO)를 읽고」라는 시가 그것을 말해주고 있다. 이 시를 읽어보면 만해는 김억이 1924년 간행한 타고르의 시집 『원정(園丁)』을 번역한 시집을 읽었음을 추측할 수 있다. 그리고 만해와 타고르의 시들은 거의 산문시라는 형식을 취하고 있다는 것과 두 시인 모두 종교적 세계를 서정적 사랑의 시로 승화시켜 노래했음을 볼 때, 타고르의 영향을 받았다는 주장에 공감이 간다. 더욱이 이때는 우리나라 신시(新詩)의 초창기였고, 만해가 처음 『유심』에 발표한 「심」을 읽고 별로 길지 않는 세월에 『님의 침묵』에 나타나는 승화된 산문시를 작시했다는 것, 역시 그런 추측이 가능하다 할 것이다.

그리고 내포로는 만해가 화엄 대가여서 『님의 침묵』의 '님'은 화엄의 비로자나불[大日如來]로 보아 태양광으로 비견되는 님은 곧 '빛의 침묵'으로 밝히는 연구자가 있고,[44] 만해의 행리로 보아 대승사상의 핵심이라고 지칭되는

---

42) 만해의 첫 시 『心』의 일부분만 소개한다. 17행으로 된 단연시다.
   心은 心이니라./心만 心이 아니라 非心도 心이니 心外에는 何物도 無하니라./生도
   心이오 死도 心이니라./無窮花도 心이오 薔薇花도 心이니라./好漢도 心이오 賤丈夫
   도 心이니라/蜃樓도 心이오 空華도 心이니라/空間도 心이오 時間도 心이니라/……
43) 송욱, 『시학평전』, 서울 : 일조각, 1977, 309~312쪽 참조.
44) 김용덕, 「한용운의 생애와 사상」, 『행당』 10집, 1981, 92쪽.
   "만해시의 사상성을 논할 때 만해사상의 큰 흐름은 불교사상임을 알기에 어렵지
   않다. 그리고 만해의 불교 상상 중에서 근간을 이루는 것은 화엄사상으로 본다."
   김용덕, 「님의 침묵 이본고」, 『한용운 사상연구』 2집, 만해사상연구회 편, 1981, 127
   쪽, 참조.
   "만해의 불교사상 중 근간을 이루는 것은 화엄사상으로 본다." 화엄경의 세계는 비
   로자나불, 곧 법신불 광명불로서 석가세존의 깨달음의 본체다. 광명의 세계 진리의
   세계를 님의 침묵이라는 시의 방편으로 재창조한 것이다. 님은 자유며, 빛인 비로

『유마힐경』의 주인공인 유마힐의 침묵으로 보는 연구자도 있다.[45] 모든 분의 말씀이 단연 일리가 있다는 것을 필자는 인정하고 있지만, 필자의 의견으로는 만해는 젊은 날에 피나는 실참실수 끝에 장부일대사인연인 깨달음의 체험을 성취하게 된다. 여러분들은 그냥 깨달아 오도송을 남겼다는 의미를 한 줄의 글로 받아들일지는 모르나 이것은 선수행자에게는 생명과 맞바꾸어야 하는 절체절명의 대사이다.

선적 체험을 갖기 위해서는 전 생명과 전 신체를 포기하고 오직 일념의 매진만 있을 따름이다. 이것을 40여 년 보낸 필자에겐 특별한 것으로 다가온다는 것이다. 장부일대사를 마치기 위해 앉아도 보고 서보기도 하고 누워보기도 하고 울어도 보고 웃어도 보며, 독경도 하여보고 수선도 하고, 될 만하다고 하는 것은 다해서 오직 초지일관하여 본 필자는 단,『십현담』을 주해 운운이나, 화엄도리를 이해 운운이나, 좌선 끝 운운이나 이런 기본적인 말에 의해서는 그곳에 도달할 수 없다는 것을 안다. 이와 같은 언설은 학자들의 논문이나 강의에만 있는 말이기 때문이다.

마지막으로 이만식의 논문「고전선시와 현대선시 ─ 십현담을 중심으로」는 동양사상의 정수인 선을, 선의 텍스트의 하나인『십현담』을, 선시의 백미『십현담』을 다시 한 번 우리들에게 일깨우는 긍정적인 역할이 크다 할 것이다. 선은 서구의 물심이원론을 원융하게 포월할 수 있는 유일한 대안이라고 필자는 보기 때문이다. 그렇지만 필자의 시집『조실』2부『십현담』의 주해시와 1

자나불이다. 그러므로 님은 침묵한다. 곧 비로자나불은 침묵을 통해서만 끝없는 부처의 세계 깨달음의 세계를 완전히 보여줄 수 있다.
그리고 만해의 대역사 중 하나는「불교대전」의 완성이다.「불교대전」은 통도사의 고려대장경을 열람하고 그의 주관에 의해 재편성하여 방대한 양을 축소시켜 보여준 간추린 불교 성전이다. 불교대전에 인용된 경전은 모두 441종이며 적게는 1회에서 많게는 88회를 인용한다. 그중 화엄경은 총 88회를 인용한다.
45) 송혁,「만해의 불교사상과 시세계」에서 '維摩一默 其響如雷'을 조명기는(『한용운전집』3, 해설, 신구문화사, 1973, 18쪽) "유마힐에게서 한용운을 발견할 수 있고 또 한용운에서 유마힐의 모습이 재현되고 있음을 볼 수 있다"고 했다.

부「조실스님 지금 주무십니다」와는 상호 관계가 있지만, 만해의 시집『님의
침묵』과『십현담주해』와 같이 직접적인 내포와 외연의 관계에 있다고 보아
서는 안 된다. 오히려 같은 시기에 간행한 필자의 선시론『선(禪), 언어로 읽
다』와 시집『조실』과는 안과 밖의 관계에 있다고 보는 것은 어느 정도 개연
성이 있다 할 것이다.

　필자 역시 오랜 세월 동안 '이것'을 쫓아다녔고 많은 선의 스승들을 친견
하고 수학하고 수련을 받아왔고 스스로 정리할 기회가 있었기에 이 언구를
받아들이기 쉽지 않다. 그저 졸시집『조실』의『십현담』, 한글주해시는 필자
의 선관을 보여준 것일 뿐이다.

제2부

혜각신미의 법맥과
훈민정음에 끼친 영향

한국의 선불교 전래

한국불교는 선종과 교종에 관한 양종의 고찰을 요한다. 즉 불교사원에서는 좌선을 수행하면서도 염불과 관경도 병행하여왔다. 승려들은 '할'과 '불자'를 흔들기도 하고 아미타불을 염불하고 『금강경』『법화경』『화엄경』을 독경하기도 한다. 이것이 한국불교의 특색이며 다른 나라 불교와는 비교할 수 없는 특질이라 할 수 있다. 또한 이것은 한국불교의 대다수를 차지하는 조계종의 특성이다.

이 글에서는 통불교적인 한국불교에서 선불교의 전래, 신라 말과 고려 초에 개산된 9산 선문과 조계종의 관계를 고찰할 것이고 특히 조계종 중흥조인 보조지눌과 고려 말에 제종포섭을 한 태고보우와 동시대 고승인 나옹혜근을 중점으로 고찰하기로 한다. 그리고 불교국가였던 고려의 불교정책과 법통관계를 비중 있게 다루고자 한다.

불교가 전래된 후, 삼국시대와 통일신라시대의 불교에서 화랑정신은 국가 발전의 원동력이 될 뿐만 아니라 승려들의 선도적 역할이 지대했음을 알려주고 있다. 그러나 불교가 귀족화되고 왕권이나 귀족의 비호 아래 점차 청정수행 가풍이 훼손됨에 따라 타락해갔고, 특히 무신집권시대에 와서는 더욱 세속화되어갔다. 이때 보조지눌의 신선한 정혜결사의 수행가풍이 되살아나 16

국사를 탄생시켰고 대각의천에 의해 천태종이 전래되므로 한국불교는 한동안 발흥하였으나 고려 말 왕권의 쇠약과 원의 침략으로 고려가 혼미에 빠짐과 아울러 귀족화된 불교는 결국 나라를 좀 먹는 집단으로 추락했다. 그리하여 신돈과 같은 승려 무리도 나타났지만, 이 혼란스런 시대에도 끝내 수행자의 올곧은 정신과 백성들의 정신적 스승들이 출현하여 면면히 이어졌다. 특히 고려 말 태고국사와 나옹왕사의 법화는 혼탁한 예토에 꽃이고 빛이었다.

1,000년을 내려오던 불교는 본래의 사명을 다하지 못하고, 중국으로부터 전래된 주자학이 차츰 시대적 주도권을 잡게 되었다.

중국에서는 남송시대에 이르러 성리학을 완성한 주희와 불교계를 주도하던 대혜종고와 논쟁이 있었고[1] 주전론을 펼친 대혜가 귀양을 가게 된다. 그리고 260여 년이 지난 후, 고려와 조선의 교체기에 있어서 똑같은 결과가 초래된다. 고려를 멸망시킨 신진사대부들은 성리학에 의한 새로운 조선을 건국하게 되고, 신라나 고려의 국교였던 불교가 교체되는 시기를 맞게 된다. 국가나 불교가 애민과 시대적 흐름에 부응하지 못한 결과로 보여 진다.

1. 9산 선문과 선법 전래

한국의 선은 4조 도신(道信, 580~51)에게 전법을 받은 법랑(法朗)이 처음 선

---

1) 이때는 북송(960~1127) 말이고 남송(1127~1279)의 초 혼란기였다. 당대(618~606)의 왕성한 불교가 오대(五代, 907~960)를 지나면서 점차 쇠퇴하여 총림은 부를 축적하는 하나의 수단이 된다. 따라서 승려들은 귀족화, 부유화되어 선원의 선승들을 수행에 전념치 않고 나태해지고 세속화된다. 그 결과 사회를 끌고 갈 수 있는 힘을 잃는다. 새롭게 발흥하는 주희의 성리학이 시대적 주도권을 잡기 시작하였으며, 이때 성리학자들은 숭유억불(崇儒抑佛)의 태도를 견지하였다. 그 후 시대적 흐름은 260년이 지나면서 사회를 지도하던 불교가 성리학의 발흥으로 한국불교도 중국과 같은 결과가 초래한다. 숭유억불이 진화된 혹독한 전유멸불(展儒滅佛)로 이어진다.

을 전래하지만 절손이 되고, 혜능의 남종선이 전래된다. 한국에서 오늘날 까지 지속되는 남종선은 서당지장과 백장회해에게 사법을 한 도의원적이 헌덕왕 13년(821)에 귀국하니 한국의 초조가 된다. 제자 염거를 거쳐 체징 때인 헌안왕 4년(860)에 전남 장흥 보림사에서 가지산문을 개산하게 된다.[2]

9산 선문 중 가장 일찍 산문을 열게 된 홍척의 사법은 도의보다 늦으나 흥덕왕 3년(828)에 실상산문을 개창한다. 개산조 홍척은 도의와 동시대인으로 사법은 도의보다 늦었으나 산문을 개창한 시기는 9산 선문 중 가장 빠른 흥덕왕 3년(828)이다.[3]

동리산문은 문성왕 1년(839)에 서당지장에게 사법한 혜철에 의해 개산된다. 전남 곡성 태안사가 주 사찰이며 그의 문하에 도선, 여대사 등이 알려졌다. 특히 도선은 풍수지리와 도참설의 대가다.

사굴산문은 마조의 제자 염관제안에게 사법한 통효범일에 의해 문성왕 9(847)년에 사굴산문을 개창하였으며, 9산 선문 중 가장 번창하였다. 범일 문하에 낭원개청, 난공행적 등이 있다.[4]

마조의 제자 불광여만과 마곡보철에 인가를 받고 문성왕 1년(839)에 귀국한 무염에 의해 보령 성주사에서 성주산문을 개산한다.[5]

마조의 제자 남전보원에게 사법하고 문성왕 9년(847) 귀국하여 쌍봉사에 법석을 연 개산조 도윤이 선풍을 선양하였다. 그의 제자 징효절중이 사자산 흥녕사를 확장하여 도윤의 선풍을 천양하니 이것이 사자산문이다.[6]

회양산문은 신라 헌강왕 5년(879)에 도헌이 문경 회양산 봉암사에서 개산하였다. 그 뿌리는 신라 법랑으로부터 시작된다. 법랑은 4조 도신의 법제자이고 신행에게 전법하였고 법랑은 입당하여 옥천신수의 손제자 보지공에게 심

2) 보조비문, 『조당집』 17권.
3) 『조당집』 7권.
4) 『조당집』 17권, 낭원국사 오진탑비.
5) 최치원 선 비명. 진정국사, 『선문보장록』.
6) 『조당집』 17권.

인을 받았다. 그 후 신행의 3대손인 지증도헌(도선)이 희양산문을 개산하였으며, 또 도헌은 마조의 법자인 창주신감에게 사법한 쌍계 진감(혜소)의 법을 받아서 6조 혜능의 법손이 된다.[7]

수미산문은 9산 선문 중 가장 늦게 성립된다. 개산조 이엄은 진성여왕 10년(870)에 입당하여 운거도응에게 사법한다. 행사로부터 5대를 내려가면 조동종의 개조인 동산양개의 제자 운거도응에 사법하고 입국하니 고려 태조 15년(932)에 태조가 교칙으로 황해도 해주 수미산에 개산한다.

한국 9산 선문과 중국의 5가7종 선문의 관계를 고찰하여 볼 것 같으면 9산 선문 어느 것도 5가(위앙종 운문종 조동종 임제종 법안종)와는 하등의 관계가 없다. 제일 늦게 개산한 수미산문 이외의 신라시대 개산한 8산산문은 모두 5가 선종파의 분파 전에 갈라졌으며 마지막 조동종은 스승 동산양개와 제자 조산본적의 산 이름을 따서 조동종이란 이름이 만들어진 것이다. 이엄이 운거도응에게 사법할 때는 조산본적이 출세하기 전이고 조동종이란 명칭이 생기기 전이었다. 모두 6조, 조계혜능의 남종선 연원에 뿌리를 둔다 할 것이다.

2. 득도사(得度師)와 사법사(嗣法師) 문제

신라 말의 한국 선맥이 500여 년을 사라지지 않고 그 법계가 전승되는 것은 중국과 다른 방법에 의한 전등을 이어왔기 때문이다. 중국 5가7종의 선맥은 오직 법을 이은 사법사(嗣法師)를 정사승(正師僧)으로 하는 반면에 한국불교의 법맥은 머리를 깎고 승려를 만들어준 득도사(得度師)를 정사승으로 하기

---

7) 봉암사 지증국사비, 봉암사 정진국사비.

때문이다. 국교가 불교인 고려는 신도의 증가에 의하여 종단으로 인정되면 종문의 독립을 조정에서 공식 허락하고 동시에 국영의 사찰관리권을 위임했다. 정부에서는 승록사(僧錄司)라는 관청에다 별철 승적부(僧籍簿)를 두고 사찰의 주지와 승관의 자격고시인 승과항목(僧科項目)에 종선과(宗選科)를 설치하였다. 그리고 승직임명에 필요한 법계8)를 수여했다. 이와 같은 까다로운 관리는 국교인 불교가 국가의 한 축이기 때문이다. 따라서 9산 선문에 한 종문으로 득도하면 다른 산문으로 이적이 어렵기 때문에 9산 선문이 형성된 이래 이적9)은 한두 예가 역사상 기록이 보일 뿐이다.

---

8) 법계(法階)는 8급에서 특급까지 9개의 계단(階段), 곧 8급 대선(大選), 7급 중덕, 6급 대덕(大德), 5급 대사(大師), 4급 중대사(重大師), 3급 삼중대사(三重大師), 2급 선사(禪師), 1급 대선사(大禪師), 특급 도대선사(都大禪師)를 수여하고 수좌, 선사에게는 관에다 알리고 관고(官誥)를, 대선사에게는 교서(敎書)와 관고를 제수하였다.

9) 강종의 넷째 아들 경지(鏡智)왕사가 회양산문의 원진국사에게 득도하여 그의 승적은 회양산에 두었다. 그 뒤에 경지는 사굴산문의 고승인 송광사 4세 진명국사의 도화를 숭모하여 그의 제자가 되려 할 때, 부득이 처음 득도한 회양산문에 두었던 승적을 조정의 지령으로써 굴산사에 이적하여 진명의 문도가 된 후에 굴산파 대찰인 진주 단속사 주지로 임명되었다.(김영수, 「오교양종에 대하여」, 『한국조계종의 성립사연구』, 민족사, 1986, 155쪽)

보조의 한국선 형성

앞에서 논술한 것과 같이 남종선이 전래한 이래 고려 태조까지 9산 선문이 나누어 개산되고 고려시대에 와서는 조정의 가호를 받아 교와 선이 흥성하였다. 신라 400년간 불교가 국교가 되어 조정에서 한 부분을 담당하였다. 공경대부가 행정상으로 국가에 종사한다면 승려는 불법으로 나라를 옹호하고 국사에 참여하게 된다. 따라서 위로는 왕자로부터 아래로는 권문세가의 자제들까지 불문에 귀의하여 점차 고려불교는 사회를 리드할 수 있는 절정에 이르게 된다.

교학의 경우, 신라시대에는 원효의 『대승기신론소』『금강삼매경론』, 원측의 『유식론』, 의상의 『대승화엄법계도』로 대표되는 화엄학 등이 꽃을 피우게 된다. 그러나 선학(禪學)의 경우 신라 말기와 고려 초에 9산 선문이 형성되었으나 전래 역사가 짧아 중국의 선을 선양하는 데 불과하였다. 고려 보조국사 지눌(普照知訥, 1158~1210)가 출현함으로써 선문이 교종을 압도할 정도로 9산 선문이 세력을 얻고 통칭 조계종이란 이름으로 한국의 선종이 발흥된다.

1. 9산 선문을 조계종으로 융섭

앞 장에서도 언급했듯이 한국의 선맥은 조계혜능의 법손에 의해 남종선의 전래된 것이며, 중국 당대에 극성하여 사회를 선도했던 5가7종의 법손들이 아니다. 임제종이니 조동종이니 하는 종파의 법손이 아닌 조계혜능의 법손이다. 따라서 고려에 상용되었던 조계란 말은 처음 어떤 종파라기보다 선종의 시조 혜능의 법손이란 의미가 강하다 할 것이다. 따라서 선문 9산을 총칭할 때는 선종(禪宗), 혹은 선적종(禪寂宗), 달마 9산이라 하며 그 명칭이 일정하지 않았다.

『조선불교통사』 저자인 이능화(李能和, 1868~1945)는 보조의 정혜결사 때, 송광산 길상사가 조계산 수선사로 바뀌어지며 조계산명이 처음 쓰였다고 주장했다. 그 후 산명을 따라 조계종명이 성립되었다고 하였으나, 보조 이전에 조계란 말이 쓰였다고 한다.[10] 그리고 조계 9산, 혹은 '조계종 가지산하', '조계종 굴산문하'라 하는 말이 자연 생겨나게 된다.

대각국사 의천(大覺義天, 1055~1101)이 천태종을 창립한 후에 선종으로 칭하고부터는 천태선종과 구별하기 위해, 9산 선문은 중국선인 5가(五家)가 분립하기 전 조계산 혜능의 법손에 의해 창립되었으므로 자연 혜능이 주석하던 산명을 따서 조계종이라고 칭하였다. 따라서 9산 선문은 대각국사가 숙종 2년에 천태종을 창립한 때, 조계종이란 명칭으로 굳어졌다. 불교계는 5교 양종, 교종인 5교와 선종의 양종, 조계·천태 양종이 된다. 조계종 명칭과 직접

---

10) 권상노는 이능화의 이론에 반발한다. 그의 논문 「조계종 조선에서 자립한 종파」에 의하면 조종 著撰 '昇平府曹溪山松廣寺寺院積碑'에 "年甫八歲 投曹溪雲孫宗暉禪師 祝髮受具戒"라고 기록되었다. 당시에는 보조가 조계산이라 개명 전이니 산 이름을 가리킨 것도 아니다. 따라서 조계는 혜능을 지칭한 것도 아니라고 본다. 고려 의종 12년(1158) 보조가 태어난 해에 입적하고 명종 2년(1172) 보조 15세에 건립한 이지무 撰 대감국사비에는 "高麗國 曹溪宗 崛山下 斷谷寺 大鑑國師之碑銘"이라고 기록, 이것은 보조 이전에 조계란 명칭이 쓰였음을 알 수 있다. 하지만 필자는 보조에 의해 조계종의 명칭이 국가와 사회에 공인을 받은 것이라 본다.

적으로 관계를 지울 수 있는 보조지눌의 행장을 살피고자 한다.

　보조의 법명은 지눌(知訥)이고 목우자(牧牛子)는 그의 별호이다. 8세(1166)
되던 해 사굴산문 범일의 원손인 종휘(宗暉)에게 득도하고 25세에 승선(僧選)
에 입격하였다. 그리고 정혜결사(定慧結社)를 조직하여 조도(祖道)를 재흥하고
자 서약을 한다. 그 후 청원사에서『육조단경』을 보다가 스스로 얻은 바가 있
었고 경북 예천 하가산 보문사에서 이통현(李通玄, 635~730)의「화엄론」을 보
고 마음을 다졌다. 그 후「정혜결사문」을 짓고 정혜사를 창설하였다. 다음 지
리산 상무주암에서 하루는『대혜어록』을 보다가 홀연히 깨달음이 있었다. 뒷
날에 조정으로부터 그가 주석하던 송광산 길상사가 조계산 송광사로 사액을
받으며 공인된다. 보조는 11년간 송광사에 주석하며 법을 설하고 참선 수양
하니 학자와 왕공장상들이 따르는 자가 수백 인이었다. 희종 6년(1201)에 53
세로 입적하였다. 그의 사법제자이며 송광산 2세인 한국 선시의 시조, 혜심
(眞覺慧諶, 1178~1234)을 출생시켰다. 그리고 고려 말까지 법통이 이어지니 조
계산 송광사에서 16국사를 낳는다. 스님의 저술로는「정혜결사문」『진심직
설』『수심결』『성초심학입문』『간화결의론』『원돈성불론』『법집별행록절요
병입사기』『염불요문』 등이 있다.

　보조의 가르침은 근기에 맞추어 대기설법을 하니 곧 교학자로 하여금 화
엄론의 입장에서 원돈문으로 들게 하고, 선학자에게는『육조단경』과 신회(荷
澤神會, 684~758)의 종지를 공부하여 돈오문으로 들게 하여, 진여의 체용(體用)
이 곧 정혜(定慧)임을 깨닫게 하였다. 그 후 이통현『신화엄경론』을 만나 선
의 종지(宗旨)와 화엄의 종지가 서로 다르지 않음을 알고, 또『대혜어록』을
통하여 정혜가 부서져 사라지지 않음을 증득하였다. 그 결과 '선적등지문(惺
寂等持門)'과 '원돈신해문(圓頓信解門)', '경절문(徑截門)'의 삼문을 지어 근기에
알맞게 학인을 제접하였다.

보조의 가르침 돈오점수(頓悟漸修)로써 이후의 한국의 불교, 조계종의 종지가 되었다. 곧 정혜겸수(定慧兼修)로 화엄·천태·선학의 일체 종파를 포괄한 후, 결국 정혜겸수를 깨뜨려서 첫째 성적등지문으로 선승을 융섭(融攝)하고 다음 원돈신해문으로 교승을 융섭하고 최상승인 제3 경절문에 들게 하여 선의 참 소식을 밝혔다. 그리고 보조의 저술 중 『염불요문』이 있다. 보조는 염불을 하여 극락세계에 왕생하고자 하는 어리석음을 연민하여 진염불(眞念佛)의 소식을 전하니, 일념으로 아미타불을 염하여 스스로 마음이 아미타불이고 자신의 성품이 본래 청정함을 이 자리에서 알려면 오직 선관으로 반문염불(反聞念佛)을 행하는 것이 염불이라 주창한다. 이것은 선으로써 염불을 융섭하는 것이다.

이러한 것은 대각의천의 교관겸수설(敎觀兼修說)로 선종을 포함하고자 함에 반하여 선종으로써 교종을 융섭하였다. 보조의 정혜겸수를 바탕으로 한 돈오점수는 한국 조계종의 종지가 완성됨으로 9산 선문은 모두 보조의 종지를 이음으로 오는 내적인 통일은 한국선종사상 비약적인 뚜렷한 자취를 남겼다.

정혜겸수설에 의하여 선승과 교학승이 모두 보조의 문하에 모이므로 선교일치의 풍광이 벌어졌다. 그의 종지에 감동을 받아 9산 선문의 선승들이 보조의 법맥을 사승(嗣承)하는 경향이 나타났다. 예를 들면 회양산문의 승형(承逈, 1172~1221)[11], 가지산문의 일연(普覺一然, 1206~1289) 등이 있고, 교종의 승려로서 수원 창성사 '진각국사비(眞覺國師碑)'에 의하면, 진각이 화엄종 낙용사 주지 일비(一非)에게 득도하고 중국에 들어가 화엄종의 승려로서 선장(禪丈) 만봉(萬峰)에게 전법을 받고 귀국하여 '대화엄종사선교도총섭'(大華嚴宗

---

11) 승형은 원래 회양산문 봉암사에 득도한 승려로서 고종 27년에 선종대선에 합격한 후 조계산 보조지눌에게 참학하여 법요를 얻었다. 후일 승적을 회양산문에서 조계산 4세 국사 진명(眞明混元, 1191~1271)에게 전적하여 굴산문중이 되었다. 승적을 관리하는 관청인 승록사(僧錄司)에 인허가 있어야 가능했다. 고려 조정은 신득도자(新得道者)의 법명을 반드시 소속 종파에 등록하였고, 등록된 승려들은 승과나 사찰 주지에 임할 때는 반드시 그 종파에 따랐다.

師禪教都總攝)이 되었다. 또 임계일이 찬한 「만덕산정명국사어록집서(萬德山靜明國師語錄集序)」에 의하면 한국 천태종의 문하로서 조계종 승려에게 사법했으나 본종의 종파에는 변동이 없다. 정명은 천태종 승려로서 조계산 송광사 2세 진각혜심 조계종 종지를 얻은 뒤에도 천태종 본사에 돌아가서 천태종의 소의경인 『법화경』을 지송하였다고 기록되어 있다. 이 풍광을 이능화는 이렇게 적고 있다.12)

보조가 죽은 후, 진각 청진 진명 회당 자정 원감 자각 담당 묘명 자원 혜각 각엄 정혜 고봉(이상 모든 사람은 『해동불조원류』에서 16조사로 만들어졌다)화상으로 이어졌다. 나옹왕사 환암국사 역시 본사가 있으니, 고로 송광사는 해동의 보배로운 영산도량이요 조계산 보림사가 된다.

또 한 가지 예를 들어보면, 진주 단속사 주지 대감국사 탄연(大鑑坦然, 1070~1159)은 중국 임제의 법손 개심(介諶)의 인가를 받아 그의 제자가 되어서 귀국하여 임제의 9대손이라고 자랑했지만 그의 득도사는 굴산산문 통효범일의 원손이어서 입적 후 비명(碑銘)에는 '조계산 굴산하 단속사 대감국사지비'(曹溪宗 堀山下 斷俗寺 大鑑國師之碑)라고 그의 산문을 명확히 표현했다. 또 승형은 원래 회양산문 봉암사에 득도한 승려로서 고종 27년에 선종대선에 합격한 후 조계산 보조지눌에게 참학하여 법요를 얻었다. 후일 승적을 회양산문에서 조계산 4세 국사 진명(眞明混元, 1191~1271)에게 전적하여 굴산문중이 되었다. 일연(普覺一然, 1206~1289)은 가지산문 진전사에서 득도. 고종 14년 선불장에 나가 상상과에 입격하였다. 그 후 굴산산문 보조에게 원사(遠嗣)하고 개당한다. 그러나 이 두 분이 보조계통의 승려로 오인하기 쉬우나 당시 사

---

12) 普照沒後 傳眞覺 淸眞 眞明 晦堂 慈精 圓鑑 慈覺 湛堂 妙明 慈圓 慧覺 覺儼 淨慧 弘眞 高峰(以上諸人海東佛祖源流作十六祖師) 和尙等等相續 懶翁王師 幻菴國師 亦在本寺 故松廣 在我海東 寶爲靈山道場 亦爲曹溪寶林也.(이능화, 『조선불교통사』 375항)

법사가 정사승(正師僧)이 아니라, 국가의 승적부에 오른 득도사나 그 산문에 의해서 인증되기 때문에 득도한 산문의 이름으로 남게 된다. 일연도 사후, 편액에 '조계종 인각사 가지산하 보각국존(曹溪宗 麟覺寺 迦智山下 普覺國尊)'으로 남았고, 승형 역시 보조를 법사한 후, 굴산산문 대찰인 단속사의 주지로 임명되었다.

그리고 삼각산 중흥사 태고보우(太古普愚, 1301~1382)는 송나라의 임제종 고승 석옥(石屋淸珙, 1272~352)의 법을 사승하고 개당하여 임제 19대 법손 태고라고 한껏 자랑했지만 그의 득도사는 조계종 가지산 도의의 원손인 회암사 광지(廣智)이기 때문에 그가 입적 후, 비명에는 '고려국사 대조계조계사조(高麗國史 大曹溪嗣祖)'라 각인되어 그의 소속 종파가 조계종인 것을 명시하였다. 이러한 예는 바로 득도사(得度師)를 정사승으로 여기는 원칙이 있었기 때문이다. 고려시대에는 조정에서 관리하는 관청인 승록사(僧錄司)에 승적부가 있고 거기에 따라 각 산문의 소속 사찰에서 국가의 관리하에 승과(僧科)를 실시하고 같은 산문 사찰 주지도 임명하기 때문이다. 산문을 이전하는 것은 아주 드물며 쉽지 않았다.

이와 같이 보조의 가르침으로 인하여 각 산문의 종지가 통일되고, 선풍이 융성하여 가히 일색을 이루었다. 송광사 16국사와 고려 말에 나옹혜근 환암 혼수 등이 출생하여 태고보우가 출현하기 전까지 고려 말 선종의 법통은 굴산산문이 이끌어왔다고 볼 수 있다. 보조의 통불교적인 정혜겸수에 의한 돈오점수의 조계종 종지가 보조에 의하여 내적으로 통일됨에 이르러 9산 선문은 모두 즐겨 이 종지를 사승(嗣承)하게 됨에 한국 선종사상 획기적인 비약을 하였다. 보조 이후 16국사와 나옹, 환암, 각운, 함허, 지엄, 서산 등을 이어 오늘날 대한불교 조계종 선 사상에도 지대한 영향을 끼쳤다.

2. 고려 말 전등관계

전등(傳燈)이란 무엇인가? 불교의 혜명을 계속 상전(相傳)하여 후세에 유전(流傳)하는 것이 마치 등(燈)과 등이 불꽃을 서로 전하는 것과 같이 상속(相續) 유전하는 것을 뜻한다.

앞에서 밝혔듯이 나말 이후 전등관계는 득도 후 산문에 등록되어 승적에 오르게 되면 오직 처음 삭발하고 치의를 입은 절의 법등을 이었다. 선의 전래로 9산 선문을 개산한 이래 9산 선문의 승려로서 중국의 5가7종의 선장에게 구법사승(求法嗣承)한 고려의 선승들이 수 십 인이 있으나, 귀국하여 종파 상 아무런 변동이 없었다. 예를 들자면 단속사 대감국사비(大鑑國師碑)[13]에 의하면 "오직 대감국사가 그런 분이다. 종파를 고찰할 것 같으면 스님은 임제의 9대 법손이다"라고 명기되어 있으나, 한국의 조계종 사굴산 범일의 법손인 혜소국사에게 사법하였기에 위와 같이 사후 조계종 굴산하의 승려라고 입비(立碑)하였다.

굴산산문 문경 묘적암 요연(了然)을 득도사로 한 나옹혜근도 중국에서 임제종 양기파 평산처림에게 전법을 받은 임제의 19대 법손이지만 그의 탑명에는 임제종이라는 말을 찾아볼 수 없고 '고려국왕사 대조계종사 선교도총섭 근수본지 중흥조풍 복국우세 보제존자 시 선각탑명(高麗國王師 大曹溪宗師 禪敎都摠攝 勤修本智 重興祖風 福國祐世 普濟尊者 諡 禪覺塔銘)'으로만 남겨질 뿐이다. 위의 선장들이 임제종을 열고 세웠다면 임제종조가 될 수 있으나, 그러하지 못했기 때문에 사후 태고 역시 '고려국사 대조계종사(高麗國史 大曹溪宗師)'라는 전액이 전한다. 태고가 조계종 이름하에 9산 선문을 통합하고자 원융부

---

13) 고려 명종 2년에 산청군 단속사에 세웠던 비(碑)로서, 지금은 문경군 신주면 김룡사에 사본이 전한다. 대감탄연은 임제의 법손인 介諶에게 인가를 받아서 임제의 9대손이 된다. 임제의현－흥화존장－남원혜옹－풍혈연소－수산성념－분양선소－석상초원－양기방회－백운수단－개심이 된다.

를 설립했다 하여 임제종 종조라고 할 수 없기 때문이다.

이것은 바로 득도사를 정사승으로 여기는 원칙이 있었기 때문이다. 고려시대에는 조정에서 승록사(僧錄司)라는 관청을 두었으며 관리하는 승적부가 있고 거기에 따라 각 산문의 소속 사찰을 국가에서 관리하면서 주지를 임명하기 때문이다. 산문을 이전하는 것은 아주 드물며 쉽지 않았다. 고려 말 불교를 대표하는 백운·태고·나옹도 역시 그의 비명이나 기록에 임제종 양기파의 석옥청공이나 평산처럼의 전법을 이었다고 알렸으나 결국 입적 후, 자기의 본 산문이나 비명, 어록에 의해 이름이 오늘날까지 전해왔음을 알 수 있다. 그것은 태고나 나옹이 귀국하여 새로운 산문을 개창하여 공인되어야 새로운 산문이 서고, 그 산문은 국가에서 관리되기 때문이다.

이러한 풍조에 따라 조선의 서산대사(淸虛休靜, 1520~604)는 명종 19년(1564)에 저술한 책『선가구감』서문에 '조계 퇴은(曹溪 退隱)'으로, 그리고 뒤편에 선조 12년(1579) 발문을 쓴 그의 제자 사명당(松雲惟政, 1544~1610) 역시 '조계종유 사명종봉 유정'(曹溪宗遺 四溟鐘峰 惟政)이라고 명기하고 있다. 이것은 조선 중기에 가장 우뚝한 선가의 거장인 서산이나 사명당 역시 조계를 생명처럼 여기고 있다는 증거다.

3. 태고의 통합 9산 선풍

태고(太古普愚, 1201~1282)의 법명은 보우이고 태고는 그의 당호다. 13세에 가지산문 원손 광지(廣智)에게 득도하고 26세에 화엄선에 입격한다. 38세에 송도 전단원에서 무자화(無字話)를 참하다가 정월에 활연대오(豁然大悟)하다. 41세 때 삼각산에 태고암을 짓고, 「태고암가」를 지었다. 이때 태고라 자호하였다. 46세가 된 충목왕 2년(1346)에 원(元)에 들어가서 하무산 석옥청공(石屋

淸珙, 1272~1352)에게 「태고암가」를 바치니 석옥이 「태고암가」가 발문을 짓고 가사를 주어 신표(信標)하였다. 법을 인가받고 다음 해 귀국하여 용문암 소설암에 있었다. 공민왕 5년, 왕의 청에 의하여 봉은사에서 설법을 하고, 왕사로 삼아 광명사에 원융부(圓融府)를 두어 9산을 통합할 것을 허락하였다. 그리하여 조계종의 종명은 대각의천 때부터 성립하고 보조지눌에 의하여 한국 특유의 종지가 확립되어 내적으로 통일되어온 이래, 공민왕 5년 태고보우에 의외적으로 통일되어 조계종이 성립되었다. 태고는 공민왕 17년 신돈의 무고로 속리산에 금고되었다가 신돈 사후, 20년에 국사가 되었다. 우왕 8년에 입적하니 우왕 11년 태고사에 원증국사탑비(圓證國師塔碑)가 있다.

태고는 전승되어오는 조계종풍, 특히 보조의 제3 경절문풍(徑截門風)을 선양하였다. 일심을 깨닫는 법요를 설하기를

금부처 나무부처처럼 바로 앉아 모든 선악을 조금도 생각하지 말고 몸과 마음 법을 모두 버리면, 나고 사라지는 망념은 다 없어지고, 없어졌다는 그 생각마저 없어질 것입니다. 어느 듯 마음이 고요하여 움직이지 않아 의지할 곳이 없어지고 심신이 갑자기 텅 비어 허공을 의지한 것이 될 것입니다. 거기서는 밝고 또렷하며 또렷하고 밝은 그것이 앞에 나타날 것이니, 바로 그때 부모가 낳아주기 전에 본래면목을 자세히 살펴보아야 합니다. 곧바로 깨치면 마치 물을 마시는 사람이 차고 따뜻함을 저절로 아는 것과 같아질 것입니다.

— 현능이 심요를 청함(玄陵請心要)[14]

이러한 태고의 설법은 보조가 대혜(大慧宗杲, 1089~1163)의 경절활구를 체달하고 『간화결의론』을 저술하여 경절문을 세운 문풍과 차별이 없다. 그리고 대혜의 법사(法師)인 원오(圓悟克勤, 1063~1135) 선사의 간화선을 선양한 것과

---

14) 正坐殿上 一切善惡 都莫思量 身與心法 一時都放下 一如金木佛相似 卽生滅妄念盡滅 滅盡卽亦滅 寂爾之間 心地寂然不動 無所依止 身心忽空 如倚太虛相似 這裏只個明明歷歷 歷歷明明現前 此時正好詳看父母未生前本來面目 才擧便悟 則如人飮水冷暖自知.(태고, 「법어」, 『태고집』, 월정사판)

같다. 또 보조가 『염불요문』을 지어 염불선을 설한 것과 같이 태고의 『염불약요』에 의하면 염불공안을 타파하여 선으로 염불을 융섭하였다. 이런 것을 볼 때, 태고가 보조의 종풍을 계승하였다고 볼 것이다. 다만 보조가 설정한 삼문 중에 제3, 경절문을 적극 선양하였다.

4. 한국의 임제종법맥 고찰

조선 전기에는 태조나 세종의 후기, 세조를 제외하고는 숭유억불 정책에 의한 불교 핍박 사태로 인하여 승려는 팔천(八賤)[15]의 하나로 도성 출입도 금해지고, 흥천사와 흥덕사를 제외한 사찰은 모두 폐사시켰고 도첩제를 두어 승려가 되는 것을 막았다. 그리고 도첩이 없는 승려들을 조사하여 환속시켰다. 따라서 불교의 사찰은 거의 산중으로 들어가게 되어 점차 법등마저 희미해진다. 중종 때 문정왕후의 섭정으로 승과가 회복됨으로 당시 두 분의 출중한 승려가 급제를 하니 서산휴정과 사명유정이다.

앞장에서 서술한 것같이 태고의 법계를 명확히 가늠함이 한국불교의 법맥을 세우는 데 중요하다. 그만큼 태고보우의 비중이 한국불교에 있어서 중요한 위치에 있기 때문이다. 태고가 임제 제17대 법손인 하무산 석옥청공의 법을 이었고, 또 9산을 통합하여 일문으로 만든 사실을 들어 한국의 선종을 임제종이라 부르고 태고의 법손을 임제종 승려라 하는 주장이 대두하였다. 그러나 앞에서도 살펴본 것같이 태고가 임제종 양기파 석옥의 인가를 표방했지만, 스스로 임제종의 종사라고 한 적은 없다.[16] 신라 말과 고려 초에 교종의

---

15) 여덟 종류의 천인(賤人). 노비, 승려, 백정, 무당, 광대, 상여꾼, 기생, 공장(工匠).
16) 이능화는 『조선불교통사』에서 임제종 제19대, 즉 고려 임제종 제1대로서 태고를 기재했다. 태고를 임제종이라 하는데 문제점을 이재열은 주장한다. 첫째 석옥의 인가를 받고 귀국한 뒤, 임제종으로 개종하지 않았고, 둘째 백장청규를 귀국 후 간포

승려들이 입당하여 중국의 선승들에게 전법을 인가받고 귀국하여 산문을 개산하여 9산 선문을 일으킨 이후, 9산 선문의 승려로서 중국의 5가7종의 선장들에게 전법하고 귀국한 선승들이 수십 인 있지만 그들은 하나같이 조계종 9산 선문의 승려로서 종파상 변동이 없었다. 앞에서 살핀 대감국사 탄연, 백운선사, 나옹왕사, 또 화엄종의 승려로서 중국의 일비선사에게 전법을 받고 귀국한 진명국사는 대화엄종사로 그의 본분을 지켰다.

그러나 대각국사 의천이 귀국하여 천태종을 열고 세움으로써 한국의 천태종조가 된 예는 태고와 경우가 다르다 할 것이다. 그러나 태고의 비명이나 어록, 행장에도 임제종을 개창했다는 기록이 없을 뿐만 아니라, 그의 사후 비명에 '고려국국사 대조계사조(高麗國國師 大曹溪嗣祖)'임을 명백히 밝히고 있고, 그의 법제자인 환암혼수(幻菴混修, 1320~1392)의 비명에도 '책위국사 대조계종사(册爲國師 大曹溪宗師)'라 하였고, 또 그의 제자인 대지국사 찬영(大智粲英, 1328~1390)[17]의 비에도 '왕사 조계종사(王師 曹溪宗師)'라고 하였다. 태고의

<hr />

(刊布)해 승단의 정풍작업을 했으나 이것은 임제종 종단 성립과는 별도의 문제다. 셋째 한국 불교상사에 임제종이 설립됐다는 기록이 없고 넷째 태고가 원융부를 설치하여 제 종파를 합치려 한 것과 조선 왕조에 있어서 숭유억불 정책의 일환으로 불교종파를 폐합에 의해 태고 이후에는 한국불교가 종파적인 특색을 드러낼 수 없으므로 통불교가 되었다.(이재열, 「오교양종과 조계종통에 관한 고찰」, 『한국조계종성립사연구』, 민족사, 1989, 42쪽)

17) 환암(幻庵, 충숙왕 7년~태조 원년)은 12세에 조계종 굴산산문의 대선사 계송(繼松)에 득도하였다. 공민왕 19년 국왕 친림시로 개최된 공부선에 입격하였다. 이때 시험관이 나옹이었다. 우왕 9년(1383) 국사로 책봉되고 '大曹溪宗禪敎都摠攝 悟佛心宗 興慈運悲 福國利生 妙化無窮 都大禪師 正遍智雄尊者'의 시호를 내렸다. 조선 태조 원년에 73세로 입적하였다. 현재 나옹-환암의 법계와 태고-환암의 계보에 대한 연구가 필요하고, 공민왕 때 처음 열렸던 공부선, 여말선초에 선문의 주류를 이끈 연구 등이 필요하다. 제자로는 경관, 담원, 소원, 만우 등이 있다.
찬영(粲英, 충숙왕15~공양왕 2년)은 14세에 삼각산 중흥사에서 가지산문으로 득도하였다. 보우의 제자. 충정왕 2년(1350) 9산 선과의 상상과에 급제하고 3년 후 공부선에서 장원으로 입격하다. 우왕으로부터 '禪敎都摠攝 淨智圓明 妙辯无涯 國一都大禪師'라는 시호를 받다. 창왕과 공양왕으로부터 왕사로 임명하였으나 사양하고 나오지 않았다. 공양왕 3년(1390) 입적하다. 조선 태조가 대지국사(大智國師)라는 시호를 내리고 억정사에 탑비를 세웠다.

선맥은 가지산 도의국사의 법맥에다 고려 말 임제종 양기파의 법맥을 같이 사승하였지만, 앞에도 살펴본 것같이 득도사가 정사승(正嗣僧)의 전통을 갖는 한국 선맥이 그 당시는 그대로 이어지고 있기 때문에 그의 사후 조정에서나 제자들이 만든 전액과 비명에 모두 조계종사로 나타나 있다.

나옹계의 득세와 그 법손

1. 고려 말 나옹과 환암

나옹은 태고와 동시대에 활동한 선의 거장이다. 그는 굴산산문의 후예 요연(了然)에게 득도하였다. 성리학이 태동되어 점차 불교가 흔들리고 있던 당시, 나옹은 태고와 더불어 조계종풍 선양하여 일반 유신들의 배불사상을 연화(軟化)시켜 고려불교를 꽃피우게 하였다.

29세에 원나라에 가서 서천(西天) 지공(指空, ? ~1361)을 참견하고 다음 임제종 양기파의 처림(平山處林, 1279~1361)에게 인가를 받았다. 37세에 원의 수도 연경 광제사에서 개당하였고 원(元)나라 황제가 금란가사와 비단을 내렸고 황태자는 금란가사와 상아불자를 내리며 우대하였다, 39세 되는 공민왕 7년에 귀국하여 오대산에 주석하니 공민왕이 조정으로 불러 심요법을 듣고 만수가사와 수정불자를 내려주고 해주 신광사에 주석케 하였다. 공민왕 20년에는 광명사에서 오교양종(五敎兩宗)의 납자를 모이게 하고 선교대선과를 봄에 나옹에게 주관케 하니 이것이 공부선(工夫選)이다. 이어 왕사로 봉하고 '대조계종사선교도총섭 근수본지 중흥조도 복국우세 보제존자(大曹溪宗師禪敎都摠攝 勤修本智 重興祖道 福國祐世 普濟尊者)'란 법호를 내리고 송광사에 주석케 하였다. 그 후 양주 회암사에 있다가 밀양 영원사 주지로 칙명을 내리니 병을 얻어 여주 신륵사에 잠시 머무르다가 향년 57세로 입적한다. 시호를 선각왕사(禪覺王師)라 하였다.

고려 말 조선 초에는 나옹을 중심으로 한 굴산산문의 승려들의 많은 활약을 볼 수 있다. 나옹과 태고의 비석에 양쪽 모두 상수제자로 올라 있는 환암혼수 국사, 조선 태조의 왕사인 무학자초, 송광사 16국사 중 마지막 국사 고봉법장, 회암사주지 국일도대선사 승모, 대선사 지연, 또 무학의 법을 이은 함허득통, 함허의 뒤를 잇는 혜각신미, 홍준, 신미를 잇는 학조·학열과 홍준을 잇는 설잠 등[18] 수백 인의 그의 문도와 문손들이 활동하였다.

2. 환암혼수의 법계 문제

환암혼수(幻菴混修, 1330~1392)의 사법 문제는 일찍이 논란이 있었다. 현금의 법계는 태고보우-환암혼수-구곡각운-벽계정심-벽송지엄-부용영관-청허휴정·부휴선수로 정리되어 있다. 그런데 청허의 사법을 논의하기 전에 환암과 구곡의 사법 문제를 해결해야 청허의 사법계통이 확실해진다. 태고계에서는 환암이 태고의 사법제자라고 태고행장기나 비명에 기재되어 있고, 나옹계에서도 환암이 나옹의 사법제자라고 나옹의 행장 및 비명에 기재되어 있다. 이것이 후대에 사법 문제를 일으키게 된다.

우왕 11년(1385), 이색(李穡, 1328~1396)이 찬한 '태고보우원증국사 탑비명

---

18) 함허의 저술로는 『원각경소』와 『금강경설의』가 있어 종문에 큰 공이 있으며 조선 세조 때 명승 홍준, 신미, 사지, 학열, 학조 등의 스님들이 함허의 법파이다. 涵虛著 圓覺經疏金剛經說義 於宗門大有功焉 朝鮮世祖時 名僧弘濬信眉斯智學悅學祖等諸師 料皆涵虛之法脈也.(이능화, 「함허와 청허, 법맥을 이어 문중을 지키다(涵虛淸虛扶宗樹敎)」, 『조선불교통사』 6, 동국대학교, 2010, 51쪽)

후음기(太古普愚圓證國師 塔碑銘後陰記)'에 '문도 국사 지웅존자 혼수(門徒 國師 智雄尊者混修)'라고 기재되어 있고, 또 우왕 9년(1383)에 문인 유창이『태고어 록』에 찬한「원증국사행장기(圓證國師行狀記)」에는 "상수 제자로서 첫째 환암 화상이 있으니, 지금의 국사 정변지 지웅존자이다(其堆爲上首輩者 曰幻菴和尙 今爲國師正辯智雄尊者)"라고 간단히 기재되어 있다. 아무런 상황이나 사자상승 한 기연에 관한 기사가 없다.

그러나 우왕 3년(1377) 이색이 찬한 나옹의 기록「여주신륵사보제선사사리 석종비후음기(驪州神勒寺普濟禪師舍利石鐘碑後陰記)」에는 "문생 전 주지 송광을 널리 통하고 원융한 묘법과 걸림이 없는 큰 지혜로 두루 제도한 대선사 환암 혼수(門生 前住持 松廣廣通 无涯圓妙 大智普濟大禪師 幻菴混修)"라고 쓰여 있고, 또 우왕 10년(1384)에 이색이 찬한「평양도 연산부 묘향산 안심사 나옹사리 성종비 후음기(平壤道 延山府 妙香山 安心寺 懶翁舍利 石鐘碑 後陰記)」에는 "문생 이름이 비구 국사 대조계종사이며 선교도총섭이며 불심의 종지를 깨쳐 자비 를 운송하여 나라에 복과 삶을 이롭게 하고 무궁한 묘를 보인 대선사 정변지 웅존자 환암혼수(門生 名目 比丘國師大曹溪宗師禪敎都摠攝悟佛心宗興慈運悲福國利 生妙化無窮都大禪 師正遍智雄尊者 幻菴混修)"라고 기재되어 있다. 두 가지 기록 이 모두 문생 질(門生 秩) 제일 앞에 환암을 각인했고 나옹의 비는 태고보다 빨리 세워졌다. 또 조선 태조 2년에 다음과 같은 기록이 있다.

환암이 오대산 신성암에 있을 때 나옹혜근 화상도 역시 고운암에 있었고, 만 나서 도의 요체를 물었다, 뒷날 나옹이 금란가사와 상아불자와 산형의 주장자를 믿음의 유물로 전했다.[19]

---

19) 정황진,「조선불교의 사법계통」,『불교지』신집 제5호 참조
    又人五臺山 居神聖菴 時 懶翁勤和尙 亦住孤雲菴 數與相見 吾質道要後翁以 金襴袈 裟象牙拂 山形杖遺物爲信.(權近 撰,「보각국사비명(普覺國師碑銘)」)

위와 같이 나옹과 환암 사이 사자(嗣子) 관계의 기록이 있다. 예로부터 전법상 불조의 신물을 줌은 바로 사법적 포신(表信)이라 했다. 이런 기연이 기재된 예를 살핀다면 태고보다는 나옹으로부터 사법되었다고 본다.[20]

한국에 선이 전래되어 9산 선문이 세워진 뒤에는 각 산문이 한 개의 종문으로 문풍을 선양하였다. 보조 때 조계종 이름이 성립된 후에는 각 산문이 각

---

20) 환암이 태고와 나옹 중 누구에게 사법했는가 하는 문제는 아직 풀리지 않는 난제로 남는다.(정황진)
   화상의 글에 대하여 김포광은 『불교』신 제7집에서 반론한다. 요약하면, 한국선종에서는 태고 전에는 득도사를 정사승으로 하고 태고 이후에는 사법사를 정사승으로 전등하였다. 그러나 사법사가 2명 이상일 때는 입원식이나 입실식에서 향을 태우며[拈香] 말을 하는데, 오직 제자 자신의 의사로서 결정한다. 그런데 환암이 50세 때, 백성군 서운사 초임 주지로서 진산식에 한 염향문이 전하지 않으므로 환암의 사법사가 나옹이라고 단정할 수 없다. 그러나 오늘날 인증할 수 있는 것은 환암의 6세 법손인 서산에게 구전해온 계보의 기록이다. 이것을 근거로 서산의 제자 해안과 언기 등이 서산의 행장기에다 태고의 법손으로 기재하였다.
   (필자가 보기로는 태고에서 서산에 이르는 법계를 정리 주도한 해안(중관해안과 언기는 서산의 제자들 중 전기에 속하는 사명이나 현빈 등과 비견하면 제자뻘 되는 나이의 어린 후기 제자들이다.) 이때 서산의 전기 제자들은 모두 입적하였기에 의견을 낼 수 없었다. 이들은 당시 시대 상황에 필요에 의해서 법계를 맞추었으나, 사실 많은 허점이 드러난다. 서산은 자신의 법계를 法祖인 벽송지엄까지 기록하고 있고 벽송과 벽계의 관계는 구전이라고 적고 있다.
   태고와 나옹과 환암은 모두 고려 말, 승려들이어서 그들은 모두 득도사가 정사승이지 사법승이 사승이 될 수 없다. 이 철칙은 불교가 국교인 고려에서는 승려들을 엄히 관리하는 승록사(僧錄司)란 관청이 있었고 거기에 별철되는 승적부가 있어 국가가 일목요연하게 관리해왔기 때문이다. 이러한 훈풍이 서산·사명에 이르기까지 이어지는 기록이 있다. 고려 시대에 많은 조계 9산 승려들이나 교종의 승려들이 중국에 유학하여 중국 5가 7종의 전등을 받아 왔으나 귀국하여서는 모두 본래의 산문이나 종파의 승려들로 남은 예를 앞장에서 보아왔다. 이런 전통은 서산의 『선가구감』의 서문에 조계퇴은(曹溪退隱)으로 자신을 적었고 그 책 발문에는 사명당은 조계후손 종봉(曹溪後孫 鍾峯)으로 쓰고 있다. 그리고 태고나 나옹은 모두 임제종 양기파의 법을 받았으나, 그들은 조계종 9산 선문의 법손이며, 득도사가 정사승이기 때문에 임제종 종사라 말을 쓰지 않았다. 태고나 나옹 역시 한 종파를 열지도 않았기에, 모두 조계종사로 비명에 남았을 뿐이다. 임제종 법손이라 함은 내적으로 임제종의 법을 받았다는 것을 자랑할 수 있지만, 그것은 유구한 한국 불교인 임제종에 섞였다는 것일 뿐이다. 그렇다면 한국의 1,000년의 선종사와 선사들을 어디로 모셔야 되는가?
   태고-환암-구곡-벽계-벽송-부용-서산·부휴의 법계는 종문의 회의 결과 해안과 언기의 주도로 정리되었다고 보는 것이다. 그리고 환암은 조계종 굴산의 법손이고, 구곡 역시 굴산의 법손이며 고려의 조계선장들임을 살펴야 된다고 본다.)

파별로 그대로 산문을 유지하여왔다. 이것은 득도하여 법명이 득도사의 소속 산문 본사에 등록되면, 행각 중이든 중국에 유학을 하든, 타 산문이나 종파에 구법하더라도 그 사법사 산문이나 타 종파의 사법사의 승려 행세를 하지 않았다. 굴산산문 해조국사 담진(慧照曇眞, 1045~1121)은 고려 선종 때 입송(入宋)하여 임제종의 7대 법손 도진(淨因道臻, 1014~1093)의 인가를 받고 귀국하여 임제종의 인가를 받았음을 말하였지만 임제종 종사가 아닌 조계종 굴산산문의 종사로 입적하였다. 또 앞장의 승형이나 일연의 예로 보아도 알 수 있다. 조선 초기의 법맥을 살펴보건대 서산의 법조(法祖)가 되는 벽송지엄 이후의 법계는 확실하지만 벽송 이전의 계보는 애매모호한 것도 사실이다. 환암 혼수 같은 경우 당시 대학자 이색(牧隱李穡)이 찬한 비명이니 여하간 두 개의 비명을 그대로 믿을 수밖에 없다. 외로 나옹-환암-구곡의 법계는 모두 굴산산문에서 득도한 분들이고 당시 고려에서는 득도사가 제1사승이 되니 이치상 더 신빙성이 있다.

해안(中觀海眼, 1567~?)이나 언기(鞭羊彦機, 1581~1645)가 윗대를 맞출 때, 상황이나 편리에 의해 문중 의견이 모아진 것이 아닌가 하는 의문이 든다. 아무리 서산이 구전했다 하더라도 환암혼수 하에 구곡각운(龜谷覺雲, 1318~1383)[21] 역시 그렇다. 환암은 1330년에 태어나서 1392년에 입적하였고, 구곡은 1318년에 태어나 1383년에 입적했다. 그리고 구곡은 사굴산문의 졸암[22])의

---

21) 구곡각운, 『한국민족문화대백과』에는 공민왕이 그의 도행을 숭상하여 〈달마절로도강도〉와 〈보현유강백상도〉를 그려서 하사하였고 구곡각운이라 넉자를 써서 그의 호로 삼게 했다. 그의 법계를 '송광사개창비'에는 보우-환암-구곡으로 기록하였고 평안도 법흥산 법흥사의 전등법맥에도 보우-환암-구곡-정심-지엄-영관-휴정으로 나열했다. 그러나 구곡과 직접 교유했던 이색은 졸암의 직계제자라 하였다. 현재 환암-구곡-정심의 법계를 따르나 휴정의 법맥을 보우에게 잇게 하려는 가필이라 보는 경향이 있다. 제자로는 천봉만우, 벽계정심, 고암천긍이 있다.

22) 오늘날 임제종 법계의 혼란은 태고와 나옹 중 환암이 누구의 법계로 보느냐? 와 다음 환암이 구곡의 법사(法師)로 짜여진 법계 역시 문제가 많다고 본다. 구곡은 보조국사 제13법손인 각엄존자, 각엄을 잇는 졸암연온(拙菴然昷)의 제자가 된다. 태고법통설과 보조법통설 논쟁의 핵심은 '구곡각운이 환암혼수의 제자인가, 아니면

득도제자이며 사법제자다. 벽계정심 역시 그렇다. 조선 초기 만우, 홍준, 신미, 수미, 상총, 학조, 학열 등 많은 선장들이 혹독한 대우를 받으며 도성 금지와 팔천(八賤)으로 천대도 견디면서 파계를 하지 않았는데, 어쨌든 환속한 거사에게 정법을 이은 것도 이상하다고 생각한다. 그리고 벽계는 구곡에게 원사하였다 하는 것도 어느 기록에서 나온 것인지 의심이 가는 대목이다.

졸암연온의 제자인가?'이다. 이 논쟁을 판가름할 가장 중요한 문증이 있다. 이색은 졸암연온과 구곡각운의 관계를 명확하게 서술하고 있다. 원문은 다음과 같다.
"(졸암이) 무술년 가을에 세상을 떠나려고 하면서, 구곡각운이 혈족으로는 조카이고 불법으로는 법을 이어받은 제자인지라 절의 일을 맡기었다(戊戌之秋 其將示寂也 以雲師 於族爲甥 於法爲嗣 付以寺事)."(이색, 「남원승련사기(南原勝蓮寺記)」『동문선(東文選)』)
이에 의하면 구곡은 환암혼수가 아니라 졸암, 곧 사굴산문의 법계에 속하는 것이 분명하다. 각운은 보조의 법맥을 잇고 있다. 따라서 구곡을 원사한 정심-지엄-청허(서산)·선수로 보는 것이 타당해진다. 만약 환암을 구곡이 법사(法嗣)했다면, 대선배인 구곡이 후학인 환암을 법사하는 모순이 생긴다. 특히 이때는 고려 말 득도사를 정사승으로 하는 시대이다.

조선 건국과 숭유억불 사대교린 정책

이 글의 한 주제는 함허득통을 잇는 혜각존자 신미(慧覺信眉, 1403~1480)의 행리(行履)와 법통을 살펴보고 신미가 훈민정음 창제에 끼친 영향을 고찰하는 것이다. 더욱이 조선(1392~1910) 건국의 국시인 숭유억불(崇儒抑佛) 정책으로, 특히 조선 초 건국공신들의 집요한 불교 말살과 유교 숭상으로 1,000여 년을 이어오던 불교는 사대부들에 의해 철저히 파괴되며 불교는 있어서는 안 되는 요설로 간주된다. 이러할 때 나옹을 잇는 환암혼수·무학자초·고봉법장 등은 모두 굴산산문의 제자로서 고려 말과 조선 초의 고승들이다.

고려 중기 이후 한국의 선과 선맥을 이어오던 조계종 굴산산문은 조선 초 함허득통 후, 갑자기 절맥이 되고 자취를 감춘다. 물론 고려 말, 무신정권과 외침으로 인해 조정은 정상적인 국가로서의 힘을 잃고, 관리들은 부패해지고 국가의 한 축을 담당하던 불교 역시 개인의 영달과 부의 축적에 함몰되어 조정과 함께 기울어지고 있었다. 마치 중국의 남송 때 천하를 주도하던 선종이 청렴가풍을 유지하지 못하여 사회와 백성들에게 외면당한 것과 마찬가지였다. 그때에 중국에서는 새로운 이념체제를 확립한 주희(朱熹, 1130~1200)의 성리학으로 주도권이 넘어갔다. 이들의 세력 역시 숭유억불을 주장하였고, 이것을 막기 위한 대혜종고의 애씀도 무력하였다. 260년이 지난 뒤 한국 불교에도 똑같은 결과가 왔다.23) 조선이 건국되면서 성리학으로 무장한 신진사대부에 의한 새로운 왕조가 탄생했다. 이때 국시로 세운 숭유억불(崇儒抑佛) 정책과 사대교린(事大交隣) 정책은 조선 500년간에 걸쳐 계속되었다. 숭유억불은 말 그대로 유교를 숭상하고 불교를 억박하고 배척한다는 것이 골자다. 사대교린은 중국을 섬기고 그 외의 국가에 대해서는 사귄다는 내용이다.

적어도 태조 이성계는 불교를 보호하였으나, 제3대 태종은 경외의 70사찰을 제외한 모든 사찰의 토전 조세를 군자에 영속하고 노비를 분속시켰고, 이어 의정부와 개성, 서울에 각종의 사찰 일사(一寺)만 두고, 부(府)나 목(牧)에는 선종이나 교종 사찰 하나씩만 두게 하였다. 제4대 세종은 초기 승려 도성출입을 금지하는 등 혹독한 배불정책을 폈으나 후기에는 불교를 옹호하여, 신진사대부들이 억불을 끊임없이 폈으나 적극 견제하였다. 세종은 애민의 의지로 한글인 훈민정음을 창제하면서, 당시 유교에 몰린 불교를 충분히 활용하여 나라 글인 훈민정음을 창제하고 적극 펼쳤다. 훈민정음을 이과과거에 넣어서 하급관리들을 뽑았고 집현전을 통하여 훈민정음 해례본을 만들었으며, 『석보상절』을 위시하여 많은 불경을 언해하여 보급에 힘을 기울였다.

6대 세조는 호불하는 정책과 불경 간행 기관인 간경도감을 설치하고 신미와 그의 문도 학조, 학열과 홍준 등의 승려들을 통하여 많은 불경을 언해했다. 그 후 성종과 연산군을 잇는 불교억압 정책은 아주 세부적이고 적나라하게 펼쳐져 불교는 쇠약 일로를 걷고 드디어 산중사찰로 명맥만 잇게 되었다. 조선 초기 약간의 예외 말고는 조선 500년간 불교는 철저히 파괴되었고, 그들의 생명인 불조의 혜명인 전등마저 희미해졌다. 오직 부녀자들의 민간기복 신앙으로 남게 될 수밖에 없었다.

---

23) 송준영, 『禪, 초기불교와 포스트모더니즘 너머』, 소명출판, 2016, 143~144쪽 참조.

1. 사라진 함허를 잇는 전등법계

이 글의 핵심 주제인 혜각존자(慧覺尊子) 신미(信眉)는 태종 3년(1403) 영산 김씨 김훈(金訓)의 장남, 김수성(金守省)으로 태어났다. 조부는 숭록대부[24]를 지낸 김종경이고, 어머니는 예문관 대제학을 역임한 이행(李行)의 딸인 정경부인 여흥 이씨이다. 그의 큰동생은 김수경이고 둘째 동생은 유학과 불교에 밝은 김수온이다. 그리고 막내 동생 김수화, 이렇게 4남 1녀의 장남이었다. 어려서 외조부인 대제학 이행으로부터 사서삼경을 읽었으며, 13세 되던 태종 15년(1415) 성균관에 입학하여 소과를 준비할 때, 태종 16년(1446) 옥구병마절도사로 있던 아버지 김훈이 조모상을 마치지도 않고 임지를 떠나, 돈독한 사이였던 당시 상왕인 정종과 만난다. 태종 편에 있던 신료들이 불충불효를 저지른 김훈을 탄핵하였다. 곧 전라도 내상으로 유배되었고 6월에 본향인 영동으로 옮겨졌다. 이에 대해 15세(1417) 때 김수성은 태종에게 상소[25]하였고, 이에 김훈은 영동의 농사(農舍)로 옮겨졌고, 4월 25일 바깥으로 자유롭게 나갈 수 있게 되었다. 어린 나이에 집안의 어려움을 호소할 수 있는 담력과 재능을 가진 김수성의 장래를 걱정한 나머지 조부 김종경은 서울 외가댁으로 보냈다.

외조부 이행은 당대의 석학이었다. 불자였고 성리학과 우리말[俚語]의 대가였다. 어린 외손자의 장래를 위해, 총명한 수성을 평산 자모산 연봉사에서 『금강경오가해설의』를 마치고 양주 회암사에 주석하고 있던 함허당 득통(涵虛得通, 1376~1433)에게 보낸다. 이행 역시 함허당의 스승인 무학국사의 제자

---

24) 숭록대부는 조선시대 종일품 문무관에게 주던 품계이다. 의정부의 좌찬성 우찬성, 돈녕부 중추부 의금부 판사와 규장각의 제학, 세자 시강원의 이사 등 종일품의 상계의 품계다.

25) 安置金訓永東農舍 訓子如達申呈云 大父宗敬 年老在永東故也.(『태종실록』권33 태종 17년(1417), 4월 14일)

였기에 결정이 가능했다.

> 이행은 부도를 숭신했다. 일찍이 성석린의 무리와 같이 승려에게 공양을 했고 불경을 외웠다. 불교를 믿은 지 오래되었다.
> 行之崇信浮屠 曾與成石璘輩飯佛誦經 其信之也久矣[26]

젊은 김수성은 외조부의 인격과 사랑을 받아들이고 사문의 길을 가게 된다. 이때 심정과 집현전의 동료들의 수군거림을 벗어나 삶의 길을 택하게 된다. 훗날 쓰여진 글이지만 김수성의 마음을 잘 읽을 수 있는 글이 있다. 집현전 직제학 박팽년이 세종의 유훈인 신미의 법호에 대해 반대하며 올린 상소문에 잘 나타나 추정할 수 있다.

> 신미는 간사한 중입니다. 어릴 때 학당에 입학해 함부로 행동하고 음란 방종해 못하는 짓이 없으므로 학도들이 사귀지 않고 무뢰한으로 지목했습니다, 그 아비 김훈이 죄를 입게 되자 관리가 될 수 있는 자격 박탈된 것을 부끄럽게 여겨 잠적해 머리를 깎았습니다. 이 중은 참을성이 많고 사람을 쉽게 유혹하며 밖으로는 맑고 깨끗한 듯 꾸미고 속으로는 교활하고 속이는 것을 감추어 연줄을 타서 이럭저럭 궁금(宮禁)과 줄이 닿아 있습니다. 참으로 임금을 속이고 나라를 그르치는 간사한 인간의 우두머리입니다. 어찌 선왕을 속이고 전하를 혹하게 하는 것이 이와 같겠습니까.[27]

그리고 부친 김훈이 죄인의 몸으로 대마도 정벌에 참가한 것이 다시 문제가 되고 또한 폐위된 정종과 가깝게 지낸 죄로 가산을 몰수당하고 관노로 전락하게 되자 고향에서 멀지 않은 속리산 법주사의 복천암으로 출가하여 천태종의 행회(行乎)[28]의 제자가 되었다는 설이 있다. 그런데 신미의 출가에 대하

---

26) 『세종실록』 권83, 세종 20년(1438), 10월 7일.
27) 『문종실록』 권2, 문종 원년(1450), 7월 15일.
28) 『문종실록』 권2, 문종 원년(1450) 7월 15일. 행호의 문도설은 행호가 입적했을 때

여 박해진은 양주 회암사에서 함허당 득통을 은사로 출가하였다는 주장을 하고 있다. 외조부 이행은 무학자초의 제자로 『금강경오가해설의(金剛經五家解說義)』의 저술과 강설을 끝내고 양주 회암사에 내려와 주석하고 있던 득통(涵虛得通, 1376~1433)에게 보냈고, 함허당은 손수 김수성의 머리를 깎아주고 신미라는 법명을 내렸다고 했다.29)

함허당은 고려 말 왕사였던 나옹―무학―함허의 법계이고 나옹은 서천지공과 임제종 양기파의 평산처림을 사승한 당대의 최고의 선장이었다. 함허당은 당호이고 법명은 기화이며 득통은 호다. 성균관에서 수학하다가 21세 되던 해 삭발하고 승려가 되었다. 당시의 배불의 삿된 논을 깨뜨리고 정의를 제시하기 위하여 『현정론(顯正論)』을 저작하였다. 그리고 『금강경오가해』를 설의하여 고려 진각혜심 국사의 『선문염송(禪門拈頌)』에 버금가는 저작을 남겼다. 특히 염불을 종문 내의 수업으로 융섭하여 속가에서도 염불을 권장하였다. 보조지눌의 선교 융합사상으로부터 『염불요문(念佛要門)』을 설한 것을 바탕으로 고려 말 태고와 나옹의 어록에도 기록되어 염불선(念佛禪)을 전하듯이 함허에 이르러서는 이런 경향이 현저하게 나타났고 이것이 조계종의 한 뿌리가 되었다. 신미 역시 함허의 시봉으로 나옹으로부터 이어오는 선의 종지와 교관을 전수 받았다. 세종은 함허의 선풍을 듣고 세종 3년(1421)에 동생인 성녕대군의 능침인 대자암에 주지로 임명하였다. 함허는 대자암에서 모후인 원경왕후(1365~1420)와 성녕대군의 천도재를 지냈다. 이때 신미가 3년 동안 함허를 시봉하며 왕실의 불사를 주관하는 법을 배웠다. 세종은 대자암으로 행차하여 함허에게 법문을 청했다.30) 함허의 현풍에 세종은 많은 감화를 받았고, 1444년 같은 해에 광평대군을 잃고, 다음 해에 평원대군과 소헌왕후의 임

게(偈)를 지어 효령대군에게 바쳤다는 기사를 근거로 그의 문도로 추정했다. 세종이 즉위하자 행호를 판전태종사로 임명하였다. 그는 천태종의 승려였다.

29) 박해진, 『훈민정음의 길, 혜각존자 신미 평전』, 나녹, 2014, 23~24쪽.

30) 득통기화, 『涵虛語錄』 「爲 誠寧大君仚家駕法語」, 월정사판.

종으로 만년에 이르러서는 외유내불(外儒內佛)하는 호불(好佛) 국왕으로 돌아
서는 단초가 되었다.

2. 사찰 혁파와 불교의 전락

예조에서 상소한 이단 불교의 혁파 내용을 보면, 선종 18개 사찰전지 4,250
결, 교종 18개 사찰전지 3,700결을 국가가 몰수하였다. 세종 6년(1424) 4월 5
일 조계종, 천태종, 총남종을 합쳐서 선종으로 화엄종, 자은종, 중신종, 시흥
종을 합쳐서 교종으로 합쳐 줄이는 불교 개혁이 있었다. 집현전의 의견을 종
합한 내용이었다. 당시 사대부들은 조정의 주도권을 잡기 위해 불교 탄압을
내세워 세종을 압박했다. 그 핵심에 있는 집현전은 척불(斥佛)과 멸불(滅佛)의
중심이었다. 그러나 세종은 불교를 점진적으로 개혁하고 그 존속은 인정하는
정책31)을 폈다. 이때, 경주 봉덕사의 성덕대왕신종(에밀레종, 국보 29호)과
연복사 대종을 녹여 가마솥으로 쓰자는 건의가 있었고 세종은 불허했다. 대
신 연복사의 철확 두 개가 녹아 가마솥이 되었다.

태종의 3주기 불사를 끝낸 함허는 세종께 물러남의 글을 올리고 운악산 현
등사로 거처를 옮기며 신미를 불러서 일렀다. 제자 신미에게 함허는 속리산
법주사에 가서 공부에 전념하라고 간곡하게 당부했다.

세종 6년(1424) 신미는 법주사에서 일평생 도반인 수미(妙覺守眉)32)를 만났

---

31) 『세종실록』 권32, 세종 8년(1426), 10월 27일.
32) 수미(守眉). 전남 남원 출생. 묘각왕사, 13세에 월출산 도갑사에 득도하였다. 도갑
사에 있는 '묘각화상비'에 의하면 사람들은 신미와 수미를 '學者皆推之 謂二甘露門'
이라 했다. 비에 의하면 "수미는 처음 구곡각운에게 참했으나 깨닫지 못하고 늦게
등계정심에게 입실하였으나, 어둡고 막힌 시절을 만나 선방이 황폐하고 쓸쓸한 것
이 마치 새벽별같이 희미했다(初參龜谷不契 晚入登階之室 値晦冥否塞之秋 禪席荒
虐廖落 稀若晨星)."고 시대 상황을 적고 있다.(영암 월출산 도갑사묘각화상비)
*필자는 수미가 구곡에게 참학한 것은 아니라고 본다. 수미가 신미와 동갑이니

다. 신미는 수미와 함께 법주사에서 대장경을 읽으며 참선을 했다. 얼마 후 선원에 입방하겠다고 헤어졌다. 신미는 복천암으로 들어갔다. 대장경에 묻히는 나날이었다. 경전의 번역이 마땅하지 않을 때, 범어를 읽으면서 바로잡았고, 「실담장(悉曇章)」33)을 읽으며 부처의 뜻을 정확히 파악하기 위해 자연스럽게 범어도 익혔다. 티베트어 몽골어 만주어 일본어를 살피게 되었고 노력과 타고난 언어감각이 날로 밝아졌다. 대장경을 읽고 각필로 된 구결 분석에 매달렸고, 구결 속에 숨어 있는 향찰의 원리, 천지자연의 법칙을 찾아 연계하는 데 집중했다. 구결에서 실마리를 찾은 것은 함허당과 외조부 이행의 가르침 덕이었다. 인체의 비밀을 알아내는 데 신미는 범패(梵唄)에 능한 승려[魚丈]의 도움을 받았다.34)

함허당은 세종 15년(1443) 3월 25일 가벼운 병을 보이더니 4월 1일 새벽 임종게를 읊고 좌탈입망에 들었다. 경북 문경 희양산 봉암사, 세수 58세 법랍 38세였다.

문인 야부가 쓴 행장과 시자 각미가 쓴 『함허어록』이 있다.

1403에 출생했고 구곡(1318~1383)에게 참문을 할 수 없다.

33) 실담은 '무엇인가를 성취한 것'을 나타내는 말. 실담장(悉曇藏), 실담자모(悉曇字母), 실담범자(悉曇梵字) 등으로 일컬어진다. 4세기 이후 인도에서 형성된 범자의 한 형태다. 『반야경』, 『화엄경』, 『열반경』 등 대다수의 대승경전 이 이 글자로 씌어졌다. 7세기에는 중국인들이 직접 범어를 배워 한역을 하게 된다. 9세기 말 안연(安然)의 실담장은 인도와 중국의 실담이 총망라되어 있다.(강대현, 「「悉曇章」에 나타난 동아시아 불교가의 실담에 관한 연구」, 위덕대학교, 박사학위 논문, 2015 참조.)

34) 박해진, 앞의 책, 41쪽.

훈민정음과 신미

1. 세종의 훈민정음 창제

세종 16년(1434) 어떻게 하면 누구나 보고 이해할 수 있는 쉬운 글자를 만들 수 있는가 하는 화두가 세종의 머릿속을 떠나지 않았다.

이것은 세종 10년(1428) 진주의 김화라는 자가 아버지를 살해하는 사건이 직접적인 계기가 되었다. 예(禮)를 근본으로 하는 유교의 국가, 충효가 근본인 예의지국 조선에서는 일어날 수 없는 일이었다. 세종은 큰 충격을 받고『삼강행실도』를 간행하여 널리 보급함으로써 나라의 근본을 세우겠다는 다짐을 한다. 나라의 근본을 바로잡기 위해 유신들에게 모범이 될 충신 효자 열녀들을 기록하여 시(詩)와 찬(讚)을 붙이고 그림을 그려 넣어 백성들이 알기 쉽게 간행할 것을 명했다.35) 그렇지만 아무리 윤리 도덕 교과서를 간행한다 해도 충분히 그 뜻을 이해하지 못한다면 어떻게 하겠는가? 여기서 세종은 누구나 알 수 있는 글자의 창안에 눈을 돌리게 된다.

세종은 당시 명을 대국으로 섬기고 조공을 하며 눈치를 보는 신생국 조선

---

35)『세종실록』권64, 세종 16년(1434), 4월 27일.

의 입장을 고려해야 하고 유학을 국교로 하며 한자를 국어로 하는 사대부들의 반대에 부딪힐 것을 고민한 끝에 이중적인 비밀 프로젝트로 나라 글을 만들겠다는 결심을 하게 된다. 당시 불교계의 리더인 효령대군과 의견을 나눈 끝에 세종은 효령에게 복천사에 주석하고 있는 신미를 추천받는다. 신미는 당시 30세가 넘는 젊고 패기 있는 선승으로 구결과 범어,『주역』등 삼재(三才, 天·地·人)에 정통해 있었다. 세종이 기획한 새로운 문자 창제에 알맞은 인재였다. 세종은 세자 문종, 효령대군, 수양대군, 안평대군 이외에는 비밀로 했다. 수양에게 시켜 복천사에 있는 신미를 불러 올렸다.

> 처음 세종이 신미의 이름을 듣고 불러 담소를 나누었다. 신미의 대답이 이치에 맞고 의리義理가 정밀하고 넓었다. 아뢰고 답함이 세종의 뜻에 어긋남이 없었다. 이로부터 세종의 대우가 두터웠다.
> 初世宗大王聞尊者名 自山召至 賜坐從容 談辯迅利 義理精暢 奏對稱旨 自是 寵遇日融[36]

신미는 세종의 질문에 막힘없이 답해 올렸다.

태종에 의해 훈구공신들이 많이 숙청되었지만 나라를 만들고 정권을 창출에 깊이 관여한 신흥세력이, 새로운 세력이 등장하는 움직임이 보이면 바로 잘라내기 마련이다. 이러한 본색을 잘 알고 있는 세종은 이 비밀 프로젝트가 새어 나가지 않게 주의시켰다. 곧 신미와 세종의 가족만이 참여하게 된다.

사실 훈민정음은 세종과 집현전 학사들에 의해 만들어졌다는 것이 정설로 되어 있으나, 세종이 훈민정음을 창제(1443)한 후에는 집현전 학자인 신숙주 성상문 등이 세종으로부터 명을 받고 운음(韻音)을 살피는 데 참가하게 된다. 그리고 『세종실록』에서도 세종이 홀로 창제했음을 밝히고 있다.

세종의 가장 큰 업적은 한글 창제다. 세종의 한글 창제에 대해서는 두 가

---

36) 김수온, 「복천사기」, 『식우집』 권4, 『한국문집총간』 9, 1988, 75~77쪽.

지 설이 있다. 하나는 세종이 집현전 학사들의 도움을 받아 만들었다는 공동 창제설이다. 조선 전기의 학자 성현(成俔, 1439~1504)이 집필한 『용재총화』에 이런 기록이 있다.

세종이 언문청을 설치하고 신숙주, 성삼문에게 명해서 언문을 만들었다.

이것이 공동 창제설의 진원지이다. 조선 중기 허봉(許篈, 1551~1588)의 『해동야언』이나 후기 이긍익(李肯翊, 1736~1806)의 『연려실기술』은 모두 『용재총화』의 이 기록을 인용했다. 그러나 『세종실록』의 기록은 다르다.

이달에 임금이 직접 언문 28자를 만들었다. 그 글자는 옛 전자를 본떴는데, 초성 중성 종성으로 나누어 합한 연후에야 글자를 이룬다. 무릇 문자(한자)에 관한 것과 우리말[俚語]에 관한 것을 모두 쓸 수 있다. 글자는 비록 간요하지만 전환이 무궁한데 이를 훈민정음이라 일렀다.[37]

『세종실록』은 임금이 직접 만들었다고 전한다. 즉 훈민정음은 세종의 단독 창제인 것이다. 집현전 학사들은 훈민정음 창제에 참여한 것이 아니다. 집현전 학사들의 당시 상황을 살펴보면 최항은 1443년 훈민정음이 반포될 무렵에야 집현전 학사가 되었고, 신숙주는 훈민정음 창제 2년 전인 세종 23년(1441)에 집현전 부수찬이 되었다가 이듬해 훈련주부가 되어 일본에 건너갔다. 그리고 박팽년은 세종 16년(1434)에 문과에 급제해 집현전 학사가 됐고, 성삼문은 세종 20년(1438) 식년 문과에 급제해 집현전으로 들어온 것은 세종 28년(1446) 9월이었다. 훈민정음이 창제될 무렵 집현전에 들어온 것이다. 이러한 점들을 고려하면 그들이 실제로 한글 창제에 깊이 관여할 시간적 여유가 없었던 것으로 판단된다. 한편, 세종대왕은 훈민정음 창제(1443) 4년 전부터 자

37) 『세종실록』 세종 25, 1443년 12월 30일.

주 병석38)에 누워 있었다. 이때 효령대군이 추천한 신미가 그 주역이 될 수밖에 없었다. 범어와 팔리어 티베트어 몽고어 일본어와 『주역』, 삼재와 우리말[俚語]에 능통한 신미가 훈민정음 창제에 주역의 역할을 했다고 판단된다.

그리고 집현전의 실제의 최고 책임자인 부제학 최만리 등이 연명으로 올린 상소문의 반대 이유를 간단히 밝히면, 첫째 지성으로 대국을 섬기는 데 어긋남이 있고, 둘째 몽골 일본 여진 서하 티베트와 같은 오랑캐들이 문자를 만듦을 본받으면 오랑캐가 되는 것이고 대국이 넓어 지역마다 방언을 사용하는데 따로 글자를 만든 일이 없고, 셋째 이두와 같은 문자는 한자에 의지해 써옴으로 한문을 발전시키는 데 일익을 하여 아무 폐단이 없는데 굳이 새 글자를 만들 필요가 없지 않느냐, 넷째 언문으로 기록해야만 형(刑)의 행정이 되고 이두로는 제대로 되지 않음이 아니라 이것은 형행자(行刑者)의 자질 문제이고, 다섯째 여론을 널리 살펴보지도 않고 하급관리들을 명해서 갑자기 일을 벌여 세상에 공포하려 함은 타당치 않고, 여섯째 세자가 덕성이 함양되었다 해도 아직은 성스런 학문에 더 매진해야 하는데 언문이 유익하다 해도 이것은 선비의 육예(六藝)39)의 하나일 뿐이다, 이렇게 구체적으로 지적하며 반대를 한다.

그렇다면 신미가 범자를 영향을 받아 실제로 한글 창제에 주도적 역할을 했다는 사실에 대해 언급이 거의 없었던 이유는 무엇일까? 그것은 당시 숭유억불이라는 통치 이념을 견지했던 집현전 학자들의 반발로 신미에 대한 기록

---

38) 세종은 12가지 이상의 병을 달고 있었다. 육식을 좋아하여 태종이 "주상은 고기가 아니면 식사를 못하니 내가 죽은 후 상중에도 고기를 들게 하라."는 유교를 내릴 정도다. 세종은 체구가 비대했다. 때문에 혈액순환장애인 혈탁(血濁)으로 종기, 부종, 설사 등의 질병을 앓았다. 세종은 30세 전후로 소갈병 곧 당뇨를 얻어서 말년까지 고통을 주던 안질 등 당뇨로 인한 합병증을 얻었고, 42세에는 임질로 인한 탕제를 하루 3번 정도 마셨다는 『세종실록』 기록도 있다.

39) 중국 주대에 행해지던 예(禮), 악(樂), 사(射), 어(御), 서(書), 수(水) 등 6가지의 기술. 예는 예용(禮容), 악은 음악(音樂), 사는 궁술(弓術), 어는 마술(馬術), 서는 서도(書道), 수는 수학(數學)을 말한다.

이 고의적으로 누락시켰고, 또한 임금이 직접 지었다는 것으로 모든 논쟁을 잠재우고 훈민정음을 오랫동안 지키고자 하는 의도와 절대 신임하는 신미를 보호하고자 하는 세종의 마음 씀이 있었기 때문이라 할 수 있다. 창제(1443) 후, 3년 동안 당시 집현전 젊은 학사들은 창제한 훈민정음을 가지고 운서(韻書, 한자를 음으로 가지고 분류하는 사전) 편찬에 참여하였다. 그것은 최만리의 반대 상소에도 잘 나타난다.

세종 28년(1446) 9월 훈민정음이 반포되었다. 정인지는 그의 서문에서 "계해년(세종 25년) 겨울에 우리 전하께서 정음 28자를 처음으로 창제하셔서 예의를 간략하게 들어 보이고 명칭을 훈민정음이라 하였다"라고 말해 세종이 직접 만들었음을 분명히 했다. 『훈민정음해례』에서도 세종은 "내 이를 불쌍히 여겨 새로 28자를 만들었다"고 밝히고 있다. 훈민정음은 세종이 창제한, 세종 최대의 업적이었고 신미가 중생들을 위해 나라를 돕고 세상을 이롭게 (祐國利世)한 보살로서 지극한 행위였다. 내적으로는 불교적인 것도 다분히 포함된다고 볼 수 있다.

2. 훈민정음 창제의 이유

글자를 만드는 것은 결코 쉬운 일이 아니다. 또한 성리학을 신봉하는 사대부들은 한자와 다른 글을 창제하는 것은 오랑캐가 되는 것이라며 강력하게 반대했다. 세종 역시 그런 반대를 예상했을 것이다. 그럼에도 왜 세종은 한글 창제라는 어려운 일을 강행했던 것일까? 그 이유가 『훈민정음해례』의 어제 서문에도 잘 나타난다.

우리나라 말이 중국과 달라서 한자와 서로 통하지 못한다. 그러므로 어리석은 백성들이 말하고 싶은 바가 있어도 마침내 그 뜻을 펴지 못하는 이가 많다. 내 이를 딱하게 여겨 새로 스물여덟 글자를 만드노니 사람마다 쉽게 익혀 나날이 쓰기에 편리하도록 함에 있느니라.[40]

세종은 백성들이 글을 몰라서 불이익을 당하는 것을 안타깝게 여겼다. 최만리가 훈민정음 창제를 반대한 상소 중에 이런 대목이 있다.

'형살에 대한 옥사 같은 것을 이두문자로 쓴다면, 문리를 알지 못하는 어리석은 백성이 한 글자의 착오로 혹 원통함을 당할 수도 있겠으나, 이제 언문으로 그 말을 직접 써서 읽어 듣게 하면, 비록 지극히 어리석은 사람일지라도 모두 다 쉽게 알아들어서 억울함을 품을 자가 없을 것이라' 하오나, 예로부터 중국은 말과 글이 같아도 옥송 사이에 원왕한 것이 심히 많습니다. 가령 우리 나라로 말하더라도 옥에 갇혀 있는 죄수로서 이두를 해득하는 자가 친히 초사를 읽고서 허위인 줄을 알면서도 매를 견디지 못하여 그릇 항복하는 자가 많사오니, 이는 초사의 글 뜻을 알지 못하여 원통함을 당하는 것이 아님이 명백합니다. 만일 그러하오면 비록 언문을 쓴다 할지라도 무엇이 이보다 나으오리까? 이것은 형옥의 공평하고 공평하지 못함이 옥리의 어떠하냐에 있고, 말과 문자의 같고 같지 않음에 있지 않은 것을 알 수 있으니, 언문으로써 옥사를 공평하게 한다는 것은 신등은 그 옳은 줄을 알 수 없사옵니다.[41]

세종은 쉽게 배울 수 있는 글자를 만들어 백성들에게 익히게 함으로써 그들이 사대부들에게 부당하게 당하지 않을 수 있는 힘을 갖게 해주고 싶었으나, 반면 최만리는 훈민정음 창제는 결국 노비도 글을 알게 만들어서 세상을 혼란에 빠뜨릴 것이라고 상소를 올린 것이다.

그들은 지금까지 쉬운 글자 한글의 창제로 인해 자신들이 독점해왔던 지식과 정보의 힘이 백성들에게로 분산될까 우려했다. 백성이 글을 알게 되면

---

40) 수양대군, 『석보상절』, 세종 29년(1447).
41) 『세종실록』, 세종 26년(1444) 2월 20일.

216 선설 선화

생각이 깊어질 것이다. 그리고 이 과정에서 비판적이고 합리적인 사고력이 길러질 것이다. 그렇게 되면 사대부들이 향유하고 있는 지위에 대해 다른 생각을 하게 될 것이고, 결국 사대부들이 구축한 신분제와 성리학의 이념이 비판받고 부정되는 사태가 온다는 것이다.42)

3. 신미가 창제의 주역이 된 몇 가지 이유

훈민정음 창제에 가장 영향을 준 것으로 주장하는 설은 범자모방설이다. 김수온의 『복천보장』에 의하면 신미가 대장경을 읽을 때, 한역이 의문 나거나 의미 전달이 명확하지 않을 때, 범어를 공부하여 뜻을 밝혔다고 한다. 또 '복천사사적비'에는 "세종은 복천암에 주석하고 있던 신미에게 한글 창제 중인 집현전 학사들에게 범어의 자음과 모음을 설명하게 했다"는 기록이 있다. 당시의 학자 성현은 『용재총화』에서 '훈민정음은 범자에서 나왔다' 했고, 이수광의 『지봉유설』에서도 "언문은 범자에 의해 만들어졌다"고 밝혀져 있다. 조선 후기 운음학자인 황윤석(黃胤錫, 1729~1791)은 "훈민정음 연원은 무릇 범자에서 벗어나지 않는다"고 했으며 근래의 상현거사 이능화(李能和, 1968~1945)도 그의 저서 『조선불교통사』에서 훈민정음자법이 범자에 근원한 것을 말하며 비슷한 용례까지 들고 있다. 그리고 최근 연구자들에 의해서도 '범어연원설'이 이어 제기되고 있다.43) 범어(산스크리트어)는 4~5세기 인도의 불교의 대승경전을 담던 고상한 문화 글자로 『금강경』『법화경』『화엄경』 등

---

42) 실제 이러한 걱정이 후기에 『홍길동전』, 『장화홍련전』, 『흥부전』, 『춘향전』을 통해 나타났고, 훈민정음은 많은 민란과 동학란 등 민초들의 사상과 지식의 뿌리가 되었다.

43) 김봉태, 「훈민정음 창제의 비밀, 한글과 산스크리트 문자」, 대문사, 2000.
    김봉태, 『훈민정음의 언어체계와 글자모양』, 삼우사, 2002.

은 범어로 쓰여 있다. 범어연원설에 합당한 사람은 세종의 신임을 받으며 범어와 주역, 삼재와 속어에 전통했던 신미가 있을 뿐이다.

또 신미가 깊이 참여했음을 읽을 수 있는 대목이 『훈민정음해례』이다. 어제서문44)을 살펴보면 한자 원문은 54자이고 언해문은 108자다. 이 숫자는 불교에서 신성하게 여기는 법수(法數)를 옮겨왔다. 또 하나, 『훈민정음해례』를 처음 간행할 때는 한문본으로만 되어 있고 언해본은 1년 뒤에 간행한 『석보상절』 앞머리에 수록되어 있다.45) 여기에도 범상치 않는 33이라는 법수를 숨겨놓고 있다. 즉 훈민정음의 쪽수가 33쪽으로 되어 있다. 33천의 대천세계, 곧 33천의 하늘에 울려 퍼지듯, 훈민정음에 대한 기원이 서려 있다.

이는 백성들의 마음에 뿌리 내린 불심을 수용함과 동시에 곧 108번뇌, 백성들의 고통이 어려움이 사라지고 자비가 널리 확산되고 보급되기를 바라는 보이지 않는 기도를 읽을 수 있다. 그리고 세종이 훈민정음 창제 후 언문청을 설치하여 불경을 언해한 것과, 세조 때 간경도감의 불경 언해를 신미와 제자 학열, 학조 등이 주도했고 언해의 80%가 불경이라는 사실 등은, 신미가 훈민정음 창제에 깊이 관여했다는 근거로 충분할 것이다.

또 세종의 신미에 대한 배려를 충분히 읽을 수 있는 대문은 『세종실록』에도 나타난다. 이것은 아이러니하게도 유학자들의 빗발치는 상소에서 드러난다. 세종이 신미를 부를 때 도성에 들어올 때 관복을 입고 말을 타고 다녔는데 이것에 대한 상소가 『세종실록』에 실려 있다. 승려는 팔천(八賤)의 하나였다. 특히 "세종은 유신들의 극심한 반대를 예상하고 세자, 효령대군, 수양대

---

44) 나라 말씀이 중국에 달라 문자와는 서로 통하지 아니할새 이런 까닭에 어린 백성이 이르고자 할 바 있어도 마침내 제 뜻을 쉽게 펴지 못할 자가 많느니라 내 이를 위하여 어여삐 여겨 새로 스물여덟 자를 만드노니 사람마다 하여 쉽게 익혀 날로 씀에 편하게 하고자 할 따름이니라(108자).
國之語音 異乎中國 與文字不相流通 故愚民 有所欲言而終不得伸其情者多矣 予 爲此憫然 新制二十八字 欲使人人易習 便於日用耳(54자)
45) 김광해, 「한글창제와 불교신앙」, 『불교문화연구』 제3집, 1992, 84쪽.

군, 안평대군, 신미 5인에게 훈민정음 창제를 극비리에 명하였다"는 기록은 신미에 대한 신임이 얼마나 두터운가를 말하고 있다.

그리고 세종은 임종을 앞두고 신미를 침전으로 불러 예를 갖추어 법사(法事)를 행했고 유훈으로 세자에게 '선교도총섭 밀전정법 비지쌍운 우국이세 원융무애 혜각존자(禪敎都摠攝 密傳正法 悲智雙運 祐國利世 圓融无礙 慧覺尊者)'라는 시호(諡號)를 내리라고 당부하여 문종 즉위 원년에 사호(賜號)[46]하였다. 이러한 총애는 바로 훈민정음 창제의 주역인 '나라를 돕고 세상을 이롭게[祐國利世]' 한 공로에 의한 성은이었다. 숭유억불의 국시를 근본으로 하는 나라, 빗발 같은 유신들의 반대 상소에도 끝내 이와 같은 성은을 내림이 가능할까?

세조가 지은 「오대산상원사중창권선문」을 읽으면서 이 부분을 마치기로 한다. 세조의 수기(手記)로 된 이 권선문은 최초의 한글 권선문이었다. 사실 혜각존자 신미에게 주는 글이라 느껴지는 권선문은 스승 신미에 대한 고마움이라 할 수 있다. 이때 상원사 주지는 신미였다.

세상에는 일곱 가지 중요한 일이 있는데, 삼보, 부모, 임금과 선지식이 그것이다. 삼보는 현실을 박차고 떠남을 근본으로 하고, 부모는 자식을 키우는 것을 근본으로 삼고, 임금은 백성을 보호함을 근본으로 삼고, 선지식은 미혹에 빠진 자를 인도함을 근본으로 삼는다. 나는 일찍이 대군 시절 때부터 혜각존자를 만나 서로 도가 맞으며 마음이 화합하였다. 항상 속진의 길에서 나를 포섭하여 이끌고 나로 하여금 항상 깨끗함을 지니게 하여 탐욕의 수렁에 빠지지 않게 하였다. 오늘의 나를 있게 한 것이 어찌 대사(신미)의 공덕이 아니리요. 다겁의 깊은 인연이 아니면 어찌 능히 이토록 계합할 수 있으리오. 또한 내가 병이 들었음을 듣고 주야로 수백 리 길을 달려왔었으니 이것을 고상한 일로 삼지 않으면 어찌 중생을 제도하는 대비(大悲)라 할 수 있겠는가. 놀라고 감동하여 흘리는 눈물이 그

---

46) 즉위년 7월 6일 문종은 세종의 유훈을 받들어 신미를 '禪敎都摠攝 密傳正法 悲智雙運 祐國利世 圓融无礙 慧覺尊者'로 삼는다는 존호를 발표한 뒤 금란지에 관교를 쓰고 자초폭으로 정성껏 싸서 전했다. 문종이 이 직을 주고자 일찍이 정부에 의논했다. 정부에서 받아들여 이의가 없으므로 마침내 봉작했다.(『문종실록』 권2, 문종 원년, 7월 6일)

지없다. 또한 스승께서는 학열 스님, 학조 스님과 함께 나를 위해 옷을 팔아 영
찰(靈刹)을 중창하는 비용으로 쓰고자 함을 들었다. 스승이 나를 위해 마음 쓰는
것을 보니 나 역시 스승을 위해 감은하는 것이 사람의 도리가 아니겠는가. 까닭
에 나는 스승들을 위해 기꺼운 마음으로 얼마간의 비용을 보태 구경의 올바른
연(緣)으로 삼고자 한다. 이것이 직심(直心)의 보리(菩提)인 것이다. 이에 세자에
게 부촉하여 영원히 후사(後嗣)로 드리우고자 한다.47)

— 불제자 승천체도열문영무 조선국왕 이유

혜각존자를 스승으로 대하는 세조의 진솔한 마음이 잘 담겨 있는 이 권선
문을 본 왕비와 세자, 공주, 원로대신 정인지, 신숙주, 한명회를 비롯해 8도의
수령방백과 장수 등 230명에 달하는 신료들이 세조와 마찬가지로 직접 이름
을 썼다. 세조의「오대산상원사중창권선문」(국보 292호)은 한문 권선문과 함
께 한글 권선문이 수록되어 있고 번역된 훈민정음은 필사된 가장 오래된 것
이고 수결은 고문서 연구와 정음(正音) 연구에 귀중한 자료가 되고 있다. 1466
년 여름 세조는 상원사 중창 낙성식에 참여하여 큰 불사를 끝마친 신미와 학
열 등에게 감사를 표하고 선비들을 대상으로 과거시험을 열기도 했다. 세조
의 지극한 공덕이 있었기에 상원사 앞 계곡물에서 목욕을 하다 문수동자를
만나고 등창이 다 나았다는 설화48)가 전해진다.

---

47) 세조,「오대산상원사중창권선문」제1첩. 월정사성보박물관(1996년 보물140호로 지
정하였다가 국보 제292로 개정되었다). "世間有七重 三寶及父母君善知識 三寶爲出
離之宗 君爲保身之宗 善知識爲道迷之宗 自子潛邸以來 我慧覺尊者 早相知遇 道合心
和 每提攝於鹿路 使我恒懷淨念 不沈欲坑 致有今日 非師之功耶 非多劫之宿刃 安能
如是契合耶 我今我違和 方疫下床 晝夜奔來數百里之外 雖不事之高尙 若度生之大悲
子聞驚動 感淚無窮 又聞師與 悅師祖師 爲我盡賣衣資 重創靈刹 師之爲我用心 我之
爲師感恩 非人所述 我故爲師等隨喜 略助所費 爲究竟之正因 所謂直心菩提者也 於是
付囑世子 永垂後嗣云."

－佛弟子 承天體道烈文英武 朝鮮國王李琇

48) 그 후, 세조가 신미를 찾아 법주사 복천암을 찾았다는 기록이나, 또 당시 상원사
주지였던 신미를 찾아 오대산 상원사에 간 기록과 유물이 남아 있다(국보 292호,
『상원사중창권선문』이 월정사 박물관에 보관). 지금 상원사에 있는 국보 221호 문
수동자상과 그 복장 속에 나온 세조의 속옷이 권선문에 기록되어 있다.

4. 세조의 간경도감과 신미

세조 7년(1461) 간경도감[49]을 만들고 성종 2(1471)년에 폐지되기까지 11년 존속하였다. 불경을 언해하고 간행하는 국가사업을 제도화한 기관이었다. 이곳에서 신미를 주축으로 수미, 홍준, 설잠, 신미의 제자 학열, 학조 등에 의해 『능엄경언해』, 『법화경언해』에 이어 『영가집언해』『금경경언해』『반야심경언해』『아미타경언해』『원각경언해』『수심결언해』『법어언해』『몽산법어약록언해』 등은 지금까지 밝혀진 언해본들이다. 이 책들은 훈민정음을 창제한 후 만들어진 언해본들로서 귀중한 국어학 자료 생산과 국어학사의 체계화에 기여하여 한자본 불서를 언해한 문화사적 공로가 오늘날 학자들에게 평가 칭송되고 있다. 특히 주요 불경 언해로 불교의 근본이념과 교리 이해에 도움을 주었고, 보기 어려운 귀중한 장소자료(章疏資料)를 생산하여 남김으로 불교학 연구에 기여하였다. 또 세조는 신미, 수미, 학열, 학조 등을 시켜 해인사 대장경 50질을 인출하여 각 사찰에 나누어주었다. 이 국역 사업은 주로 세조가 중심이 되고 신미가 언해를 주관 간행했다. 수미·홍준·설잠·학조·학열 등과 윤사로는 황수신 김수온 한계희 등이 왕명에 의하여 참여했다.

세종을 도와 훈민정음 창제에 주도적 역할을 했고 세조의 스승이며 멘토였던 신미는 간경도감의 최고 책임자로 수많은 불경을 간행하고 언해본을 통해 선교(禪敎)의 족적을 남겼다. 신미는 성종 11년(1480) 5월 속리산 복천사에서 열반에 들었다. 세수 78세, 법랍 64세였다. 학열·학조 등의 제자가 다비를 치루고 복천사 뒤 동편 수암화상탑에 사리를 모셨다. 이 유적은 2000년 4월 5일 보물(제1416호)로 지정되었다.

---

49) 세조 7년(1461) 왕명에 의해 설치하여 성종 2년(1471) 폐지된 기관. 불경의 언해, 교감 및 간행과, 한자본 불경의 간행 및 반포를 했다. 수많은 한문본 불경을 간행했고, 특히 훈민정음으로 언해한 10종류의 언해본이 남아 있다. 세조가 직접 관장하였고, 신미 수미 홍준 등과 황수신 김수온 한계희 등의 학자가 실무를 맡았다.

신미의 전등법계 고찰

1. 신미의 법계

신미의 행리가 당대의 많은 업적에도 불구하고 조선 초기 실록에는 거의 기록되지 않고 간승(姦僧)이란 말 뒤에는 여지없이 신미란 이름이 나타났다. 필자가 늘 마음이 가는 것은 왜, 나옹-환암·무학·고봉-함허를 잇는 법계가 어째서 사라지고 말았는가, 하는 의문이었다. 2016년, 졸저 『선, 초기불교와 포스트모더니즘 너머』를 출간하였는데 마지막 장에는 「선종의 선맥보와 선맥도」를 수록하였다. 고려 말과 조선을 잇는 뚜렷한 법통인 함허의 대가 끊어져 있어 이것에 대해 야릇한 느낌, 무상함을 느낀 적이 있었다.

그런데 이즘 몇 년 사이 훈민정음을 세종대왕과 집현전 학사들이 창제했다는 정설을 깨뜨리고 범어에 능통한 신미란 스님이 주관하였다는 설을 들었다. 또한 그가 함허의 제자라는 말을 들었다. 신미의 법계에 대해 많은 가설이 대해 살피며 필자는 점점 빠져들고 있었다.

앞에서도 밝혔듯이 불교가 국교였던 고려는 전통적으로 불교 자체를 나라에서 관리해왔다. 조정의 행정과 정신적 토대였던 불교는 고려의 두 축이었고, 어느 것 하나 소홀히 할 수 없는 국정이었다. 조정에서는 승록사라는 관청을 두었고 별철로 승적부를 만들어 승려들을 관리하였다. 승려들은 득도한 종파를 이적할 수 없게 했다. 그리고 조정에서는 각 종파에 승과를 두고 승과에 입격한 승려들에게 품계를 내리고, 그에 따라 각 종파의 사찰에 주지로 임명하며 임금이 주는 시호를 사호하였기에 고려불교의 전등은 500년간을 이을 수 있었다. 중국의 5가7종의 전등은 입실면수(入室面授), 즉 스승과 제자가 서로 얼굴을 마주하여 법거량(法擧量)으로 깨달음을 인가하는 것을 철칙으로 하였다. 이럴 경우 전등이 단멸되는 경우가 많다. 스승이 제자의 깨달음을 인가함으로써 법자가 되고 전등이 되기 때문이다.

그 혁혁하던 나옹의 법맥이 무학을 거쳐 함허에 이르러 무후(無後)가 되는 이유, 왜 법손이 사라지고 없는가? 헤아려보면 조계종 굴산산문의 보조지눌과 보조지눌을 잇는 조계산 송광사의 15국사를 위시하여 수많은 고승대덕들은 어디로 갔을까?

신미의 전등(傳燈)은 행호(行乎)의 사법, 벽계정심(碧溪淨心)의 사법과 함허의 법자라는 세 가지 설이 있다.

첫째, 행호의 사법에 대하여 알아본다. 김용곤[50]은 신미가 행호의 제자라는 근거는 행호가 입적을 했을 때, 행호와 사이가 두터웠던 효령대군에게 게송을 지어 보냈다는 데 있다고 본다. 게를 지어 보냈으니 행호의 문도일 것이다? 당시 효령대군은 세종의 형으로 비승비속의 생활을 하며 많은 고승들을 세종에게 천거 및 알선해주었다. 행호는 신미보다 대선배로서 태종이 치악산 각림사를 창건한 날 행호에게 주관하게 했으며, 태자암을 지어 주지로 임명을 받았다. 세종이 즉위하여 판천태종사(判天台宗師)를 역임한 천태종의 종사였다. 그리고 불탄 만덕산 백련사를 효령대군의 도움으로 세종 12년(1430)~세종 18년(1436)에 천태종의 수행결사로 준공하여 세종으로부터 신임을 받는

---

50) 김용곤, 「세종세조의 숭불정책의 목적과 의미」, 『조선의 정치와 사회』, 집문당, 2002, 547쪽.

큰스님이었다. 신미 역시 효령대군의 추천으로 세종을 친견한 젊은 스님이었다. 지금도 큰스님이 열반하면 많은 후학들이 만장을 쓰고 게송을 지어 애도의 정을 표하는 것은 오랫동안 내려오는 불교의 전통이다. 게송을 지어 효령대군에게 주었다 하여 문도로 보는 것은 억지로 추측한 것으로 생각된다. 행호는『문종실록』에 문종원년(1450) 귀양처인 제주도에서 입적하였다.51)

둘째, 벽계정심의 법을 이었다는 추정설이 있다. 2009년 복천암에 펴낸『선교도총섭 수암당 신미 혜각존자 실기』에 의하면 벽계의 법을 이었다고 기술하고 있다. 벽계정심은 환암혼수의 제자 구곡각운의 법통을 이은 선승이다. 천봉만우, 고암천공과 같이 구곡의 제자로 되어 있다.52) 아마 평생 도반인 수미가 벽계의 법53)을 이었으므로 생겨난 추측일 것이다. 벽계정심은 구곡각운의 법을 원사했다고 한다. 벽계의 제자로는 묘각수미 벽송지엄 등이 있다.

셋째, 함허당에게 득도하고 사법한 신미는 나옹으로부터 이어져오는 무극의 법신[無極之法身]인 불조의 혜명을 이었다. 신미가 함허의 법계라는 주장은 이능화의『조선불교통사』에서 확인된다.『훈민정음과 혜각존자 신미평전』의 저자 박해진은 함허의 불조혜명인 무극의 법신에 감화되어 무극의 법신 자체가 일평생 신미의 화두가 되었고 이것에 무화되어 일심에 이르렀기 때문이라고 말한다.

　해동의 불법은 고려 말에 이르러 두 감로문이 있다. 태고국사와 나옹왕사이다. 두 스님은 이미 법력을 갖추었을 뿐 아니라 세력도 지니고 있었다. 당시 스님들은 모두 두 분의 문하에서 나왔다. 마침내 조선불교의 종조가 되었다. 나옹이 한 번 전하여 무학을 얻었고 무학은 한 번 전하여 함허를 얻었다. 함허는『원각경소초』『금강경설의』를 저술하여 종문에 큰 공을 세웠다. 조선 세조 때 신미,

---

51) 萬德山 白蓮寺 重創記와 고교형,『이조불교』, 보문관 참조.
52) 속리산 법주사 복천암,『선교도총섭 수암당 신미 혜각존자 실기』, 2009, 5쪽.
53) 이지관 역,「묘각화상비」,『교감역주역대고승비문』권6(조선편 1), 가산불교문화연구원, 1999

홍준, 사지, 학열, 학조 등의 법사들은 모두 함허의 법파들이다. 어떻게 그러함을 아느냐 하면 세조가 이들에게 함허의 서책을 교정하라 하였기 때문이다.[54]

그리고 이능화의 『조선불교통사』에서

신미가 여러 선사의 법어를 많이 번역했는데, 그중에 유독 나옹스님에 관한 것을 많이 번역하고, 또한 신미가 왕명을 받아들어 교정한 함허화상의 『금강경설의』도 역시 나옹 법손의 찬술임을 지적하며 나아가 신미와 백암이 불서를 유통시켜 조선 선교가 실로 큰 도움을 받았다.[55]

하는 점을 언급하며 신미를 나옹-무학-함허를 잇는 법계로 주장하고 있다. 그리고 같은 책에서 신미를 세조의 스승으로 정리하고 있다. 앞에서 월정사 성보박물관에 보관된 「상원사중창권선문」(국보292호)에서 읽었듯이 세조와 신미의 서로 보살핌이 지극하였음을 충분히 추측이 된다 할 것이다. 필자 역시 이 논고를 작업하면서, 나옹-무학-함허-신미-학열·학조의 법맥이 충분하다고 생각한다.

54) 海東佛法 至于麗末 有二甘露門焉 太古國師 懶翁王師 二人旣有法力 于有勢力 當時 僧徒 盡出其門 遂爲朝鮮佛宗之祖 懶翁一傳而得無學 無學爲太祖師 又一傳而得涵虛 涵虛著圓覺經疏鈔金剛經說義 於宗門大有功焉 朝鮮世祖時 名僧弘濬信眉斯智學烈學 祖登諸師 料皆涵虛之法脈也 何以知其然也 以世祖命此諸師敎正涵虛之書故.'(이능화, 「함허 청허 법맥을 이어 문중을 지키다(涵虛淸虛扶宗樹敎)」, 『조선불교통사』 6. 동국대학교, 2010, 50~51쪽)
55) 이능화, 위의 글. "慧覺尊者 以諺文 譯解諸禪師法語 獨多取與懶翁 有關係之人 尊者之承命校正涵虛和尚金剛經說義 亦係懶翁法孫之撰述 余于是 知慧覺尊者 疑亦涵虛派故 其所流通者 亦多取其邊之書也 …(중략)… 信眉柏庵 流通佛書 朝鮮佛敎 實益實多."(『조선불교통사』 6, 동국대학교, 2010, 149~151쪽)

팔천의 하나였던 승려들의 호국애민은 신라의 화랑도를 잇는 한국불교의 주된 실천적인 특징으로 보여주고 있다. 임진왜란·병자호란을 통한 의승병56)의 역할은 실로 눈부시다 할 것이다. 이론만 아닌 실참실수의 보살행은 불교본래의 행(行)인 동시에 한국불교의 전통이었다.

2. 해안에 의해 법계 정리

국시가 숭유억불인 조선에서, 건국 초기 몇몇의 숭불군주에 의해 면면히 이어오던 불교는 결국 쇠락의 길을 걸을 수밖에 없었다. 조선 조정은 각종으로 분파되어 활성화되었던 불교를 선교 양종으로 통합하고 엄격한 도첩제에 의해 승려 수를 줄였으며 도성에 있던 사찰을 흥천사와 흥덕사만 남기고 모두 조정에서 환수하여 국유화하였다. 그리고 승과제도 폐지 등 심한 척불억승(斥佛抑僧)의 법난 속에서 승단은 가통과 종맥마저 상실당하고 만다. 이 글에서 한국 불교의 전등 문제를 고찰하면서 고려 중엽 보조지눌의 선풍 즉 보조의 돈오점수와 정혜쌍수로 대변되는 선과 교의 회통은 염불선을 통합한 통

---

56) 대표적인 승장으로 8도선교도총섭의 직책을 선조로부터 받은 서산대사는 1,500여 명의 승군을 이끌고 평양 탈환 전투에서 큰 공을 세운다. 사명당은 많은 전과를 올리고 왜란 후, 4번이나 일본을 특사로 다녀왔고, 일본으로 끌려간 3,000여 명의 백성들을 귀환시켰다. 영규는 800명의 승군을 이끌고 조헌과 같이 금산전투에 참여하여 의병 700명과 같이 의승 800명이 순국하였다. 특히 왜란 후, 선조는 서산대사에게 國一都大禪師禪敎都摠攝 扶宗樹敎普濟登階尊者라는 사호를 내렸고, 정2품 당상관 직책을 하사하여 보국한 공과 불교의 덕을 치하했다. 벽안각성은 서산과 사형제 간인 부휴선소의 법사(法嗣)로 임란 당시 해상전투에 공을 세웠고, 인조 2년에 8도 도총섭을 맡아 남한산성을 쌓고 병자호란 땐 의승 3,000명을 인솔하여 북쪽으로 진군했다. 이와 같은 승병의 활약은 존멸 위기에 처했던 한국불교가 다시 일어나는 계기가 되었다. 유교 일색의 조정에서는 백성들을 보듬을 방법이 없었고, 팔천(八賤)이었던 승려들은 많은 왜란의 공훈으로 기지개를 켤 수 있었다. 불교와 승려들의 위상이 높아졌고 사대부들은 더 이상 불교를 멸시할 수 없었다. 민심의 의존도는 국가나 위정자인 사대부보다 훨씬 높았고 승장이나 승병들의 활동은 설화로 구전될 정도였다.

불교적인 보조선의 특징으로 나타났음을 보아왔다. 이와 같은 내적인 전통은 고려 말 태고나 나옹과 환암혼수와 구곡각운, 벽송지엄을 이어 청허휴정에게도 지대한 영향을 주어 한국불교의 중추사상으로 현금에 전해왔음을 알 수 있다.

임진왜란 이후, 백성들은 훈민정음 보급으로 눈을 뜨게 되고 민초와 하나인 불교와 승려를 보는 시각이 변화하게 된다. 그리고 법계가 다시 정리되는 이유 중에 하나는 임진왜란 시기 승병들의 활약으로 인해 팔천으로 천대되던 승단을 국가에서도 소홀히 할 수 없게 되었다는 점이다. 서산대사(清虛休靜, 1520~1604), 사명당(松雲惟政, 1544~1610). 처영(雷黙處英, ?) 영규(騎虛靈圭, ?) 각성(碧巖覺性, 1574~1659) 등의 승장들이 의승병을 모집하여 많은 전공을 남겼고, 특히 서산과 사명당은 명종 때에 부활된 승과에 급제한 인물들이다. 서산대사는 73세의 노구인데도 불구하고 팔도도총섭에 임명되어 승군의 정신적 지주가 되었고, 평양 탈환에 큰 공을 세웠다. 스승 서산을 이어 팔도도총섭이 된 사명은 많은 전투에 큰 공을 세웠고, 선조 37년(1604)에 사신으로 일본에 파견되어 이듬해에 왜란으로 끌려갔던 3,000여 명의 백성들을 데리고 오는 중요한 성과를 거두었다.

승려들의 호국으로 백성들의 생각이 바뀌고 조정 역시 불교를 억압하려는 생각조차 할 수 없게 되었다. 승려들도 자각을 하며 승단에서 가장 중요하게 여기던 법통에 관심을 갖게 되며 법계를 정립하게 된다. 법맥의 언급이 처음 나타난 것은 서산휴정에 의해서다.[57] 법통 관계를 특히 서산의 후기 제자에

---

57) 서산이 스스로 법맥을 말한 것은 1560년에 저술한 「벽송당대사행적」과 1568년에 지은 「경선당선사행적」이 처음이다. 벽송지엄은 연희교사를 거쳐 벽계정심을 찾아가 '달마서래의'를 물은 후, 깨침에 이득되는 바가 있었고, 그 후 금강산 묘길암에서 『대혜어록』을 보다가 '구자무불성' 화두를 풀어 깨치게 된다. 그리고 고봉어록의 '다른 세상으로 날려버려야 한다'는 어구에 모든 견처를 떨구었다. '…법맥으로는 벽송당은 할아버지이고 부용당은 아버지이며 경성선사는 삼촌이다'라고 기록하고 있다.

속하는 해안(中觀海眼, 1567~?)이 태고-환암-구곡-벽계— 벽송-부용-서산·부휴의 법계를 추산하여 문중들의 동의를 얻는다. 언기(鞭羊彦機, 1581~1644)는 서산이 입적(1604) 때는 24세의 청년이었고, 1625(45세)년에 지은 「봉래산운수암종봉영당기(蓬萊山雲水庵鍾峰影堂記)」에 처음 태고법통설이 나타난다. 여기에서 언기는 휴정의 제자인 사명당(四溟堂) 유정(惟政)의 법계를 위와 같이 밝히고 있다. 그리고 언기에 의해 그 모습을 드러낸 태고법통설은 기존의 나옹법통설과 더불어 휴정의 문하에서 큰 논란거리가 되었다. 그리고 마침내 나옹법통설을 버리고 태고법통설을 정통으로 확립하게 되었는데, 그 과정은 1640년에 중관해안(中觀海眼)이 쓴 『사명당행적(四溟堂行蹟)』에 실려 있다. 서산이 입적 후 20여 년이 지나 서산의 후기 문손들의 합의에 의해 만들어진 아래와 같은 법계로 일통된다.58)

　　(사명)대사의 정통 제자인 혜구, 단헌 등이 전국의 문도들과 서로 의논하여 말하기를, "청허는 능인(能仁)의 63대, 임제의 25세 직계 자손이다. 영명은 법안종이고, 목우자(牧牛子, 지눌)는 별종이며, 강월헌(江月軒, 나옹)은 평산으로부터 분파된 것이다. (중관해안, 『사명당행적』)

그러나 여기에는 많은 문제점이 내포되어 있다. 이것은 사적 근거가 타당치 않는 일방적인 선언이라 볼 수 있다. 그리고 또 한 가지, 태고를 선택하게 되는 것이 나옹을 잇는 무학, 함허, 신미, 홍준, 학열·학조 등이 태조, 세종,

---

58) 서산 자신은 법계를 『청허당집』에서 벽송지엄-부용영관·정관일선을 기록하고 있다. 그러나 법조인 벽송과 정심의 관계는 구전이라고 밝힌다. 정심이 구곡에게 원사했다는 기록은 어디에 있는지? 또 구곡과 환암의 관계도 문제점이 밝혀지고 있다. 사실 구곡은 16국사로 이어지는 송광사 계보를 잇는 졸암의 득도·사법제자이다. 그리고 아직 득도사가 정사승인 고려 철칙이 깨어지지 않는 시대라는 것을 무시하고 해안 등은 당시의 편리한 사법승이 정사승이었던 상황을 따라 맞추어 졌다고 느껴진다. 그리고 환암을 태고와 나옹의 제자로 비명에 기록이 있지만, 여기에도 문제가 있다. 또 고려 불교에서 득도사가 정사승인 제도가 시행되고 있던 시대이다. 나옹, 환암, 구곡은 조계종 굴산산문의 법손들임이 명백하다.

문종, 세조를 잇는 외유내불(外儒內佛)의 군주들의 총애, 신진 사대부들의 정권이나 유학을 본분으로 하는 당위성에 의한 반목, 질시, 억불, 척불의 상대였던 나옹계보에 의한 전등을 피한 것이 아닌지 그런 생각이 드는 것은 또 어쩐 일인가.

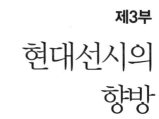

제3부

현대선시의
향방

현대선시의 발흥과 확장을 위한 제언

1. 전문

　선시(禪詩)는 그동안 많은 선학들에 의해 논의되어왔다. 그러나 이러한 것들이 순수 선의 체험과는 무슨 관계가 있겠는가? 만약 선(禪)을 구하고자 하는 이들이 선에 관한 어떠한 이해와 실재의 체험에 도달하지 않는 한, 붓다와 조사들의 많은 말씀들은 우리를 칭칭 동여매는 악담이나 실재를 씹고 남은 찌꺼기에 지나지 않을 것이다. 우리는 막막해하고 얼떨떨해할 수밖에 없다.

　선어록은 선시와 선시를 짓게 한 본칙(本則)과 본칙을 드러내고자 하는 선화(禪話)의 소개로 크게 양분할 수 있다. 즉 후대 선의 스승들에 의해 우리를 선문(禪門)에 들도록 하는 염(拈, 꼬집어 말함)과 이것을 드러내는 기표인 수시(垂示, 전언), 평창(評唱, 총평), 착어(着語, 단평), 게송(偈頌, 게+송)으로 표전(表詮)되어왔다. 이는 우리들을 깨달음에 들게 하려는 선사들의 노파심절(老婆心切)이다. 이에 반해 우리의 인식은 논리적인 이해에 의한 학습과 지식으로 축적시켜왔는데 이것이 식(識)이라 하는 알음알이다. 그러나 지식에 배반(背反)되는 선문을 처음 접한 독자들은 한동안 어쩔 수 없이 캄캄해짐을 느낄 수밖에 없을 것이다. 더욱이 이원적인 학식을 쌓게 되면 우리는 우리 본연의 본질에서 점점 멀어지고 주객이 전도된 관습에 의해 좌고우면(左顧右眄)하게 된다. 처음 선을 접한 지성들은 내용에 있어 진기한 일화(逸話), 엉뚱한 사건들, 신비하고 은밀한 발언들, 여러 가지 모순당착(矛盾撞着), 기행(奇行), 어긋나는 위트와 유머의 사태, 비논리적인 횡설수설, 알고도 시침을 떼는 천연스러움에 호기심을 갖다가 결국 선과 멀어져 외면하기도 하였다. 이러함은 어디서 어떻게 오는 것인가? 이는 알음알이로, 이원론적으로 접근하면서 파생된 결과이다.

살펴보면 명백하다. 서구적인 논리에 길들어온 우리에게는 분명히 확연한 이해까지 미치지 못하는 다른 하나의 암호일 뿐이다. 그런데 이것은 선이 우리에게 전하고자 하는 밀의적(密意的)인 목적이 있기 때문이다. 이 목적에 가장 가까이 다가서기 위해서는 앞의 언술과 행위가 우리가 보고자 하는 본질, 그대로를 사량(思量)하게 하려는 선장(禪丈)들의 간절노파심절(懇切老婆心切)로서, 우리는 그들의 마음에 영회(領會)하면 그뿐인 것이다.

삶을 본래 실상(實相)의 영지(領地)에서 만나도록 하는 가장 직선적인 가르침의 하나인 선은 삶의 체계적 설명도, 이데올로기도, 종교적인 계시(啓示)도 구원의 교의(敎義)도 아니다. 서구의 대다수 지성들에 의해 오해되는 신비주의나 허무주의에 대한 가르침은 더욱 아니다. 전통에 의한 합리주의적 지식의 배경을 지닌 사람들은 우리가 여태 공부하여온 것과 마찬가지로 선을 본능적으로 서로 경쟁하는 이데올로기의 사유체계나 혹은 낯선 세계관이어서 도저히 받아들일 수 없는 사이비 교설 정도로 해석하거나, 당초부터 그릇된 편견에서 접근하기 때문이라 생각한다.

이럴 경우 도저히 선이 보여주고자 하는 곳에 다다를 수가 없다. 선은 우리들의 앎의 영역에 속하지 않는다. 선은 인위적인 생각이나 논리적인 이해 차원을 넘어서 있다. 서로 침범하지 않는 언어나 문자 밖에 덤덤히 자존(自存)

하기 때문이다. 선은 우리가 이해하고 만들어낸 어떤 철학적 종교적 범주에 맞추는 것은 적합하지 않다.

그러나 선가에서는 그 뜻을 드러내기 위하여 문자를 무시하지 않고, 징(徵)·염(拈)·대(代)·별(別)·송(頌)·가(歌)[1]하여 이치를 드러내어 우리들에게 보여준다. 조사들의 간절노파심절(懇切老婆心切)이 이와 같았고 반면에 이런 언어의 불완전성, 또는 이것으로 인하여 이론적인 선(禪)으로 오전(誤傳)됨을 두려워하여 '뭍에 오르면 뗏목을 버리는[捨筏登岸]' 경구나 '고기를 잡으면 그 물을 잊는다[得魚忘筌]'는 말씀으로 경책한다.

선적 표현 중 오늘날 선시라 불리는 게송은 산스크리트어로 '가테', '게테'가 '게'로 음사되고 중국에 본래부터 있던 송과 합쳐진 명칭으로 선가 특유의 시적 표현이다. 이 게송과 염(拈)이나 착어 등은 오늘날 선시라 불러도 무방할 것이다. 염은 장시가 되고 착어는 단시가 될 것이기 때문이다. 선시라 하면 선 사상을 시적으로 표현한 언어 양식을 말한다. 곧 선사들의 선적 체험과 선수행의 결과 체득된 오도의 경지를 선시적 수사법으로 표현한 시라 할 수 있다.

여기서 선시적이라 함은 내용적으로 선사의 오도송을 비롯하여 불경이나 어록, 공안집을 바탕으로 하거나 혹은 형태적으로 고전선시에 자주 나타나는 절연, 압축, 기상(奇想)과 적기어법(賊機語法)의 조화에 있다. 적기란 우리들이 가지고 있는 앎과 기틀을 송두리째 빼앗는 것을 말한다. 우리가 무엇을 알고

---

1) 징-물음. 이 문제를 어떻게 하는가? 등의 논리.
  녑-들추어 냄. 남의 말을 다시 예로 들어 보이는 행식.
  대-남의 대답을 대신함. 문답에서 대답이 막힐 경우 '나 같으면 이렇게 대답하지! 하는 등의 형식.
  별-남의 말과 다르게 말하는 형식. 그는 이렇게 말했지만 나는 이렇게 한다는 논리.
  송-시를 읊는 일.
  가-시가 정해진 운문으로 된 데 반하여 불규칙적인 긴 노래형식.

있다는, 관습적인 앎의 기틀을 빼앗으므로 오는 공백상태인 '뻥 뚫린' 멘탈의 붕괴를 말한다. 이것은 우리가 의식적으로 만들어내고 또 우리 스스로가 갇혀 있는, 결국 갖가지 수사학을 넘어 새로운 본연을 열게 하는 적기적 어법에서 충분히 읽을 수 있다. 그러므로 적기어법을 철저히 규명하면 선시의 바탕인 우리의 바탕을 읽을 수 있게 된다. 따라서 적기수사법(賊機修辭法)[2]을 세 가지로 요약하면, 선시의 반상합도(反常合道), 선시의 초월은유(超越隱喩), 선시의 무한실상(無限實相)을 들 수 있다. 이 세 수사법은 선시를 표현하는 데 불가분의 관계를 서로 내포하고 있다.

물론 선시, 특히 선적 사유는 언어를 만나 표현됨을 염두에 두었을 때 그 기표야말로 바로 사상의 한 표현일 수밖에 없다. 선에 있어서 선 사상이란 일상을 배제하고 이루어질 수 없다. 바로 현장이 선의 알갱이다. 선은 항상 삶의 중심 사실을 파악하고 있을 뿐 아니라 일상의 삶 자체다. 선은 지성의 해부대(解剖臺) 위에 오를 수 없다. 이미 지적 파악으로 들어갔을 때는 선이 아니라 선학일 수밖에 없다. 때문에 선은 아무것도 가르치지 않는다고 한다. 선은 맨 마음으로 잡을 때만 만날 수 있다. 즉, 합리적 방식으로는 만날 수 없다는 것이다.

모든 선을 돌이켜보면 선어와 선화들은 바로 염통에서 쏟는 대동맥이며 자명종의 울림이며 꿈꾸는 자의 반응과 같다. 선시 역시 같다. 그래서 선학자인 스즈키 다이세츠(鈴木大拙, 1870~1966)는 중세기 기독교의 신비주의자 에

---

2) 고전선시에서 표출되는 적기수사법을 세분화하여, 선시의 반상합도, 선시의 무한실상, 선시의 초월은유로 명명한다. 적기란 선장(禪丈)들이 중생들을 깨달음의 세계로 돈입시키기 위한 법문인데, 우리를 지탱하는 근본인 앎의 바탕, 곧 슬기를 빼앗음을 말한다. 곧 혼돈과 황당함에 의하여 우리를 혼비백산시킴을 말한다. 이럴 때 우리는 텅 비고 이 텅 빈, 이것이 우리를 무명에서 명으로 환지본처하게 한다. 선장들의 최상승 법문이 적기법문이고 이런 어법이 적기어법이다. 이 적기어법이 시에 사용되면 선시의 적기수사법이다. 송준영, 「선시론」, 『禪, 언어로 읽다』, 소명출판, 2010.

크하르트(Maister Eckhart, 1260~1327)의 말을 인용한다.

하나님은 세계의 만사를 현재의 바로 지금 만든다. 천 년 전 흘러간 시간은 바로 지금 시간과 마찬가지로 현재하며 하나님에게 가깝다. 바로 현재에 있는 영혼 안에 하나님의 자기의 유일한 독생자를 탄생시키면 그와 똑같은 탄생에서 영혼은 다시 하나님 안에 태어난다. 영혼이 하나님 안에 태어나는 순간 하나님은 자신의 유일한 아들을 탄생시킨다.[3]

그리고 스즈키는 말한다.

내가 그 안에서 하나님을 보는 그 눈은 그 안에서 나를 보는 눈과 동일하다.[4]

이 표현은 선의 불이사유(不二思惟)인 반야지혜(般若智慧)를 나타내는 말이 된다. 따라서 선에서 사용하는 언어, 선이 우리에게 보여주고자 하는 목적은 상습적인 데 있지 않고 철저히 적기적(賊機的)이어서 철학적 분석과 논리를 완전히 뒤바꾼다. 이런 것이 선어록으로 표현될 뿐 아니라 선시로 나타날 때도 역시 같다.

선에 있어서 최상승 지도방법으로 스승이 제자의 슬기를 빼앗아버리는 적기의 가르침이 있다.[5] 이것을 서양 후기현대주의 사상가들은 ―이것은 라캉식으로는 몰이해(沒理解), 데리다식으로 말하면 아포리아(Aporias, 難境)― 실재와 비실재 존재와 비존재와 같은 비대립(非對立)의 공황상태에 우리가 놓일

3) 스즈키 다이세츠, 『에크하르트와 禪』, 강영계 역, 주류출판, 1981, 19쪽.
4) DT Suzuki, *Mysticism: East and West*, London, 1924, p.50.
5) 적기의 이해를 위해 라캉의 말을 빌리면 아래와 같다. "라캉은 생각하기 위해서는 이해하지 못하는 게 낫고 최소한의 생각도 하지 않으면 순간에 이해할 수 있다고 주장한다. 따라서 분석가는 환자의 요구를 충족시켜서는 안 되고 그가 강조하는 몰이해는 프로이트의 주장을 새롭게 반복한다. 프로이트는 분석가가 새로운 사례와 만날 때마다 그 특이성을 인식하고 그때까지 그가 지녔던 지식과 경험을 중지시켜야 한다고 주장했다."(이승훈, 「선과 라캉」, 『2008 만해축전』, 2008, 225~226쪽)

것이고, 이것은 결국 포월(包越)6)에 의해 반상합도적인 수승한 세계(歡待의場)로 재현됨을 역사상 우리는 많이 보아왔다. 곧 서로 상대가 되는 전혀 다른 세계가 반상합도 됨으로 인류문화가 창달됨을 역사상 우리는 보아왔다. 이를테면 서로 다른 대륙인 인도와 중국문화가 병치(竝置)하여 격의불교(格義佛敎)시대를 거쳐 태동되는 선종(禪宗)과 그 영향에 의한 문화 창달, 결국 이것은 당(唐)·송(宋)·원(元)·명(明)의 찬란한 문화와 경제 부국인 최고의 세계국가로 이어졌음을 우리는 안다.

그리고 플라톤(Platon, BC. 428~427)의 영육이원론(靈肉二元論)에 의한 물질문명인 서구사상이 동양의 선 사상과 병치(竝置)와 합도 됨으로 태어날 새로운 세계에 대한 예지와 동경, 이것은 우리를, 세계를 환대의 장으로 들게 하는 조짐이 오늘날 일어나고 있을 것이다.

필자는 오늘날 선시라 통칭되는 이 시군(詩群)들이 우리들에게 공통적으로 보여 주는 것은 청량(淸涼), 단순(單純), 명징(明澄), 무사(無事) 등으로 대표되는 맛이다. 이러할진대 선과 선적 사유 또한 아무리 쓰고 말해도 모자랄 뿐이고 아무 말을 하지 않아도 선과 선적 사유로 가득 찰 뿐이니, 이 쓸데없는 짓거리를 그만두고 지금까지 지은 구업을 본문을 살핌으로 대신하고자 한다.

---

6) 해체론은 존재신학을 포함하면서 초월, 즉 포월(包越)한다는 것이 차연의 기본 논리다. 초월은 여래의 적멸상인 역관을 위한 현대적 해석 논리이며, 포함은 여래 세간락의 순관을 위한 현대적 해석 논리가 된다. 따라서 사성제와 십이연기가 별개의 도리가 아니라는 성철의 설명은 두개의 도리가 '적멸상/역관'과 '세간락/순관'을 포함하는 포월의 논리에서 만난다. 여래는 초월하기 때문에 존재하지 않지만 그래도 포함되어 있기 때문에 존재한다는 것이다. 여래는 존재하면서도 초월하는 포월의 과정에서만 볼 수 있다.(이만식, 「선과 자크 데리다」, 『동서비교문학저널』, 160쪽)

2. 세 편의 선화로 보는 선시의 참맛

졸저 『선(禪), 발가숭이 어록』(2018)은 필자가 선의 고전인 『조당집』 『전등록』 『오등회원』과 『벽암록』 『금강경 야보송』 등 여러 선장들의 어록에서 얻고, 고려시대 선시 불교사전이라 일컬어지는 진각혜심(眞覺慧諶. 1178~1234)의 『선문염송』을 실참실수(實參實修)를 통하여 배우고 사유한 수행일지이다. 그리고 시집 『물 흐르고 꽃 피고』는 고인(古人)들의 게송이나 염을 익히는 과정에서 환희에 차 뱉어놓은 단말마의 착어록(着語錄)이다. 시집을 읽음으로써 선장들의 발가숭이가 된 본체가 드러나고, 이 시집을 읽을 때, 발가숭이 어록이 발가벗은 맨 몸으로 드러날 것이다.

여기 세 편의 선화가 있다. 발가숭이를 영회(領會)하면 그뿐이다.

1) 약산, 「운재청천수재병(藥山雲在靑天水在餠)」

약산(藥山唯儼, 745~828)은 6조 혜능－청원행사－석두희천을 잇는 대선사다. 임제종과 더불어 오늘날까지 법손이 흥성한 조동종의 조사이다. 약산－운거도응－동산양개(조동종 개조)로 이어진다.

당시 낭주자사 이고가 약산의 덕화를 듣고 산사로 찾아간다. 시자가 태수가 오셨다고 아뢰나, 약산이 미동도 않고 경만 보니 태수는 화가 나서 "얼굴을 보는 것이 이름을 듣는 것보다 나을 게 없군." 하니, 이고 왈 "어째서 태수는 귀만 귀히 여기고 직접 보는 눈은 천하게 여기시오." 하니 이고가 말하되 "어떤 것이 도입니까?" 하고 물으니 약산 아무 말 없이 손을 들어 하늘과 땅을 가리키면서 "아십니까?" 대답을 못하니 약산은 이어서 "구름은 하늘에 있고 물은 병 안에 있네(雲在靑天水在餠)"라 읊는다. 이 아름다운 선계를 듣고 태수는 환희심과 수치심으로 범벅이 되어 절을 하고 게송을 지어 바친다.

鍊得身形似鶴形	몸은 연마하여 학과 같이 되었으니
千株松下兩函經	천 그루 솔 밑 두어 권 경
我來問道無餘說	내가 도를 물으니 아무 말씀 없이
雲在靑天水在瓶	푸른 하늘엔 구름 병 속엔 물

— 이고(李翶) 『선문염송』 「운재」 9권, 335칙

하루는 약산에게 스승 석두(石頭希遷, 700~790)가 보고 묻는다. "여기서 무엇을 하고 있는가?" 약산 왈 "아무것도 하지 않습니다." 석두 왈 "그렇다면 한가히 앉아 있구만." 약산 왈 "한가히 앉았다면 하는 일이 있는 것입니다." 석두 왈 "그대가 아무 일도 하지 않는다 하는데, 그 하지 않는 건 무엇인가?" 약산 왈 "천성인도 모릅니다." 이에 석두가 게송을 지어 찬탄하였다.

元來共住不知名	원래부터 같이 살 되 이름도 모르고
任運相將只麼行	저절로 어울려 그저 그렇게 행하니
自古上賢猶不識	예부터의 현인들도 알지 못하거늘
造次凡流豈可明	예사 범부들이 어찌 밝힐 수 있으랴

— 석두천, 『선문염송』 「좌차(坐次)」 325칙

●착어

알 수 없어요

그대, 꿈속 꿈을 얘기하니
사면팔방이
겹겹이 쌓였어요
한 여름 눈 내리는 소리도 엷게 쌓여요[7]

---

7) 송준영, 『물 흐르고 꽃 피고』, 시와세계, 2017, 22쪽.

점두(點頭)

가야 소식이라고 이것 차 한 잔에 옛길 있는가 마시는
열림에 있는지 생각지 마소 이 또한 묻지 마소, 암

이제 불타는 작두먹고 걸으리 그대 비틀비틀 걷진 마소8)

2) 「낙수록」, 『벽암록』 설화

5조 법연(五祖法演, 1024~1104)의 동향인인 전제형이 심요(心要)의 법문을 청한다. 이때 법연은 소염시 "빈호소옥원무사(頻呼少玉元無事) 지요단랑인득성 (只要檀郎認得聲)" 두 행을 예 든다.

一段風光畵不成	한 조각 풍광은 그림으로 그릴 수 없어
洞房深處說愁情	동방화촉의 깊은 곳에서 시름만 전하네
頻呼少玉元無事	자주 소옥을 부르지만 소옥에겐 일 없지
只要檀郎認得聲	다만 낭군에게 알리는 소리일 뿐

— 소염시(小艶詩)

이 시는 양귀비와 안녹산의 고사에서 유래한 것이다. 양귀비가 자주 자기의 몸종 소옥의 이름을 부르는 뜻은 정부인 안녹산을 찾는 암호인 것같이 선이 찾고자 하는 심요는 언어 밖 낭군 안녹산에 있음을 말한다.

그런데 묻던 이가 이 뜻을 모르고 돌아가는 것을 본 극근(圜悟克勤, 1063~1135)은 스승에게 묻는다. "스님께서 소염시를 말씀할 때 그 사람이 진의를 알까요? "아니, 그 사람 단지 소리만 들은 것 같네." "그가 이미 소리를 알았으면 되는 게 아닙니까?" 이 말 끝에 갑자기 법연이 큰 소리로 자문자답한다. "조사가 서쪽에서 온 뜻이 무엇인가? 뜰 앞에 잣나무다. 악!" 이 소리를

---

8) 위의 책, 105쪽.

들은 극근이 방문을 열고 나서자 순간 난간에 날아든 수탉 한 마리가 훼치며 길게 운다. "꼬끼오―." '이것이다, 바로 이 소리'일 뿐이다.

●착어

노고추(老古錐)

여덟팔자八字를 보라
하,
알매이가 알맹이가 보인다[9]

주인공

밤부터 내내 걸었노라

온다는 그댄 어디에
있는가 기다려도 님 오지않고

내갠
어제 새벽이 와 있노라[10]

엘리베이터

화엄은 면경 속 떨어진 한 알의 완두콩
천만각의 모래의 말이네 한 알의
그들이 주고받는 소리, 이 말씀

'13층입니다' 오늘도
스피커에선 자기 말 자기가 하네[11]

---

9) 위의 책, 23쪽.
10) 위의 책, 58쪽.
11) 위의 책, 110쪽.

위의 시 3편은 필자의 졸저『선(禪), 발가숭이 어록』에 있는 위의 선화(禪話)에 보이는 소염시의 마지막 두 행에 대한 귀엣말이다. 선의 제1서로 알려진『벽암록』의 편저자 원오(圜悟克勤, 1063~1135)와 그의 스승 법연(五祖法演, 1024~104)의 대화인데, 필자가 설명하지 않아도 잘 드러난다.『벽암록』에 의하면 수시 고칙 평창 착어 게송을 써서 본칙인 제일 명제(命題)를 드러나게 하여 깨달음에 들게 한다. 졸시 3편은 흥에 겨워 쓴 착어(활평, 단평)이다.

3) 「백운 두두시고향(白雲 頭頭是故鄕)」

아래의 시는 고려 말 백운(白雲景閑, 1299~1375)의 게송이다. 백운경한은 고려 말 태고, 나옹과 같이 삼화상으로 불리는 고승이다. 특히 선사의 저작인『직지심경(直指心經)』은 세계에서 가장 오래된 금속활자본이다. 75세에 쓴 이 저작은『전등록』을 중심으로 간추려 저술한 '직지'는『선문염송』과 더불어 우리나라 간화선(看話禪)의 바탕이 되는 선서이다. 스님의 법계는 임제종 양기파의 양기로부터 11세에 이르면 석옥청공과 평산처림이 있고 석옥에게 태고보우와 백운경한이 출생하고, 평산에게 나옹혜근이 법을 잇는다. 이분들이 이후 한국 선불교의 한 뿌리가 된다.

그럼 지공 화상에게 올린 「우작십이송정사(又作十二頌呈似)」 시 한 수를 살펴보자.

兩個泥牛鬪	두 마리 진흙소가 싸우다가
哮吼走入海	울부짖으며 바다로 달려들더니
過去現未來	과거와 현재와 또 미래에
料掉無消息	헤아려 보아도 소식이 없네

백운 화상의 이 선시는 고향, 본래의 실지, 무아를 노래하고 있다. 굳이 1행을 풀면 "두 마리 진흙소(兩個泥牛)"는 우리들의 흑백논리인 '이것/저것',

'희/로', '생/사'를 분별하고 간택하는 우리의 삶을 이르고, 끝내 본래의 고향, 바다로 형상화된 실상으로 드니 과거 미래 현재가 없는 세월에 묻히고 살펴도 살펴도 발자국조차 없다로 읽힌다. 결국 우리의 본향은 토끼 뿔이요 거북 털임을 밝힌다.

●착어

고향 할머니

그립다.
허공이 가부좌하고 밤이 와서 참석하는
하늘이 웃고 땅이 기어가는
사통오달의
활발발한 그대의

우리들이 그립다.[12]

지금

천만에 괜찮습니다 어디쯤인지
이거야말로 먹통이군
저도 잘 모르겠습니다

가슴에서 퍼진다 석양은 종을 치고
눈꽃마다 날이 깃든다[13]

---

12) 위의 책, 86쪽.
13) 위의 책, 94쪽.

3. 나가며

상기한 착어시 7편은 필자의 졸저『선(禪), 발가숭이 어록』의 선화(禪話) 중, 본칙이나 게송에 붙인 착어들을 모은 즉흥적이고 직관적인 시편이다.

자매시집『물 흐르고 꽃 피고』에서 선보이는 이런 유의 시들은 필자가 오랜 세월 동안 선가(禪家)의 선장들의 말씀과 게송으로 된 법어와 평창과 단도직입적인 착어, 꼬집어 드러내어 선기(禪機)를 살피고 또 눈동자를 드러내기 위한 전언인 수시(垂示)에서 보고 익혀 자연히 배워온 것이다. 그러므로 필자는 같은 언어나 이미지군들을 매겨 소제목을 달았고 그것이 결국 대주제인「착어록」이나『물 흐르고 꽃 피고』와 다름이 없다. 이 모음집의 소제목인 본래면목, 버들강아지, 도화, 저녁노을, 당나귀, 무, 여기 등은 무한실상의 다른 같은 이름들일 뿐이다.

필자는 삶을, '이것'에 대한 문제를 푸는 데 성실한 시간을 바쳐왔다. 오늘날 선시라 통칭되는 이 시군(詩群)들이 우리들에게 공통적으로 보여주는 것은 청량(清涼), 단순(單純), 명징(明澄) 격외(格外) 등으로 대표되는 맛이다. 필자는 선의 참맛인 동시에 선시의 참맛이라 생각한다. 그것이 어떤 수사학의 구조를 갖든 간에, 이러한 선미(禪味)가 가득 느껴지는 시가 선시(禪詩)일 것이다. 그래도 아포리아와 같은 정신적 공황의 막다름, 저 '뻥 뚫림'에 먹먹해진다면 적기(賊機)의 기회니 다시 강가에 앉아 사량(思量)해봄이, '이것'이다.

선시와 아방가르드 시의 표현방법론적 연구

1. 들어가는 말

시적 표현은 전변하는 존재물의 내면의 소리를 언어로 나타내는 표현상이다. 사상적 진리나 종교적 깨달음도 언어를 통하지 않고서는 그 표현이나 전달이 불가능하다. 따라서 최고 진리 발견의 수단으로 언어가 필연적 선택수단이 되며, 시가 적절한 표현방법으로 선택된다.

선적 깨달음도 예외가 아니다. 선 수행에서도 결국 최고 진리의 발견을 통하여 타자들과 자기 발견의 기쁨을 공유하려는 자기표현의 목적성을 가진다. 이러한 제일 명제를 인식하며 현대시의 표현 형태가 선적 깨달음에 의한 선시의 특성을 내포하는 관계성이 포착된다.

선적 구도는 시적 특성에서도 최고 정수의 표현, 즉 절연성, 간결성, 명징성, 초월성, 당체성, 무한성 등을 긴요하게 표현하려 한다. 선적 깨달음의 표현에 요구되는 제반 특성, 즉 단순 청량 명징 무사 본질성 등은 현대시에서 추구하는, 최고 표현성과 특성을 같이 하고 있다.

선의 세계를 노래한 선시¹⁾와 실험적 현대시(avant-garde)는 모두 '무형식이 형식'이란 파격적인 특성을 갖는다. 이것은 변화하는 세계를 상투적인 관념과 정상화된 언어로는 본질에 닿을 수 없기 때문이다. 진리 역시 시공을 초월해서 있지 않으므로 오는 자연적인 현상이다. 그렇지만 선시는 시공을 넘어선 언어 저 너머의 세계를 궁극적인 당처로 본다. 아방가르드 시에서도 현상과 본질의 사이를 떨어지게 하는 언어의 상투성에서 벗어나기 위해서 끊임없이 언어의 세계에 머물면서 실험과 파격을 거듭하면서 언어 자체를 문제로 삼는다. 결국 선시와 아방가르드 시가 만나는 접점은 한쪽에서는 깨달음으로 궁극처로 삼고 한쪽은 언어 자체 매달리어 그곳에 새로운 세계를 첨가시킨다. 그렇지만 선시와 현대시 모두 궁극의 목적을 일깨우기 위해서 언어를 매개처로 삼는다. 그래서 선이나 시에서 이항대립적인 양변의 견해로부터 해체되고 이탈하고자 한다.

시 특성 및 사상은 시대의 정신적 바탕을 넘어설 수 없다. 우리나라의 현대시가 서구의 수사법에 의해 작시되더라도 이들 시인의 정신적 전통이 불교적, 유교 사상적 특성을 다양하게 변용 표현되었다고 본다면, 선시의 기풍 또한 시적 변용으로 많이 수용되었을 것이다. 우리의 글에서는 선시적 특성인 시적 표현의 방법, 특히 깨달음이 시로 표현되는 선시의 표현 형태인 선시의 적기수사법(賊機修辭法)의 특성 중에서도 반상합도(反常合道), 초월은유(超越隱喩), 무한실상(無限實相)의 표현성에 초점을 맞추어서 선시적 특성을 추적하려 한다. 곧 많은 선시가 그렇게 표현될 수밖에 없는 선(禪) 본래의 수사적 특질을 표출하여 채집하고 그것을 근본으로 하여 선시에 표현되는 방법론을 제시

---

1) 우리 글에서는 일반적인 입장에서 선리적인 오도송이나 열반송과 같은 선리시(禪理詩)와 선 자체가 가득 차서 밖으로 토해내는 그대로 선 자체인 시를 선취시(禪趣詩)라 하였다. 또 선미(禪味)가 풍기는 문사들의 시를 선가풍의 시라 대별하였다. 전위선시는 역사적인 범주의 아방가르드 시가 아니라 개방적 아방가르드 시, 즉 시인이 보는 어떤 한 분야에 대해 적극적인 탐구로 작시된 선미의 시, 전위적이며 실험적인 시를 의미한다. 그런 의미에서 현대선시 역시 아방가르드 시라고 보는 것도 무방하다.

한 후, 오늘날 우리나라 아방가르드 시와 선시가 같이 표현되는 공통점을 찾고자 한다.

이러한 연구는 결과적으로 우리의 유구한 전통을 잇는 선시가 현대에 와서는 어떻게 계승 발달되는지? 그 정신적 맥락과 선시에 나타난 표현방법이 우리나라 아방가르드 시에서 어떤 형태로 쓰이며 상호 만나게 되는지 알게된다. 또 이러한 것은 당대 일반시의 표현에 어떤 영향을 주게 되는지, 이에 관한 비교연구의 한 초석을 마련해 줄 것이다. 궁극적으로 우리의 고유한 사상과 전통을 계승한 선시가 오늘날에 이르러는 어떻게 한글로 정착되는지, 선시의 표현방법론의 특질과 선시적 전통의 개관을 통하여 서구의 수사법으로 쓰여진 아방가르드 시와 어떤 형태로 만나는 지, 시적 수사법의 비교 연구를 진행해 본다.

2. 선의 사상적 특질

1) 불립문자와 선

선의 기본이 되는 특질은 '불립문자 교외별전 직지인심 견성성불(不立文字 敎外別傳 直指人心 見性成佛)'로 표현된다. 문자는 언어를 표기하는 수단인 만큼 이 네 종지는 특히 '언어의 초월'을 강조하고 있다. 언어초월이란 곧 고정관념의 초월을 의미한다. 초기 선의 소의경인『능가경』의 게송이나, 6조 혜능의 남종선의 소의경이라 할 수 있는『금강경』이나 8만대장경의 압축본이라 이르는『반야심경』과 다른 경전 도처에서 이를 천명하고 있다.

어느 날 밤에 정각을 이루고
어느 날 밤에 열반에 들지만

이 두 중간에서
나는 아무것도 말한 바가 없다

안으로 몸소 증득한 법으로서
나는 이와 같이 말한다
시방 부처님과 또한 나의
모든 법은 차별이 없다[2]

　석가모니는 정각을 이루고 열반에 들기까지 45년 동안 8만 4천 법문으로 지칭되는 수많은 대기설법(對機說法)을 남겼다. 그러함에도 불구하고 "나는 아무것도 말한 바가 없다"고 자신이 말한 바를 부정하고 있는 이 게송은 분명 언어초월 사상을 역설적으로 강조하고 있다. 또 조계 선종의 소의경인 『금강경』이나 『반야심경』뿐 아니라 여러 경전에서나 선사들의 선적(禪籍)이나 선사들의 어록에서도 한결같이 정하여진 정상성(定相性)을 초탈하기 위한 적기방편법문(賊機方便法門)을 사용하여 관습적인 고정관념을 깨뜨리며, 세계가 숨기고 있는 존재를 개시하고 있다.

2) 선과 간택심의 초월

　그렇다면 선은 왜 언어의 초월의 길로 내닫는가. 이 질문에 논리적인 대답을 얻을 수 있는 사상적 기반은 불교의 실상설(實相說)과 연기설(緣起說) 양대 교리 중 연기설에서 실마리를 풀 수 있다. 연기설의 원형은 『잡아함경』 중 「인연경」에서 볼 수 있다.

이것이 있음에 말미암아 저것이 있고
이것이 생김에 말미암아 저것이 생긴다

---

2) 『입능가경』 제5권 불심품, 동국역경원, 131쪽

이것이 없음에 말미암아 저것이 없고
이것이 멸함에 말미암아 저것이 멸한다[3]

　'이것이 있음으로 저것이 있다'는 상호의존적 관계에 의해 존재함을 밝히는 의존성(依存性) 원리다. 「인연경」의 내용을 살펴보면 '무명에 연하여 행이 있고……. 내지 생을 연하여 노사가 있다'라 하신 연기의 구체적인 예와 또 하나는 '이것이 있기 때문에 저것이 있다'는 상호 의존하는 상의성(相依性)의 표현이다.

　연기란 '말미암아 일어난다'이니 조건으로 말미암아 발생한다는 의미다. '공간적으로 차이 나고 시간적으로 미루어지는' 이 도리가 상호 관계를 유지함으로 세계가 있게 되는데, 이것을 『아함경』에서 석가모니는 상의성이라 했고, 우리가 보통 인과라 표현하고, 데리다에 의해 차연(差延, differance)이라 불리는 흔적의 상호관계성이다.

　이와 같은 도리에도 불구하고 우리들의 일체 삶은 모든 것이 각각 고정된 고유한 자성을 가졌다는 인식 위에 영위되고 있다. 그러나 그 현상들은 사물의 고유한 본질은 아니다. 일체의 존재물, '이것이 있음으로 말미암아 저것이 있는' 상호 의존적 존재들이라면, 어떠한 것도 고유한 자성을 가질 리가 없다. 그래서 『금강경』에서는 "모든 깨달은 현인과 성인은 상대의 세계를 훌륭한 무위의 절대법으로 차별을 두기 때문이다"라고 말하고 『반야심경』에서는 무위의 절대법인 함이 없는 도리로 "우리의 존재가 텅 비었음을 알고 일체의 고액에서 벗어났다(照見五蘊皆空度 一切苦厄)"고 천명한다.

　따라서 고유한 자성이 명백히 없다는 것이 성립될 때 우리는 일체의 존재물을 차별하여 인식할 필요가 없다. 이럴 때 우리는, 'A는 A다'라는, 우리의 고정된 생각으로는 도저히 이해가 되지 않는, 논리적으로 모순된 명제 즉 적

---

3) 『잡아함경』 12권 「인연경」, 동국역경원, 344~345쪽.

기(賊機)된 나를 발견하게 된다. 우리는 관습화되고 합리화된 감각적 지각과 는 정면으로 어긋나는 이러한 사태 앞에서 캄캄해짐을 느끼게 된다.

불교의 공도리[4]는 이러한 난제를 명쾌하게 박살내버린다. 앞장에서 살펴 본 『잡아함경』의 「인연경」에서와 같이 모든 존재물은 고유한 자성이 없다는 연기설의 상호 의존설을 전제로 할 때, 일체의 존재물은 '존재물이 아닌 존재 물일 뿐'이다. 곧 여기에 있는 이 책은 '책은 책 아닌 책'으로 거짓 존재할 밖 에 없다. 선에서는 이것을 '진공묘유(眞空妙有)'라 한다. 진짜로는 공이지만 절 묘하게 현상으로 존재하는 상태를 말한다. 공도리는 이 기묘한 책을 '공으로 서의 책'이라 말한다.

『반야심경』의 유명한 구절 '색즉시공 공즉시색(色卽是空 空卽是色)'은 이러 함을 명약관화하게 설파하고 있다. 현상적으로 무엇이라 불리든 일체의 존재 물은 자성이 없는 공으로서의 존재일 뿐이다. A도 空, B도 空, C도, D도……. 그러나 모든 것이 공일 때, 불교에서는 또한 공이 절대의 무기인 양하는 전지 전능을 경계하고 공과 다른 것에 관해 분별심을 일으키지 못하게 하기 위해 '공역부공(空亦復空)'이라고도 말한다.

> 어떠한 존재도 인연으로 생겨나지 않는 것이 없다.
> 그러므로 어떠한 존재도 공하지 않는 것은 없다.
> 衆因緣生法 我說卽是空 亦爲是假名 亦是中道義

모든 존재는 인연으로 말미암아 있게 된다. 그리고 "인연으로 생겨난 것을 우리는 공하다고 말한다(因緣所生法 我說卽是空)." 왜냐하면, 중연(衆緣)이 갖추 어지고 화합하면 물건이 생겨난다. 그리고 이 물건은 중인연(衆因緣)에 속하

---

4) 공도리(空道理) : 공의 도리. 공사상의 근본. 공을 현현시키는 이치. 교학에는 석가 의 최고 상승법문인 반야 600부를 49년 설법기간 중 21년간을 설하였는데, 이것이 공도리 법문이다.

므로 자성이 없다. 자성이 없으므로 공하다고 말하게 된다. 그래서 이러한 공
도 또한 (공으로서의 자성이 있는 것이 아니라) 공하다(空亦復空). 다만 중생
을 인도하기 위해 가명(假名)을 가지고 설할 뿐이다. 여기서 있다든가 없다든
가는 통하지 않고, 유/무, 양변(兩邊)을 모두 떠나 있으므로 중도라고 부를 수
가 있다.5)

　또 『반야심경』은 '공즉시색(空卽是色)'이라는 표현으로 공이 곧 현상, 본질
이 바로 현상임을 분명히 밝히고 있다. 실로 공은 자기 부정인 동시에 자기
초월인 것이다. 이 공이야말로 차별이 없는 절대 평등의 세계, 대자유의 세계
다. 그것은 '이것'이고 동시에 '저것'이기도 한 세계, 다시 말하면 책이면서도
연필이기도 한 세계, 돌 여자가 아이를 낳고, 얼음소가 불 속을 달리며, 앞집
김 서방이고 뒷집 이 서방이며, 경포대 난간에서 그린 소주를 마시면 LA의
리처드 박이 취하는 세계다. 서로 다른 이질적인 두 세계가 마치 하나인 것처
럼 인식된다.

　이는, 우리가 매일 만나는 A=A이고 B=B의 세계가 아닌, 적기되어 반상합
도된 A=Ā라 표현되는 세계다. 이것은 '다름'이 '같음'이 되고 '같음'이 '다름'
이어서, '같음'과 '다름'이 융합하여 같아질 수 있다는 대모순의 통합론적인
세계다.6)

---

5) 나가아르주나, 『中論頌』, 황산덕 역, 서문당, 1976, 185~186쪽.
6) 자성이 무자성의 세계, 같음과 다름이 융합하여 둘이 아니 불이의 대모순의 통합론
적인 세계는 부처와 조사들이 설하는 적기의 세계이고 중도의 세계다. 더 깊은 이
해를 위해 『반야심경』의 색즉시공의 세계를 아이슈타인의 상대성이론으로 이해에
닿아보자.
"질량-에너지의 이원론은 양자론이나 상대성이론의 형식체계에는 존재하지 않는
다. E=mc²(아인슈타인의 상대성 공식)에 의하면 질량이나 에너지가 에너지 혹은 질
량으로 변하는 것이 아니라, 에너지 자체가 질량이다. 에너지 E가 있으면, E=mc²만
큼의 질량 m이 있다. 전체 에너지 E와 질량 m도 보존된다. 질량은 곧 중력장의 원
천으로 정의된다."(주커브, 『춤추는 物理』, 김영덕 역, 범양사, 1979, 294쪽)
"色不異空 空不異色 色卽是空 空卽是色(물질적 현상과 본질은/그 자체가 다르지 않

3) 선의 적기법문

(1) 경전에 나타난 적기

이러한 적기법문(賊機法門)은 앞장에서도 언급한 것같이 초기 선의 소의경인『능가경』이나 혜능의 남종선의 소의경인『금강경』과 기본 경전인『반야심경』등의 여러 경전에도 무수히 나타난다. 다음 경구를 사상적 근거로 제시한다.

결정된 내용이 없음을 여래께서 말씀하셨습니다. 왜냐? 여래가 말씀하신 진리는 취할 수도 없고 말할 수도 없고, 진리도 아니고, 진리 아닌 것도 아니기 때문입니다. 왜냐? 모든 깨달은 현인과 성인은 상대의 세계를 빼어난 함이 없는 절대법 가운데 차별이 있기 때문입니다.

無有定法 如來可說 何以故 如來所說法 皆不可取 不可說 非法 非非法 所以者何 一切賢聖 皆以無爲法 而有差別

—『금강경』「무득무설분」제7)

부처가 말한 반야바라밀이란 곧 반야바라밀이 아니라 그 이름이 반야바라밀이다.

佛說般若波羅蜜 卽非般若波羅蜜 是名般若波羅蜜

—『금강경』「여법수지분」제13)

이른바 불법이란 곧 불법이 아니다 所謂佛法者 卽非佛法

—『금강경』「의법출생분」제8)

관자재보살이 반야의 심장인 저 언덕으로 돌아서서/깊은 반야에 들어섰을 때

고/본질의 순수함이 모든 구체화된 현상과 다르지 않으니/물질적 현상과 본질의 순수함이 바로 같으며/본질의 순수함 이것의 활성화가 바로 물질적 현상으로 구체화된 것이다)."(송준영,『선의 시각으로 읽는 반야심경』, 북인, 2010, 35~36쪽)

에/관자재 차원에서 내려다 보시고/모든 물질적 현상을 오온인 물질(色), 느낌
(受), 따짐(想), 의지적 충동(行), 버릇(識)으로 이루어졌으며/또한 오온 역시 모두
비었음을 분명히 아시고/일체의 괴로움에서 벗어나셨다.

　　觀自在菩薩 行深般若波羅密多時 照見五蘊皆空度 一切苦厄

—『반야심경』)

『반야심경』은 8만대장경의 중심이고 대반야(大般若) 600부의 강요(綱要)다.
상기『금강경』이나『반야심경』예문은 일체의 현상의 자성이 무자성임을
설파한다. 이것은 우리가 도출하여 사용하고자 하는 선시적 어법인 'A는 A가
아니므로 A다' 하는 A=Ā의 세계며, 적기에 의한 본래의 근원지에 우리를 돈
입시키기 위한 가르침이다. 선의 선장들은 한결같이 적기에 의해서만 실상지
로 합일이 가능하다고 설한다. 따라서 필자는 오랜 관습에 의해 쌓인 우리들
의 정상성(定相性)을 해체시키려는, 방편법문이 적기법문이며 적기어법이고,
이것이 표현될 때는 적기수사법이라 명명하였다. 여기서 우리 글의 골격인
적기란, 우리의 오랜 관습화된 사유를 깨뜨려 한순간 깨달음의 세계로 돈입
시키는 선가에서 쓰는 최상승 방편법문을 이른다.7)

(2) 선어록에 나타난 적기

① 선의 근원 삼처전심

선가에서는 선의 스승들이 중생을 제도하기 위해 기회가 있을 때마다 적
기법문을 휘둘렀다. 이것은 그들이 우리들에게 베푸는 간절노파심절(懇切老婆
心切)이었다. 적기란 언어가 포함하고 있는 둘레, 그 미망에 허덕이는 중생들
을 깨닫게 하는 목적이 있었다.

선어록에서 가장 먼저 나타는 삼처전심은 석가모니와 가섭에게 선의 밀지

───────────────
7) 송준영,『禪, 언어로 읽다』, 소명출판, 2010, 22쪽 참조

를 전심하는 3가지 선화를 말한다. 첫째, 염화시중의 미소와 둘째, 다자탑 앞의 분반좌, 그리고 사라쌍수 밑의 곽시쌍부를 선종에서는 삼처전심이라 하여 서래밀지의 이심전심한 근거로 삼는다. 이 삼처전심의 적기법문은 일체의 상식을 뒤엎고 우리의 정상성을 부정하며 우리가 정상이라고 하는 생각을 찰나에 빼앗아 간다.

염화미소

세존이 영산에서 설법을 하니 하늘에서 청·황·적·백의 연꽃이 내렸다. 세존이 그 꽃을 들어 대중에게 보이니 모두 어리둥절 하였으나 가섭이 이 뜻을 알아채고 빙그레 웃었다. 이에 세존이 말씀하셨다. "나에게 정법안장이 있는데 가섭에게 전해준다."고 하였다.[8]

다자탑전 분반좌

세존이 다자탑 앞에서 인간과 하늘의 무리에게 설법을 하였다. 이때 가섭이 먼 곳에서 늦게 도착하자 세존이 가섭에게 자리를 나누어 앉게 하니 대중들이 모두 어리둥절하였다.

사리수하 곽시쌍부

세존이 사라쌍수 사이에서 열반에 들은 지 7일 만에 가섭이 늦게 도착하여 관을 세 바퀴 돌며 예의를 표하니, 세존이 관속에서 두 발등을 내어 보이셨다. 이에 가섭이 절을 대중이 어리둥절했다.[9]

② 석가세존의 적기법문

오늘날과 같은 선이 종파로 이름을 얻기 전 세존 제세 때, 적기적인 선화를 몇 칙 소개코자 한다.

---

8) 『선문염송』 제1권 4칙 「염화미소」
9) 『선문염송』 제2권 37칙 「쌍부」

자리에서 내려오다[世尊陞座]

세존이 어느 날 설법을 하기 위해 자리에 올랐다. 대중이 모이니 문수가 백추(白鎚, 백:고함, 추:종을 침)하고 말하며 '법왕의 법을 잘 살피니 법왕의 법은 이러 이러 합니다.' 하니 세존이 자리에서 내려오셨다.[10]

돼지[猪子]

어느 날 사람들이 돼지를 메고 지나갔다. 세존이 이를 보고 물었다. "그게 무엇입니까?" 이에 두 사람이 대답했다. "부처님은 온갖 지혜를 다 갖추었는데 돼지도 모르십니까?" 부처님이 대답하였다. "그러기에 물어보는 것 아닙니까?"[11]

③ 선종의 초조 달마와 혜능, 그 문손들의 적기

달마의 확연무성

달마에게 양무제가 물었다. "어떤 것이 거룩한 진리의 제1의입니까?" "확연히 거룩한 진리가 없습니다." "그럼, 짐을 대하고 있는 당신의 누구시오?" "모르겠습니다." 무제는 끝내 달마의 말을 알아듣지 못했다.[12]

2조 혜가

달마에게 혜가가 물었다. "부처님의 법인을 들려주십시오." "부처님의 법인은 남에게 들을 수 있는 것이 아니다." 다시 물었다. "저의 마음이 편치 않습니다." "마음을 가져오너라. 편안케 해줄게." "마음을 찾아 얻을 수 없습니다." "네 마음을 벌써 편안케 해 주었노라."[13]

---

10) 『선문염송』 제1권 6칙 「세존승좌」
11) 『선문염송』 제1권 11칙 「저자」
12) 『벽암록』 제1칙 「달마확연무성」
13) 『선문염송』 제100칙 「법인」)

④ 한국의 선승들의 적기

나옹의 감변(勘辨)

나옹(懶翁慧勤, 1320~1376) 화상이 방문한 학인 삼인에게 물었다. "세 사람이 동행하면 반드시 한 가지 지혜가 있을 것이니 지혜가 이르지 못하는 한 구절을 말해 보시오?" 아무도 말이 없었다. 이에 화상은 "지혜는 말에 있지 않소. 두 번째 스님은 어떠하신가?" 그 학인도 말이 없었다. 이어 화상이 "세 번째 칠통은 어떤하신가?" 하였다. 그러나 그 학인도 말이 없었다. 이에 화상은 "이 노승이 스님네게 감파 당했소. 앉아서 차나 한 잔 하시구료."14)
* 감변=점검

백운의 상당법문

백운(白雲景閑, 1299~1374) 선사가 상당하여 말씀하셨다. "사람마다 다 갖우고 있고 모든 것 속에 또렷이 이루어져 있는데 어찌하여 이 늙은 중을 괴상하게 여깁니까? 오늘 이 늙은 중이 할 수 없이 여러 형제들의 몸과 마음을 바꾸어 주기 위해 一轉語를 한 말씀드리고자 합니다. 좋겠습니까?

여러 형제들이여 학다리는 길고 오리다리는 짧으며 감초는 달고 황련은 쓰지요 어떻습니까? 마음에 드십니까?" 선사께서는 하좌하셨다.15)

서옹의 지팡이

서옹(西翁尙純, 1912~2003) 선사께서 말씀하셨다. "내게 보배로운 지팡이가 하나 있어. 네가 이것이 있다면 줄 것이요, 만약 없다면 빼앗을 것이여. 이럴 때 한 번 일러보아?" 한 서너 해가 지나 백운암 조실에서 말씀을 드렸다. "백세 후에 어떤 이가 있어 너의 스님 서옹의 진면목이 어떻던가? 묻는다면 저는 어떻게 대답해야 합니까?" 새앙 쥐 눈을 반짝이며 나를 간파하던 스님이 이윽고 깩! 한 소리를 내질렀다. "나는 반야다 반야여!" 그곳엔 내가 없었다.16)

---

14) 『나옹화상어록』 「감변」
15) 『백운화상어록』 「상권」
16) 송준영 『현대언어로 읽는 선시의 세계』 「에필로그」 푸른사상사, 2006, 575쪽 참조

설악의 해제 법문

설악(雪嶽霧山, 1932~2018) 화상이 시자에게 부축되어 상당하여 한 말씀이 있었다.

"오늘은 삼동을 지나고 모두 흩어져 본래자리로 돌아가는 날이오. 여러 스님들의 공부 점검은 본사에 가서 큰 스님들께 받고 이 산승은 아무것도 줄 것이 없소. 혹 가져갈 것이 있어도 모두 그냥 두고 가시오. 이 산승의 부탁은 여러 분들이 산문을 나설 때, 이곳에서 보고 듣고 깨닫고 알은 것은 모두 놔두고 가시오. 만약 한 톨이라도 가져가는 스님이 있다면 도둑이오."

한참 앉아 졸던 노승이 시자의 부축을 받으며 하좌하였다.[17]

⑤ 선시의 적기수사법

지위 없는 참사람[無位眞人]

自呼自應主人翁	스스로 부르고 스스로 답하는 주인 영감
解弄精魂未神通	요정을 놀릴 줄 알지만 신통은 아닐세
無位眞人肉團上	지위 없는 참사람이 육단 위에서
尋常出入面門中	언제나 입으로 출입하네

— 지비자

위 게송은 아무것도 없는 그것을 노래한다. 그게 그것이어서 "스스로 부르고 스스로 답하는 주인 영감/정을 놀릴 줄 알지만 신통은 아닐세"로 모두 모두 입을 모아 한 말로 얘기한다. 이 간단명료함이 우리를 적기한다.

과연 임제가 부르짖던 '지위 없는 참 사람'인 무위진인은 무엇인가?

무위진인이 무엇이냐? 어떤 중의 물음에 임제가 스스로 직격탄을 날린다. "지위 없는 참사람이 무엇이냐? 마른 똥 막대기다."(無位眞人 是什麼 乾屎橛)

설봉 의존이 이 이야기를 듣고 "임제는 흡사 날도적과 같다."고 착어를 하

---

17) 2008년, 설악산 백담사. 무금선원. 하안거 해제 법문.

였다.

돌여인이 웃음 짓네

火裡紅蓮落古衣	불 속에 붉은 연꽃 옛 옷에 떨어지니
木童扠捨滿筐歸	목동이 버리고 광주리에 마음 채워 돌아오네
古曲無音誰敢和	옛 가락 곡조 없으니 누가 감히 화답하리오
溪邊石女笑微微	냇가 돌여인이 빙긋빙긋 웃음 짓네

— 소요태능

어느 것 하나 무한실상이 아님이 없다. 무엇을 불이라 하고 무엇을 연꽃이라 하고 무엇을 옛 옷이라 하는가? 옛 옷, 이 발가벗은 실상 위에 붉은 연꽃은 무엇이며 그 불 속 연꽃은 무엇인가? 목동이 있고 광주리가 있고 또 마음도 돌아간다고 한다. 누가 감히 화답하나? 걱정 말라. 이 치운 겨울 강남유람객이, 눈 껌벅이며 점두(點頭)하고 있음을.

장부의 일대사 마치다

髮白心非白	머리는 희어도 마음은 희지 않는 것
古人曾漏泄	옛사람은 이미 누설했네
今聽一鷄聲	이제 닭 울음 한 소리에
丈夫能事畢	장부 이 일, 능히 마쳤네

— 청허휴정

젊은 휴정 수좌가 도반을 찾아 용성으로 가는 길, 어디선가 울려 오는 낮닭 울음소리에 마음이 열려 게송 두 수를 읊는다.

앞의 시, 1행과 2행은 아이러니다. 왜 불조가 이른 말씀, '색즉시공 공즉시색'의 도리에 비추어보면 "머리가 쉬 지면 마음도 하얗게 쉬고, 마음이 쉬어지면 머리카락 역시 하얗다" 함이 마땅하다. 3행의 닭 울음소리, 서산이 들은 닭 울음소리. 대체 어떤 닭 울음소리이기에 "장부능사필(丈夫能事畢)"이라 직

언할 수 있는가? 서산이 적기되고 여러분이 적기 되고, 나는 적기 안 되면,

경허의 『대방광불화엄경』

대들보도 대요, 댓돌도 대요, 대가사도 대요, 세수대도 대요, 담뱃대도 대다.

큰 방도 방이요, 지대방도 방이요, 질방도 방이요, 동서남북 사방도 방이라.

쌀광도 광이요, 찬광도 광이요, 연장광도 광이요, 광장도 광.

등잔불도 불이요, 모닥불도 불이요, 촛불도 불이요, 화롯불도 불이요, 번갯불
도 불이요, 이불도 불이요, 횃불도 불이리.

매화도 화요, 국화도 화요 화병도 화요, 화엄경도 화네.

엄마도 엄이요, 엄살도 엄이요, 엄명도 엄이요, 엄정함도 엄이요, 화엄도 엄이
리.

면경도 경이요, 구경도 경이요, 풍경도 경이요, 인경도 경이요, 안경도 경이
야.18)

이크, 엉터리다 하는 느낌, 아아! 엉터리다. 지독한 적기법문이요, 선시의
반상합도 선시의 무한실상 어느 것 가져다 부처도 엉터리다.

적기당하는 이는 분명 경허다.

눈먼 나그네가 눈뜬 사람 잡는구나.

이건 언어유희요, 아이러니요, 병치은유라 해도 뭔가 못 미친다. 그렇다 바
로 적기어법이다. 반상합도된 곳, 적기세계에는 갑도 을도 모두모두 무한실상
이다. 툭, 일초직입여래지(一超直入如來地)라는 무간지옥으로 든다.

4) 선시의 실증적 모형

그럼 우리의 글이 추구하는 선시의 표현방법론에서 중시되는 반상합도의
표현법을 극명하게 보여주는 시 1편을 예증해보자.

---

18) 『경허어록』 「일화집」, 경허성우선사법어집간행회, 김진성 역. 1981

焰裡寒霜凝結滯	뙤약볕 속 서리 구슬을 맺고
花開鐵樹映輝明	쇠나무에 핀 꽃 밝음을 자랑한다
泥牛哮吼海中走	진흙소 큰 울음으로 바다 속 들고
木馬嘶風滿道聲	바람에 우는 나무말 길을 메운 그 소리

— 허백명조[19]

　이 시는 1행부터 정상이 아닌 기이한 사물과 상호 충돌적인 이미지를 등장시켜 우리를 황당하게 한다. "뙤약볕 속 서리"와 "쇠나무에 핀 꽃"이 그것이다. 3행에 나오는 "진흙소 큰 울음" 울고, "진흙소가 바다에 든다"나 마지막 행의, "바람에 우는 나무말"의 등가물인 "길을 메운 그 소리" 역시 우리를 황당무계한 속으로 밀어 넣는다. 우리가 경험하는 충격적 당황감은 우리가 현실적인 기본 질서나 정상으로 인정하는 기본 바탕을 이 시가 고의적으로 깨어버리는 데서 기인한다.

　'불 속에 핀 연꽃'이나 '돌로 만든 구름'과 같은 것들은 존재의 정상적인 양태를 벗어나 있으며 현실적인 분별상으로는 존재할 수 없다.

　앞장에서 보았듯이, 선의 기반이 되는 공도리는 차별적 인식을 거부한다. 일체가 회감하는 공도리는 마치 현대물리학에서 말하는 양자장(量子場)[20]과 같다. 그것은 공이라고 이해되는 '빔'이 빈 것이 아니며, 가득 찬 것 같은 '장'이 일정한 터(시, 공간)가 아니라 빔(비다)/참(차다)이 빔=참의 장소일 수도 있

---

19) 虛白明照(1593~1661) 병자호란시 수군 4000을 거느린 의병승장. 『虛白堂集』이 있다.
20) F. 카프라, 『현대물리학과 동양사상』, 이성범·김유정 공역, 범양사, 249쪽.
　아인슈타인의 重力場理論과 量子場理論은 둘 다 素粒子들이 그것들을 둘러싸고 있는 공간으로부터 분리될 수 없다는 것을 밝혀주었다. 한편 그것들은 그 공간의 구조를 결정하는 반면에 독립된 실체로서 여겨질 수 없고, 전 공간에 미만해 있는 연속적인 場의 응결로서 이해해야 한다. 量子場理論에서 이러한 場은 모든 素粒子들과 그것들 서로의 상호 작용의 바탕으로서 이해되고 있다.
　場은 언제 어디서나 존재한다. 그것은 결코 제거될 수 없다. 그것은 모든 물질적 현상의 수레다. 그것은 그것으로부터 陽性子가 파이中間子들을 생기게 하는 〈虛空〉이다. 素粒子들의 나타남과 사라짐은 단지 場의 운동형태에 불과하다.

다는 모순적, 상호 보완적 성격을 말해준다. 이것은 적기어법(賊機語法)을 통해 불이(不二)를 보여주기 위한 선시의 반상합도(反常合道)의 표현법과 다르지 않다.

우리는 무생물로 만들어진 진흙소나 나무말은 살아 있는 것이 아니므로 울 수 없다는 고정관념에 길들여져 있다. 위의 "쇠나무에 핀 꽃"은 정상적으로 있을 수 없는 사물이며, A=A라는 정상논리로는 의미를 해독할 수 없다. 결국 차별에 의한 고정관념을 정상이라 생각하는 인식의 틀로서는 위의 시가 무엇을 나타내려고 하는지 알 수 없다. 이러한 시구는 "A는 A가 아니므로 A다"는 등식으로 이해해야 비로소 해석이 가능해진다.

'이것'과 '저것'이 없는 공이므로, '이것'과 '저것'의 차별이 있을 수 없다. 그런 의미에서 선시는 우리에게 정상이라는 기준치가 정말로 정상인가 되묻게 해준다. 공의 세계는 정상이 비정상이고 비정상이 정상인 세계, 정상과 비정상이 융합하여 서로 회통되는 세계다. 이것이 현대물리학에서 말하는 통일장의 세계다.

이것은 A와 Ā가 자별상을 가시고 존재하는 깃이 아니라, A기 곧 A일 뿐만 아니라 A가 아닌 것이 될 수도 있음을 의미한다. 이것을 등식으로 표현하면 A=Ā의 등식이 된다. 모든 사물들은 이러한 양태로 존재하기 때문에 공이며 그래서 불이세계(不二世界)라 한다.[21]

---

21) 송준영 『현대언어로 읽는 선시의 세계』, 푸른사상사, 2006, 12~14쪽 참조.
『선, 빈거울의 언어』, 푸른사상사, 2016, 11~15.쪽 참조.
불경 전반에 이런 선시의 삼단계 표현법이 깔려 있다. 이 말씀들은 우리를 선이 목적하는 선의 세계에 돈입시키려는 선장들의 적기어법에 의한 적기법문으로, 중도인 불이세계를 현현하기 위한 표현, 곧 적기수사법이다.
* 『반야심경』 "色性是空 空性是色 色卽是空 空卽是色 色不異空 空不異色"이 원문인데 현장이 한역할 때, 본래적인 입장인 1단계를 고의적으로 누락시켰다고 본다. 첫 단계는 '원래'의 일상 단계이기 때문이다.
* 『중론』에 근거하여 천태종에서는 空.假.中의 三諦를 세움. 이 삼제의 전개는 無自性, 공의 변증법적인 논리 구현인 통일논리를 밝힘.
* 『열반경』은 불성은 '有無 非有非無 亦有亦無 有無合故 名曰中道'란 말씀이 있다.

선, 그 언어 표현인 선시는 문자를 차용하되 그 도리만 나타내기 위해 특이한 표현방법론을 사용한다. 그것은 언어 초월이라는 선의 본질적 성격에도 불구하고 그 자체는 언어양식으로 존재하고 있기 때문이다. 결국 선의 도리를 나타내기 위해 선시들은 정상적인 문법을 벗어난 어법, 즉 A=Ā의 등식으로 표현하게 된다. 우리가 정상이라고 생각하는 논리성을 완전히 무시한 표현방법론, 즉 텅 빈 정신적인 공황에 의한, 새로운 적기된 A=Ā의 세계인 불이세계에 든다. 필자는 이러한 선시의 표현을 적기수사법(賊機修辭法)이라 창안하고 명명한다.

5) 선시의 적기수사법

우리는 선적인 적기수사법을 다시 선시의 반상합도(反常合道), 선시의 초월은유(超越隱喩), 선시의 무한실상(無限實相)으로 나누어 논증하고자 한다. 사실 위의 세 가지는 선시를 표현하는데 서로 불가분의 관계를 지니고 있어서 또렷이 따로 떨어트려 설명하기 곤란하나 이해를 더욱 분명하기 위해 각론해 본다.

(1) 선시의 반상합도

선시는 앞장에서 간단하게 개관한 선 사상을 시적으로 표현한 언어양식을

---

* 근래 성철의 '山是山 水是水 山是水 水是山 山亦是山 水亦是水'란 법어가 있다.
* 『금강경』 "佛說般若波羅蜜 卽非般若波羅蜜 是名般若波羅蜜" (如法受持分 第十三) 곧 '부처님이 설한 반야바라밀을 곧 반야바라밀이 아니고 그 이름이 반야바라밀이다.'라 함은 'A는 A가 아니고 그 이름이 A다, A=Ā라고 도식화된다. 총정리해보면 아래와 같다. 우리에게는 이것이 차제에 의해 이해되지만 사실 賊機에 의한 돈오할 때만이 가능하다.
[정리]
원래적 입장－色性是空 空性是色－空諦 －有無－山是山 水是水－(A)
사상적 표현－色不異空 空不異色－假諦－非有非無－山是水 水是山－(Ā)
체험적 결과－色卽是空 空卽是色－中諦－亦有亦無－山亦是山 水亦是水－(A=Ā)

말한다. 다시 말하면 선사들의 선적 체험, 이른바 선수행의 결과로 체득된 오도의 경지를 표현한 시이다.

　반상합도란 우리가 정상이라 규정하는 일상을 돌이키고 뒤틀어서 정상과 비정상이 융통하고 회감하여 수승된 다른 세계로 나아감을 말한다. 즉 서로 다른 것이 상호 합일되어서 고차원의 것으로 합도되는 경지다. 수사학적으로 말하면, A라는 시적 요소(시어)가 B라는 시적 요소와 상치하는 듯하나, 보다 커다란 차원에서 보면 하나의 통일된 수사적 효과를 거둔다. 즉 A와 A가 아닌 요소(즉 Ā)가 서로 상치하고 대립하는 듯하나, 보다 큰 차원에서는 서로 어우르는 것, 즉 A=Ā의 상태를 의미한다.

　그럼 표집된 선시를 읽어보기로 하자.

石女忽生兒	돌여자가 갑자기 아기를 낳으니
木人暗點頭	나무사람은 조용히 머리를 끄덕인다
崑崙騎鐵馬	곤륜족이 쇠말을 타고
舜若着金鞭	허공이 금채찍을 친다

백운경한[22]

般若劍兮殺佛祖	반야검이여 부처와 조사를 쳐 죽이고
吹毛用了急須磨	시퍼런 칼을 쓰면 급히 갈아라
木鵲飛翔徹天外	나무까치는 비상하여 하늘 밖 사무치니
直透千峯萬嶽去	바로 천봉만악을 뚫고 가도다

— 서옹상순[23]

　고려의 백운(白雲)화상, 2003년에 입적한 서옹(西翁)선사는 모두 한 시대를 대표하는 일급선사들이다.

---

22) 白雲景閑(1299~1375) 고려 말 선승. 저서 『백운어록』이 지금까지 전하고 있다.
23) 송준영, 『반야심경강론』, 경서원, 11쪽.
　　西翁尚純(1912~2003) 조계종 5대 종정 지냄.
　　(般若劍兮殺佛祖 吹毛用了急須磨 木鵲飛翔徹天外 直透千峯萬嶽去)

앞 시에서 돌여자가 왜 갑자기 아이를 낳으며, 나무사람이 어떻게 고개를 끄덕인단 말인지? 곤륜족이 쇠말을 타는 것이나 허공의 금채찍이나, 석녀, 즉 아이를 잉태할 수 없는 여자가 아이를 뱀, 목인 즉 허수아비가 고개를 끄덕임, 티베트 북쪽에 있는 흑인 종족이 철우를 타고 달리고, 허공이 금채찍[金鞭]을 치'는 표현들은 정상적인 사유로는 용납될 수 없다.

당대의 우리나라 거선(巨禪)인 서옹 선사의 경우도 마찬가지다. 어떻게 지혜의 칼이 부처와 조사를 쳐 죽이는지, 나무까치가 하늘 밖을 뚫고 나가며, 천봉만악마저 직투(直透) 할 수 있단 말인가? 그러나 이들 역시 앞장에서 밝힌 적기어법(賊機語法)의 도식인 자성(自性)이 무자성(無自性)일 때 가능한 A=Ā의 표현으로만 이해가 된다.

그럼 선시에서는 왜 이런 황당한 표현들을 만들어내어서 사용하고 있는지 살펴보기로 한다.

한 사상과 더불어 그 사상에 적합한 표현의 방법이 계발되어 전달된다. 이런 측면에서 보면, 이 황당한 표현들은 바로 선 사상을 온전히 담기 위한 노력에서 온 것이라고 할 수 있다. 여기에서 오는 낯설기 덕분에 저 밑에 도사리고 있는 공도리의 본체를 떠올릴 수도 있지 않을까. 결국 이것들은 선사들이 이렇게 하지 않으면 꼼짝할 수 없는 공사상을 표현하고 알려주자는 깊은 마음 씀의 결과라고 할 수 있다. 우리가 앞에서 검토한 공도리에 의하면, '돌'과 '여자'. '나무'와 '사람'. '허공'과 '금채찍' 등은 서로 다른 차별의 사물로 볼 수 없다. 이것은 분명 'A는 A가 아니므로 A다'라는 A=Ā의 도식의 세계다. 이것은 일체 차별상의 사물을 공도리에 반조(返照)함으로써 다시 드러나게 만드는 반상합도의 표현방법이라 하겠다.

사실 우리는 모든 것들을 이원론적으로 대립시키는 것을 정상으로 규정하며 살고 있다. 그래서 근래 일본의 선사인 스즈키는 "선에 대하여 무엇인가

서술하려 한다면 언제나 역설적인 문자를 쓰게 된다'[24)고 말한다.

(2) 선시의 초월은유

예로부터 문학은 사물을 설명하지 않고 표현하려 하기에, 비유를 중시한다. 이때 비유는 표현의 중심원리가 된다. 비유는 이미지를 통해 추상적인 것을 구체화하는데, 그 근거는 유사성과 연속성에 있다. 선시도 언어의 산물이므로 비유적 표현에 의지한다. 그중에서도 선시는 초월은유(超越隱喩)를 선호한다.

초월은유란 이질적인 두 사물에서 유사성을 발견하는 비유, 곧 "비동일성에서 동일성을 발견하려는 비유다. 즉 A=Ā라는 도식에서, 이 두 세계를 동시에 포함하면서도 내적 속성을 초월하는 경지를 표현하는 비유를 초월은유라고 칭한다.

이승훈은 그의 『시론』에서 '현대시의 경우 모두 본질적으로 은유를 지향하는데, 근본적 형식 A is B(A=B)로 나타내고, 오늘날 많은 이론가들이 관심을 표명하는 다른 형식, 곧 병치은유의 도식 A−B를 첨가하여, 크게는 동일성(identity) 형식과 병치(juxtaposition) 형식으로 양분된다.'[25)고 적고 있다. 여기에서 병치은유는 비동일성 은유를 말한다.

휠라이트(P. Wheelwright)는 위에서 말한 동일성 원리에 입각한 은유를 치환은유, 비동일성에 입각한 은유를 병치은유로 설명하고 있다. 치환은유는 불확실하고 모호한 것으로부터 상대적으로 잘 알려진 보다 구체적인 것으로 옮기는 의미론적 이동을 말하며, 병치은유는 상호 모방적인 인자가 없이 독립적으로, 또는 여러 사물이 병치되어 있음을 말한다.[26)

---

24) 스즈키 다이세츠, 『선의 진수』, 東峰 역, 고려원, 1987, 13쪽.
25) 이승훈, 『詩論』, 고려원, 1979, 134쪽.
26) 이승훈, 위의 책, 139~145쪽.

선시에서는 치환은유보다 병치은유가 많이 발견되는데, 보다 뛰어난 선시들은 초월은유를 선호한다. 그 이유는 앞에서 살펴본 A=A 혹은 A=B라는 상식적이고 정상적인 논리로는 나타낼 수 없는 공도리에 의한 선 사상에서 기인한다고 볼 수 있다. 이 점에서 초월은유는 동일성의 치환은유와 비동일성의 병치은유, 곧 양변의 견해를 모두 벗어나는 비유라고 할 수 있다. 초월은유의 도식은 불경이나 선어록 도처에 나타나는 일체를 반상합도 함으로 나타나는 수승한 우리의 본래세계의 다른 이름일 뿐이다.

그런 까닭에 초월은유는 'A는 A가 아니므로 A다'라는 A=Ā다로 표시되는 반상합도의 어법의 등식과 일치된다. 곧 양변을 융합하면서 동시에 초월하는 비유상태를 의미한다.

선의 공안(公案)에서 많이 나타나는 '이뭣꼬[是甚麼]' 화두(話頭)에 대해 여러 선사들의 답변을 보자.

> 어떤 것이 불법의 적적한 대의입니까? (如何時佛法的的大意)
> 어떤 것이 조사가 서쪽에서 온 뜻입니까? (如何時祖師西來意)
>
> a. 동산 : 마삼근(麻三斤)
> b. 조주 : 뜰 앞의 잣나무
> c. 운문 : 해 속의 산을 본다
> d. 향림 : 오래 앉아 있으니 피곤하구나
> e. 대매 : 조사에는 뜻이 없다
> f. 임제 : 선상에서 내려와 묻는 자에게 뺨을 때리고 확 떠밀다[27]

위의 질문은 곧 '진리란 무엇입니까?' 하는 질문의 선적 물음이다. 이에 대

---

27) 『선문염송』 160・161・162・163・164 권, 동국역경원, 1978 :『경덕전등록』 181・182권, 동국역경원, 1978.

해, a와 b의 선사는 치환은유의 형식을 취하고 있으나, c. d. e. f의 선사들의 대답은 한결같이 동문서답식 답을 질문에 병치하고 있다. f의 임제는 언술마저 거두고 무례한 행동을 서슴지 않는다. 임제의 이런 행위는 우리를 바로 공도리(空道理) 심층 속으로 데리고 간다. 임제의 행위는 상기 5개 은유와는 다른 선적 표현이다. 이런 행위는 언어가 음성화하기 전에 표현된 선기다. 임제의 선적 행위는 일체를 초월한 직지인심을 나타낸 표현방법이다. 예문에서 c, d, e 경우는 a, b, f의 경우와는 다른 비유를 사용하고 있다. 이것은 '마삼근'이나 '뜰 앞의 잣나무'처럼 치환은유도 아니고, 임제의 행위처럼 직접적이지도 않지만, 완전히 질문의 의도와는 격리된 대답이다. 곧 외형적으로는 서로 다른 이미지가 병치되지만, 내적으로는 서로 의미가 절연되는 수사법을 보인다. 그러나 '해 속의 산을 보듯이' 질문과 대답 자체를 초월하여 새로운 경지를 제시하는 비유를 발견하게 된다. 이러한 질문과 대답 행위 자체를 초월하며 적기되는 선문답적인 은유를 초월은유라고 한다.

그럼 초월은유의 실제적 예를 살펴보자.

泥爲靑石隨	진흙은 푸른 돌 속의 뼈
松作老龍鱗	소나무는 늙은 용의 비늘
犬吠白雲隔	구름에 막힌 개 짖는 소리
桃花洞裡人	복사꽃 동네 사람들

— 청허휴정[28]

徐踔金毛獅子	평온하고 뛰어난 금사자,
如何五陰窟內屈膝	어두운 굴 안에 쪼그리고 앉아 있다
雖然箇中應有一片水鏡	그러나 그 몸에 한 조각 수경이
光明直射毛孔中出	모공으로부터 빛 쏟아내니

---

28) 清虛休靜(1520~1604) 조선 선승. 서산대사. 『청허당집』『선가구감』『선교석』 등의 저술이 있고, 사명당, 편양언기 소요태능 정관일선을 청허문하의 4대 문파를 이루었다.

落在千江　　　　　　　일천강에 달빛이라

　위의 2수의 게송은 문자로 표현하였으나 언어도단(言語道斷)이 되고 이언절려(離言絕慮)가 됨은 앞에서 살펴보았던 시편들과 마찬가지다. 이 게송들은 위에서 살폈던 외형상으로는 치환은유다. 그러나 동일성의 치환은유나, 비동일성(非同一性)의 병치은유적 수사학으로는 잣대가 맞지 않다. 현실적으로 존재되어 왔고 앞으로도 계승 발전될 반동일성(反同一性)의 수사법을 일단 선시의 초월은유(超越隱喻)라고 명칭한다.

　처음 인용한 시는「화개동(花開洞)」이라는 제목이 붙은 서산대사의 게송이다. 1행에선 진흙이 돌에 묻어 있어 흙은 살로, 돌은 뼈로 이해된다. 이와 반대로 흙은 뼈로 돌을 살로 치환된다. 일상 논리에 역행한 의미상 모순어법이다. 그러나 암벽을 휘덮고 있는 흙, 그 속에 흙이 뼈처럼 가렸다. 흙이 돌의 뼈가 되었다. 보는 시점에 따라 얼마든지 가능하다. 이것이 반상의 합도인 공도리라 할 수 있다.

　비논리의 논리라 할까. '늙은 용 같은 소나무', '늙은 용'과 '소나무'를 병치하여 새로운 합도의 세계를 드러낸다. 우리는 순간적으로 소나무를 보는 순간, 용의 비늘로 표현된 오랜 세월을 느끼게 된다. 선사는 찰나를 보이면서 영겁의 세월을 우리에게 보이고 있다. '개 짖는 소리'에 인가가 있을 듯도 한데 흰 구름에 막힘은 역시 반상합도 의해 얻어진 세계를 표현하려는 내적으로는 초월은유다. 4행, 결구에 가서는 꽃과 사람이 병치은유로 놓여 있다. 그 가운데도 복사꽃은 움직이지 않고 사람은 움직이니, 정중동(靜中動)이다. 그야말로 꽃인지 사람인지, 유정 무정이 공 가운데로 모셔졌다. 바로 A=Ā의 세계다. 우리의 사유는 보통 동일성(同一性)과 비동일성(非同一性)의 양변을 내포하

---

29) 萬鏡映眼(생몰연대미상),『曾谷集』에 실린 인연으로 보아 일정시대로 추측.

는데, 이 모순성을 뛰어넘은 고도의 선적표현인 적기수사법, 이것이 선시의 초월은유이다.

만경 화상의 게송은 「증곡진영찬(曾谷眞影贊)」이라는 제목이 붙은 찬시다. "금사자가 오음굴[30]에 갇혀 있는데, 그 오음굴엔 한 조각의 빛나는 거울 쪽이 있어 빛을 내뿜으니 곧 천강에 비치는 달빛이 아닌가"로 풀이된다. 그러나 『반야심경』의 '색즉시공 공즉시색'의 공도리에 비추어보면 '금사자가 즉 오음굴'이고 오음굴 역시 한 조각 거울'이다. 또 '일천강의 달빛은 금사자다.' 이것은 동일성, 비동일성의 은유를 사량 분별하는 양변 견해를 초월한 불이(不二)에서 쏟아져 나오는 선사들의 언설이다. 선사들이 우리에게 보이고자 하는 것은 바로 'A는 A가 아니므로 A이다'라는 세계니, A는 B이고 C이며 또 동시에 D, E…… 끝없는 무한의 인드라망적인 중중무진연기(重重無盡緣起)의 세계다.

지금까지 살펴본 바와 같이, 초월은유는 A와 $\bar{A}$, 즉 긍정과 부정의 양변을 모두 초월하면서 동시에 같이 내포하는 반상합도적 표현법을 나타내는 것이므로, 반상합도의 등식과 궤를 같이 한다. 이 또한 A=$\bar{A}$의 등식을 갖는다.

(3) 선시의 무한실상

플라톤에서 데카르트로 이어지는 물심이원론은 마음과 물질이 서로 환원 불가능한 궁극적인 존재론적 실체를 형성하는 것이어서 이들 사이에는 어떠한 내면적 관계도 성립하지 않는다. 그리고 뉴턴의 기계론적 물질관 역시 마음과 물질을 서로 대립하는 존재론적 양극으로 간주해왔다. 그리고 이들은 현상계와 그 배후에는 불변하는 본체, 곧 신을 설정하는 오랜 서구의 신본주의 사유의 결과일 것이다. 이러한 사유 전통을 계승한 서구의 상징주의자들

---

30) 五陰 : 일체의 존재와 비존재는 色. 受. 想. 行. 識으로 되어 있다는 구성요소를 오음 혹은 五蘊이라 한다.

은 일체 현상 세계는 허구 세계며, 궁극적으로는 상징 세계로 인식한다.

불교와 노장사상과 유가적 사유에서 자라난 선의 입장에서는 이 서구의 상징이란 단어에서 '색'이나 '가상(假象)'과 비슷한 느낌을 받는다. 이 색이나 가상이란 말은 현상적으로 나타나는 일체의 물질을 뜻한다. 이것은 공, 실상, 본체, 본성과 상대적 의미를 지니는 용어다. 서구의 상징은 물질적 현상을 무한한 해석의 가능성을 간직하고 있는 암호의 숲으로 생각하는 경향이 있다. 이 상징이란 말은 불교에서 보는 '색즉시공 공즉시색(色卽是空 空卽是色)'인 사유법, 공(空) 가(假) 중(中)이 서로 벗어남이 없다'는 선적 사유와는 근본적으로 다르다.

선, 즉 공도리는 본질과 물질적 현상을 따로 구분하지 않는다. 선사들의 비유와 상징은 이들을 초월하는 방편으로 사용한다. 선사들의 시는 단순히 선시를 쓰기 위해서라기보다는 중생들에게 진리를 현현시켜 깨우쳐주는 데 목적이 있기 때문이다. 마치 『잡아함경』에 나오는 '뗏목으로 강을 건너고는 뗏목을 요긴하다는 생각으로 땅에서도 메고' 다니는 어리석음과 장자에서 보이는 '고기를 잡으면 그물을 잊는다.'는 사상과 같기 때문이다. 이와 같은 문장은 긴요하게 사용한 후, 상징에 남아 있는 고리를 단절함으로써 '옳다/그르다' 하는 분별 간택심을 놓아버리게 한다. 이것이야말로 선사들이 우리에게 가르치려는 불립문자(不立文字)이며 직지인심(直指人心)이다.

선시에선 단어, 시구 혹은 계송 자체가 낱낱이 암시적 상징으로 형성된다. 즉 선시어의 암시성, 상징성이 일반시보다 연결성, 밀도 면에서 훨씬 복잡할 뿐 아니라 무한하다. 복잡한 인드라망처럼 상징을 넘어서 굴레가 복잡함을 넘어서 일체의 복작함을 벗어나고 멈춘 본래일물(本來一物)을 무한실상이라고 칭한다. 곧 일체의 두두물물(頭頭物物)은 그대로 실상이므로, 어느 것 하나 밖에는 있지 않을 뿐 아니라, 실상의 외연이 너무나 광범위하고 동시에 단순명징하여 상징적 의미를 한정할 수 없다. 이러한 무한정의 실상성이 적기적어법과 궤를 같이하며, 반상합도의 A=Ā인 등식을 보여준다.

海底泥牛含月走	바다 밑 진흙소가 달을 물고 달아난다
巖前石虎抱兒眠	바위 앞의 돌호랑이 아기 안고 졸고 있다
鐵蛇鑽入金剛眼	쇠로 만든 독사가 금강눈을 뚫고 든다
崑崙騎象鷺鷥牽	곤륜족 깜둥이가 코끼리 타고 백노 끈다

— 고봉원묘[31]

고봉 선사는 중국 송대의 선승으로 『선요』의 저자로 잘 알려져 있다. 아무리 살펴보아도 우리들의 일상적인 상식으로는 접근할 수 없는 절연감을 느낀다. '진흙소', '돌호랑이'가 진리의 상징적 표현이라 이해한다 해도, '진흙소가 바다 속에서 달을 물고 달아나고', '돌호랑이가 아기를 안고 존'다든지, '쇠뱀이 금강눈을 뚫고 든다'든지, '티베트 지역의 흑인종족인 깜둥이가 해오라기를 끈다.'는 이미지는 가히 광란자의 헛소리로 밖에 들리지 않는다. 그러나 앞에서 고찰한 선의 공도리 입장에서 비추어보면, 선의 쓰임을 무한계, 무차별, 무작정으로 그린 선시의 무한실상(無限實相)으로밖에 볼 수 없다. 선이 그렇고 우리의 본성이 그렇고 일체 두두물물의 자성이 그렇다는 것이다. 그런 까닭에 선에선 무자성을 말한다. 그러나 이것은 서구의 쉬르레알리슴과 같이 자동기술에 의해 무작위로 쓰여진 것은 아니다. 분명 '깨달은 자'의 명료함에서 흘러나온 노래다.

海底燕巢鹿抱卵	바다 밑 제비집에 사슴이 알을 품고
火中蛛室魚煎茶	불 속 거미집엔 물고기가 차 달인다
此家消息誰能識	우리 집 이 소식을 뉘라서 알랴
白雲西飛月東走	흰구름은 서로 날고 달은 동으로 달린다

— 효봉학눌[32]

---

31) 이지관, 『四集私記』「禪要, 示衆 5」, 해인총림, 1968, 328쪽.
32) 曉峰學訥(1888~1966) 조계종 초대 종정. 『효봉어록』 문하에 구산, 법정 등의 상족

이 게송은 우리나라 조계종 통합 종단의 초대 종정을 지낸 선승의 오도송이다. "바다 밑 제비집엔 사슴이 알을 품다. 불 속 거미집엔 고기가 차 달인다"는 앞의 고봉의 게송과 같은 실상의 내적 세계를, 그저 아무렇지도 않고 작위도 없는 중중무진세계의 실상을 여법(如法)하게 보여주고 있다.

위의 두 게송에서 보듯이 당초부터 태초의 두두물물들은 상징된 것이 아니라는 것을 파악할 수 있다. 상징이란 물심이원론적 사유에 의해 조작된 것뿐임을 알 수 있다. 그리고 근원인 본질의 세계는 상징적 의미만 가지고는 본의를 알기란 전혀 불가능하다. 저쪽과 이쪽에 서로 닿은 공空의 세계 속에 있는 선사들은 언어마저 진언(眞言), 곧 선으로 보고, 선어(禪語)는 비유나 상징을 초월하여 닿는 절대현재(絕代現在)의 진실불허(眞實不虛)한 세계로 보기 때문이다.

이와는 달리 서구 개념의 상징이란 '유추적으로 가시 세계, 곧 물질세계가 연상의 힘에 의하여 불가시(不可視) 세계, 곧 정신세계와 일치하게 되는 표현양식'이며 '상징은 은유의 연장선상에 놓여 있다'[33]고 정의한다. 그러나 선사들은 상징을 써서 어떤 결정된 정상(定相)의 관습적인 관념의 견고한 껍데기를 박살낸다. 정상의 고정관념을 깨트린 세계는 언어와 언어가 맞닿는 세계며, 사물과 사물이 서로 조응하는 세계를 말한다. 이러한 실상을 표현하는 어법, 이러한 적기어법을 선시의 무한실상이라고 정의한다.

이 있다.
33) 이승훈, 『詩論』, 고려원, 151~153쪽.

3. 아방가르드 시의 그 표현방법적 경향

이 장에서는 우리나라 '아방가르드 시'(Abant-garde poetry)의 표현방법에 있어, 선시적 수사법인 적기수사법을 사용하고 있음을 살펴본다. 더 구체적으로 세분하여 볼 것 같으면 선시의 반상합도, 선시의 초월은유, 선시의 무한실상의 표현이 읽히는 시인들의 시를 각 시대별로 1명씩을 예증하고자 한다. 특히 서구적인 모더니즘의 수사법을 받아들여 우리 시단에 한 축을 이룬 이상, 김춘수 조오현 이승훈의 수사기법을 앞장에서 살핀 선적 수사법과 비교하기로 한다. 이들이 보인 시의 수사법이 선시의 수사법과 어떤 점에서 그 맥을 같이 하는가를 살피고, 더 나아가 서로 다른 각도에서 작시된 이들의 시들이 오늘날 어떤 표현방법으로 만나는지도 알아보고자 한다.

1) 이상(李箱)

30년대에 기존 전통시와 극명하게 대립되는 이상의 시를 살펴보고자 한다. 우리가 지금까지 살펴본 선시의 표현방법론의 특성인 적기수사법이 우리나라 실험적 현대시의 뿌리인 이상의 시와 어떤 점에서 마주치는가를 예증하고자 한다.

이상은 초기의 우리나라 모더니즘 시의 비조로 알려져 있다. 19세기 보들레르로부터 시작되는 현대시는 그 특징을 '긴장과 부조화'라 할 수 있다. 이 '긴장과 부조화'는 표현방법으로 볼 때는 '아이러니와 초자연주의'인데, 이것은 아방가르드 시의 두 가지 특질이다.

아이러니와 초자연주의는 형식상에서는 선시의 반상합도나 선시의 초월은유와 선시의 무한실상의 흡사한 표현으로 읽힌다. 우리시의 아방가르드적 요소는 30년대의 이상의 시에서 드러난다. 이상의 시는 유기적 예술 작품이라는 전통적 개념 파괴, 실험적 새로움, 우연성, 벤야민적 알레고리 등 네 가지로 요약된다[34])고 했다. 이것은 형식적 측면에서 본 입장이 아닌가 하는 생각이 든다. 이상의 시를 분석하여 보면 필자의 견해로는 '그의 시는 이항대립적인 우리의 정상화된 관념을 깨트리고 새로운 세계, 곧 우리가 떠나온 본성의 세계에 대한 동경을 노래하고 있다.'[35])라고 생각된다.

　　　13人의兒孩가道路로疾走하오.
　　　(길은막다른골목이適當하오.)

　　　제1의兒孩가무섭다고그리오.
　　　제2의兒孩도무섭다고그리오.
　　　제3의兒孩도무섭다고그리오.
　　　제4의兒孩도무섭다고그리오.
　　　제5의兒孩도무섭다고그리오.
　　　제6의兒孩도무섭다고그리오.
　　　제7의兒孩도무섭다고그리오.
　　　제8의兒孩도무섭다고그리오.
　　　제9의兒孩도무섭다고그리오.
　　　제10의兒孩도무섭다고그리오.

　　　제11의 兒孩도무섭다고그리오.
　　　제12의兒孩도무섭다고그리오.
　　　제13의兒孩도무섭다고그리오.
　　　제13의兒孩는무서운兒孩와무서워하는兒孩와그렇게 뿐이모였소.
　　　(다른事情은없는것이차라리나았소.)

---

34) 이승훈, 『모더니즘시론』, 문예출판사, 1995, 10쪽.
35) 필자는 이승훈 선생님과 이 문제를 제시하고 여러 석학들의 견해가 한밤중에 가로등을 보고 태양이라고 말하고 있지 않나 하고 반문한 적이 있다. 1500여 년 전에 말한 '佛說 般若波羅蜜 卽非般若波羅蜜 是名般若波羅蜜'인 곧 "연필은 연필이 아니라 그 이름이 연필이다."라는 『금강경』의 말씀을 왜 새겨보지 않았는가? 모를 일이다.

그中에1人의兒孩가무서운兒孩라도좋소.

그中에2人의兒孩가무서운兒孩라도좋소.

그中에1人의兒孩가무서워하는兒孩라도좋소.

그中에2人의兒孩가무서워하는兒孩라도좋소.

(길은뚫린골목이라도適當하오.)

13인의兒孩가道路로疾走하지아니하여도좋소.

— 이상「오감도(烏瞰圖)－시제1호(詩第一號)」 전문

「오감도(烏瞰圖)」[36]는 1934년 『조선중앙일보』 7월 24일부터 8월 8일까지 연재한 연작시로 연재 도중 독자들의 비난으로 중단된 시의 표제다. 원래 조감도(鳥瞰圖)는 높은 곳에서 내려다보는 것처럼 그린 그림을 뜻한다. 그러나 '오감도'는 이상이 쓴 조어다.

"13인(人)의 아해(兒孩)"에 대해서 이승훈은 '시 후반부'에서 '아해(兒孩)'의 의미와 결합되어 불안을 표상한다고 하였고, 이 '13인(人)'은 기호와 상징의 중간개념으로 인식된다 하였다.[37] 아해(兒孩)는 아이의 낯설기로 봄이 타당하다.

또 "도로(道路)로 질주(疾走)하오"에 대한 의미를 이규동은 '불안의 극단적 형태 혹은 성적 흥분'으로 보았고 정귀영은 '현대의 위기의식'으로 이어령은 '미래를 향해 질주하는 인간의 현실적 상황과 역사적 도정을 표시하는 은유'로 보았다. 이승훈은 '도로(道路)'는 '막다른 골목'이어도 좋고 '뚫린 골목'이어도 좋다고 시에서 진술하였으므로, '도로' 자체의 의미보다는 질주의 의미가 강조되었다고 했다.[38] 그러나 필자는 '막다른골목/뚫린골목'은 '자/타', '주관/객관'의 이항대립적인 오랜 관습에 의해 생긴 인간의 정상화(定相化)를 해

---

36) 이승훈 편『이상문학전집 1』문학사상사, 18쪽.

37) 위의 책, 18쪽.

38) 위의 책, 19쪽.

체하고 보다 수승(殊勝)한 세계, 우리의 본성의 세계를 펼쳐 보이려는 의도에서 나타난 표현법이라 생각한다. 이것은 적기수사법인 선시의 반상합도와 선시의 초월은유에 의한 새로운 세계의 첨가며 본지환처(本地還處)의 세계다.

그리고 2행의 "길은막다른골목이적당(適當)하오"는 22행의 "길은뚫린골목이라도적당(適當)하오."와 구조적으로 대립되어, 길은 뚫린 골목이든 막다른 골목이든 관계가 없다는 의미로 읽힌다. 이런 반어적 의미는 1행 "13인(人)의 아해(兒孩)가도로(道路)로질주(疾走)하오."와 23행의 "13인(人)의아해(兒孩)가도로(道路)로질주(疾走)하지아니하여도좋소."에서도 구조적으로 대립된다는 입장에서 이해된다. 따라서 '13인의 아해가 왜 도로로 질주하는가' '도로는 막다른 골목인가 뚫린 골목인가'에 대한 대답은 중요치 않게 되고, 시에서 중시되는 것은 '아해들의 상태'다.[39]

이런 해석은 시를 읽는데 작가 이상이 무엇을 그리고자 하였는가에 대한 의미상 접근일 수 있다. 그러나 필자의 생각으로는 앞장에서 우리가 보아온 선시의 적기수사법 중 '선시의 반상합도'와 '선시의 초월은유'에 의한 수승된 다른 내적이며, 외적인 일체의 실상을 여시하게 표현하고자 하는 선시의 무한실상의 수사법으로 읽힌다. 곧 우리의 정상(正常)이라 규정하는 관습화된 일상을 돌이키고 뒤틈으로 정상과 비정상이 융통하고 회감(廻感)하여 수승된 또 다른 세계로 나아간다. 서로 다른 것이 합일되어 고차원의 세계로 합도 되는 경지니, 수사학적으로 말하면 A라는 시어가 B라는 시어와 서로 상치하는 듯 하고 대립하는 듯하나, 보다 큰 차원에서는 서로 융합회통(融合回通)하는 것, 그래서 하나의 통일된 수사적 효과를 거둔다. 곧 A와 A가 아닌 요소인 Ā와 서로 상치하고 대립하는 듯하나, 결국 수승된 세계를 표현하는 바로 우리가 세워온 A=Ā의 상태로 상상력을 넓혀주고 있다. 곧 선시의 수사법을 충분히 활용하고 있다.

---

39) 위의 책, 19쪽.

여기서 필자는 선시에서 무수히 도출되는 적기수사법을 다시 한번 살펴보아야 하고 살펴야 한다는 생각이 든다. 때문에 적기수사법을 도출한 『금강경』의 주 수사법으로 나타나는 "부처님이 설한 반야바라밀은 곧 반야바라밀이 아니고 그 이름이 반야바라밀이다(佛說般若波羅蜜 卽非般若波羅蜜 是名般若波羅蜜)"(如法受持分 第十三)라 함은 'A는 A가 아니고 그 이름이 A다', A=Ā라고 도식화된다. 이것은 유=무, 애=증, 희=로는 머리는 꼬리일 수밖에 없는 자성이 무자성임을 이른다. 그리고 "여래가 말한 삼천대천세계는 곧 세계가 아니고 그 이름이 세계이다(如來所說 三千大千世界 卽非世界 是名世界)"(『금강경』 제30「一合理相分」)"라는 선구를 선학들은 언어의 허구성이라 규정하지만, 이것이야말로 천하의 두두물물은 그냥 적멸하고 스스로 있을 뿐, 그 속내는 바로 무다.

총정리해보면 아래와 같다. 우리에게는 이것이 차제에 의해 이해되지만 사실 적기(賊機)에 의한 돈오(頓悟)할 때만이 가능하다. 어떻게 이상(李箱)은 이런 도리를 알았을까? 깊은 경이에 빠진다.

결국 위의 시, 2행/23행은 이항대립적인 우리의 정상화된 사고를 해체하므로 둘이 아닌 새로운 세계, 불이(不二)의 세계로 들게 하려는 화자의 의도를 읽을 수 있다. '막다른골목(A)/뚫린골목(Ā)'에서 '막다른골목(A)=뚫린골목(Ā)'으로 선의 세계, 우리가 떠나온 환지본처(還至本處) 그리고 있다.

그리고 16행 "제13의아해(兒孩)는무서운아해(兒孩)와무서워하는아해(兒孩)와그렇게뿐이모였소"도 '무서운아해(兒孩)/무서워하는아해(兒孩)'가 '무서운아해(兒孩)=무서워하는아해(兒孩)'이니, 불교의 『유식론』에 의하면 우리는 본래 '안이비설신의(眼耳鼻舌身意) 기관과 그 대상이 되는 색성향미촉법(色聲香味觸法)의 경계를 가지고 있는 한 이항대립이 상존하고 있다고 한다. 그러나 이것은 우리의 일상화된 삶의 관습일 뿐 본래의 세계는 A/Ā의 세계가 아니라 A=Ā임을 선에서는 천명한다. 곧 '무서운아해(兒孩)=무서워하는아해(兒孩)'라는 두두물물의 본향(本鄕), 본래의 세계인 무아를 이상은 「오감도」에서 드러내고 있다고 필자는 생각한다.[40]

    그사기컵은내骸骨과흡사하다.내가그컵을손으로꼭쥐었을때내팔에서는난데없는팔하나가接木처럼돋히더니그팔에달린손은그사기컵을번쩍들어마룻바닥에메어부딪는다.내팔은그사기컵을死守하고있으니散散이깨어진것은그럼그사기컵과흡사한내骸骨이다.가지났던팔은배암과같이내팔로기어들기前에내팔이或움직였던들洪水를막은白紙는찢어졌으리라.그러나내팔은여전히그사기컵을死守한다.

— 이상 「오감도－詩第十一號」 전문

위의 시행에는 두 개의 팔이 나온다. '현실적인 팔(A)/환상적인 팔(Ā)'이다.

---

40) 이상이 어떻게 이런 도리를 생각해 낼 수 있었을까? 앞의 선학들은 장님이 코끼리 만지듯이 스스로의 생각을 드러내고 있다. 예컨대 "13人의(兒孩)"에 대해서 이승훈은 '시 후반부'에서 '아해(兒孩)'의 의미와 결합되어 불안을 표상, 그리고 '13人'은 기호와 상징의 중간개념으로 인식된다 하였다. 아해(兒孩)는 아이의 낯설기로 봄이 타당하다. 이규동은 "道路로疾走하오."의 의미는 '불안의 극단적 형태 혹은 성적 흥분'으로 보았고, 정귀영은 '현대의 위기의식'으로, 이어령은 '미래를 향해 질주하는 인간의 현실적 상황과 역사적 도정을 표시하는 은유'로 보았다. 이승훈은 '도로(道路)'는 '막다른 골목'이어도 좋고 '뚫린 골목'이어도 좋다는 것은, '도로' 자체의 의미보다는 질주의 의미가 강조되었다고 했다.'
필자는 이승훈 선생에게 이건 추리가 아니냐고 되물었다. 이런 현상을 무어라 말할 것인가. 불이(不二)의 세계로 들게 하려는 화자의 의도를 읽을 수 있다. '막다른골목(A)/뚫린골목(Ā)'에서 '막다른골목(A)=뚫린골목(Ā)'으로 선의 세계인 우리가 떠나온 환지본처(還至本處)를 그리고 있다는 생각을 떨칠 수 없다. 필자는 선시의 적기수사법을 도출한 『금강경』의 "佛說般若波羅蜜 卽非般若波羅蜜 是名般若波羅蜜(如法受持分 第十三), 곧 '부처님이 설한 반야바라밀을 곧 반야바라밀이 아니고 그 이름이 반야바라밀이다' 곧 'A는 A가 아니고 그 이름이 A다', A=Ā라고 도식화된다.
그리고 16행의 제13의兒孩는 '무서운兒孩/무서워하는兒孩', 즉 '무서운兒孩=무서워하는兒孩'이니, 불교의 『유식론』에 의하면 우리는 본래 '안이비설신의(眼耳鼻舌身意) 기관과 그 대상이 되는 색성향미촉법(色聲香味觸法)의 경계를 가지고 있는 한 이항대립이 상존하고 있다고 한다. 그러나 이것은 우리의 일상화된 삶의 관습일 뿐 본래의 세계는 A/Ā의 세계가 아니라 A=Ā인 우리가 떠나 온 본향(本鄕)임을 선(禪)에서는 천명한다. 곧 '무서운兒孩=무서워하는兒孩'라는 두두물물의 본향, 본래의 세계인 무아를 이상은 「오감도」에서 드러내고 있다고 생각할 수밖에 없다. 이것은 유=무, 애=증, 희=노는 머리는 꼬리일 수밖에 없는 자성이 무자성임을 이른다.

곧 '사기컵을 손으로 쥐고 있는 팔'과 이 '현실적인 팔에서 접목처럼 돋아난 환상의 팔'이 그것이다. 그러니 이 시에서 사기컵을 메어치는 팔은 환상의 팔이 된다. 그리고 "사기컵을번쩍들어마룻바닥에메어부딪는다.내팔은그사기컵을死守하고있으니"라는 시행은 '손에 컵을 쥐고 있는 현실의 팔(A)과 사기컵을 파괴하는 팔(Ā)'이 동시에 존재함을 말한다. 이 표현은 위에서도 지적하였듯이 '현실적인 팔(A)=환상적인 팔(Ā)'이어서 선시의 적기어법인 A=Ā의 표현법이다. 곧 현실이 환상이고 환상의 세계가 현실의 세계일 수 있는 우리 존재의 양태를 총체적으로 표현이다.

위의 시에서 현실의 '내팔은그사기컵을사수(死守)하고있으니산산(散散)이깨어진것은그럼그사기컵과흡사한내해골(骸骨)이다.'란 시행에서 곧 마룻바닥에 깨어져 흩어진 것은 환상적인 사기컵이며, 이 사기컵이 화자의 뼈와 동일시됨을 말한다. 이것은 1행의 "그사기컵은내해골(骸骨)과흡사하다"는 전략적인 진술에 의해 가능해진다. 이것은 곧 '현실적 사기컵(현실적 팔)/환상적 사기컵(환상적 팔)'으로 상호 대립된다. 이것은 '긍정적 관계/부정적 관계'의 대립으로 읽힌다. 특히 이승훈은 화사가 '환상직 사기깁'을 '화자의 해골'과 동일시함으로써 현실/환상, 의식/무의식의 변증법적 종합을 성취하려는 초현실주의적 기법의 전형이 드러난다[41]고 갈파하고 있다.

필자의 생각으로도 화자는 '현실적 사기컵 – 현실적 팔(A)=환상적 사기컵 – 환상적 팔(Ā)'로 전략적 시작을 하고 있다.

곧 선시의 적기적 어법인 '선시의 반상합도', '선시의 초월은유', '선시의 무한실상'의 도식인 'A는 A가 아니므로 A다'하는 A=Ā의 세계를 그린다. A와 Ā의 두 세계를 동시에 포함하면서 내적 속성을 초월하며 선시의 적기적 수사법으로 결정된 정상(定相)을 해체하고 본래의 세계인 자성본원(自性本源)인 A=Ā의 수승된 세계를 첨가하고 있다고 본다.

---

41) 이승훈 편, 앞의 책, 43~44쪽 참조.

우리는 전통 시 경향과는 전혀 다른, 우리나라의 30년대 아방가르드 시를 대표하며, 전통시단의 시와 극명하게 대립된다고 느껴지는 이상의 시 2편 살펴보았다.

2) 김춘수

김춘수의 시는 다분히 선적이라 할 수 있고 표현방법 역시 선시적 수사법이 읽혀진다. 그러나 그는 불교를 한 번도 표방한 적이 없는 당대의 우리나라를 대표하는 모더니즘 시인이다. 필자는 운이 좋게도 김춘수 시인이 작고하기 한 해 전 여름에 『시와세계』에 특집인 '현장과 이슈'를 대담하기 위해 그의 사저인 분당으로 찾아뵌 적이 있다. 이때 시인은 '허무'에 대하여 말씀을 자세히 하셨는데, "내가 말하는 허무는 니힐리즘적인 허무가 아니라 모든 것이 항상 하지 않으므로 오는 근원적인 허무를 말한다"는 말씀이 계셨다. 그당시 하늘 끝을 맴도는 이들은 같은 생각을 하고 있구나, 하는 느낌을 받은 적이 있다.

우리는 여기서 가늠해야 할 것은 불교와 선, 선과 불교의 관계다. 협의로는 선이 불교고 불교가 선이지만, 불교를 떠나 선은 공기나 물과 같아서 어디든지 편재되어 있다. 교조적인 종교시는 현 문단에서 주목을 받지 못하지만, 한 편의 선시는 종교를 떠나 좋은 현대시로 각광을 받는 것을 우리는 충분히 보아왔다. 이와 마찬가지로 한 편의 좋은 현대시가 선시의 적기적 표현법을 알맞게 수사하는 예를 볼 수 있다.

> 하늘이 밍밍하다.
> 눈썹이 없다.
> 낯가리고 대낮에 ㅘ흡 소리 내던
> 까만 겉눈썹도 젖은 눈시울도 이젠
> 없다.

기다리다 기다리다
까치가 다 쪼아 먹고
하늘에는 눈이 없다.
없는 것이 너무 많은 하늘이
남의 집 울타리에 하릴없이
다리 하나를 걸치고 있다.

—「칸나」 전문

「칸나」의 1행과 2행은 천진한 안목을 가진 시인만이 발견할 수 있는, 사물의 진면목에 대한 표현이다. 정상화된 관습으로 인식하지 않았을 때, 분명 "하늘이 밍밍하다./눈썹이 없다."로 보여 진다. 그리고 이것은 선시에서 말하는 '산은 산이고 물은 물'[山是山 水是水]인 표현이다. 이어 3행~5행에 노래하듯 사실 하늘엔 아무것도 없다. 찡긋하던 눈썹도 젖은 눈시울도 없는 하늘. 이것은 명명백백한 시인의 응시이고 정상화를 깨트리는 두두물물의 본래적 입장(A=A)의 표현이다.

6행~8행에서는 본래적 입장에서 더욱 심화된 사상적 표현이다. '하늘의 눈을 까치가 쪼아먹다.'에서 '산은 물이고 물이 산'[山是水 水是山]인 산은 물과 다르지 않고 물은 산과 다르지 않는 사물의 자성이 무자성인 세계, Ā의 사상적 세계의 표현이다.

또 9행~11행은 체험적 결과이니 '산 또한 산이고 물 역시 물'[山亦是山 水亦是水]이어서 '없는 것이 너무 많으므로 텅 빈 나는 하릴없이 남의 집 울타리에 다리나 걸친' 사람. 무사한인(無事閒人). 이것이야말로 A=Ā의 세계다.

결국 이 시는 정반합의 변증법적 세계를 그리는 선시의 반상합도의 도식인 'A는 A가 아니므로 A다.' 하는 A와 Ā가 회감 융섭하는 A=Ā의 세계를 노래하고 있다. 그럼 칸나는 어디 있어 시제로 달고 있는가? 할[喝]!

H_2O는 화학용어,

수소와 산소로 분해된다.
다섯 살 나던 해
주님 생일날 아침 나는
교회의 첨탑을 보았다.
첨탑에 꽂힌
은빛 커다란 십자가를 보았다.
거꾸로 매달린
종이천사를 보았다.
천사의 하얀 날개를 보고
천사의 오동통한 허벅지를 보았다.
한참 뒤 어느 날 꿈에 나는
교과서 밖으로 나온
H_2O를 보았다.
수소와 산소
그들이 하나가 되는 것을 보았다.
잘 생긴 악기 같았다.
모자를 벗고 나는
누구에겐가 절을 했다. 나는 그때
열다섯 살,
중학2학년생이었다.

— 「제6번 戀歌」 전문

이 「제6번 연가(戀歌)」는 연작시집 『비가(悲歌)』 중 여섯 번째의 노래다. 연작시 『비가』는 모두 돌아가신 부인을 동기로 한다. 그러나 단지 개인적인 연가에 머무는 것이 아니라, 우리의 관습적인 연상의 범위를 벗어난 이 시는 우리들의 상상력에 또 다른 세계를 진입시킨다.

위의 시는 이별의 슬픔을 노래하지만, H_2O를 모티브로 한다. H_2O는 화학기호다. 이 화학기호는 과학 교재 안에서 존재한다. 이럴 때엔 산소와 수소로 분해되지만, 어느 날 그의 꿈에서 화학기호인 H_2O가 산소와 수소로 분리되지 않은 단순한 사물인 '물'로 존재하는, 분리되지 않는 실체를 본다. 이럴 때엔 꿈은 현실이고 현실 역시 꿈이다. 여기서 현실은 일반적인 현실이 아니라, 본질의 전량(全量)이 그대로 옮겨간 불이(不二)의 현실이니 '절대현재의 이 순간'일 때 우리는 이 시에 깊숙이 다가갈 수 있다.

현실적이지 않는 세계의 물, H_2O는 산소와 수소로 분리되고 서로 떨어질 수밖에 없는 약속된 것이지만, 우리는, 실재(實在)로 간단 단순하게 보이는 하나라는 것. 곧 'H_2O는 분리, 이별, 분해이고 고통과 슬픔(A)이며 물은 실제, 하나, 사랑이며 평화와 자유(Ā)'임을 노래하고 있다. 그래서 7행과 8행에서 '거꾸로 매달린 종이천사(A)'는 분리되어 이별 될 때를 형상화한 것이고, 16행에서 '잘 생긴 악기(Ā)'는 하나가 될 때, 우리가 함께 있을 때의 시적 형상화이다. 시인은 이별=분해=슬픔을 노래하고 또 그 반대편인 하나=실재=사랑을 시로 형상화하지만 그가 노리는 세계는 이별=하나=분해=실재=슬픔=사랑이 합일되는 A=Ā의 세계다.

교과서 속에서 H_2와 O로 분해 분리되는 세계는 주관/객관으로 양변(兩邊)되이 소통되지 않는 A/Ā의 세계며 불안전한 H_2/O의 세계다. 시인은 A=Ā의 세계가 바로 우리가 그리는 행복의 세계, H_2와 O가 분해되지 않는 자유로운 실재의 세계라고 노래한다.

이런 수사법은 앞장에서 살펴본 선시의 적기적 수사법인 반상합도와 초월은유, 무한실상과 상통하는 표현방법이지만 김춘수는 불교와 무관한 시인이다. 그러나 불교의 선이냐 아니냐를 떠나서, 지혜의 비상은, 시인의 끝닿지 않는 영혼의 상승은 충분히 선의 세계에 닿아 있음이 느껴진다. 이러한 김춘수는 방외(房外) 선사라 해두자.

3) 설악 조오현

강물도 없는 강물 흘러가게 해놓고

강물도 없는 강물 범람하게 해놓고
강물도 없는 강물에 떠내려가는 뗏목다리

—「무자화(無字話)」 전문

사사무애(事事無碍)의 세계가 활동사진 필름처럼 흘러가고 나는 있는 듯 흐르고 흐르면서 여기엔 없는 듯하다. 이와 같은 도리를 단 3행의 시로 보여줄 수 있다는 것은 선관이 체득되었기 때문일 것이다.

이 시에 대한 평설이 있기 전에 우리는 일찍이 우리 곁에 왔던 대선사이이며 시승이었던 경허의 게송을 만나게 된다. 아래 시와 설악 노인의「무자화」와 아울러 읽기로 하자.

斜陽空寺裡　　해 질 녘 빈 절 안에
抱膝打閒眠　　무릎 껴안고 오는 한가로운 졸음
蕭蕭驚覺了　　쓸쓸하여 놀라 깨어보니
霜葉滿階前　　서리 잎이 섬돌에 가득하여라

— 경허성우,「우음(偶吟)」

선의 3조 승찬 대사의『신심명(信心銘)』모두의 글에 '지도무난 유혐간택(至道無難 唯嫌揀擇)'이란 말이 있다. 곧 '지극한 도에 이르는 것은 어려운 것이 아니다 오직 간택심을 꺼릴 뿐이다' 이니, 이 간택심인 분별하는 버릇의 마음만 벗어나면 바로 그 자리가 도라는 것이다.

이 지도(至道)를 비유하여 옛사람들은 한결같이 "천지가 넓대도 지도에 비하면 옹색하고 일월이 아무리 밝대도 이 지도에 견주면 칠흑 어둠이며, 아무리 미사여구의 문장과 간결 명징한 선설(禪說)을 한다 해도 이곳에 가까이 갈 수 없다"고들 말했다. 또 고함을 지르고 몽둥이질을 한다 해도 그곳을 표현하기 어림도 없다고 이구동성으로 우리들을 후려쳤다. 그렇지만 굳이 문장으로 표현 못할 바가 아니고 행동으로 표현 못할 바가 아니다 하고 우리를 꼬

선시와 아방가르드 시의 표현방법론적 연구　285

드기고 있다. 그럼 대체 이것이 무엇이라 말인가?

여기에 필자는 두 선사의 시구를 드러내어 지도를 다시 한 번, 당처를 꼬드겨 일어서게 하고자 한다.

설악의 「무자화」는 지도에 대한 동태적인 표현이니, 요지부동(搖之不動)인 지도를 흔들어 흐르게 하고 있고, 경허의 「우음」 게송은 지도를 더욱 고요로 들게 적조적멸(寂照寂滅)시키고 있다. 참 지극한 귀엣말이다.

> "강물도 없는 강물 흘러가게 해놓고" 하는 고놈은?
> "강물도 없는 강물 범람하게 해놓고" 하는 고놈은?
> 그렇다. 그건 바로 "강물도 없는 강물에 떠내려가는 뗏목다리"

선문에선 우리를 깨달음으로 들게 하는 지극한 간절 노파심의 법문이 있다. 귀엣말이 있다. 이 상당법문을 적기법문이라 한다. 이것을 필자는 선시의 적기수사법이라고 명명하였다.[42] 곧 『금강경』 전문에서 주 수사법으로 쓰이는 "불설반야바라밀 즉비반야바라밀 시명반야바라밀(佛說般若波羅蜜 卽非般若波羅蜜 是名般若波羅蜜 「여법수지분」, 『금강경』, 제13)"이란 법구가 있다. 이 경문은 우리말로 표현하면 "부처가 말한 반야지혜는 곧 반야지혜가 아니고 그 이름이 반야지혜다"가 된다. 그곳에다 반야 대신 책, 책상, 연필, 뗏목다리 등을 넣어도 똑같다. 바로 모든 두두물물의 실상의 겉과 속, 불이(不二)의 표현이 된다.

부처가 말한 'A는 곧 A가 아니고 그 이름이 A다'로 읽을 수 있다. 이것을 도식으로 나타내면 A=Ā가 된다. 곧 A는 A 아니므로 A이니, 위의 시 '뗏목다리'도 늘 우리가 고정적으로 생각하고 있는 뗏목다리가 아니라 그 이름이 뗏목다리인 것이다. 뗏목다리는 우리의 편리만 주는 통나무 다리가 아니라, 아

---

42) 송준영, 『禪, 언어로 읽다』, 27~58쪽.

이들이 놀다가 굴러떨어지거나, 깔리어 압사하게 하는, 시간과 공간의 상황에 따라 전변하는 뗏목다리로 존재하는 것이다. 우리는 늘 이렇게 고정된 시점으로 대상을 보고 있는 오류를 범하고 있다. 결국 뗏목다리 A는 위험에 처하게 하는 Ā와 동시에 보는, A=Ā의 세계인 진리에 계합시키고 있다. 설악은 강과 강물과 뗏목다리의 동태적인 문장을 통하여 선문의 상당법문인 적기수사법을 써서 우리를 진리의 세계로 몰아넣고 있다. 제발, 깨닫기나 하라 한다.

그럼 경허의 시, 「우음」을 살펴보자. 앞 설악의 시는 문장의 흐름이 동태에 있음에 반하여, 고요를 더욱 더 고요 속으로 밀어 넣고 있다.

1행에 '해 질 녘 빈 절'은 해가 사라져가는 빈 절인 동시에 텅 빈 우주 삼라만상인 지도(至道) 아니할 수 없는 요란스러운 빈 절 안이니, A=Ā의 진경이다. 2행에서는 동중정(動中靜)을 "무릎 껴안고 고개를 꾸벅꾸벅 찧는 한가로운 졸음"은 졸음이 아니라, 3행에 이어지는 "놀라 깨어본다"는 시행 역시 2행에서 이어지는 천지보다 더 넓고, 해와 달이 비쳐주는 더 할 수 없는 밝음보다도 밝은 지도에 계합이니, 이 소식은 4행에서 여지없이 지도의 실상을 드러낸다. "서리 잎이 가득한 저 섬돌 앞" 역시 섬돌 앞에 무엇이 있는가를 잘 들여다보는 것이 서로 친하게 되는 것이다.

선장(禪丈) 두 분 시의 기표는 서로 머리와 꼬리를 물고 물리고 있으나, 살펴보면 꼬리가 머리를 치고 머리는 꼬리를 두르고 상호 회감회통(回感會通)하여 같은 자리에 있음을 읽게 된다.

4) 이승훈

이승훈은 서구의 모더니즘 수사법에 의한 아방가르드 시를 써왔으며 이상, 김춘수로 이어지는 현대시의 중진이다. 이러한 그는 시집 『인생』을 기점으로 선시의 적기적 어법을 구사하며 선적 사유를 현대화시키고 있다. 위의 시집은 여태까지 우리 시단이 보여준 고전적 전통의 선시와는 다른 새로운 선시

의 기미를 읽어 낼 수 있는데, 필자는 이 시를 현대선시라 명명한 적이 있다.[43]

이승훈은 같은 시대인 60년대의 시인들이 전통적인 수사법에 의한 선취가 강한 시들을 발표할 때 꾸준히 서구의 쉬르 계열의 시에 매료되어 있었다. 그러나 12번째 시집 『인생』에서 선적 취향이 짙은 선가풍의 시를 엮는다. 그는 이 시집을 기점으로 고전선시와는 다른 새로운 선시를 선보인다. 현대시와 현대시 시론가로 잘 알려진 그가 일구어낸 새로운 선시, 곧 현대선시를 만나 보고자 한다.

> 연꽃 옆에 물고기 있고 물고기
> 옆에 게도 있고 거북이도 있고
> 거북이가 한 세상이네 거북이
> 옆에 개구리도 있네 바람자면
> 바람이 그대로 거북이 바람이
> 그대로 물고기 저 물고기 하늘
> 을 나는 물고기 연꽃과 연꽃
> 사이에 한 세상이 있네
>
> ―「연꽃 옆에」 전문

이 시는 그의 12시집 『인생』, 자서에서 고백하듯이 모더니즘 포스트모더니즘 해체주의를 돌고 돌아 인생 후미에 만난 불교와의 인연을 잔잔히 그려낸 일상사에 대한 깨침을 노래한 시다. 시집 『인생』에 수록된 65수는 모두 선미가 넘치는 선정신의 농축으로 이루어졌다.

위의 시 「연꽃 옆에」는 시공이 일탈된 선시의 수사기법인 무한실상으로 이루어진 화엄세계를 형상화하고 있다. 시 자체가 부분과 통일성 속에 존재해 있음이 아니라 찰나의 움직임, 부분과 부분 사이, 무한한 흐름 속에 흔적

---

43) 송준영, 월간 『현대시』―현대선시의 새로운 기미. 2002, 11월호. 120~135쪽 참조.

으로 존재해 있음을 보여준다.

불교의 두 기둥은 실상설(實相說)과 연기설(緣起說)이다. 그러나 이 실상설과 연기설은 둘이 아니다. 이것을 선문에서는 불이라 한다. 이 불이법문에 따른다면, 시는 대상의 세계만을 서술하는 것이 아님을 인식하게 된다. 따라서 시는 일법계(一法界), 공, 통일장, 필드, 화엄법계로 인식된다. 그렇다면 시 자체는 대상만을 서술함이 아니라, 다양한 세계로 나타난다. 따라서 시인은 대상의 총체적인 형상인 실상을 그릴 뿐만 아니라, 흐름 속에 있는 상의성(相依性)이 주 내용인 연기설에도 집중해야 함을 알게 된다. 곧 진리를 드러내고자 하는 시선을 실상에만 둘 것이 아니라 상호 관계되는 상의성에 시선을 모으며 동시에 창망한 흐름 속에 실상을 통견하는 것, 이것이 바로 선적인 입장임을 앞 장에서 살펴봤다.

이러한 사유는 포스트모더니즘의 '개방적 형식(open form)'의 내용도 같은 맥락에서 이해된다. 대상의 본질을 '존재'가 아니라 '과정'에서 둔다는, 곧 대상의 과정을 추구하며 대상의 총체성을 인식하고자 하는 것이 무엇보다 중요함을 우리는 알게 된다. 이 총체성이 바로 통일장, 공, 화엄법계고 이 총체성에서 자발광(自發光)하는 것이 바로 시인의 자연성이며 자율성이고 개성이며 직접성이다. 매 순간 절대현재의 이 찰나에 충실한 삶. 바로 삶 자체가 찰나이고 찰나는 가득 찬 삶의 현실이다. 찰나의 연속은 행위의 연속이다.

그럼 이승훈의 위의 시는 데리다의 차연(differance)에서 말하듯 절대적인 토대는 존재하지 않는다는, 아니 상주할 때는 파악할 수조차 없는 흔적을 노래한다. 일체만물의 진공묘유(眞空妙有), 존재해 있는 물질과 물질, 그 사이의 세계를 시화한다. 저 화엄의 '이치가 춤추는 평등의 세계[理法界]', '하나와 많음이 부딪치지 않는 원융무애한 세계[事法界]', '이치와 사물이 서로 원융무애한 세계[理事無碍法界]', '가유로 존재하는 사물과 사물의 세계, 물물 사이의 흔적의 세계[事事無碍法界]'를 형상화하여 보여주고 있다. 곧 이승훈이 그리고

자 하는 것은 화엄법계로 정리되는 사이에 존재하는 '나'와 '너'라는 가유(假有)된 세계다.

이런 세계를 위의 시에서 "바람이 자면/바람이 그대로 거북이 바람이/그대로 물고기 저 물고기 하늘/을 나는 물고기 연꽃과 연꽃/사이에 한 세상 있네"라고 보여 주고 있다.

그리고 그의 13시집 『비누』에 와서는 자유로움이 『인생』에서 보다 훨씬 강하게 나타난다. 이 시집에서 나타나는 수사법은 앞 장의 고전선시에서 채집된 표현방법인 선시의 반상합도, 선시의 무한실상, 선시의 초월은유가 시편 도처에 보인다. 그럼 이 시집의 표제시인 「비누」를 읽도록 한다.

비누는 가늘게 내리는 가랑비 가랑비 내리던 아침 그대와 길을 떠났지 비누를 가방에 넣고 떠났던가? 오늘도 가랑비 온다 가늘게 내리는 가랑비 밤이면 하얀 눈발 어둠 속에 비누가 반짝인다 비누는 마루에 있고 거실에 있고 화장실 거울 앞에 있지만 비누는 과연 어디 있는가? 비누는 씨앗도 아니고 열매도 아니다 아마 추운 밤 깊은 산 속에 앉아 있으리라

— 「비누」

위의 시는 자성(自性)이 무자성(無自性)임을 철저히 인식할 때에만 가능한 A=Ā의 세계다. 이것은 모든 존재는 듀카(duka, 苦)인 일체개고(一切皆苦)고, 이 고(苦)가 제행무상(諸行無常)함을 알고 또 제법무아(諸法無我)함을 인식하므로 열반적정(涅槃寂靜)에 든다 하는 불교의 징표인 사법인(四法印)으로 풀 수 있다. 이것이 하나하나 차례로 행해지고 이해될 때는 돈오점수(頓悟漸修)며, 이것이 전시간 전공간을 초월한 절대현재의 찰나에 돈입(頓入)될 때는 돈오돈수(頓悟頓修)의 경지다. 곧 비누=가랑비고 가랑비=눈발이니, 비누=눈발이 아니고 비누=가랑비=눈발인 A=Ā의 세계다. 바로 자성이 무자성일 때 비누는 마루, 거실, 화장실 거울 앞에 있으며, 비누=거실=화장실 거울 앞에 있을 때 만무(萬無)로 만유(萬有)해 있게 된다. 그럼 과연 비누는 어디 있는가. 자, 비

누는 원인(씨앗)도 아니고 결과(열매)도 아니다. 어디에도 만유해 있으며 만무해 있을 것이다. 이런 인식은 절대현재의 이 찰나야 가능하다. 이것은 나가르주나(龍樹)식으로 말하면 공역부공(空亦復空)이고 유마힐식으로 말하면 자타불이(自他不二)의 A=Ā의 세계인 것이다.

> 어제는 한양대 후문 한식집 1층에 앉아 술 마시고 오늘은 한양대 정문 일식집 3층 학에 앉아 술 마신다 어제는 국문과 사은회 오늘은 국문과 교수 망년회 어제는 비 오고 오늘은 해가 난다 물론 비는 오지 않았지만 왕십리엔 언제나 비가 오고 (그런 생각이고) 젊은 교수들과 술 마시는 겨울 오후 세 시 창가에 앉아 술 마시다말고 겨울 해 내리는 왕십리를 본다 갑자기 왕십리가 따뜻하다 한양대 정문이 보이고 언덕 위 인문관이 보이고 인문관 4층 내 연구실도 보이네 아무래도 내가 산 속에 앉아 있나 보다
>
> — 「학」 전문

이 시의 다음 구절 "어제는 국문과 사은회 오늘은 국문과 망년회 어제는 비 오고 오늘은 해가 난다"는 얼핏 '나귀 일이 지나지 않았는데 말의 일이 다 가온다'라는 공안이 생각나게 한다. 우리의 삶의 단면은 '텅 빈 거울'에 비추어지는 것일 뿐만 아니라, 온통 유리로 된 구슬이라서 마치 손가락으로 허공을 그리면 그려지는 동시에 없어지는 풍광이다. 화자는 물론 비가 오지 않았음을 진술하지만 비가 와도 마찬가지다.

화자는 일상을 흘끗 보다가 돌연히 삶을 돌아본다. "겨울 오후 세 시 창가에 앉아 술 마시다 말고 겨울 해 내리는 왕십리를 본다 갑자기 왕십리가 따뜻하다"고 진술한다. 일상에 대한 성찰이 잔잔히 우러나오고 있다. 그럼 그런 일상사의 깨침은 어떻게 나타나는가.

"한양대 정문이 보이고 언덕 위 인문관이 보이고 인문관 4층 내 연구실도 보이네 아무래도 내가 산 속에 앉아 있나 보다".

화자는 '학'이 된다. 훨훨 날아만 가는 학이 된다.

이것 역시 자성이 무자성임을 이통(理通)했을 때만이 다가오는 자유다. 아마 이제 그는 또 다른 마음 편안한 고행의 길로 접어서려는 모양이다.

4. 나가며

앞장에서 논의하였듯이 선시를 읽는 데 느끼는 우리의 당혹감은 선의 사상을 표현하는 적기적 어법에서 오는 것임을 알았다. 이것은 모든 사물을 정상(定相)으로 보는 분별 간택심을 무너뜨리고, 선사들은 공의 세계를 우리에게 보여주기 때문이다. 그래서 '책'으로 예를 들어 실제하고 있는 일체의 존재가 상호 의존되어 있을 뿐, 실상은 자성이 없는 무자성을 자성으로 하고 있음도 살펴보았다. 따라서 저 너머 있는 자성과 무자성의 세계를 불이세계, 공의 세계라고 선가에서는 지칭하고 있음도 파악된다. 이런 사상을 근저로 하여 형상화된 시가 선시임을 확인할 수 있다. 우리의 이런 차별성을 정상으로 보는 고정된 관념을 깨기 위해 선시의 표현방법은 언어를 비틀고, 기상천외의 반동일성적인 초월은유를 사용하며, 중중무진한 끝없는 실상(實相)을 펼치고 있음을 고전 선시로 예증하여 보았다. 그리고 이런 표현이 모순적인 어법을 통하여서만 가능함도 파악할 수 있다.

고려의 진각혜심, 백운경한과 조선의 청허휴정, 소요태능, 허백명조, 만경영안의 선시를 면밀히 검토하였다. 그리고 현대를 산 효봉학눌, 서옹상순의 선시도 아울러 고찰하였다. 우리는 고전선시를 읽는 동안 위에서 밝힌 선시의 적기수사법으로 나타내어지는 반상합도, 초월은유, 무한실상 그 외에 절연, 단순, 명징, 당혹과 같은 선시의 특징을 자연히 도출해낼 수 있다.

특히 수사학상 역설, 은유, 무한한 실상의 어법인 'A는 A가 아니므로 A다'. 즉 A=Ā의 도식은 거의 선시나 혹은 선험화한 아방가르드 시에 나타나는 표현법임이 파악된다.

1930년대 이상은 서구의 실험적이고 전위적인 시를 발표하여 현대시의 기념비적인 시인으로 평가된다. 이 시인 역시 대표시를 분석해본 결과 도처에서 우리가 연구해온 선시의 적기수사법이 사용되었음을 발견할 수 있다. 이것은 필자의 생각으로는 시의 대상이 외경이 아닌 정신 속, 텅 빈 무의식, 아니 무의식 속을 그리고자 할 때 어쩔 수 없이 나타나는 표현방법이라 생각된다. 그러나 여기에서 우리가 보아야 할 것은 서구의 아방가르드 시들이 보여주는 세계와 선사들이 보여주는 선시와 수사법상 유사하다 하여 그들이 도달한 정신세계와 선시를 노래한 선장들의 정신세계와 같다고는 볼 수 없다. 아방가르드 작가들은 무의식 상태에서 자동기술법에 의해 작시하고 있다는 것이 정설로 되어 있으나, 훌륭한 선시 작가들은 한결같이 명료한 초의식 상태에서 그들이 본 세계를 명료하게 드러낼 뿐이다. 그리고 선장들의 한결같은 특징은 그들이 본 세계인 인간의 실상인 자유인으로 인도하고자 하는 간절노파심에 의한 발로라고 이 분야의 학자들은 말하고 있다. 그리고 많은 서구의 현대 시인이나 시론가도 동양의 선의 영향을 직간접적으로 받고 소화 흡수했다고 본다.

그 이후에 나타나는 서구적인 기법으로 작시한 무의미 시에 천착했던 김춘수, 그리고 선을 체험화(體驗化)한 조오현의 시를 살펴보았고, 다음 세대에 속하는 이승훈의 시적 표현방법에 나타난 선시의 적기수사법에 대해 단편적으로 나마 간추려보았다.

이상과 같이 시대 별로 시인들의 시를 표집해본 결과, 오늘날 서구적 수사법에 의해 아방가르드 시를 작시하는 시인들 역시 직간접적으로 선시적 표현법이 나타나고 있음을 그들의 시를 통해 예증해 보았다. 이것은 서양의 물질문명이 동침하여 그 방면으로 침체된 동양을 물질적으로 선점하므로, 동양의 우수한 정신적 산물들이 서양으로 건너감에 따라 동양의 정신세계가 은연중에 받아들여지므로 오는 결과로 생각 된다.

또한 이러한 사정으로 서양과 동양이 부딪쳐 문화충돌에 의해 새로운 문화가 형성되는 이치를 우리는 미루어 살펴볼 수 있었고, 그리고 'A는 A가 아니므로 A다'라는 A=Ā의 도식으로 충분히 검증해보았다. 그 결과 다시 서양인들의 사유의 확장에 의해 분석되고 언어로 정리, 재형성되어 동양으로 들어오는 현상이 일어남도 아울러 짚어보았다. 상호 소통되는 세계는 지금도 진행되고 있다.

디지털화된 오늘날의 글로벌 현상은 전 지구를 지구촌으로 만들었다. 이런 이유로 선 사상과 진리를 표현하고자 하는 시인들과는 유사한 표현방법을 공유하게 된다고 본다. 결국 실험적 현대시가 선시와 내적으로 은밀히 동행하게 되는 근본은, 고정관념이 정상이라고 보는 시각을 같이 이탈하는 데서 연유하며, 이것은 당대에 살고 있는 현대 시인들이 무자성이란 개념을 어떻게 생각하든 현실에서 분별하여 보는 사물이 무자성이라고 보는 공통성에서 기인한다.

끝으로 필자가 밝혀왔듯이 A=Ā는 무한 가변성의 세계다. 자성이 무자성인 세계다. A=A의 정상논리는 그것을 정상으로 하고 있는 기존세계에 대한 얽매임을 우리에게 요구하지만, A=Ā의 세계는 무한 설정, 무한 재창조를 할 수 있는 대화합 대자유의 세계다. 따라서 선적 정신의 세계관의 표현방법과 서구의 모더니즘 표현방법은, 새로운 대륙의 첨가를 지향하는 시인과 선의 원천회귀성과는 같은 세계를 지향하므로, 표현선상에서 만날 수밖에 없다는 결론에 이르게 된다.

포스트모더니즘 시와 선시의 격의와 그 탈출에 관하여

1. 전문

　서구 문명과 문화가 세계의 중심체제로 형성됨에 따라 현대에 이르러 동양의 오랜 정신문화가 서구화된 모든 사유와 이념의 틀로 짜여가고 있다. 그래서 시를 읽을 때 감상이란 말은 점점 사라져가고 그 대신에 분석하기, 시론에 의한 시 읽기라는 말로 대체되고 있는 것 같다.

　예컨대 감상은 주로 봉건제도 시대인 가내수공업 시대에 시를 읽는 데 통용되었고, 이들의 시적 덕목은 주로 영원성(永遠性), 불멸성(不滅性), 정상성(定相性), 중심성(中心性)이었다. 이런 사상적 주제에 의해 작시된 시들은 너무나 간단하고 사건들이 없는 시대의 시들이어서 압축 절연이나 찬양 혹은 직유법이 시적 표현의 주표현법이었다.

　그러나 최초의 근대 시인이라 불리는 보들레르(Baudelaire, 1826~1872)가 현대성을 명확히 규정한 것은 19세기에 일어나는 현실의 유동성과 우리들의 삶의 취약성 때문이라 할 수 있다. 곧 농경 위주인 봉건제도가 무너지며, 역사적으로는 프랑스 대혁명과 영국의 산업혁명을 예로 들 수 있지만, 그래도 봉건제도가 낳은 합리주의, 사실주의, 낭만주의는 앞에 예시한 영원, 불멸, 필연

그리고 중심을 노래하고 찬양함은 오랜 우리 사고의 속에 도사리고 있을 뿐만 아니라 대다수 시인들은 고정관념을 깨뜨리지 못하고 있다.

> 현대성이란 일시성 순간성 우연성이다. 그것은 예술의 절반을 이루며, 나머지 절반은 해당 하는 것은 영원성과 불멸성이다.[1]

위의 보들레르가 말한 일시적인 것, 순간적인 것, 우발적인 것은 그 이전시대의 시인들이 시적 대상으로 쓰지 않으려는 부정적인 것인 동시에, 이들은 일체를 시(是)와 비(非)로 보았을 때 긍정적인 것에 해당하는 성질의 것이다. 그러나 산업사회에 들어서면서 종속 관계에 있던 신과 인간, 지배자와 피지배자의 관계에서 벗어나고 주관적인 삶의 행위를 부여받은 변두리였던 피지배자가 가정 혹은 사회에서 주관자의 입장으로 돌아서면서 평면적이고 종속적인 삶이 입체적이고 능동적인 삶으로 돌아서게 되었다.

보들레르가 말하고자 하는 부정적인 비는, 이제 사회는, 시인들은 낭만적인 목소리가 아닌 삶의 가변성과 유동성을 주체적으로 받아야 되는, 사회를 보는 새로운 신념의 시선이 담겨 있는 것이다. 시대의 변화에 따른 현실은 이제 문학에 있어서 많은 시론가나 사상가들에 의해 낭만주의와 현대주의를 기점으로 그 이전 시대와 근대 혹은 현대로 나누어 보고 있다.

> 프리드리히 후고(Hugo Friedrih, 1904~1978)[2]의 설을 빌리면 '현대(modern)'라는 용어는 보들레르로부터 1950년대까지 시 전체를 감싸는 의미이고, 20세기의 시들은 '우리 시대(contemporary)', '현금(present)'이라는 표현을 썼다.[3]

---

1) CA, *Le peintre de la vie moderne*, O.C. Ⅱ, p.695. 심재상,『노장적 시각에서 본 보들레르의 시세계』, 살림, 1995, 3쪽.
2) 후고가 쓴『현대시의 구조』는 모더니즘 시학의 고전이다. 이 저술은 보들레르 이후 약 100년간 서구시의 흐름에서 주도적으로 나타났던 시의 경향은 통일적인 구조를 보여준다. 당 시대 많은 현대 시인들을 예 들어 모더니즘의 기본 개념을 거시적으로 파악할 수 있게 했다.
3) 심재상, 앞의 책, 4쪽.

많은 보들레르 연구가들은 그를 서구 '최초의 현대시인'으로 부르고 있다. 다시 말하면 보들레르의 앞의 시인들과 서로 다른 사유와 글쓰기의 단절을 느끼고 있다고 본다. 그의 시집『악의 꽃』(1857년)과 그의 산문시집『파리의 우울』(1862년)은 150여 년이 지났음에도 현금의 시인들에게 커다란 영향을 끼치고 있다. 그리고 지금까지 그의 시편들을 연구 분석한 많은 논문들은, 오늘날 시인들의 시들과 같은 동질의 시들이라고 말하고 있다.

그렇다면 보들레르의 시들이 그 이전 시대의 작품들과 비교할 때, 근본적으로 다른 인식 아래 표현된 산물이라 볼 수 있다.

보들레르로부터 시작되는 '현대주의 시(modernism poetry)'는 공장공업 시대인 산업사회를 거치면서 후기현대주의(post-modernism) 시대로 접어든다. 학자에 따라 포스트모더니즘 시와 모더니즘 시를 같이 말하기도 하고 갈라서 말하기도 한다. 포스트모더니즘 시는 오늘날과 같은 디지털사회에 접어들면서 다양하고 복합적인 문화로 변주되어왔다.

자연 문학은, 시는 그 시대를 그대로 보여주거나 선험적으로 지시하고 카피해내는 것이 한 책무라 볼 때, 오늘날 같은 사회를 읽어내기 위해 다양한 수사법이 발달되고, 사회가 복잡해지듯이 시의 표현법 역시 다양해짐은 당연한 결과라 할 수 있다. 곧 상징주의로부터 시작되는 현대시는 표현주의 이미지즘 다다이즘 쉬르레알리슴, 그리고 포스트모더니즘을 거치면서 세계는 교통 통신에 의해 동서양이 끊임없이 정보를 주고받는 글로벌 현상이 일어난다. 이것은 이 시대에 당연한 현상이다. 그럼 왜 선시인가? 여기에 우리는 어떻게 대처해야 하는가?

2. 선시와 서구의 문학사조

그럼, 무엇보다도 선시와 다다이즘, 쉬르레알리슴, 포스트모더니즘 시의 차이점을 살펴보고 비교하는 것이 중요하다. 지금까지 선시를 서구의 문학사조와 비교한 사례는 흔하지 않는데, 이것은 선시의 작가들이 서구의 문학이론을 잘 접하지 않았기 때문이라는 생각이 든다.

1) 선과 다다이즘의 차별성과 연계성

먼저 선시와 다다이즘(Dadaism)의 차별성과 연계성을 살펴보자. 다다이즘은 서구의 합리주의를 밟고 반문학주의를 부르짖으며 20세기 초, 1차 세계대전중인 1916년. 스위스 취리히에서 시작하여 유럽과 미국 전역에 전개된 문학, 미술, 음악 등의 반(反)예술, 반미학적 예술운동이다. 다다는 현실에 대한 부정과 파괴, 허무를 담아 예술에 표현하려고 한다. 실제 다다이스트들은 소음 속에서 다양한 언어로 시낭송을 하거나, 소음연주회, 분장 퍼포먼스를 하는 등 실험적인 예술 활동을 통하여 그들의 주장을 관철하고자 하였다.

차라, 브르통, 수포 등의 광란적인 다다행위는 당시 일반 예술인에게는 큰 충격을 주었다. 1920년 2월의 1차 다다 선언 내용을 발췌하면 아래와 같다.

> 다다가 언제 어디서 발생했는지 알 수 없다······ 다다는 정신 상태다. ······다다는 예술의 자유사상이다. 다다는 아무것에도 애정에도 노동에도 헌신하지 않는다. 인간이 이 세상에 흔적을 남기는 것을 용서할 수 없다. 다다는 본능만을 인정하므로 설명을 선험적으로 거부한다. ······어떤 제약도 가져서는 안 되며 모럴과 흥미 따위는 문제 될 수 없다. ······나는 다시 한 번 법왕과 취침하고 싶다. 당신들은 이해하지 못할 것이다. 나도 역시 그렇다 참으로 슬프다.4)

---

4) 짜라·브르통, 『다다/쉬르레알리슴 선언』, 송재영 역, 문학과지성, 1987, 240쪽.

이와 대비하여 우리나라 조계종의 중흥조인 보조지눌(普照知訥, 1158~1210)의 법어를 간추려보자.

> 달마가 서쪽으로부터 온 것은 '달을 알려면 손가락에 있지 않듯이 법이 나의 마음'임을 알게 하기 위해 문자를 쓰지 않고 마음을 마음에 전할 것이다. 그러므로 선문에서는 집착을 깨어 버리고, 근본을 보이는 것이 귀하고, 번거로운 말이나 뜻으로 나열하는 것은 귀하지 않다. 그러므로 집착 끊는 뜻을 우매한 이는 알지 못한다.[5]

― 지눌, 『원돈성불론』

다다이즘 선언과 보조의 법어를 비교해서 읽어보면 그 근본 차이를 이해할 수 있다. 다다는 현실에 대한 부정과 허무, 관습을 파괴하려 하며 이전의 예술 활동을 뒤집으면서 느낄 수 있는 본질에 대한 향수로 나타난다. 그러나 선은 보조의 『원돈성불론』에서 보듯이 말이나 형상을 여의어 모든 것이 평등으로 보이는 것, 이것이 진여 곧 진실로 우리의 삶을 그대로 나타낸다.

선과 다다의 공통점은 시공을 초월할 수 있는 방법으로 기존의 관념을 파괴하는 가능성에서는 동일한 관점을 보여주고 있다는 것이다. 다만 다다와 같이 일시적인 퍼포먼스로는 시간과 공간을 초월하는 영원한 것에 닿지 못한다고 본다.

다다이즘의 특징은 예술 자체를 부정하는 급진적 반예술적 성격과 우연적 현상만이 미의 관념이 될 수 있다는 우연적 성격을 표현한 장 아르프의 콜라주, 눈을 감고 신문에 밑줄을 그어 선택된 단어로만 시를 만드는 아르파덴(Arpaden) 등에서 볼 수 있다. 이런 다다이즘은 르네상스 시대 이후, 상류층의 전유물이라는 예술과 제도를 반대하고 일상적인 삶을 예술화함으로써 예술

---

5) 所以達磨西來 欲令知月不在指 法是我心 故不立文字 以心傳心耳 是以 禪門只貴破執 顯宗 不貴繁辭義理施設 故所有破執言句 近於一分理性 離言絕慮之義 昧者不知其義. 「圓頓成佛論」 송준영, 『禪, 초기불교와 포스트모더니즘 너머』, 38쪽.

을 고상하게 하려는 부르주아들에 대한 공격이라 볼 수 있다. 이런 다다이즘 운동은 이후 팝 아트와 옵아트 행위예술, 쉬르레알리슴이 나타날 수 있는 토대가 된다.

여기서 우리는 특히 선사들의 선화(禪話)와 다다이스트들의 퍼포먼스를 새겨볼 필요가 있다. 남전의 고양이를 베는 것이나 단하의 나무부처를 태우는 선사들의 일화는 분명, 우리를 위한 본연의 목적을 가지고 있다. 그런데 다다이스트들의 행위는 보여주고자 하는 낯섦과 기지가 보이지만 그 행위가 진정 우리에게 안겨줄 수 있는 것은 무의미와 낯섦뿐이라는 것이다.6)

2) 선시와 쉬르레알리슴 시와 다다이즘 시의 차별성

그럼, 선시와 쉬르레알리슴 시와 다다이즘 시의 차별성과 그 사상을 살펴보기로 한다. 쉬르레알리슴은 스위스 다다이즘이 파리로 이전된 1920년 이후 앙드레 브르통(André Breton, 1896~1966)에 의해 다다이즘을 변형시킨 것이라고 할 수 있다. 즉 브르통과 아라공 등이 파리를 중심으로 일으킨 정신운동으로 브르통이 다다이즘에다 새로운 미학을 추구한 것이다. 브르통은 세계를 직시하는 방법, 곧 체계적으로 정리되지 않는 무의식·꿈·광기·불가사의·환각 등 논리적 체계로써 접근할 수 없는 의식의 이면을 추구하였다.

다다이스트들은 기존의 가치를 모두 부정하지만 쉬르레알리스트들은 지성과 관념을 부정하면서 꿈과 무의식은 부정하지 않았다. 곧 꿈과 무의식을 통하여 정신의 한 지고한 지점에 도달하고자 하였던 것이다. 그들은 이러한 방법을 얻기 위하여 꿈과 무의식, 혹은 공상, 최면의 정신상태도 주의 깊게 다루었다. 하지만 그들은 어떻게 해야 인간 본연의 자리로 돌아갈 수 있는지 그 방법을 몰랐다고 할 수 있다.

---

6) 송준영 『禪, 초기불교와 포스트모더니즘 너머』, 소명출판, 36~42쪽 참조.

이들이 주장하는 정신의 영역을 무의식, 꿈, 연상 등을 통하여 의식의 확대를 밖으로 추구하려고 하였지, 근원자리로 돌아올 줄은 몰랐다는 것이다. 일체를 버림으로써 환지본처(還至本處)함을 모르기 때문에 오는 결과인 것이다.

브르통은 「쉬르레알리슴 제1선언」에서 "쉬르레알리슴은 정신 혹은 정신과 유사한 것을 완전히 자유롭게 해방시키는 한 방법이다"라고 하였다. 이러한 선언들은 선적인 입장에서 볼 때 그들의 정답은 바로 맞은편에 있고, 우리가 당초부터 속박된 것이 아니라는 것을 알면 이런 문제는 쉽고 명확하게 해결된다. 그 자체가 명(明) 곧 '밝음'임을 모르고 있기 때문에 쉬르레알리스트들은 그렇게 선언했다고 본다.

비수에 녹이 슬듯이 명(明)이 오온(五蘊)을 가지고 있기에, 오온은 무상(無常)하므로 명이 무명(無明)으로 돌아서는 까닭에 갈애(渴愛)에 의해 속박이란 마음이 생기고 그때 문자에 속박된 그들은 환상과 무의식과 꿈으로 정신을 확산하여 의식과 무의식의 접점에서 속박을 풀려고 하는 것이다. 그 무의식과 꿈이 본래 마음이 아님을 알 때 쉬르레알리스트들에게 참 마음, 자유는 비로소 투명하게 보이게 될 것이다. 바로 이러한 차이가 쉬르레알리슴과 동양의 선이 다른 점이다.

쉬르레알리슴의 무의식, 꿈, 상상력의 확대는 선의 입장에서 볼 때 망상에 불과하다. 선은 무의식 세계를 혼침(昏沈), 무기(無記)라 하여 선사들은 학인들에게 극도로 경계해야 한다고 가르쳤다. 무의식에서 진일보한 툭 터진 것, 이를테면 초의식의 세계라고도 규정지을 수 없는 초의식마저 깨뜨린 것을 깨침의 세계라고 말할 수 있다.

선사의 경우 문답이나 작품은 깨달음에서 오는 정신의 어떤 경지를 읊는 것이다. 하지만 쉬르레알리슴 시의 경우 그들의 문답이나 작품은 자동기술적인 방법에 의해 의식의 개입 없이 거의 몽롱한 정신의 상태에서 빠르게 기록하고 집합시킨 이미지들이라고 할 수 있다. 또 선사의 경우 그들은 선문답이나 작품들은 맑고 선명한 소소영영(昭昭靈靈)한 의식에서 어떤 정신이 비전을 깨닫고 노래한 것이라면, 쉬르레알리슴 시구는 그냥 무의식의 자맥질에서 선명한 의식의 참여 없이 피동적으로 나온 것이라고 보아야 한다. 그것은 이성의 감시나 탐미적 윤리적 지배에서 벗어난 무의식의 순수한 기록이다. 이것을 초현실주의자들은 자동기술법이라고 말하는 것이다.[7]

3) 선와 포스트모더니즘 시의 변별점

선이 미국사회에 끼친 영향과 포스트모더니즘 시의 변별점은 무엇인가.

미국에 전해진 선은 비트선(Beat Seon)[8]과 전통선(Square Seon)으로 구분할 수 있다. 비트선은 '샌프란시스코의 르네상스'라 불리는 히피들이 일으킨 서구 선문화의 발상이다. 히피들은 기성의 인식, 제도, 가치관에 구애됨이 없이 인간성의 회복과 자연으로 귀의 등을 주장하며 자유로운 생활을 추구했다. 도덕보다 탈사회적으로 자연스러운 감성을 중시하고 안락을 추구하는 사회운동으로 1960년대 미국을 중심으로 발생되었다. 비트선은 이들이 중심이 되어 일으킨 서구적 형태의 선이다.

실험주의 시인들은 비평가 집단이나 대학에서 외면당했던 시인들의 작품을 엮은 도널드 엘런의 『새로운 미국시(*The New American Poetry*)』(1960)에서 5개의 시파로 분류하고 있다. 그중 블랙마운틴 시파, 샌프란시스코 시파, 비

---

7) 송준영, 『禪, 초기불교와 포스트모더니즘 너머』, 소명출판, 43~57쪽 참조.
8) 비트선은 '샌프란시스크 르네상스'라 일컬어지는 히피들이 일으킨 서구 선문학의 발상이 된다. 히피 시인들이 매료되었던 것은 선의 본연성, 직접성, 자발성 등인데, 곧 서구의 합리성과 논리적인 사유를 버리고 삶의 순수한 모습을 그대로 받아들이려 했다. 크릴리, 던컨 등의 문인이 있고, 음악가로는 존 케이지가 있고, 긴즈버그, 코스, 게리스나이더가 있다. 1950년대에 미국의 새로운 시는 즉흥적이며 무이론적인, 몸이 가는대로 말이 흘러가는 대로 맡기는 단순한 즐거움을 시로 낭독한다. 그 뿌리는 서구의 초현실주의 자동기술법이나 『금강경』의 '머무른 바 없이 그 마음이 난다(應無所住 而生其心)'는 것과 맥이 통한다 하겠다. 송준영, 『禪, 초기불교와 포스트모더니즘 너머』, 60쪽.

트 시파들은 대부분 자유분방하여 반문화적인 지식인들로 '부르주아적인' 미국 시와 거리를 두는 경향이 있다고 할 수 있다.

블랙마운틴 시파는 블랙마운틴대학을 중심으로 형성되었으며 이 학교는 「투사시론」을 쓴 찰스 올슨(1910~1970)이 처음 교수로 임명된 학교다. 시인 로버트 크릴리, 던컨도 이곳 교수를 역임하였다. 이들 교수들과 학생들이 함께 만든 시파이다.

샌프란시스코 시파는 서부 연안의 시 대부분을 포함하며 동양의 종교와 철학, 사상과 시로부터 큰 영향을 받았다. 던컨과 게리 스나이더, 잭 스파이시가 이 시파라고 할 수 있다.

비트파 시인들은 샌프란시스코 시파와 1950년대에 서서히 합쳐진다. 비트파 시인들은 대부분 동부 연안에서 샌프란시스코로 이주한 사람들이다. 이들은 지하클럽에서 행해진 시 낭송 공연에서 비롯되었으며 시를 낭송할 때 구어체로 하고 반복적이어서 호응이 크다고 한다. 긴즈버그, 코르소 등의 비트 시류들은 1990년대 널리 유행된 랩 음악의 전신으로 본다.

이러한 사례들은 근래 미국 서부지역은 동양의 정수라 할 수 있는 선 사상과 선문화와 함께 융합되어 있다고 할 수 있다. 서구의 일부 지성인들은 17세기의 개신교, 청교도의 권위적이고 도덕적인 강요에 염증을 느끼고 있었다. 이럴 때 마침 본래 자리인 자유로 귀향하자는 선은 이들에게 탈출구로써 각광을 받게 된 것이다. 다양한 민족이 혼합된 미국사회는 정통적이고 획일적이며 정체된 사회보다는 이질적인 문화와 서로 다른 사유가 혼재된 사회이다. 그 때문에 미국은 다변적인 유동성과 함께 자유롭고 진취적 국가일 수밖에 없다.

미국으로 전해진 전통선은 20세기 후기에 나타난 포스트모더니즘의 미학과 격의 되고 있는 징조가 보인다. 포스트모더니즘의 미학은 대중주의, 의미의 해체, 이데올로기의 약화, 문화물의 깊이 없음 등이 그 특징으로 나타나는

데 이합 핫산(Ihab Hassan, 1925~)은 포스트모더니즘의 특징을 다음과 같이 11가지로 세분화한다.9) ① 불확정성 ② 단편성 ③ 탈정전화(脫正典化) ④ 주체와 깊이의 상실 ⑤ 현전(現前)의 불가능성과 재현(再現)의 불가능성 ⑥ 아이러니 ⑦ 혼합성(混合性) ⑧ 축제화 ⑨ 행위와 참여 ⑩ 구축성(構築性) ⑪ 내재성(內在性).

이와 같은 세분화된 특징은 1,500여 년 전부터 동양에서 이어온 선의 특징과 아주 밀접하게 연관되었다고 할 수 있다. 즉 선의 4구게로 정립된 불립문자(不立文字), 교외별전(敎外別傳), 직지인심(直指人心), 견성성불(見性成佛)에 대한 구체성을 지니고 있다고 해야겠다. 여섯 번째 특징인 아이러니 역시 선의 적기수사법과 유사하다고 볼 수 있다. 아이러니가 심화되어 오매불망(寤寐不忘)의 경지에 들고, 1,700공안을 투과한 후, 언어로 헤아려보면 언어유희이기 때문이다. 또한 마지막 특징인 내재성은 마조의 '평상심시도(平常心是道)'와 동일하다고 볼 수 있다. 내재란 것은 초월이며 곧 초월의 일반화, 구체화는 평상의 마음이고, 이것은 서구의 물심이원론과는 반대되는 이론의 도입이기 때문이다.

선의 무아, 무상, 자재는 우리의 본래자리인 자성청정심(自性淸淨心)으로 돌아가기에 선이 보여 주는 법열이 크다고 할 수 있다. 따라서 오늘날과 같은 물질만능 시대에 선과 포스트모더니즘과의 격의는 새로운 세계로 인도할 수 있다는 기대감이 크다고 볼 수 있다.10)

---

9) 이정호, 「포스트모더니즘과 동양사상」 논문 중, 이합 핫산의 「다원주의의 포스트모던적 조망」(서울대 출판부, 1991) 인용. 송준영 『禪, 초기불교와 포스트모더니즘 너머』, 60쪽 재인용.
10) 송준영, 『禪, 초기불교와 포스트모더니즘 너머』, 58~1쪽 참조.

3. 선시의 계보와 미학과 수사법

이제 플라톤의 영육이원설에 바탕을 두고 발전된 많은 서구의 이즘을 살피는 짓거리는 그만 두고 현금에 우리나라 문단에서 희미해졌던 선시의 계보, 미학과 수사법을 공부하면서 선시를 읽도록 하자.

우리나라 문단에 발표되고 있는 시들을 살펴보면, 우리 고유 시가에 영향을 받은 서정시류와 그 외 모더니즘 시와 포스트모더니즘 시에 나타난 시적 상상력과 그 인식이 서구의 현대시의 시론과 그에 의해 작시된 시들에게 표면적으로는 직접적인 영향을 받았다고 간주되나, 반면에 우리 민족에 뿌리내리고 있는 중심사상이라 할 수 있는 유구한 정통사상인 토템사상 혹은 풍류, 그리고 유교 불교 그 밖에 도가적인 사상에서 자연스럽게 영향을 받았다고 본다.

이 글에서는 이 중 우리나라 상고시대나 삼국시대 고려나 근세조선에 이어지는 우리의 문학은 소개되고 있지만, 고려 중엽에서 오늘날까지 1,000년을 면면히 이어오는 선시들이 왜? 우리 국문학사에 소개되지 않는지 알 수 없다. 특히 고려 중엽 선사이며 우리나라 선시의 초조라 불리는 송광사 2대 국사 진각혜심(眞覺慧諶, 1178~1234) 선사가 편집한 『선문염송』과 그의 『무의자시집』에 전하는 408수의 선시와 고려 말 백운, 태고, 나옹 선사 그리고 조선시대에 들어와서 함허특통, 매월당 김시습, 서산휴정, 소요태능, 추사 김정희, 근래의 경허성우와 효봉학눌, 경봉정석, 퇴옹성철, 서옹상순에 이르는 1,000여 년을 이어 내려온 선시는 가히 우리 민족의 정신적 깊이와 넓이를 더하고 있다고 본다.

최초의 한글 선시집이라 일컫는 『님의 침묵』을 상재한 만해용운, 서정주, 조오현, 이승훈 등을 비롯한 시인들이 현대화한 선시를 남겨놓고 있다.

현대에 이르러 우리 문단의 아방가르드 시라고 볼 수 있는 포스트모더니즘의 시와 선시(禪詩)를 들 수 있다. 이 논고에서는 고려 때부터 면면히 이어오는 우리나라의 선시가 오늘 날 어떤 형식과 어떤 내용으로 나타나는가를 살펴보고자 한다. 선시는 선불교의 핵심 사상인 무아(無我) 무상(無常) 무본(無本)을 체달시키기 위해 단순(單純) 명징(明澄) 청량(淸凉) 무사(無事)를 시적 미학으로 발전되어왔다. 그리고 이들의 선시를 읽기 전에 선승들이 단상에서 설법을 할 때 쓰이는 어법인 적기어법(賊機語法)을 알고, 여기서 도출한 선시의 적기수사법(賊機修辭法)[11]을 알아야 선시를 이해하는 지름길이 된다. 이 적기수사법은『금강경』전편에 나타나는 주된 표현 어구에서 도출하였다. 이를테면

    붓다가 말한 반야지혜의 완성은 곧 반야지혜의 완성이 아니고 그 이름이 반야지혜이다.

---

11) 송준영,『禪, 언어로 읽다』, 소명출판, 2010, 45~58쪽 참조.
　선시에서 가장 많이 나타나는 수사법인 **선시의 賊機修辭法**을 셋으로 세분하면 선시의 反常合道, 선시의 超越隱喩, 선시의 無限實相이다.
　선시의 반상합도란 정상이라 규정한 일상을 돌이키고 뒤틀어서 정상과 비정상이 융통하고 회감함으로 수승된 다른 세계로 점핑함을 이른다. 수많은 선시가 거의 이런 수사법을 자유자재로 쓴다. 예) 돌 여자가 갑자기 아기를 낳으니/나무사람은 조용히 머리를 끄덕인다.(백운경한) 반야검이여 불조를 쳐 죽이고 시퍼런 칼을 쓰면 급히 갈아라(서옹상순)
　선시의 초월은유란 이질적인 두 사물에서 유사성을 발견하는 비유, 곧 비동일성에서 동일성을 발견하게 하는 은유를 말한다. 이런 것은 A=A, A=B라는 상식적인 정상적인 논리로서 나타낼 수 없는 선의 도리에 의한 선 사상에 기인한다. 곧 선 사상을 표현하기 위한 양변의 견해를 융합하면서 동시에 초월하는 비유상태를 말한다. 예) 진흙은 푸른 돌 속의 뼈.(청허휴정) 모공으로부터 빛 쏟아 일천강에 달빛이라.(만경영안)
　선시의 무한실상이란 선의 도리는 본질과 물질적 현상을 같이 본다. 실상이란 상징에 남아 있는 논리적 고리를 단절시킴으로 분별간택심을 초월시켜, 제자리로 환지본처하게 하는 불립문자의 표징이다. 곧 끝없는 실상으로 형성된다. 따라서 선시어의 암시성, 상징성이 일반시보다 연결성 혹은 밀도 면에서 복잡하지 않고 아주 간단명료하다. 전후좌우가 완전히 절단된 실상을 몰록 드러낸다. 어디든지 편재해 있고 딱 떨어져 있는 이 세계에 현현하는 상을 무한실상이라 칭한다. 이런 선시의 예가 부지기수다. 예) 바다 밑 제비집에는 사슴이 알을 품고/타는 불꽃 거미집에는 물고기가 차 달인다.(효봉학눌)

佛說般若波羅蜜 卽非般若波羅蜜 是名般若波羅蜜

—『金剛經』第13「如法受持分」

여래가 말한 제일 지혜의 완성은 곧 제일 지혜의 완성이 아니고 그 이름이 제일의 완성이다.

如來說 第一波羅蜜 卽非第一波羅蜜 是名第一波羅蜜

—『金剛經』第14「離相寂滅分」

여래가 말한 일체의 상을 갖춤은 곧 갖춤이 아니라 그 이름이 일체의 상을 갖춤이다.

如來說 諸相具足 卽非具足 是名諸相具足

—『金剛經』第20「離色離相分」

여래가 말한 삼천대천세계는 곧 세계가 아니고 그 이름이 세계이다.

如來所說 三千大千世界 卽非世界 是名世界

—『金剛經』第30「一合理相分」

위의 문장들을 살피고 그 사상적 배경을 이해하는 것이 무엇보다 중요하다. 우리를 적기(賊機)하는 이 경문을 우리말로 표현하면 "붓다가 말한 반야지혜는 곧 반야지혜가 아니고 그 이름이 반야지혜다"가 된다. 이 문장에서 붓다가 설한 '반야' 대신 책, 책상, 연필 등을 넣어도 똑같은 내용이 된다. 이것을 도식화하면 붓다가 말한 'A는 곧 A가 아니고 그 이름이 A다'로 읽을 수 있어지고, 이것은 A=Ā의 의미가 된다. 곧 A는 A아니므로 A이니, 여기 책도 늘 우리가 고정적으로 생각하고 있는 책이 아니라 그 이름이 책인 것이다. 흔히 우리가 책이라고 인식하는 책의 본래 자성(自性)은 지식의 보고요 인생의 동반자이나, 경우에 따라 시간과 공간, 상황에 따라 전변하는 책으로 존재하는 것이다. 따라서 본래라는 것이 없는 무자성(無自性)임을 알 수 있다. 우리는 늘 이렇게 고정된 시점으로 대상을 보고 있는 오류를 범하고 있다.

그럼 한문으로 씌어진 전통 고전선시 타입인 효봉학눌의 시와 한글로 씌

어진 현대선시인 만해 한용운과 미당 서정주, 설악 조오현, 이승훈의 시 몇
수를 살펴보자.

1) 고전선시

呼兒響落松蘿霧	시자 부르는 소리 송라의 안개 속에 울려퍼지고
煮茗香傳石徑風	차 달이는 향기 바람결에 들길 따라 내려오네
才人白雲山下路	흰 구름 드리운 산 아랫길에 접어들었을 뿐
已參庵內老師翁	이미 암자 안의 노스님을 뵈었네

— 진각혜심, 「친견」

위의 게송은 선취시(禪趣詩)이다. 선취시를 흔히 선적 취향, 곧 선가풍의 시
라 하는 말은 정확한 말이 아니다. 선취시는 선이 가득 차서 울컥 토해내는
시, 토해낼 수밖에 없는 시란 말이 더 실감이 난다. 무엇을 토하는가? 시를
짓는 작가가 온통 선이 되어 넘쳐서 품어 냄을 말한다. 위의 게송은 우리나라
선의 초조 진각국사 혜심의 「친견(親見)」이란 시다.

송광사 16국사의 초조인 보조국사 지눌을 잇는 2대 스님이 진각국사 혜심
이다. 미루어보아 노스님[老師翁]인 보조스님을 찾아뵙고 올린, 이 시는 포항
오어사 주련으로 걸려 있다. 음미하면 아련히 스승이 시자 부르는 소리는 들
리고, 조실에서 차 달이는 향기가 바람을 타고 온다. 그렇다, 산 아랫길에서
바로 노스님을 뵈었다 하니 그야말로 이심전심(以心傳心)이요 염화시중(拈花示
衆)의 미소가 아닌가. 선취시의 극치를 보여주고 있다.

다음 시를 살펴보자.

海底燕巢鹿抱卵	바다 밑 제비집에 사슴이 알을 품고
火中蛛室魚煎茶	불속 거미집에 물고기가 차를 끓이네

此家消息誰能識	이 집 소식을 뉘라서 능히 알리오
白雲西飛月東走	백운은 서로 날고 달은 동으로 달리네

— 효봉학눌, 「오도송」

선시의 종류를 크게 나누어 보면 선리시(禪理詩)와 선취시(禪趣詩)로 나눌 수 있다. 위의 효봉학눌(1888~1966)의 게송은 선리시이다. 선리시 혹은 선기시(禪機詩)는 선의 골수인 이치를 노래한 선시다.

그럼 『금강경』에 'A는 A가 아니고 그 이름이 A다, 곧 A=Ā다.'를 응용하여 읽어보자.

일체의 만물이 고유의 자성을 갖지 않는다면 '바다 밑 제비집'이 지붕 밑 제비집일 수 있고, 지붕 밑 제비집은 돌 속의 제비집일 수 있다. 우리는 오랜 세월 고정관념에 덧쌓여 있기에 오는 현상이다. 실제로는 이렇게 원융무애하고 대자유로운 것이 우리 자체다.

다시 1행을 환유하여 보면 '바다 밑 제비집에 사슴이 알을 품고'는 '오동나무 위에 봉황이 새끼에게 젓을 먹이고'로 변주되어도 하등 이상할 것이 없음을 알게 된다.

2행 역시 A의 세계와 대비되는 Ā의 세계를 우리에게 보여주고 있다. 4행은 1행과 2행과 같은 Ā의 세계, 정신의 세계, 마음의 세계, 보이지 않는 세계란 도대체 무엇이란 말인가? 바로 우리가 사는 삶, 삶의 풍광, 삶의 실상이 '백운은 서로 날고 달은 동으로 달리네'를 빼고 무엇이 있다는 말인가. 우리는 우리 그대로다. 석가도 아니고 예수도 아니고 본래 그대로인 대자유인임을 말하고 있는 것이 아닌가?

2) 용운봉완, 만해의 시

「님」만이 님이 아니라 기룬 것은 다 님이다 중생이 석가의 님이라면 철학은 칸트의 님이다. 장미화의 님이 봄비라면 마치니의 님은 이태리다. 님은 내가 사랑할 뿐 아니라 나를 사랑하느니라.

연애가 자유라면 님도 자유일 것이다. 그러나 너희는 이름 좋은 자유에 알뜰한 구속을 받지 않느냐. 너에게도 님이 있느냐. 있다면 님이 아니라 너의 그림자니라.

나는 해 저문 벌판에서 돌아가는 길을 잃고 헤매는 어린 양이 기루어서 이 시를 쓴다.

— 한용운, 『님의 침묵』, 「군말」 전문

보이고 보이지 않는 것, 두두물물이 그대로 모두 님이다. 무엇이 님인가? 규정 지울 수 없는 님은 어디에 계시는가. 일찍이 우리나라 선시의 시조인 진각혜심 선사의 편저 『선문염송』 1칙을 볼 수밖에 없다. "세존께서 도솔천을 여의기 전에 이미 왕궁에 태어났으며 어머니의 태에서 나오기 전에 이미 사람들을 모두 제도하였다(世尊 未離兜率 已降王宮 未出母胎 度人已畢)"는 본칙에 대해 뒷날 곤산원 선사는 게송을 지어 우리들의 눈을 밝혔다.

未離兜率境	도솔천을 여의기 전에
已降父王宮	이미 부왕의 궁에서 태어났고
雖度衆生畢	중생을 다 제도하였어도
猶居母腹中	오히려 어머니 배 속에 있다 하니
良由非妙用	참으로 묘한 재주가 아니고
亦不是神通	또한 신통도 아닐세
勿自立規矩	괜한 법도를 세우지 말고
承言須會宗	말 속에 종지를 만나도록 하게

3) 미당 서정주의 시

내가
돌이 되면

돌은

연꽃이 되고

연꽃은
호수가 되고

내가
호수가 되면

호수는
연꽃이 되면

연꽃은
돌이 되고

— 서정주, 「내가 돌이 되면」 전문

미당의 시는 불교의 연기설을 시화한 정형적인 선리시라 할 수 있다. 위의 시 「내가 돌이 되면」의 깊이를 감상하기 위해 연기설을 제시하고 기의를 가름하고자 한다. 연기설은 보편성과 타당성이 있는 객관적 진리이므로, 법[다르마, dharma]이라고 표현하며, "연기를 보는 자는 법을 보고, 법을 보는 자는 연기를 본다(若見緣起 便見法 若見法 便見緣起)"(『중아함경』30, 「상적유경」)'고 한다. 다시 "연기를 보는 자는 법을 보고 법을 보는 자는 아(我)를 본다(若比丘 見緣起爲見法 正見法爲見我)"(『요본생사경』)고도 한다.

세상은 그대로 있지 않아 무상(無常)하므로 현상의 변화와 생멸이 있고, 일체가 본무(本無)하여 스스로 있는 것이 아니라 공간적으로 시간적으로 상호관련을 맺고 서로 의지해 있는 것이다.

若佛出世	연기의 법은 여래가 태어나거나
若未出世	태어나지 않거나
此法常住	변함없이 늘 머무는 법의 세계며, 법의 머묾이며

法住法界　　　법으로 결정된 것이다.

—『잡아함경』 권12, 「296경」

이와 같이 곧 연기는 절대의 진리임을 천명하였다.

此有故彼有　　이것이 있으므로 저것이 있고
此生故彼生　　이것이 생겨나므로 저것이 생겨나고
此無故彼無　　이것이 없으면 저것이 없으며
此滅故彼滅　　이것이 없어지므로 저것도 없어진다

—『잡아함경』 권12, 293경, 「297경」

이 연기설은 '이것'과 '저것'이 상호 의존해 있다. 곧 무아(無我)는 '이것'과 '저것'이 상호 작용하는 사이에 아(我)라고 하는 것이 없음에 이르고, 곧 이름할 수 없는 무아를 우리에게 설하였다. 그리고 「초전법륜경」에 있는 '모든 생의 법은 전부 멸의 법이다'라고 한 것도 다름 아닌 연기를 설한 것이다. 이것으로 보아 법을 보는 눈이 생겼다 함은 진리를 보는 눈이 생겼음이고, 지혜의 눈을 말하니 이것이 깨달음이다.

서정주의 「내가 돌이 되면」에 나오는 시어, '나·돌·연꽃·호수·나·호수·연꽃·돌'로 이어진다. 우선, '나·돌·연꽃·호수'는 모두 두두물물의 실상임을 염두에 두어야 할 것이다. 선(禪)은 일체만물 유정 무정 실상 환영 모든 있는 것, 눈에 보이듯 환으로 생각되는 모든 상을, 무한한 실상(實相)으로 본다. 이것이 화엄법계관이다.

그럼 내가 어떻게 돌이 되고 돌이 연꽃이 되고 연꽃이 호수가 되고 돌아와 다시 내가 되느냐? 이것은 앞의 시 효봉 「오도송」의 『금강경』 도리로 다시 돌이켜 보면 나, 돌, 연꽃, 호수 외 일체 두두물물은 모두 본질, 혹은 영혼이라는 자성이 무자성임으로 '나=돌=연꽃=호수=나'가 됨을 살펴볼 수 있다. 결국 '이것'과 '저것'이 상호 의존하여 있을 뿐임을 연기설을 통하여 보았을 뿐이다. 그렇다면 '이것'이 나이고, '저것'도 나이며, 또 연꽃도 돌이고 돌 역시 연꽃이며 호수이고 나라는 '무아의 나'에 이를 것이다. 현묘하고 딱 떨어지는 시「내가 돌이 되면」은 진리, 법을 형상화한 선시다.

4) 설악무산, 조오현의 시

내 나이 일흔둘에 반은 빈 집뿐인 산마을을 지날 때

늙은 중님, 하고 부르는 소리에 걸음을 멈추었더니 예닐곱 아이가 감자 한 알 쥐어주고 꾸벅, 절을 하고 돌아갔다. 나는 할 말을 잃었다
그 산마을을 벗어나서 내가 왜 이렇게 오래 사나 했더니 그 아이에게 감자 한 알 받을 일이 남아서였다

오늘도 그 생각 속으로 무작정 걷고 있다
— 설악 조오현,「나는 말을 잃어버렸다」전문

선시에 두두물물의 드러남을 살펴보며 그 존재가 그대로 여시(如是)하니, 바로 무의(無意)이고, 무색(無色) 무성(無聲) 무향(無香)이며, 무미(無味) 무촉(無觸)이지만, 굳이 우리들의 6식(識)과 18계(界)로 따져볼 땐 단순(單純) 청량(淸凉) 명징(明澄) 무사(無事)로 드러남을 읽을 수 있다. 그들은 있는 온통 그대로 여시할 뿐이어서 설악이 내는 기러기 고함 같은 일성의 파열음도 역시 여시할 뿐이다.

위의 선시에는 표현상 예닐곱 살 되는 초동과 일흔둘 잡순 설악 노장, 그 외에 텅 빈 공간이 있다. 그리고 산하대지도 초목삼림도 없는 하얀 백지의 무대가 있을 뿐이다. 단지 우리들을 선문에 들기 기대하는 설악의 간절노파심 절인 바람으로 공간을 메우고 있다. 이러함은 위의 시「나는 길을 잃어버렸다」가 우리에게 주는 단순무사(單純無事)함과 청량명징(淸凉明澄)은 존재의 여

시함에서 옴을 자연 느끼게 한다.

시 속으로 사라진 텅 빈 무대와 생각 밖의 먹먹함이 저쪽 세계와 맞닿고 있다. 그리고 아주 잦아들고 깃드는 귀엣말, "내가 왜 이렇게 오래 사나 했더니 그 아이에게 감자 한 알 받을 일이 남아서였다."이고, 일흔 둘에 산골 초동에게 받아먹은 감자 한 알이 눈 속 깊이깊이 티같이, 노장의 심장 깊숙이 박혀 있음이, 우리들을 망망한 곳으로 인도하게 한다. 몸도 마음도 모두 태운 설악 노장은 오직 그 아이에게 받은 감자 한 알, 돌려줌이 아니라, 다시 받을 일이 있기 때문이다. 이것을 다시 되돌아 갈마하기 위해 살고 있다고 한다. 3연에서 "오늘도 그 생각 속으로 무작정 걷고 있다" 아! 무작정 걷고 있는 나, 생각도 없는 생각 속으로 영원히 걷고 있는 나. 아무리 귀엣말하더라도 솔깃하지 말라. 에라, 나 역시 모른다 몰래[我亦不知].

> 강물도 없는 강물 흘러가게 해놓고
> 강물도 없는 강물 범람하게 해놓고
> 강물도 없는 강물에 떠내려가는 뗏목다리
>
> ― 설악무산, 「무자화6 ―부처」전문

위의 시 「뗏목다리」도 늘 우리가 고정적으로 생각하고 있는 뗏목다리가 아니라 그 이름이 뗏목다리이듯이, 소요의 「종문곡」 1행의 "물 위에 제비집"은 우리의 정상화(定相化)된 '처마 밑 제비집'이나, '은행나무 위 제비집'만이 아니라 보이지 않는 곧 $\bar{A}$의 '바다 밑 제비집'이듯이, 동시에 우리가 늘 보고 알고 있는 '뗏목다리'인 것이다. 일상적인 육식(六識)으로 만나는 A의 '뗏목다리'인 동시에 '뗏목다리'는 무일물(無一物)인 무한실상의 무자성인 뗏목다리이어서 앞의 효봉의 "바다 밑 제비집에 사슴이 알을 품"는 $\bar{A}$이며 '흰구름은 서쪽으로 달은 동으로 내닫는" A의 이 소식인 A=$\bar{A}$의 풍광(風光)이니, 곧 '강물도 없는 강물에 떠내려가는 뗏목다리'인 A=$\bar{A}$이다. 곧 무한실상의 진풍광일 뿐이다. 그렇지만 우리가 의식하고 있는 '뗏목다리'는 설악의 떠내려가는 뗏목다리며 시편에서 보이지 않는 '우리를 피안으로 건너가게 하는 뗏목다리'로 나타나기도 한다. 설악의 「무자화6―부처」는 무아의 도리를 '뗏목다리'를 주제로 펼쳐 보이는 함축의 극치를 그리고 있다. 시 전체를 '흐르게' '범람하게' '떠내려가는' 연기법을 그리고 있다. 곧 보이지 않는 A=Ā의 연속은 현상으로 나타나는 보이는 A를 보이지 않는 Ā로 숨기면서 드러나게 하는 '무아' 한 소식을 밝히고 있다. 시편의 흐름은 문장의 긴장과 부조화를 부채질하고 있다. 그리고 3연의 '뗏목다리'는 장마에 떠내려가는 '뗏목다리'일 뿐임을 읊고 있다. 『금강경』 4구게에는

凡所有相	무릇 있는 바의 상은
皆是虛妄	모두 허망한 것
若見諸相非相	만약 모든 상이 상 아님을 봄은
卽見如來	곧 여래를 보는 것이다

제상(諸相)인 A와 비상(非相)인 Ā가 회감 회통하는 봄(A=Ā), 곧 여래를 봄이라.

이것을 설악은 '길을 잃어버'림이 곧 '길을 잃어버'리지 않음이어서 "오늘도 그 생각 속으로 무작정 걷고 있다" 하고 효봉은 "흰 구름은 서쪽으로 달은 동쪽으로" 달리고 있다고 또 '떠내려가는 뗏목다리'를 주제어로 떠내려감은 버리지 않음이어서 연기법을 단 3행으로 절대 현재의 이 순간을 드러내고 있다.

5) 이승훈의 시

비누는 가늘게 내리는 가랑비 가랑비 내리던 아침 그대와 길을 떠났지 비누를 가방에 넣고 떠났던가? 오늘도 가랑비 온다 가늘게 내리는 가랑비 밤이면 하

얀 눈발 어둠 속에 비누가 반짝인다 비누는 마루에 있고 거실에 있고 화장실 거
울 앞에 있지만 비누는 과연 어디 있는가? 비누는 씨앗도 아니고 열매도 아니다
아마 추운 밤 깊은 산 속에 앉아 있으리라

— 이승훈, 「비누」 전문

　　이승훈의 시, 「비누」는 현대선시로 분류되며 또 전위선시로 일컬어도 무방
하다는 생각이다. 전위선시는 한자로 된 고전선시에 주수사법인 적기수사법
과 포스트모더니즘 시의 비유법을 활용한 선시를 말한다. 우선, 앞의 시는 자
성이 무자성임을 철저히 인식할 때에만 가능한 A=Ā의 세계이고 이 세계는
불교의 기본 경전인 『반야심경』의 '현상이 본질이고 본질이 바로 현상[色卽是
空 空卽是色]'의 세계다. 그리고 앞에서 살펴본 『금강경』의 주수사법인 "여래
가 말씀한 제일진리는 곧 제일진리가 아니라 그 이름이 제일진리이다."(14, 離
相寂滅分)라는 선시의 적기수사법을 충분히 활용하고 있다.

　　"매끄럽게 흐르는 비누는 가랑비고 하얀 눈발이다. 비누는 마루에 있고 거
실에도 있고 어두운 밤 산속에 있"는 이 비누를 우리는 그저 비누라 부를 뿐
이다. 원래 스스로의 성품이 없는 무사성인 기표 비누는 여러 인연과 만나면
서 한없이 미끄러져 내림을 읽을 수 있다. 그럼 이것을 무엇이라 불러야 할
것인가? 우리는 그저 비누라 부를 뿐이다. 앞의 『금강경』 「이상적멸분」의 문
장에 넣어보면 '비누는 곧 비누가 아니라 그 이름이 비누다'가 된다. 비누란
그 이름이 항상(恒常)하지 않고 인연과 상황에 따라 천변만화(千變萬化)한다는
것. 위의 시 「비누」는 우리의 존재가 항상 하지 않으므로, 듀카(duka, 苦)인 일
체개고(一切皆苦)고 제행무상(諸行無常)하고 제법무아(諸法無我)함을 체달하므
로 열반적정(涅槃寂靜)에 든다는 불교의 징표인 사법인(四法印)이 시화되었음
을 읽을 수 있다.

　　그리고 이 시는 기본 연기설로 살펴보아도 잘 나타난다.

이것이 있으므로 저것이 있고/이것이 없으면 저것이 없으며
이것이 생겨나므로 저것이 생겨나고/이것이 없어지므로 저것도 없어진다

의 근본 기의는 '이것'과 '저것'만 있고 '이것'과 '저것'이 없고 또 '이것'과
'저것'에 의해 생겨나고 '이것'과 '저것'은 없어진다는 것이다. 상의성(相依性),
다만 상호의존에 의해 존재와 법계가 운행되고 있음을 말한다. 그럼 나는 어
디에 있는가? 그럼 무엇이 있는가? 무아(無我)다.

이 시의 마지막 구절은 "비누는 씨앗도 아니고 열매도 아니다" "그럼 무엇
이냐" 화자는 오직 "아마 추운 밤 깊은 산 속에 앉아 있으리라" 무엇이 앉아
있는가?

6) 송준영의 시

눈이 내린다 작년 또 작년을 넘어 눈이 내린다

오늘도 아닌 오늘 오늘의 눈이 내린다 눈 위에 내가 눈 아래 내가 있다 나는
나 아닌 눈사람 눈을 머리에 이고 다가오는 사람들, 다가오고 지나고 열심히 아
스팔트 위에서 눈사람이 걸어가네 나 없는 내가 걸어가고 작년 넘어 눈이 내리
고 다음다음의 눈이 올 것이고 주먹코를 풀면서 주먹코 밑 입술 위 카이젤 수염
눈사람이 걸어가네 눈으로 다리를 베어낸 빨간 우체통이 눈을 감고 눈에 다리를
묻고서 있네 눈이 다리를 감추고 바람이 눈 사이로 망토를 펼치면 어린아이를
감추고 날아가네 바람다리 눈이 된 바람이 그렇게 오고 그렇게 가네 없는 내가
보이는 내가 보여 지지 않는 내가 있고

그 곳곳마다 바로 이 찰나의 눈이 눈을 보네
　　　　　　—「눈은 내리고 다시 눈은 내릴 것이고 아득한 눈이 내린다」 전문

상기 저의 졸작을 평한 김미정 평론가의 글을 그대로 인용한다.

"오늘도 아닌 오늘 오늘의 눈이 내린다" 여기서 '오늘'은 그저 찰나일 뿐이다. 오늘이라는 이름을 가지고 있을 뿐 그것을 고정적인 개념으로 받아들이지 않는다. 또한 "작년 넘어 눈이 내리고 다음다음의 눈"에서 '작년'은 과거의 시간대이고 "다음다음"은 미래의 시간영역에 속한다. 또한 "눈으로 다리를 베어낸 빨간 우체통이 눈을 감고"에서 "빨간 우체통"의 등장은 절대 현재 이 순간의 시공간성(時空間性)을 포착하려는 장면으로 읽힌다. 이것은 시인이 말하고자하는 의도와 시간과 공간에 대한 개념을 읽을 수 있는데 현재와 과거의 시간을 구별 짓지 않으며 고정 불변하는 것은 없다는 시적태도다. 다만 찰나로 존재하는 절대 현재의 순간일 뿐이다. 찰나, 오늘, 곧 무아를 그리고 있다.

여기서 "내가 걸어가고" "눈사람이 걸어가네" 라는 부분은 나와 눈사람을 동일시하고 있음을 알 수 있다. 눈과 눈사람의 등장은 녹아 없어짐, 사라짐의 의미로 연결되어 언젠가 사라질 존재로서의 자아를 바라보게 한다. 나 또한 순간을 사라가며 사라지는 존재인 것이다. 그래서 나는 "없는 내가, 보이는 내가, 보여지지 않는 내가"되는 것이다.

독자는 이 시를 통해 삶의 현장에서 보이는 무수한 굴곡과 고통과 치임 속 뫼비우스 띠 위를 유유히 걸어가는 자신을 발견할 수 있다. 세상에서 잠시 비켜난 느낌이랄까. 정신의 맑고 높은 경지를 추구해 온 시인의 통찰적인 시선을 느낄 수 있는 시다.

우리는 늘 이 세계가 아닌 세계 밖의 세상을 동경한다. 현실 너머를 꿈꾸는 것이다. 삶의 이면으로 건너가고 싶은 것이다. 하지만 이 순간은 손에 잡힐 듯 다가오다가도 재빨리 사라져 버린다. 아름답게 무상한 삶 속에 온 힘을 다해 지금 이 순간을 밀고 가는 일상이다. 시간의 뫼비우스 계단에 새로운 계절이 서성이고 있다.[12]

4. 선 사상과 포스트모더니즘의 유사성

앞장에서 살펴본 것과 같이 선은 유럽을 거쳐 미국으로 건너가 미국 서부에서 히피들에 의해 비트선이 일어난다. 비트선의 특징으로 곧 전통적인 가

---

12) 김미정, 『시와세계』 2018년 봄호.

치관에 얽매지 않음, 자연적 인간성 회복, 자유로운 가치관 등을 들 수 있다. 이것은 합리적이고 도덕성보다 저절로 우러나는 감성을 중시하는 사회운동으로 발생한다. 1960년대 미국 서부에서 발흥하며 이 운동은 히피들이 일으킨 서구적 선이다.

미국의 전통선은 20세기 후기에 포스트모더니즘의 미학과 격의(格意)되는 징조로 나타난다. 예컨대 포스트모더니즘 미학은 문화주의, 깊이 없음, 이데올르기의 약화, 대중주의, 의미의 해체 등으로 나타난다. 이합 핫산은 포스트모더니즘의 특색을 단편성, 탈정전화(脫正典化), 주체와 깊이의 상실, 현전의 불가능성과 재현의 불가능성, 아이러니, 행위와 참여, 내재성 등 밝혔는데, 이런 미학은 선에서 보여주는 단순, 명징, 청량, 무사, 보편성, 찰나, 내재성(內在性) 등으로 선에서 이르는 무아 곧 무아행과 유사함이 느껴진다. 선은 1500년 전에 이와 같은 현상을 주체로 삼고 있다.

단지 우리 것을 지키는 데 급급해야 하는가? 반대로 우리 것을 적극 연구하고 널리 알리므로 동서가 융합하고 회통하여 우리 문화, 사상과 철학, 그리고 문화, 문학이 동서가 격의(格意)되고 반상합도 되므로 더 빼어난 인류의 문화가 창달되어 짐을 보아왔다. 이를테면 예를 들어 인도에서 태어난 스승불교(원시불교)가 그리스의 간다라 문화와 병치 되므로 대승불교로 발전되고 대승불교와 중국 노장사상 및 공맹사상과 격의 됨으로 선종(禪宗)이 탄생되었다. 이 선이 우리나라에 유입되어 우리나라의 삼신사상과 토템 등 고유의 사상과 격의되어 한국적인 불교가 탄생됨도 이와 같이 서로 다른 사상이나 문화가 격의 됨으로 수승한 세계로 거듭 났음을 우리는 안다. 그리고 『현대선시』와 『시와세계』는 선과 후기현대주의, 선시와 포스트모더니즘 시가 격의되고 반상합도 되는 진경(眞景)을 보고자 끝없이 지향할 뿐이다.

0도의 시쓰기로 드러난 '저절로시법'*
— 이강(怡江) 이승훈의 새로운 선시

1. 전문

이강 이승훈(怡江 李昇薰, 1942~2018) 시인은 대상이 없는 비대상의 세계, 내면의 세계를 그려왔다. 바로 이것은 그가 어떤 대상의 총체적인 것을 그리고자 함이 아니라, 무차별 자발광(自發光)하는 마음밭을, 마음밭에 종횡으로 용솟음치는 무형의 마음을 형상화시켜왔음을 알 수 있다. 이러한 그의 끊임없는 탐구 자체가 마음의 수련을 대종으로 하는 불교, 특히 선종과는 어쩔 수

---

* 송준영, 『禪, 빈거울의 언어』, 푸른사상사, 2016. 81~82쪽.
　———, 『禪, 초기불교와 포스트모더니즘 너머』, 소명출판, 2017, 85쪽, 193쪽, 247쪽, 301쪽 참조.
　雙遮雙照 遮照同時—쌍차란 시/비, 자/타, 선/악, A/Ā의 양변적인 견해, 이항대립적인 견해를 막는다 없앤다는 의미고, 쌍조란 견해는 回感融通하는 A=Ā의 의미다. 차조동시란, 막고 되비춤이 시간과 공간을 미루어 형성되는 것이 아니라, 동시에 일어남을 이른다. 이것은 막음(遮)과 비침(照)을 동시에 포함하고 있는 0도의 시쓰기 이전에 무공용의 표현이 된다.
　'저절로시법'은 함이 없는 '무위의 시법'을 이른다. '0도의 시쓰기'가 속말이라면 '저절로시법'은 논리 밖에 말이 되고, 이것은 '함이 없는 저절로시법'으로 나타난다.
　● 쌍차쌍조는 마음이 이미 밝고 청정하면 양변을 쌍으로 막고 바르게 중도에 드니 쌍으로 이제를 비춘다. 부사의한 부처의 경계를 모두 갖추니 줄어듦이 없다. —천태 지자 『摩訶止觀』

없이 서로 만날 수밖에 없었다. 사실 포스트모더니즘의 철학자나 시론가 혹은 문학가들은 모더니즘의 표현법이나 사유가 거의 정상화, 혹은 합리화됨으로 인간의 성품을 규격화시키고 획일화시킴에 반발하고, 혹은 극복하고자 하였다.

이승훈은 포스트모더니즘을 연구하여 충분히 이해하고 이들의 이론을 우리 시단에 소개하면서 새로운 시의 모형을 우리에게 제시한 전위적인 실험시를 구사하는 모더니스트다. 그는 서구의 모더니즘, 포스트모더니즘, 해체주의에 침잠했고 이런 서구의 이즘을 돌아 선(禪)과 만나게 된다. 그가 늘 말하듯 이건 순전히 업일 뿐이라는 생각이 든다. 어느 날 "선은 아편이야"라고 한 선생의 말이 떠오른다. 그는 인생 후반에 선을 만나 선을 서구적 글쓰기로 우리에게 소개하고 있다.

이승훈은 1962년 『현대문학』을 통하여 시를 발표한 이래 지금까지 모두 17권의 시집과 4권의 시선집, 1권의 그림시집과 35권의 이론서를 상재한 문단의 원로 시인이다.

1960년대 전후는 한국 시단이 그 이전 시대를 비교하여 보면 질과 양적으로 가장 많은 시인을 배출시킨 시기다. 60년대 전후에 등단한 시인, 특히 의미나 표현적인 면에서 선적인 경향을 나타낸 시인은 있지만 필자가 보는 입장에서는 선의 사상이나 선도리(禪道理)에 밝아 자유자재로 선시를 구사하고 한국 현대선시의 발흥을 위해 각고한 선시인을 찾을 수 없었다. 그러나 이들의 시에서 간혹 전통적인 짙은 선가풍의 시나, 표현방법 면에서 선시적인 수사법을 구사한 시들을 가끔 만날 수 있었다. 그러나 선시가 우리나라에 유입된 지 1,000여년 이래 계승되어온 선시를 잇는 전문적인 선시인은 없었다.

만해 한용운이 시집 『님의 침묵』을 통하여 최초로 한글 현대선시를 선보인 이후, 미당 서정주의 많은 시집 중 『동천』에서 선시적인 시를 읽을 수 있었다. 그리고 설악 조오현 시인이 전적인 선시, 선시인의 시를 보여줌으로 한국의 현대선시가 자리 잡게 된다. 이어 이승훈의 후반기 시집에서 전위적이고 실험적인 현대선시가 출몰하게 된다.

이승훈은 회갑을 맞이하면서 갑자기 그 이전 시집과 궤도를 달리하는 열세 번째 시집 『인생(人生)』(2002)과 열네 번째 시집 『비누』(2004)를 상재하고 이어 『이것은 시가 아니다』와 『화두』, 『당신이 보는 것이 당신이 보는 것이다』(2014)를 상재한다. 문제는 이 시집들이다. 이 시집들을 기점으로 그가 홀연히 선적 취향이 짙은 선가풍 내지 선시집을 엮고 있기 때문이다. 이 글에서는 위의 시집들을 중심으로 그가 이루어낸 이전 고전적 전통선시와는 다른 새로운 선시의 기미를 읽어낼 수 있었고, 또 그의 시집 『인생』에서 선가풍의 시와 『비누』에서는 선적 사유를 토대로 한 선시들을 읽을 수 있었다. 그의 마지막 시집 『당신이 보는 것이 당신이 보는 것이다』에서는 이승훈이 각고하던 행위와 본질이 원융하게 회감회통 되는, 곧 '물질과 물질적 현상[色]이 본질의 순수함[空]의 활성화이며 본질의 순수함이 물질과 물질적 현상[1]임을 시화시키고 있음을 읽게 된다. '나는 생각한다 고로 존재한다'가 아닌 생각과 존재가 둘이 아닌 우리의 삶이 불이세계(不二世界)임을 선시로 보여준다.

2. 적기어법과 적기수사법

여기서 선시적이라 함은 선사들이 상당법문이나 법거량에 나타나는 적기수사법을 말한다. 이 조화는 반조화로서 선사들은 우리들의 조화, 곧 정상성(定相性)을 해체함으로 오는, 우리들의 슬기[機]를 일시에 빼앗음[賊]을 이른다. 이러한 선장들의 적기(賊機)[2]를 선가에서는 중생을 위한 자비낙초(慈悲落草)

---

1) 송준영, 『취현반야심경강론』 경서원, 1993; 송준영, 『선으로 읽는 반야심경』, 북인, 2010, 194쪽.

니 간절노파심절(懇切老婆心切)이라 말한다. 이 적기의 어법에 의하여 선시는 중생들을 깨달음으로 안내하는 풀어지지 않는 기관이 되었고 이것에 의해 또 다른 돈오(頓悟)의 경절문(逕截門)이 되었다. 이것이 선문(禪門)의 1,700공안(公案)의 융통을 북돋아주는 비밀문(祕密門)이고, 문자를 떠나지 않은 불립문자의 근본인 선시가 되었다. 또한 교문(敎門)의 8만4천 법문이라 일컫는 대장경의 요체가 되었다.

특히 금강경 도처에 나타나는 선시적 수사법을 예를 들고자 한다. 남종선의 소의경인 『금강경』과 기본 경전인 『반야심경』 등의 여러 경전에도 무수히 나타난다. 다음 경구를 사상적 근거로 제시한다.

> 결정된 내용이 없음을 여래께서 말씀하셨습니다. 왜냐? 여래가 말씀하신 진리는 취할 수도 없고 말할 수도 없고, 진리도 아니고, 진리 아닌 것도 아니기 때문입니다. 왜냐? 모든 깨달은 현인과 성인은 상대의 세계를 빼어난 함이 없는 절대법 가운데 차별이 있기 때문입니다.
>
> 無有定法 如來可說 何以故 如來所說法 皆不可取 不可說 非法 非非法 所以者何 一切賢聖 皆以無爲法 而有差別
>
> ─『금강경』「무득무설분」 제7

> 부처가 말한 반야바라밀이란 곧 반야바라밀이 아니라 그 이름이 반야바라밀이다.
>
> 佛說般若波羅蜜 卽非般若波羅蜜 是名般若波羅蜜
>
> ─『금강경』「여법수지분」 제13

> 이른바 불법이란 곧 불법이 아니다

---

2) 적기란 우리를 한순간 깨달음의 세계로 돈입시키는 선가에서 쓰는 최상승 상당방편 법문이다. 곧 우리의 알음알이를 빼앗음으로 한순간 '뻥뚫림', '먹먹함'에 들고 이 적기에 의해 우리는 초발심에 성큼 들어선다. 필자는 고전선시에 표출된 선장들의 적기법문을 선의 적기어법이라 하고 이것을 표현법으로는 적기수사법이라 명명하였다.(송준영, 『禪, 언어로 읽다』, 소명출판, 2010, 18쪽)

所謂佛法者 卽非佛法

—『금강경』「의법출생분」제8

　　관자재보살이 반야의 심장인 저 언덕으로 돌아서서/깊은 반야에 들어섰을 때
에/관자재 차원에서 내려다보시고/모든 물질적 현상을 오온인 물질(色), 느낌(受),
따짐(想), 의지적 충동(行), 버릇(識)으로 이루어졌으며/또한 오온 역시 모두 비었
음을 분명히 아시고/일체의 괴로움에서 벗어나셨다.

　　觀自在菩薩 行深般若波羅密多時 照見五蘊皆空度 一切苦厄

— 『반야심경』

　『반야심경』은 8만 대장경의 중심이고 대반야(大般若) 600부의 강요(綱要)다.
상기『금강경』이나『반야심경』예문은 일체의 현상의 자성이 무자성임을
설파한다. 이것은 우리가 도출하여 사용하고자 하는 선시적 어법은『금강
경』의 주수사법으로 위에 예문 중, 제13분인「여법수지분」의 경구를 살펴보
면 확연하게 드러난다. “부처가 말한 반야바라밀이란 곧 반야바라밀이 아니
라 그 이름이 반야바라밀이다”에 일체의 실상 중 볼펜을 넣었을 때, “볼펜은
볼펜이 아니라 그 이름이 볼펜이다”가 된다. 우리가 필기할 때 쓰는 볼펜이
꼭 글을 쓸 때 볼펜으로 있음이 아니라 비상시에는 흉기로 변할 수 있다는
것이다. 곧 자성이 무자성이란 말이 된다. ‘A는 A가 아니라 그 이름이 A다’
하는 A=Ā의 세계며, 적기에 의한 본래의 근원지에 우리를 돈입시키기 위한
가르침이다. 선의 선장들은 한결같이 적기에 의해서만 실상지로 합일이 가능
하다고 설한다. 따라서 필자는 오랜 관습에 의해 쌓인 우리들의 정상성(定相
性)을 해체시키려는, 방편법문이 적기법문이며 적기어법이고, 이것이 표현될
때는 적기수사법이라 명명하였다. 여기서 우리 글의 골격인 적기란, 우리의
오랜 관습화된 사유를 깨뜨려 한 순간 깨달음의 세계로 돈입시키는 선가에서
쓰는 최상승 방편법문을 이른다.3)

---

3) 위의 책 22쪽 참조

결국 절연, 압축, 역설, 기상은 적기어법(賊機語法)에서 충분히 읽힌다. 때문에 적기수사법(賊機修辭法)을 철저히 규명하면 선시의 바탕을 파악하게 된다. 이 선의 적기어법을 다시 선시의 적기수사법으로 세분하여 정리할 것 같으면, 선시의 반상합도(反常合道)[4], 선시의 초월은유(超越隱喻)[5], 선시의 무한실

---

4) 선시의 표현에서 **반상합도**란 우리가 정상이라 규정하는 일상을 돌이키고 뒤틀어서 정상과 비정상이 융통하고 회감하여 수승된 다른 세계로 나아가는 것을 말한다. 즉 서로 다른 것이 상호 합일되어서 고차원의 다른 세계로 합도되는 경지를 말한다. 수사학적으로 말하면 A라는 시적 요소가 B라는 시적 요소와 서로 상치하는 듯하나, 보다 커다란 차원의 수사어법에서 보면 하나의 통일된 수사적 효과를 거두는 것을 말한다. 즉 A와 A 아닌 요소(Ā)가 서로 상치하고 대립하는 듯하나, 보다 큰 차원에서는 서로 어우르는 것, 즉 A=Ā의 상태가 되는 것을 의미한다. 선장들은 적기로서 우리들의 분별심과 정상성을 모두 해체시키고 정신적 공황상태로 몰고 간다. 이것은 중생들을 깨달음으로 들어가게 위한 방편법문을 사용하는데 이것이 賊機이다. 이것이 적기어법이고 선시를 온통 선시답게 하는 적기수사법이다. 『금강경』에 이 등식은 무아, 곧 자성이 무자성을 말한다. 이것은 A와 A 아닌 요소(Ā)가 합일되어 나타나는 A=Ā가 된다. 이것은 만물이 자성을 갖지 않는다는 것은 무자성이어서, 서로 기표인 이름만 달리 나타나지 결국 회감 회통됨을 말한다.

* 빈손에 호미 들고··· 부대사
* 다리는 흘러가고 물은 흐르지 않네 ····························· 부대사
* 돌여자가 아이를 낳으니/나무사람 조용히 머리 끄덕인다 ·············백운경한
* 물 위에 진흙소가 달빛을 밭 간다/구름 속 나무말이 풍광을 고른다······ 소요태능
* 나무까치는 비상하여 하늘 밖 사무치니/바로 천봉만악을 뚫고 가도다··· 서옹상순

위의 예문들은 바로 'A는 A가 아니므로 A다' 하는 A=Ā의 등식이 성립할 때 가능해진다.

5) 초월은유란 이질적인 두 사물에서 유사성을 발견하는 비유, 곧 "비동일성에서 동일성을 발견(identification)하려는 비유다."(김준오, 『詩論』, 문장, 1986, 120쪽) 이승훈은 그의 『詩論』에서 "현대시의 경우 모두 본질적으로 은유를 지향하는데, 근본적 형식 A is B(A=B)로 나타내고, 오늘날 많은 이론가들이 관심을 표명하는 다른 형식, 곧 병치은유의 도식 A-b를 첨가하여, 크게는 동일성(identity) 형식과 병치(juxtaposition) 형식으로 양분된다"고 적고 있다. 또 휠라이트는 위에서 말한 동일성 원리에 입각한 은유를 치환은유, 비동일성에 입각한 은유를 병치은유로 설명하고 있다.(이승훈, 『詩論』, 고려원, 1979, 134쪽) 선시에서는 치환은유보다 병치은유가 많이 발견된다. 그러나 보다 뛰어난 선시에서는 초월은유가 발견된다. 그 이유는 A=A, A=B라는 상식적이고 정상적인 논리로는 나타낼 수 없는 선의 도리에 의한 선 사상에서 기인한다. 이런 점에서 초월은유는 병치은유와 치환은유, 곧 양변의 견해를 모두 벗어나는 비유라 할 수 있다. 여기서 도식화하면 'A는 A가 아니므로 A다'라는 A=Ā로 표시된다. 이것은 賊機語法을 바탕으로 선 사상에서 말하는 양변의 견해를 융합하면서 동시에 초월하는 비유상태를 의미한다. 용례로는

상(無限實相)[6]이 된다. 이 세 수사법은 선시를 표현하는 데 불가분의 관계를

---

* 진흙은 푸른 돌 속의 뼈⋯⋯⋯⋯⋯⋯⋯⋯⋯⋯⋯⋯⋯⋯⋯⋯⋯⋯⋯ 청허유정
* 일이삼사로 가고/사삼이일로 와라⋯⋯⋯⋯⋯⋯⋯⋯⋯⋯⋯⋯⋯⋯ 무경고송
* 그러나 그 몸에 한조각 水鏡이/毛孔으로부터 빛 쏟아
  일천강에 달빛이라⋯⋯⋯⋯⋯⋯⋯⋯⋯⋯⋯⋯⋯⋯⋯⋯⋯⋯⋯⋯⋯ 만경영안

이 선시들은 선문답적인 초월은유이므로 치환은유나 병치은유적 수사학으로는 잣대가 맞지 않다.

현실적으로 존재되어왔고 앞으로도 계승 발전될 이런 수사법은 우리 글에서는 일단 반동일성 초월은유라 명칭한다. 이것은 선의 적기방편 법문이다.

6) 선시의 **무한실상**이란, 선장들이 중생을 일깨우기 위한 간절노파심절이라 일컫는 최상승의 적기법문의 한 표현법이다. 서구의 상징주의자들은 일체 현상세계는 허구세계이며, 궁극적으로 상징세계로 간주한다. 선의 입장에서는 이 서구의 상징이란 단어에서 '색(色)'이나 '가상(假相)'과 비슷한 느낌을 받게 된다. 이 색이나 가상이라는 말은 현상적으로 나타나는 일체의 물질을 뜻하는데, 이것은 공(空), 실상(實相), 본체(本體), 본성(本性)과 상대적 의미를 제시하는 용어다. 서구의 상징은 무한한 해석의 가능성을 간직하고 있는 암호의 숲으로 생각하는 경향이 있다. 이 상징이란 말은 불교에서 보는 색즉시공 공즉시색(色卽是空 空卽是色)인 사유법, 또는 '공(空)·가(假)·중(中)이 서로 벗어남이 없다.'(나가르주나, 『中論』, 황산덕 역, 서문당, 1978, 101쪽)는 선적인 사유와는 근본적으로 다르다. 선의 도리는 본질과 물질적 현상을 따로 구분하지 않는다. 선시에선 상징에 남아 있는 논리적 고리를 단절시킴으로 중생의 분별 간택심을 초월하려는 적기의 법문을 선장들이 들어 보이는 간절노파심절이라 말한다. 이것은 불립문자의 표징일 뿐이다. 곧 선시에선 단어, 시구 혹은 선시 자체가 낱낱이 명명백백한 관념이 해체된 실상으로 존재한다. 따라서 펼쳐보면 선시어는 일반시보다 연결성이나 정신적 밀도 면에서 훨씬 복잡다단하며 동시에 단순하다. 인드라망처럼 복잡한 실상의 굴레가, 그 행간의 의미가 무한 점핑하므로 무한실상이라 칭한다. 이런 무한정의 실상성이 적기어법과 궤를 같이하며, A=Ā의 등식을 보여준다.

* 바다 밑 진흙소가 달을 물고 달아난다/바위 앞의 돌호랑이가 아기 안고 존다/쇠로 만든 독사가 금강눈을 뚫고 든다/곤륜족 깜둥이가 코끼리 타고 해오라기 이끈다⋯⋯⋯⋯⋯⋯⋯⋯⋯⋯⋯⋯⋯⋯⋯⋯⋯⋯⋯⋯⋯⋯⋯⋯⋯⋯ 고봉원묘
* 바다 밑 제비집에는 사슴이 알을 품고/불 속 거미집에는 고기가 차 달인다
  ⋯⋯⋯⋯⋯⋯⋯⋯⋯⋯⋯⋯⋯⋯⋯⋯⋯⋯⋯⋯⋯⋯⋯⋯⋯⋯⋯ 효봉학눌

선적인 도리로 비추어보면, 앞의 예시와 같이 선의 쓰임은 무한계, 무차별, 무작정으로 그린 무한실상으로밖에 표현할 수 없다. 이것은 선이 그렇고 우리의 본성이 그렇고 일체 만물의 자성이 그렇다는 것이다. 그런 까닭에 無自性을 선에선 말한다. 문제는 앞의 시가 서구의 쉬르와 같이 자동기술에 의해 무작위로 씌어진 것이 아닌, 무자성을 철저히 깨친 선사들의 명료함에서 흘러나온 노래이어서 무한한 실상을 한량없이 휘두르고 있는 것이다. 이런 무자성을 도식화하였을 때, 역시 A=Ā로

서로 내포하고 있다. 물론 선시, 특히 선적 사유는 언어를 만나 표현됨을 염두에 두었을 때 그 기표야말로 바로 사상의 표현일 수밖에 없다. 물론 이승훈의 초기 시는 모든 것이 '나'로부터 시작되고 이 '나'의 귀결됨이 그가 나타내고자 하는 전부인 바, 이때 그의 지향점은 일체가 스스로의 내면세계로 향한다.

이에 1983년에 상재한 시집 『사물들』의 시적 특징으로는 초기 시에서 보여 온 '나'가 사라지고 '너'에게까지 확대될 뿐 아니라, 이 '나'와 '너'가 우리의 현재 이 순간의 삶까지 폭 넓게 확산된다는 점이다. 그러나 이때까지 이승훈의 시작법은 서구적 의식의 흐름을 통한 쉬르적 자동기술법에 의지한다. 또 그의 사유는 현실의 삶에 포인트를 주고 있음을 읽게 된다. 그런데 이승훈의 시적 구조상 선시의 적기적 어법을 체득적으로 구사하는 시편들을 읽을 수 있음은 어떻게 된 일인가. 이때 시 가운데 다음에 예증한 시는 선시의 적기수사법인 선시의 반상합도와 선시의 초월은유, 선시의 무한실상을 알맞게 구사하고 있다.

피는
불이 되고

불은 연기가 된다
이제 나는 연기다

나는
풀 풀 풀 날린다

시간이

쓸 수밖에 없다. 이것은 선사들이 중생들을 일깨우기 위한 賊機法門의 語法일 뿐이다.(송준영, 앞의 책, 120~121쪽 참조)

딸국질하는 뇌에는

연기만 가득하다
또 가을이다

—「또 가을이다」[7]

이승훈 시의 특성을 사계에선 '비대상의 시'라 부른다. 바로 육안으로 볼
수 없는 심리적 내면세계를 형상화하기 때문이다. 위의 시는 직관으로만 감
득되는 무정형의 내면을 언어로 표현한 것이다. 이 시에도 나타나듯이 '피=
불', '불=연기' '나=연기'는 결국 '피=불=연기=나'라는 등식이 성립된다. 납득
이 가지 않는 일상을 초월하는 표현이다. 이것이 바로 선시에서 주로 사용되
는 수사법인 'A는 A가 아니므로 A다' 하는 선시의 표현방법론과 일치되는
A=Ā다. 또 시간이 "딸국질하는 뇌에는"이라는 시행, 역시 앞 각주에서 예시
한 '물 위 진흙소가 달빛을 밭 간다'나 '불 속 거미집 고기가 차 달이고'와 같
은 표현방법이다. 그리고 "연기만 가득하다/또 가을이다"란 결구도 기상천외
한 병치로 이루어진 초월은유다. 또 위의 시는 전혀 선적인 맛이 나지는 않
는, 오히려 서구의 쉬르적인 맛이 한껏 돋보이는 시이지만, 뜻밖에 선시적 적
기의 표현방법을 구사한다. 이것은 어떤 총체적인 것을 시의 주제로 삼지 않
고 내면의 마음을 바로 그리는 한 불가피한 방법이라 생각되지만, 또 하나는
서구의 포스트모더니스트 대부분이 동양사상에 영향을 크게 받았다는 데 있
다.

입술은 바람이 되고/눈망울은 흙이 되고/심장은 돌이 된다

괴롭던 일 기쁘던 일도/화가 나던 사랑도 후회도/

---

7) 이승훈, 『事物들』, 고려원, 1983.

이제는 님이 빚어야 할/한 줌의 흙/바다 혹은 하늘

— 「다시 흙으로」8)

위의 시 역시 '입술=바람', '눈망울=천둥', '심장=돌'의 등식도 위와 같은 적기어법의 표현의 논리가 아니고는 도저히 성립되지 않는다. 또 괴로움, 기쁨, 화냄, 후회, 이 모든 것은 님이 빚어야 할 흙, 바다, 하늘이라는 고도의 무한실상과 여기에 따르는 절연과 기상은 선시를 방불케 한다. 또 다른 하나는 불교의 '유식학'에서 말하는 사대(四大), 즉 지수화풍(地水火風)으로 이루어진 일체의 만물이 인연 따라 진공(眞空)하기도 하고 묘유(妙有)하기도 한다는 원리를 쓰고 있다는 점이다.

그러나 이 시집을 상재한 1993년 당시 이승훈은 그의 고백에 의하면 불교와는 전혀 인연이 없으며 관심조차 기울이지 않았음을 말한 적이 있다는 사실이다. 이러한 것이 동서양의 문화는 물이 높은 곳에서 낮은 곳으로 흐르듯, 늘 부증불감(不增不減)한다는 『반야심경』의 원리를 일깨우는 일이 아닌가.

시를 쓰려면 갑자기 임제 스님이 나타나 말하는 거야
야 이 새끼야 지금은 그게 아니야 무슨 시를 쓰겠다고
헤맨 나를 보고 글쎄 야 이 새끼야 지금은 그게 아니
야 내 귀싸대기를 한 대 갈기고 나가는 거야

— 「임제 스님」

위의 시 「임제 스님」은 2000년 여름에 간행한 시집 『너라는 햇빛』9)에 있는 처음 불교적 소재로 글을 쓴 시다. 이 글이 무엇이 그리 대단해서가 아니라 포스트모더니스트인 이승훈, 프레베르와 크노, 베케트, 카프카, 앙리 미쇼를 노래하고 프로이트, 라캉, 데리다를 설하던 시인에게 기상천외의 이름이

---

8) 이승훈, 『환상이라는 이름의 역』, 미래사, 1991.
9) 이승훈, 『너라는 햇빛』, 세계사, 2000.

아닐 수 없다. 그렇다. 거칠기 짝이 없는 임제 노한은 틀림없이 좀팽이 시인에게 멱살이나 혹은 귓구멍이 펑크가 나도록 고함을 한 두어 번 지르든지, 한 귀싸대기 얻어맞았을 것이라는 이승훈의 판단은 정말 대단히 탁 트인 견해이다. 그럼 임제 노한이 무엇을 할 수 있었단 말인가. 무얼 머뭇거리는가. 그래, '야 이 새끼야, 내 귀싸대기를 한 대 갈기고 나가는 거야'이구나. 아니 바람으로 말이야.

3. 인연, 일상사의 깨침

만해시인학교를 열고 있는 설악산 백담사의 2000년 여름, 백담산장. 이승훈과 마주하고 밤 내내 캔 맥주를 마시며, 설악의 소슬한 바람엔 흠뻑 취할 수 있는 행운이 필자에게 있었다. 그때 백담 계곡의 물소리보다 더 고적한 말로 "나 이제 선 공부 좀 해야겠다"는 말을 들을 수 있었다. 이때 나는 더 할 수 없는 명징하고 총총한 별빛 같은 느낌을 받았다. 그리고 필자와 이승훈과 만남은 6년여 계속된다. 매주 목요일 중앙문화원 시 강의가 끝나는 대로 밤 이슥하도록 맥주 몇 병을 가져다 놓고 데리다, 라캉 및 프로이트 강의를 들었고 필자는 선의 이론과 선시 이야기를 했고 몇 권의 선서를 복사하여 드렸다. 이후 필자는 서구적 글쓰기에 눈을 떴고 이승훈은 선도리에 침잠하는 모습도 보게 되었다.

연꽃 옆에 물고기 있고 물고기
옆에 게도 있고 거북이도 있고
거북이가 한 세상이네 거북이
옆에 개구리도 있네 바람자면
바람이 그대로 거북이 바람이

그대로 물고기 저 물고기 하늘
을 나는 물고기 연꽃과 연꽃
사이에 한 세상이 있네

—「연꽃 옆에」10)

　비누는 가늘게 내리는 가랑비 가랑비 내리던 아침 그대와 길을 떠났지 비누
를 가방에 넣고 떠났던가? 오늘도 가랑비 온다 가늘게 내리는 가랑비 밤이면 하
얀 눈발 어둠 속에 비누가 반짝인다 비누는 마루에 있고 거실에 있고 화장실 거
울 앞에 있지만 비누는 과연 어디 있는가? 비누는 씨앗도 아니고 열매도 아니다
아마 추운 밤 깊은 산 속에 앉아 있으리라

—「비누」11)

　위의 시는 이승훈이 자서에서 고백하듯이, 모더니즘 포스트모더니즘 해체
주의를 돌고 돌아, 인생 후미에 만난 불교와의 인연, 특히 일상사에 대한 깨
침을 노래한 시다. 그의 시집 『인생(人生)』과 『비누』 『화두』에 실린 시 모두
선미가 흐르는 선가풍이 농축된 시집이다.
　위의 시집 『인생』에 실린 시, 「연꽃 옆에」는 시공이 일탈된 화엄세계를 그
리고 있다. 곧 시 자체가 부분과 통일성 속에 존재함이 아니라 순간과 순간의
움직임, 흐름 속에 흔적으로 존재함을 보여 준다. 불교의 양대 기둥인 실상설
(實相說)이나 연기설(緣起說)은 본래 둘이 아니다. 이 불이법문에 따른다면, 시
는 대상의 세계만을 서술하는 것이 아님을 인식하게 된다. 따라서 시는 하나
의 필드(field)12), 공, 통일장13), 화엄법계로 인식된다. 그렇다면 시 자체는 대

---

10) 이승훈, 『人生』, 민음사, 2002.
11) 이승훈, 『비누』, 고요아침, 2004.
12) 블랙마운틴파로 불리우는 1950년에 발표된 미국의 포스트모더니즘의 이론적 체계
　　를 형성한 올슨(C. Olson)의 시론 『투사시』나 던컨(R. Duncun)의 시론에 의하면, 시
　　란 대상의 세계를 서술하는 것이 아니라, 시는 하나의 역장(field)으로 인식된다. 필
　　드로서 시는 시를 구성하는 무수한 물리들의 하모니, 단편들의 앙상블의 형식, 거
　　대한 또 다른 세계로 나타난다. 곧 상이한 사태와 정서가 서로 대조되면서 변주된
　　다. 이러한 것은 아인슈타인이 말하는 통일장 원리나, 불교에서 말하는 화엄의 인
　　드라망적인 중중무진법계인 공으로 이해된다.

상만을 서술하는 것이 아니라, 바로 다양한 세계로 나타난다. 그럼 시인은 대상을 그리는 총체적인 태도를 버려야 할 것인가? 문제는 진리란, 실상에 둘 것이 아니라 상호 관계되는 상의성에 시선을 모으며 동시에 그 창연한 흐름 속에 실상을 통견(通見)하는 것, 통견하는 나란 본래 없는 무아, 이것이 바로 선적인 입장이다. 이것은 포스트모더니즘의 개방적 형식(open form)의 내용도 같은 맥락에서 이해된다. 대상의 본질을 '존재'가 아니라 '과정'에 둔다는, 곧 대상의 과정을 추구하며 대상의 총체성을 인식하고자 한다. 이 총체성이 필드, 통일장, 화엄법계이고, 이 총체성에서 자발하는 것이 바로 인간의(시인) 자연성이며, 자율성이고, 개성이며, 직접성이다. 매 순간 절대현재의 이 찰나에 충실한 삶, 바로 삶 자체가 찰나이고, 찰나는 가득 찬 삶, 찰나의 연속은 행위의 연속이고 현실이다. 사실 사는 것 이외에 무엇이 또 있겠는가?

그럼 이승훈의 위의 시는 데리다의 차연(差延, differance)에서 말하듯 절대적인 토대는 존재하지 않는다는, 아니 상주(常住)할 때는 파악할 수조차 없는 흔적을, 노래한다. 일체만물의 진공묘유(眞空妙有). 두두물물(頭頭物物)과 그 사이의 세계를 형상화한다. "이법계(理法界, 이치가 춤추는 평등의 세계), 사법계(事法界, 사물의 세계. 개별의 세계. 하나와 많음이 서로 부딪치지 않는 원

---

13) 統一場의 이해
   주커브, 『춤추는 物理』, 김영덕 역, 범양사, 1979, 294쪽.
   * 질량-에너지의 이원론은 양자론이나 상대성이론의 형식체계에는 존재하지 않는다. E=mc²이 아인슈타인의 상대성 공식에 의하면 질량이나 에너지가 에너지 혹은 질량으로 변하는 것이 아니라, 에너지 자체가 질량이다. 에너지 E가 있으면, 질량 E=mc²만큼의 질량 m이 있다. c²는 빛의 속도다. 에너지 E와 질량 m도 보존된다. 질량은 곧 중력장의 원천으로 정의된다.
   F. 카프라, 「공과 형상」, 『현대물리학과 동양사상(the Tao of Physics)』, 이성범·김유정 역, 범양사, 2006, 249쪽.
   * 아이슈타인의 중력장이론과 양자장이론은 둘 다 소립자들이 그것들을 둘러싸고 있는 공간으로부터 분리될 수 없다는 것을 밝혀주었다. 한편 그것들은 그 공간의 구조를 결정하는 반면에 독립된 실체로서 여겨질 수 없고, 전 공간에 미만해 있는 연속적인 場의 응결로서 이해해야 한다. 장은 어디서나 존재한다. 그것은 결코 제거될 수 없다. 그것은 그것으로부터 양성자가 파이중간자들을 생기게 하는 '虛空'이다. 소립자들의 나타남과 사라짐은 단지 장의 운동 형태에 불과하다.

융무애한 세계), 이사무애법계(理事無碍法界, 이치와 사물이 서로 원융무애한 세계), 사사무애법계(事事無碍法界, 가유로 존재하는 사물과 사물의 세계, 물물의 사이인 흔적의 세계)" 곧 화엄의 4법계를 형상화하여 보여주고 있다. 이승훈이 그리고자 하는 것은 화엄법계로 정리되는 사이에 존재하는 '나'와 '너'라는 가유(假有)된 세계다. 없는 듯이 짐짓 있고 있는 듯 하나 실은 없는 진공묘유의 '나 너' 혹은 일체 만물, 그가 50여년 끊임없이 탐구하여 오던 나와 너, 우리가 무너져 내려앉는, 즉 바람 같은 구름 같은 사이와 사이에 가유하는 흔적들, 이 사이미학을 형상화한다.

이런 세계를 시 「연꽃 옆에서」에서는 "바람이 자면/바람이 그대로 거북이 바람이/그대로 물고기 저 물고기 하늘/을 나는 물고기 연꽃과 연꽃/사이에 한 세상 있네"라고 보여주고 있다.

다음의 시집, 『비누』에 실린 「비누」는 처음 선시풍의 시집 『인생』보다는 훨씬 승화되고 심화됨을 읽을 수 있다. 이 시는 현대선시로 분류되며 또 전위선시로 일컬어도 무방하다는 생각이다. A를 비누라 볼 때 곧 '비누(A)는 비누가 아니($\bar{A}$)라 그 이름이 비누(A=$\bar{A}$)다.'로 읽힌다. 비누 아니라 두두물물 일체를 하나씩 넣어도 똑같은 결과가 나온다. 그럼 과연 우리가 세상만사 일체의 유정무정(有情無情)이 그대로 '있는 없다'는 '없는 있다'라는 것을 이해할런지? 나 역시 모르겠다. 이해한다 해도 단지 이해만 할 뿐이지 '이것'을 역시 모를 수밖에.

"매끄럽게 흐르는 비누는 가랑비고 하얀 눈발이다. 비누는 마루에 있고 거실에도 있고 어두운 밤 산속에 있"는 이 비누를 우리는 그저 비누라 부를 뿐이다. 원래 스스로의 성품이 없는 무자성인 기표 '비누'는 여러 인연과 만나면서 한없이 미끄러져 내림을 읽을 수 있다. 그럼 이것을 무엇이라 불러야 할 것인가? 우리는 그저 비누라 부를 뿐이다. 시 「비누」는 우리의 존재가 항상

하지 않으므로, 듀카(duka, 苦)인 일체개고(一切皆苦)이고 제행무상(諸行無常)하고 제법무아(諸法無我)함을 체달하므로 열반적정(涅槃寂靜)에 든다는 불교의 징표인 사법인(四法印)이 시화詩化되었음을 읽을 수 있다. 그리고 자성이 무자성이란 말은 세분화하여 수사법화하면 현대시에 이르는 언어의 긴장과 부조화를 말한다. '있음'과 '없음'이 '있음=없음'이 된다는 것은 앞의 시 「비누」에서 보듯이 비누=가랑비=하얀 눈발로 변주되며 비누가 있는 세면대나 비누 갑이 아니고 끊임없이 장소가 변주되며 미끄러진다. 현금의 관습적인 습성으로 보면 가능한 일인가? 이 어처구니없는 문장의 흐름에 황당해하면서, 까칠하나 새롭고 전위적인 맛을 볼 수 있다.

그리고 이 시는 기본 불교의 핵심인 연기설로 살펴보아도 잘 나타난다.

此有故彼有	이것이 있으므로 저것이 있고
此生故彼生	이것이 없으면 저것이 없으며
此無故彼無	이것이 생겨나므로 저것이 생겨나고
此滅故彼滅	이것이 없어지므로 저것도 없어진다

— 『잡아함경』 권12, 「293경」·「297경」

위의 게송은 석가붓다가 깨친 내용인 기연설(起緣說)의 원형이다. 물론 이 연기법이 발전하여 더 어렵고 복잡한 교학적이고 논리적인 12연기법으로 발전된다. 위 「293경」은 가장 일목요연(一目瞭然)하고 우리들의 마음을 바로 찍는 직지인심(直指人心), 상의성(相依性)을 갈파하고 있다. 「293경」의 근본 기의는 '상의 성', 다만 상호의존에 의해 존재와 법계가 운행되고 있음을 말한다. 그럼 무엇이 있는가? 바로 무아(無我)다.

이 시의 마지막 구절은 "비누는 씨앗도 아니고 열매도 아니다" 그럼 무엇이냐? 화자는 오직 "아마 추운 밤 깊은 산속에 앉아 있으리라." 씨앗도 열매도 아닌, 존재와 상황, 시간과 공간으로 인해 일어나는 헤아릴 수 없는 원인과 결과에 무엇이 앉아 있는가? 이것을 그저 이 순간 이 추운 밤 깊은 산속에 앉아 있음으로 시화한다. 이승훈의 위의 시에서 '추운 밤 적기수사법인 선시의 무한실상, 곧 '비롯함이 없는 이래[無始以來]'부터 무아, 제법무아(諸法無我)임을 우리에 보여준다.

비누를 보면 보는 것이고 만지면 만지는 것 손을 씻으면 씻는 것 발을 씻으면 씻는 것이다 무슨 말이 필요하랴? 그러나 겨울 저녁 난 시를 쓰네 비누가 하는 말에 귀를 기울이며 앉아 있네 문득 비누가 다가와 나를 만지네 나는 비누 속에 사라지네 나도 물거품 비누도 물거품 벗어날 길은 없네 비누의 길이 삶의 길 비누와 함께 비누를 따라 비누 속에 살자! 비누는 매일 사라진다

—「비누」

위의 시 「비누」(『비누』)는 처소와 시간이 미루어지는 이 찰나, 절대현재를 시로 녹여내고 있다. 일체의 상황이 그대로 '나'이며 '너'며 '우리'임을 안다. "삶의 길 비누와 함께 비누를 따라 비누 속에 살자!" 그렇다. 우리는 매일 매 순간 사라진다. 이승훈이 초기 시에서 보이는 젊은 날 그토록 찾아 나섰던 나와 너, 우리를 여기서 종결짓고 있다. 둘이 아님을 그냥 보여주고 있다.

4. 새로운 21세기의 현대선시

시집 『인생(人生)』이나 『비누』, 『화두』, 『당신이 보는 것이 당신이 보는 것이다』, 그리고 마지막 친필로 남기신 친필유고시집인 『무엇이 움직이는가』에서 필자 임의대로 선택한 시편들을 분석해본 결과, 이승훈은 정통적이고 정형적인 선시를 발전시켜 새로운 21세기의 현대선시를 선보이고 있다. 이것은 그가 개척한 지분이라 할 것이다. 이제 이승훈의 시적 여정에 마무리를 짓기로 하자.

이승훈은 초기의 자아찾기, 중기의 자아소멸로 이어지고 선시풍의 시를 쓰기 시작한 시집 『인생』에서부터는 자아불이로 이어진다. 후기는 선과 만나면서 생(生)과 사(死), 색(色)과 공(空), 유(有)와 무(無)가 둘이 아닌 상호 상통함을 인식하며 시와 삶이 회통(回通)된다.

시집 『인생』, 『비누』에는 주로 선취시(禪趣詩)와 선리시(禪理詩)가 어우러졌다면, 최근에 발표된 『화두』나 『당신이 보는 것이 당신이 보는 것이다』, 『무엇이 움직이는가』(가제)에는 생활을 노래한 선취시가 많이 등장한다. 그러나 선취에 선리가 있고 선리에 선취가 원융하게 녹아 있음을 읽을 수 있다.

이른 봄날 추위도 나더러
차나 한 잔 마시고 가라네
산자락에 남은 잔설도 차
나 한 잔 마시고 가라네

양지에 앉아 이를 잡는 당
신도 나더러 차나 한 잔
마시고 가라네 제발 묻지
말고 이 시린 물에 발이나
씻고 가라네

거기 있거나 여기 있거나
모두 한가지 빈손에 가득
차는 봄 햇살

— 「이른 봄날」

가는 봄 말이 없고 그대 또한
말이 없네
붓 가는 대로 쓰고 싶지만
아직도 내가 모자라

붓을 들고 망설이네
창밖에 뚝뚝 떨어지는 꽃잎은
피인가 잉크인가
꽃 지면 여름이다 중얼거리고
아무렇게나 쓴다

—「가는 봄」

위에 제시한 2편의 선취시(禪趣詩), 「이른 봄날」(『인생』)과 「가는 봄」(『비
누』)은 마치 조주 선사의 '끽다거(喫茶去)', 즉 '차나 한 잔 하라'14)는 화두가
언뜻 떠오르는 시다. 동태의 흐름과 침묵의 고요가 교차되는 절대현이 찰나
를 그리고 있다. "빈손에 가득 차는 봄 햇살"의 시구는 만고장공(萬古長空)에
일조풍월(一朝風月)과 같은 '영원=순간'이 다가온다. 그렇다, 우리에겐 먼먼
옛날로 이어오는 하루하루가 신새벽이고 창조의 아침이다. 곧 한 찰나 한 찰
나가 오직 만고의 풍월이고 유일하며, 첫번이자 바로 마지막으로 오는 것이
당연하지 않은가. 임제 선사가 말하듯 "눈앞에 역력한 이놈. 말을 할 줄 알고
말을 들을 줄 아는 이놈."15) 그렇지. 차나 한 잔 하자. "오늘도 오고 감이여"
차나 한잔하자 한다.

위의 시는 화자 스스로 인식한 시간과 공간을 즐기는 모습이 나타나지만,
왠지 아쉬운 듯한, 편안하지 못한 속내가 시화됨이 반대로 좋았다. 삶의 애착
과 객기가 빠진 인간의 본연의 모습이 반갑다. 하지만 이승훈은 생각에 의해
존재를 다듬고 현상이 생각을 쫓아가는 듯한 시쓰기가 이 근래에 들어와서는
아무런 기교 없는 시상과 현상의 존재와 둘이 아닌, '시상=현상'의 글쓰기로
전향됨을 읽을 수 있다. 지금 이 찰나에 나타난 두두물물이 시를 짓고 쓴다.
근래의 이승훈의 시에서는 바로 포착된 가감(加減) 없는 행동과 일물(一物)의

---

14) 이 끽다거 공안은 『선문염송』 제11권 411칙이나, 『조주록』 등 많은 선어록에 수
    록된 잘 알려진 것이다. 『조주록』, 경서원, 1986, 454~456쪽.
15) 你目前歷歷底 勿一皆形段孤明 是箇解說法聽法 卽今目前孤明歷歷地 聽者此人 處處
    不滯 通貫十方 三界自在(서옹상순,『서옹연의 임제록』, 임제선원, 1993, 51쪽)

합일이, 찰나의 사념이, 찰나의 행위가, 찰나의 '나'임을 깨닫는 무공용(無功用)의 '저절로' 글쓰기로 나타난다. 이건 분명 생각과 존재가 함몰된 우리 시단에서 볼 수 없었든 이승훈의 글쓰기다.

여기까지 오면 이승훈의 시와 시론의, 10여 년 병환과 싸우며 살신살시(殺身殺詩)의 열정과 그 깊이를 읽는다. 이것은 살시살병(殺詩殺病)하는 시인의 담담한 얼굴을 보게 된다. 그의 최근 시집『당신이 보는 것이 당신이 보는 것이다』에 오면 생각이 사라진 현상, 시를 죽인 행위 자체가 시로 뭉그러진 시를 보게 된다. 현대시면 어떻고 선시면 어떤가?

해 지는 여름 저녁 트럭 한 대가 머리 숙이고 중학교 운동장을 계속 돈다.
땅에 코를 박고 아무도 없는 운동장 한 바퀴 돌고 또 한 바퀴 돈다. 먹을 걸 찾는 모양이다. 저녁이니까 밥을 먹어야지. 계속 운동장 도는 트럭 한 대 꼬리를 땅에 내리고!

엘리베이터가 서고 문이 열린다. 유치원생 여자 아이가 엄마와 함께 나오다 돌아서서 빈 엘리베이터 향해 손을 흔들며 "안녕! 잘 있어!" 한마디 하고 엄마 따라 간다.

―「안녕! 잘 있어!」16)

생각에 의해 존재를 보듬고 현상이 본질, 본질이 현상을 쫓아가는 양변의 시쓰기에서 선(禪)을 만나 이강 이승훈은 현상과 본질이 둘이 아닌, '시상=현상'의 글쓰기로 전향된다. 시집『인연』을 거치면서『비누』,『화두』에 이르러서 그가 증득한 선가풍의 시를 우리는 읽을 수 있다. 마지막 시집『당신이 보는 것은 당신이 보는 것이다』에서는 선과 시가 함몰되어, 찰나에 나타난 두두물물이 시를 짓고 쓰는, Zero인 무아(無我)의 시쓰기로 근접함을 읽을 수 있다. 곧 근래의 이승훈의 시에서는 포착된 가감 없는 행동과 일물(一物)의 합

---

16) 이승훈,『당신이 보는 것이 당신이 보는 것이다』, 시와세계, 2014.

일이, 찰나의 사념이, 찰나의 행위가, 찰나의 '나'임을 깨닫는 무공용(無功用)의 '저절로' 글쓰기로 나타난다. 이것은 분명 생각과 존재가 함몰된 무아에 이르고자 하는 우리 시단에서 전혀 볼 수 없었던 이승훈의 트레이드마크인 0도의 시쓰기다.

이제 삶도 죽음도 같이 뭉그러진 탈속한 차조동시(遮照同時)인 영도시학 실체에 다다르고자 한다. 모든 것이 사라진 오직 애잔함도 없는(그 애잔함은 우리 쪽이다) 절명(絶命)의 시편과 마지막까지 붙잡고 삭이던 영도의 '저절로시학'을 살피고자 한다.

> 종이새 두 마리가 하늘에 떠 있네. 구름 하나 없는 맑은 가을하늘, 나무도 없고, 집들도 안 보이고, 사람도 없는 하늘에 종이새 두 마리 마주 보네. 한 마리는 위를 보고 한 마리는 아래를 보는 종이새 두 마리. 시계도 없는 하늘에 날고 있는 종이새 두 마리. 인연 따라 만났으니 (저 새도 나도) 하얀 종이새 두 마리 그냥 날아간다. 그냥. (아무 업이 없고, 아무도 없고, 한낮이지만 아무것도 할 일이 없고) (저 새들) 얽매이지도 않고, 머물지도 않고, 그러나 함께 있는 저 종이새.
> — 「종이새」 전문[17]

위의 시에는 종이새만 있다. 종이새 두 마리만 있다. 시공이 없는 무채색하늘에 마치 무중력상태로 그냥 날아가는 "종이새 두 마리" 서로를 마주 보며, 다시 하늘을 가득 채우는 종이새가 하늘 밖을 벗어난다. '종이새 열 마리, 백 마리, 그리고 '종이새' 코뿔소, 돌여인, 이 초봄의 매화 한 송이, 열 송이?' 하늘이면 어떻고 땅이면 어떠냐, 본래 없듯이 가득 차 있다. 꽉 찬, 텅 빈. 본래 시계(視界)도, 시계(時計)도 시계(詩契)도 Zero. "그냥 날아간다" 종이새는 종이새는 늘 "함께 있는 저 종이새"고 '종이새'일뿐이 아닌가? 시절인연(時節因緣), "종이새 두 마리", "그러나 함께 있는 종이새"는 무시이래(無始以來) 찰나의 종이새다. 웬, 업(業)이냐?

---

17) 이승훈, 친필유고시집, 『무엇이 움직이는가』, 시와세계, 2019.

악(喝)!

저 종이새 두 마리는 어디로 갔는가?

이승훈은 첫째, 서구 포스트모더니즘의 비평이론을 오랜 수련 끝에 시로 체득하였고, 둘째 근래 선문(禪門)에 깊숙이 다가선 시인 혹은 시론가로 여러 성상 탐구하여왔던 자아탐구와 자아소멸의 주제가 선문에 들어서므로 모두 함몰되는 '종이새 두 마리', 불이(不二)로 귀결되며 셋째 이러한 결과 선적(禪的)인 사고와 그의 탁월한 능력인 시적 이론과 표현 능력이 선 사상에 접맥되어 새로운 선시로 표출된다. 그래서 마지막 유고시집 시편들은 시적 표현 면에서 현상과 본질이 둘이 아닌 불이사유인 선적특질을 그대로 담담하게 보여주고 있다. 소슬한 바람같이 선의 골수를 드러내고 있다.

> 의자들이 모여 앉아 말한다. '일요일엔 무얼할까?' 하나가 말하면 빈 의자 하나 더 말하네. '글쎄 뭘 하면 좋아?' 그는 벽을 본다 벽에는 누가 그렸는지 모르는 그림 탁자에는 아무것도 없다 빈 의자 하나가 다시 말하네 '비가 오는지 몰라' 그는 옆에 앉은 의자에게 말한다 '비가 단비가 온다니까'
> ─「당신 중에 한 사람」 전문18)

> 풀밭에는 그릇이 웃고 있다. 달이 뜬 밤이다. 커다란 그릇에는 하얀 밤이 가득, 하늘의 별들도 내려와 먹고, 지나가던 바람도 (잠시) 먹고, 귀뚜라미 귀뚜라미도 먹는다. (잠을 먹어라)많이 먹어라, 숟갈로 떠주며 먹는 밤, 캄캄한 밤, 풀밭에는 커다란 그릇이 있고 그릇에는 하얀 밤이 있다.
> ─「풀밭에는 그릇이」 전문19)

많은 독자 혹은 시인들이 '이게 시냐? 이승훈은 시론이지 시는 아니야' 하는 말을 듣는 순간 필자는 '당신이 보는 것이 당신이 보는 것이다'란 자기가

---

18) 위의 책.
19) 위의 책.

본 본질을 표현하려는 이승훈의 마음속을 다시 보게 된다. 그러나 아무렇지도 않는 듯 편안히, 혹은 무료하게 본질[空]과 행위[色]가 같이 합도 되는, 위의 시를 읽는다. "당신 중에 한 사람", 천 사람 만 사람도 당신 중에 한 사람이다. 말하는 의자, 하나가 둘이고 둘과 열이 Zero인 '당신 중 한 사람'이다. 위의 시는 우리 눈을, 심상을 파게한 새로운 세계, 새로운 이미지를 드러낸다. 일체의 실상(實相) 중 한 실상인 의자가 의자의 말을 한다. 일요일 뭘 하면 좋은지? 벽에게, 빈 의자에게 말한다. "비가 오는지 몰라" "비가 단비가 온다니까" 지나간다 우리에게 남긴 텅 빈 언어 밑으로 흐름이 다가온다. "비가 온다니까" 시공이 본래 없다.

다음의 시를 읽어보자. '풀밭에는 그릇이'—그릇에는 하얀 밤이 가득—별들, 바람, 귀뚜라미—(잠을 먹어라)—누군가 떠주는 밥—캄캄한 밤—풀밭에는 커다란 그릇—그릇에는 하얀 밤이 있다' 무얼 사량(思量)하는가. 우리의 삶 밖에 보이지 않는, 이런 깜깜이가 어룽 되는 이런 실상도 있다. 밤이 밥이고 밥이 밤이 아닌 더 많고 더 넓은 A=Ā의 불이세계(不二世界)를 아무런 의미 없이 적어내고 있다.

내가 이 시대 예술, 특히 실험적이고 전위적인 예술에 관심을 두는 것은 이런 예술이 암시한 '미학/반미학'이고 그것은 크게 일상과 예술의 관계로 요약된다.[20]

그리고 이승을 무너뜨리고 저승도 무너뜨린 Zero. "이제 알 것 같아, 이젠 알 것 같아." 이승의 마지막 말, 생을 방개(方開)한 말씀, 저승의 처음임을 그대로 설하니, 이것이다.

이 말은 바로 일상은 공(空)이고 예술은 색(色)인 '공=색', '미학=반미학'의 선적인 정신과 행위가 무화됨을 보여주고 있다. 필자는 '저절로시법'의 발명

---

20) 이승훈, 「서문」, 『당신이 보는 것이 당신이 보는 것이다』, 시와세계, 2014.

에 경이를 감출 수 없다. 그냥 그대로인 '저절로의 시'는, 21세기 혹은 우리의 정신이 놓친, 바로 '그'가 '나'이고 '내'가 '그'임을 언어로 드러내고 있다.[21] 현대시 발전에 한 실머리를 제시하고 있다.

묘비 제막식 날 학자 한 분은 선생을 다음과 같이 기리었다.

"선계(仙界)에서 광한전을 새로 지으니 옥제(玉帝)께서 문창군을 부르셨도다"[22]

---

21) 정신과 행위가 합도됨은 무엇을 이르는가? 필자는 부득이 임제의 三要을 옮기고자 한다. 삼현과 삼요는 임제종의 종지를 파악하는 데 긴요한 기관이기 때문이다. 첫째 一要는 비침(色, 照, 用, 客, 境界)을 말한다. 곧 형상과 본체(空, 寂, 體, 主, 本質)가 둘이 아닌 전체를 이르고, 二要는 비침 자체가 바로 큰 쓰임이어서 무방법의 위대한 방법을 말한다. 마지막 三要는 체와 용이 동시(體用同時)이어서 안과 밖을 세우지 않음을 말한다. 이와 같은 임제선의 긴요한 기관을, 이승훈은 스스로 시로 표현함을 선문에서 얻는다. 영도의 시쓰기가 색/공, 적/조, 체/용, 주/객이 한쪽이 한쪽을 따라감이 아니라 조화되고 무화되는 '함이 없는 시법'인 '저절로시법'으로 나타난 것으로 필자는 파악한다. 논문의 제목에 양변을 쌍으로 막고 쌍으로 비춰짐(雙遮雙照)과 사유와 행위가 편중되지 않는 새로운 시쓰기로 나타난 것이라, 생각된다. 따라서 필자는 이강 선생에 의해 처음 쓰여진 이 시법을 '저절로시법'이라 명칭 하고자 한다.
22) 2019년 3월 17일 묘비석 건립 때 한양대 국문과 이승수 교수의 추모시 제목.

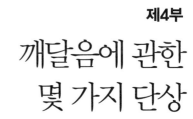

제4부

깨달음에 관한
몇 가지 단상

서옹상순 스님[1]

　내가 스님을 처음 뵌 것은 1986년 더위가 한참 기승을 부리는 8월 15일 광복절 날 오전 9시경이고, 장소는 서울 장승배기 백운암 조실이었다. 그러나 사실 전혀 감정이 실리지 않은 이 한 줄의 글을 쓰고 나니 더욱 창망하고 혼미하여 말문이 막힌다. 머리에 무엇이 가득 찬 듯도 하고 텅 빈 것 같기도 하다. 무엇이 나를 허물어뜨리고 있었다. 곧 알고 보면 우리가 과거를 회상한다는 것 자체, 그 과거가 원래 있지 않으며 있지 않는 과거란 말일 뿐 없어지지 않은 기억의 한 파편일 뿐. 우리의 만남은 한 번의 만남이라도 천만년의 만남이고 우리의 헤어짐은 천만년의 헤어짐이 분명하다. 그리고 이 이별은 우리 서로 서로가 만나지 않을 수 없는 이별이 아닌가?

　2003년 1월 13일 오후 10시경, 이 시각 나는 무엇 하고 있었는가? 돌아보니 아무런 일도 하지 않았었다. 또 돌아보니 스님께서도 아무런 일을 하지 않으셨다. 그러나 다시 한번 꽃이 지고 구름은 흩어지고 물은 흐르고 지나가는 눈발은 과거 또 과거에도 날았고, 미래, 미래가 다 하도록 오늘을 하늘거리고, 오직 이 자리를 벗어나지 않고 하늘거리고.

---

1) 여기에 소개되는 글은 2003년 서옹선사께서 92세의 좌탈입망하셨을 때, 필자의 추도문 「참사람 무간지옥에 들다」의 일부이다.

서옹상순(西翁尙純, 1912~2003) 선사를 만나게 된 것은 내 삶의 크나큰 광영이었다. 스님과 나의 인연은 내가 마흔 들던 1986년부터 시작된다. 아니 나와 스님과의 인연은 그보다 훨씬 이전으로 거슬러 올라간다. 아마 1974년쯤 되었으리라. 대구 반월당 작은 불교서점에 들러서 젖어드는 허무랄까 무상이랄까 이걸 메우기 위해 한 벽 가득히 찬 선서를 훑고 있었다. 눈앞에 깊숙이 들어오는 책 한 권, 서옹연의 『임제록』이었다. 나는 그때 서옹 스님이 어떤 분인지 알지 못했다. 그저 나는 서옹이라는 이름이 마음에 들었고, 임제선사의 고함소리가 좋았고, 잠시 서가 귀퉁이에서 들여다 본 서옹 스님의 착어가 무조건 좋아 보였다. 그 착어의 선구들 내자 도저히 알지 못한 그 알송달송함이 마음에 들었다.

돌이켜 보면 처음 우리가 살고 있는 현실 세계 말고 또 다른 세계가 있다는 걸 알고 금생에 이 일을 마쳐야 한다고 초발심(初發心)한 일(이때 나는 18세였다)이 엊그제께 같은데, 벌써 20년이 지나 돌아와 다시 18세 나이로 스승님 앞에 꿇어앉은 나를 본다.

1. 선의 계보

서옹선사의 선맥을 더듬어보니 석가세존으로부터 76대에 이른다. 우리나라 선의 법계는 신라 9산 선문 가운데 4조 도신의 법을 이은 법랑이 처음 선을 전하나, 이 법계가 단일 선맥이 아니며 법랑의 제자 신행이 입당하여 북종 신수의 제자 보적의 인가를 받았고, 신행에서 준범, 혜원 다음 대인 지선도헌에 이르러, 지선이 입당하여 마조의 법계인 진감의 법을 잇지만, 후손들이 번창하지 못하고 끊어져버린다.

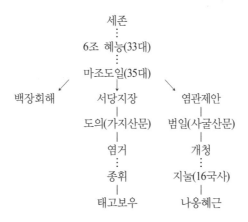

세존
⋮
6조 혜능(33대)
⋮
마조도일(35대)

백장회해　　　서당지장　　　염관제안
　　　　　　　　│　　　　　　│
　　　　　도의(가지산문)　　범일(사굴산문)
　　　　　　　　│　　　　　　│
　　　　　　　염거　　　　　개청
　　　　　　　　│　　　　　　│
　　　　　　　종휘　　　　지눌(16국사)
　　　　　　　　│　　　　　　│
　　　　　　태고보우　　　나옹혜근

　　세존……보리달마(28대)……6조　혜능(33대) – 남악회양 – 마조도일……임제의
현(38대)……양기방회(45대)……석옥청공(56대) – 태고보우(57대)……청허휴정(63
대) – 편양언기 – 풍담의심 – 월담설재 – 환성지안 – 호암체정 – 연담유일 – 양악계
선(70대)……취운도진(74대) – 만암종헌 – 서옹상순(76대)

　위의 법계를 살펴본 것같이 오늘날까지 문헌상 이어지는 우리나라 선맥을
9산 선문 중 가지산문과 임제종 양기파의 법을 아울러 잇는 태고보우(57대)
와 그의 법손인 청허휴정(63대)에 의해 전등된다.[2] 서옹선사의 법계는 그의
법사인 만암종헌(75대)의 법을 잇고, 만암은 환성(67대) 호암(68대) 연담(69
대)을 잇는 법계다.

_____

2) 위의 법계는 서산대사(청허휴정)의 제자인 편양 언기와 사명당(송운 유정)의 제자인
　　중관 해안에 의해 정리된다. 그러나 후대 학자들에 의해 많은 논란이 있었음을 밝
　　힌다. 이 관계의 논은 다음 기회에 밝히기로 한다.

2. 깨달음, 그 황당함에 관한 메모

1) 발심

필자는 18세 청년기에 우리가 사는 세계인 안이비설신의(眼耳鼻舌身意)로 감지되는 색성향미촉법(色聲香味觸法)인 육식(六識)과 육경(六境) 세계로 감지되지 않는 무의식의 이면의 세계가 이 세상에 있음을 알게 되는데, 그건 그 흔한 종교나 철학 서적을 통해서가 아니라 별것이 아닌 것 같은 우연한 체험에 의해서다.

내 고향 경북 영주에는 천년고찰 부석사가 있다. 부석사의 큰 법당인 무량수전은 고색창연하고 그 자태가 우아하여 보는 사람마다 감탄을 쏟을 뿐 아니라, 우리나라에서 가장 오래된 목조건물로도 유명하다. 1965년 여름 나는 대학입시 공부를 하기 위해 어머니가 다니는 부석사 취현암 뒤켠 구석방을 하는 얻어 달포 정도 있게 된다.

산사에서 대학 입시생으로 몰두하기보다 세상의 대소사를 모두 고민하고 불안해하고 사색하고 몽상하며 그래도 고독하여 산사를 배회하던 때다. 밤엔 책상 앞에 붙어 앉아서 입시에 열중하려고 하였지만, 종일 끌려오던 생각들을 어느새 방으로 끌고 들어와서 점점 산사에 온 목적과는 멀어져간다. 천진무구한 노선객, 절의 주지이신 동암 스님(東庵性洙, 1904~1969)은 늘 나를 불편하게 만드는 어릿광대였다.

하루는 내가 취현암 봉당(封堂)에 앉아 공연히 스님들이 울력을 하다가 놓아둔 낫을 들고 아무런 생각 없이 톡톡 쫓고 있는데, 지네 한 마리가 내 앞을 지나가고 있었다. 시야에 드는 순간 어느새 지네가 토막이 났고 나는 나로 모르게 한 번 두 번 세 번 자꾸자꾸 쪼아 토막을 냈고, 지네는 꼼지락거렸고 '정말 지네야 나는 너에게 무엇도 생각한 게 아니야' 혼자 이렇게 중얼중얼

생각하고 있는 이때, '이놈아 지네가 너에게 너를 달라 하더냐? 그건 왜 그래' 하며 지나시는 큰스님의 영혼이 울리는 듯한 음성이 들렸다. 어찌 보면 애처로운 것 같은, 어찌 보면 안타까운 것 같은 촉촉한 자비의 말씀을 듣는다.

또 어느 하루 석양 무렵 찌는 듯한 더위가 물러난 범종각, 넓은 누각은 스님의 와선(臥禪) 자리였다. 퇴침을 벤 채 우현으로 비스듬히 누운 노스님은 한 마리 학이었다. 나는 조심조심 다가가 스님을 한참 훔쳐보고 있었다. 갑자기 들려오는 소리, '무다, 무여!' 하늘 가슴에 울려 퍼지는 듯한 울림소리 '무다, 무여!', 나는 여기서 스님의 반찬 투정, 나를 울리게 하는 장난기 섞인 놀림 소리를 모두 빼앗기고 스님을 맑은 눈으로 보게 되었다. 선사들의 빼앗음의 가르침을 적기(賊機)라 하는데, 이것은 슬기를 고요에 들게 하여 오랜 관습으로 누더기로부터 본래의 '참나'로 돌이키게 하는 방편 법문이다. 이날 이런 스님의 낙초자비심절에 힘입어 내가 길을 바꾸는 큰 사건이 일어난다.

어느 날 밤 자정 무렵, 취현암 골방. 절 행사에 쓰고 남은 흔한 촛불을 너덧 개 켜놓고 영어 독해력을 기르기 위해 영자 문고판을 읽고 있을 때였다. 갑자기 엄습해오는 선연한 냉기와 낯선 느낌에 고개를 드니 촛불이 스스로의 몸을 태우며 밝은 빛을 뿜어내고 있었다. 찰나였다. 그 순간 나는 나를 이상한 기운에 의해 빼앗기고 탈각된 나, 멍한 빈자리 빈 생각으로 어쩔 줄 몰라 하는 나를 보았다.

아, 초는 자기 몸을 태우며 세상을 정말 밝게 하는구나! 단지 그것에 합일된 나를 보았다.

이때의 느낀 체험은 일체의 '함이 있는 것들'이 탈각된 천진한 것이어서 그 후 많은 노력을 기울일수록 멀어져갔다. 아무리 애써도 마음을 시원하게 해줄 그 때 찰나의 느낌은 없었다. 오랜 세월이 흐른 뒤에야, 밖을 향한 천변의 노지나 수많은 경전과 철학서, 종교의 주장도 모두 어린아이를 달래는 지폐나 군것질에 불과하다는 것을 깊이 느낀 후, 수선(修禪)에 침잠하게 되었다.

2) 선적 체험

다시 내 나이 마흔, 1986년 나는 들뜬 마음으로 장승배기 백운암 임제선원으로 서옹 스님을 친견(親見)하러 가는 인연이 익는다.

마흔이 들던 전후에 나는 떨칠 수 없는 화두로 나는 거의 짓이겨지고 있었다. 잠자리에서마저 화두가 성성히 들리고 있었다. 잠 속에서 공부에 도움이 되지 않는 꿈이 꾸어질 때는 다시 한 생각이 나와 '그래 공부하는 내가 이런 꿈이나 꾸어서 되겠나?' 스스로 추스르며 다시 화두가 들리곤 했는데, 새벽녘 아내가 깨울 때도 이어지고 깨어나도 계속 화두가 들리곤 할 때였다. 나의 온몸이 공부를 받아들이고 나의 육식 전체가 상통되고, 해체되곤 하던 때이다. 내가 몰두되어 눈을 감으나 눈을 뜨나 이 일 이외는 관심조차 없을 때, 나는 고향에 조상님이나 부모님한테로 갈 생각조차도 하지 못하고, 내가 사는 강릉에서 가까운 정선 처가에 가서 설날을 지내게 된다. 심신이 가라앉을 대로 가라앉은 나는 처가 골방에서 한 대의 담배와 『전등록』을 즐기고 있었다. 사랑에서는 설날 차례 상을 차리는데, 심심하고 울울하여 다시 『전등록』을 펼치는데, 문득 어디선가 병과 병이 부딪치는 소리가 나더니, 향엄 선사의 "어떤 것이 어머니와 아버지가 처음 만나기 전, 너의 본래 일굴인가?(如何是 父母未生前 眞面目麼)" 공안이 한 줄기 빛, 빛이고 한 줄기 마음의 길이 열리고, 올연히 드러났다. 내가 아는 시심마(是甚麼), 마삼근(麻三斤), 일귀하처(一歸何處), 무자화두(無字話頭)가 발가벗은 채 빛줄기로 달려 나왔다. 아득한 낭떠러지 끝에 올라선 것과 같은 상태, 한 달 정도 이어지던 울울함이 갑자기 둘러빠져버린다.

나의 살림살이는 긴 터널을 내닫는 열차와 같이 외길로 치닫고 있었다. 향상일로(向上一路)는 진공과 같은 한 길이고 틈도 없는 무간지옥(無間地獄)을 돌고 돌다 천 길 낭떠러지 끄트머리에 발가벗고 서 있다가 한발을 내딛었다는 생각. 이 생각이 옳은 것이냐? 그렇지 않은 것이냐? 이것이 그 당시 나에게는 가장 큰 일이었다. 18세에 초발심 후, 이 일은 장부일대사(丈夫一大事)였고, 가장 큰 문제였고, 생명을 건, 늘 내려가지 않는 체증으로 남는 내 가슴에 맴도는 문제였다. 이 일대사가 40 전후에 무너져 내리는 실제 체험을 얻고, 나는 이 일이 사실인가를 확증받기 위해 제방 선지식님네를 찾아 나섰다. 그 때의 수도일지인 「자정일지(子正日誌)」 몇 도막을 옮긴다.

1985년 11월 14일

꿈이든 생시든 말하고 싶지 않다.
이 기막힌 가슴이 탁 트이는 기쁨을
간 밤 무수한 '이 뭣꼬'를 반복하였다.
너무 또렷한 오롯이 드러난 '이 한 물건'
어! '요놈봐라 요놈봐라'
봐라는 놈 봐라.
이 햇살까지도 오롯이
반복되어지는 '이 뭣꼬'
또다시 돌아오는 '요놈 봐라'
긴 죽음과 삶에 걸쳐지는
그 어디에도 떨어지지 않는 '요놈 봐라'
나는 말하고 싶지 않다.
아무것도 생각하고 싶지 않다.

1985년 11월 15일

선불장(選佛場)
금강산 마하연의 만공스님 회상.
선객이 너댓 명 벽을 껴안고 좌선 중에 있고,
그중 나도 한 참학문도였다.
눈 푸른 납자들의 안광이 형형한 가운데
노스님만이 더 이상 더 이하도 아닌 모습,
무공용(無功用)의 행위.
나는 노스님의 입실제자였다. 스님은
나를 보고 계시었다.

그 후 밤마다 찾아드는 공부
그 후 날마다 오롯함을 더하면서 찾아드는

1986년 2월 9일

생일이었지. 음 정월 정일.
나는 졸업을 하고 싸여도 싸여도 싸임이 없는
생일이었지.
부모미생전의 나
그런 건 개한테나 주어, 참학인의 속이나 편하게 하라.

말마라, 먹어도 먹지 않는 내 나이,
날마다 나는 생일, 나는 생일.

이날 나는 무시이래(無始以來) 고향에서 생일을 맞다.

소쩍새 소쩍다 소쩍다 소쩍새
예 하늘 속에 솥적다는 소리
옛사람 오늘도
소쩍새 소쩍다 소쩍다 소쩍새

　　나는 위산(潙山) 선사가 그의 제자 향엄(香嚴)에게 '자네의 총명과 재주가 대단함을 나는 짐작하네. 그러나 우리에게 생사문제가 가장 근본적이라는 걸 자네는 인정할 걸세. 자, 그럼 나에게 자네가 부모에게서 태어나기 이전에 어떤 상태에 있었는지 이야기 해 주게'를 읽다가 문득 어디선가 병과 병이 마주치는 소리를 듣다가, 홀연히 심안(心眼)이 빛을 따라감을 보다가, 부모미생전(父母未生前)의 나가 '나'임을 도저히 알 수 없음을 알았다. 나는 웃었다. 하루하고 하룻날을 웃었다. 끝내는 우스워 웃었다. '고불(古佛)의 공부도 별로 기특할 것이 없었군' 1700공안 모두한테 묶어 화장실 벽에 꽂아두라. 다시 한 수 적다.

　옛 사람 홀연히 안광이 길을 찾는단 그 말 속지 말라
　눈 감아도 감아도 안광의 길은 암흑만큼 깊이에서 빠져나고
　온 우주에 올연히 솟아 오른 병 부딪는 소리
　이 사람아 조주(趙州) 그 영감 차 말고 내 한잔 주지

휘파람으로

달빛이 연못을 뚫어도 흔적 없다 누가 말하던가

오직 연못을 뚫고 있을 뿐일세

이 『자정일지』는 나의 40세 무렵의 파편이다. 그리고 1985년 12월 21일은 마흔 들던 원단(元旦)이었다. 이때에 찾아드는 내 정신의 변화는 다음 기회에 소상히 밝히기로 한다.

3) 수련기

(1) 서옹 스님과의 첫 문답

시자가 따라주는 작설차를 입안에 머금으며 내 공부를 여기서 마감해야 하고 내 공부를 마땅히 조사스님한테 인가를 받음으로 이 한계상황에서 자유롭게 훨훨 날아야 한다는 결심이 앞선다.

"그래 묻고 싶은 게…"

나는 갑자기 부끄러운 새아씨 마냥 겨우겨우 말씀을 올렸다.

"스님, 저가 알고 싶은 것은 8식 이전에 한 말씀입니다." 이 소식을 한 말씀해 주시시오.

(8식 이전의 소식인 '부모미생전 본래면목(父母未生前 本來面目)"을 저에게 내 보여주시란 말입니다.)

스님께서는 어눌한 내 말을 제대로 듣지 못하셨는지, 6근과 6경의 12처, 그리고 18계, 7식, 8식인 아뢰야식에 이르는 유식론과 프로이트 정신분석학에 배대하여 한 20여분에 달하도록 친절한 가르침이 계셨다. 스님의 잔잔한, 동서를 회통하는 말씀. 너무나 오랜 세월이 흐른 듯한 진공상태인 것 같은 법문에 나는 허기지고 지쳐 있었다.

"스님 저는 생사문제가 무너진 자리, 이 소식을 묻고 있습니다."

"수선 납자인가?"

부운선화가 곁에서 열심히 참선하는 선객입니다 라고 보충하는 말이 들렸다. 그리고 요즘 소식이 있어 점검받고자 하여 같이 오게 됨을 대략 말씀을 올린다. 실눈을 뜨시고 미미소를 머금은 채, 어눌한 나의 말을 들으신 스님은 가느다란 솔바람 소리로 나에게 물었다.

"거 참 좋은 거 알았군, 그럼 내 다시 묻겠네."

삼복이라서 더운지 하여튼 나는 꿇어앉아 얼굴에 땀을 훔치고 있었다. 나는 심신을 다시 가다듬고 말씀을 기다렸다.

"움직일 때나 움직이지 않을 때나 너는 너를 잘 보고 있느냐?"

나는 망설이지 않고 언하에 "예, 그러합니다."

"그래 그렇군. 그럼 깊은 잠에서도 너는 너 자신을 잘 지키고 있느냐?

"그렇습니다." 냉큼 대답을 올렸다.

"그래 그렇다. 너는 너를 참 잘 알고 있구나. 그럼 꿈 가운데도 너는 너를 마음대로 쓸 수 있느냐?"

"예, 그렇습니다. 그렇지 않고서야 어디 우리가 이 자리에 앉아 있을 수가 있겠습니까?"

나는 몹시 냉정을 잃고 흥분을 즐기고 있었다. 고요가 깨어지고 있었다.

"거 참 대단하군, 그래 꿈도 없고 잠도 없고 낮도 밤도 아니다. 그럴 때 너는 너를 잘 알 수 있느냐? 그러할 때 너는 어디에 있더냐?"

나의 의식은 아득해지고, 몽롱해지고, 바래지고 있었다. 황망하여 갈피를 잡지 못하고 있었다.

나는 나도 모르게 "꿈속에 있습니다." 모기 소리를 내었을 뿐이었다.

"봐라, 그건 모르는 거여, 하나를 몰라도 다 모르는 거여."

말씀이 들렸다. 넌 가짜야 가짜. 나는 나 자신에 대한 자책감과 자괴감으로 온몸이 무너져 내려앉았다. 깊은 수렁으로 빠져들고 있었다.

나는 긴 세월이 흐르는 착각의 침묵 속에 꼼짝 못하고 꿇어앉아 있었다. 얼마가 지났는지 부운선화가 나의 겨드랑이를 부축하며 큰스님이 피곤하시니 물러가자고 하였다. 일어서는 순간 나는 나의 몸을 가눌 수 없이 지쳐 있음을 알았다. 무너져 내리고 있었다. 캄캄하였다.

스님이 일어나시어 문밖까지 나오셔서 '요즘 수좌치고 그만큼 공부하는 사람도 없다. 기특하다. 내년 이때 다시 오라.' 대략 이런 말씀을 하시며 어깨를 두드려주셨다.

(2) 7년간 일곱 차례 서래밀지를 묻다

1985년 서옹 스님과 첫 만남은 이렇게 끝났다.

그 후 나는 1년간 서옹 스님을 가슴에 안고, 공부가 순일하지 않을 때는 스님의 미미소를, 형형한 안광을, 스님의 가늘고 긴 목소리를 떠올리며, 오직 이 문제를 끌어안고 1986년 8월을 맞이한다. 1년을 여삼추(餘三秋)와 같이 보낸 나는 백양사와 운문암, 서울 백운암으로 전화를 하면서 스님이 계시는 곳을 확인하였다. 다음 일요일에 무학재 너머 수국사에서 대중법문을 한다는 것을 알게 된다. 한걸음에 강릉에서 달려간 나는 수국사에 들어서자마자 스님을 찾았다. 마치 스님께서 대웅전 옆 작은 방에서 법문 준비를 하고 계셨다. 급히 스님께 삼배의 예를 올렸다.

"너 왔구나." 하시며 얼굴에 환한 표정을 지으셨다. 그때 시자가 와서 '스님 법문을 할 시간입니다.' 하는 전갈을 받았는데도 아무런 내색 없이 나를 물끄러미 건너보시더니 말씀을 하셨다.

"그래, 그때 어디까지 했지?"

"예, 스님 오매중일여(寤寐中 一如)하냐? 그렇다면 일여할 때 너는 어디에 있더냐? 속히 일러보아라."까지 지난해에 했습니다. 나는 기다렸다는 듯이 소프라노로 읊었다.

"응, 그렇군. 그럼 그럴 때 너는 어디에 있더냐?"

나는 일어섰다 앉으며 단숨에 여쭈었다.

"바로 여기입니다."

그러자 스님은 말이 떨어지자 말자 이르셨다.

"거긴 그 자리라 해도 맞지 않는 거여. 이럴 때는 무어라 대답할 것인고?"

또 앞이 아득해졌다. 막 내 앞을 지나시는데, 장삼 깃을 당기며 나는 외쳤다.

"이 자리입니다." 하니 잡은 나의 손을 홱 뿌리치시며 법상으로 올라가셨다.

나는 매년 신춘문예를 기다리는 문학도가 되듯 어김없이 8월은 다가오고 나는 바싹바싹 여위어만 가고, 공부는 점점 비워져만 가고, 이젠 살림살이랄 것도 없어지고

어느 8월 한 해. 다시 백운암 방장에서 스님과 마주 앉게 되었다.

바로 스님은 인사도 여쭈기 전에 물었다.

"왜, 억울하냐? 억울한 건 너가 아니고 나다. 그럼 너라고 부르는 취현(나의 법명)은 뭐냐?"

"스님, 이 자리입니다."

"그곳은 이 자리라 해도 맞는 것이 아니다. 다시 일러봐라."

스님은 사정없이 정신을 차리지 못하게 나를 몰고 갔다. 나는 막다른 절벽에서 뛰어내리지도 못하고 돌아설 수도 없는 곳에서 1년 또 1년을 보내고 다시 1년 같은 하루를 진공 속에서 맞이하고 있었다.

"그래, 그래도 억울하냐? 그럼 다시 한번 해보자. 나에게 보배로운 지팡이가 하나 있는데, 네가 가졌다면 나는 이것을 너에게 줄 것이고, 너에게 이 지팡이가 없다면 너의 지팡이를 빼앗아 가겠노라 하는 법문이 있는데,[3] 너의

견해를 한 번 일러봐라."

(일반적으로 이 법문을 이해코자 하면, 주장자가 없으면 주장자를 주고 주장자가 있을 때는 주장자를 빼앗는 것이 우리의 상식이다. 그런데 스님은 전혀 일상을 뛰어넘는 법문으로 나의 살림살이를 점검하신다.) 잠시 후 나는 말씀을 올린다.

"스님, 스님과 저, 모두 같은 지팡이 안에 있는데, 무얼 주고받는단 말씀입니까?"

한참 침묵하시던 스님께서 나를 넌지시 건너보시다 하시는 말씀.

"아니야, 아니야. 탕기에 때가 묻어, 때가 묻어나. 다시 참구해라. 왜, 국민학생이 100미터 달리기를 하는데 얼마나 열심히 달리는지 옆에 누가 뛰는지 누가 뒤 따라 오는지 모르고 달리지, 그렇게 참구하라. 마치 철봉대에서 마지막 턱걸이 하듯 말이야"

이렇게 다시 1년의 세월은 지푸라기같이 구겨지고 혹은 날 선 작두와 같이 시퍼런 상태에서 나를 추스르며 스님을 되새기며, 스님을 따라 실참실수(實參實修)하길 어느덧 7년이 흘렀다. 돌이켜볼 수 없는 시간 속에 나는 아무것도 남지 않았다. 당시 나는 강릉 포교당에서 『반야심경』을 강(講)하게 된다. 그리고 틈틈이 『반야심경』 주소를 나름대로 사기(私記)하고 이해한 부분을 새로운 체계로 적어 내려가 한 권 분량의 책이 되어서 출판을 하게 된다. 『반야심경』을 쓰게 된 것 역시 스님을 처음 참문할 때부터 시작한 것이니, 한 7년 열심히 참구한 도리를 『반야심경』의 말씀과 같이 적은 것이니, 곧 나의 살림살

---

3) 『선문염송』 제26권 1192칙 「柱杖」에 의하면 신라인 혜정 선사는 위앙종 앙산, 남탑 광용 선사의 제자로 기록되고 있다. "그대에게 주장자가 있으면 내가 너에게 주장자를 줄 것이고, 너가 주장자가 없으면 나는 너에게서 주장자를 빼앗을 것이다." 하였다. 이 공안을 청동 정각이 염(拈)하기를 "그대가 있으면 일체에 있고, 그대에게 없으면 일체에 없다. 있고 없는 것은 오직 본인이 주었다 빼앗다 할 뿐, 파초에게 무슨 관계가 있는가? 이러할 때 어떤 것이 그대의 주장자인가?" 했다.

이 전부이고, 또 스님에게 보여줄 나의 전부인 셈이다.

이렇게 씌어진 육필원고를 들고 다시 백운암에 들렀다. 당시 스님께서 심장이 좋지 않아 건강에 문제가 있다 하시며 일본에 병원을 하는 신도가 있는데, 한번 다녀와야겠다고 말씀하셨다. 마침 그 당시 도반인 성철스님께서 입적한 때였다.

"거, 보따리에 든 것이 무어냐?"

"예, 저가 스님을 처음 찾아뵐 때부터 수선일지 삼아 쓴『반야심경』육필원고입니다. 스님께서 서문을 받고자 합니다."

"허허, 선승이 뭐 글이 있나?"

하시며 한사코 사양하신다. 그러나 나도 물러설 수 없는 외길이라 계속 졸랐다.

"스님, 바로 그것이지요. 선승이 글이 없다고 한 자 적어주시면 서문으로 싣겠습니다."

"그럼『심경』을 오래 탐구하였으니, 물어보자. 어떤 이는 반야바라밀(般若波羅蜜)을 요체라 하고, 어떤 이는 마음 심자(心字)를 요체라 하고, 또 어떤 이는 색즉시공 공즉시색(色卽是空 空卽是色)을 요체라 하는데, 너는 무엇을 '반야'의 요체(要諦)라 할 거냐?"

"예, 저는 모든 이들이 보는 바를 부정하지는 않습니다. 그렇지만 스님께서 물으셔서 굳이 말씀을 드린다면, 마하는 '반야요 반야는 바라밀이고 바라밀은 다이고 다는 심이며 심은 경입니다. 또 관은 자재이고 자재는 보살이며 보살은 행이요 행은 심이고 심은 반야이며 반야 역시 바라밀이며 다이고 시며 조견이고 오온이며 개공도입니다. 저는 이 도리가 이러하다고 생각합니다."

그리고『반야심경』270자를 이어 암송하려 하는데,

"그래 그래, 그만 됐어. 그럼 어디 무지역무득(無智亦無得)을 펼쳐보게. 그곳을 읽어 봐."

나는 무지역무득의 장을 펼쳐 열심히 읽는다. 2쪽 가량 읽는데,

"그만 되었다. 그것 두고 가거라."

한 달포 후 스님한테서 기별이 와서 달려갔더니 다음과 같은 게송을 서문
으로 주셨다.

般若劍兮殺佛祖　　　반야의 칼이여 부처와 조사를 쳐죽이고
吹毛用了急須磨　　　시퍼런 칼을 쓰고는 급히 갈어라
木鵲飛翔徹天外　　　나무 까치는 날러서 하늘 밖에 사모치니
直透千峯萬嶽去　　　바로 천 봉우리만 산악을 통과해 가도다

— 佛紀2535年 辛未年 4월 3일 西翁

(3) 인가

『반야심경』 게송을 받던 날, 나는 카메라 필름 한 통에 스님의 사진을 담
았다. 어쩐 일인지 스님과 혹시 마지막일지도 모른다는 생각이 들었기 때문
이다. 나는 내내 마음으로 울곤 했다.

그리고 다시 1년의 세월이 흘렀다. 되돌아보면, 이 당시 심신이 지칠 대로
지쳐 74킬로그램의 몸무게가 57킬로그램 정도로 바싹 말라갔고, 공부의 무게
는 모두 발산되어 1그램도 안 될 정도였을 터이니. 나는 죽음도 무방하다는
생각이 자연스럽게 들곤 하였다.

가을 백운암으로 스님을 뵈러 가고 있었다. 봄에 찍었던 스님의 진영을 확
대하여 가지고 조실을 찾았다.

"오, 너 왔구나. 가지고 온 것은 뭐냐?"

"예, 스님의 진영입니다. 제 마음에 썩 들어서 한 장 크게 뽑았습니다."

하며 20호 크기의 스님의 진영을 내놓자 '거 참 천진하게 되었구나.' 하시
며 기뻐하셨다. 갑자기 스님께 나도 모르게 여쭈었다.

"스님, 저가 만약 마지막 참문제자로 너의 스승 서옹의 진면목(眞面目)이 어떻더냐고 묻는 사람이 있다면 저는 어떻게 대답해야 되겠습니까?"

말이 떨어지자마자 스님은 벌떡 일어서시며 나를 의미심장히 보며 외쳤다.

"너, 반야 있잖냐? 반야 말이야. 나는 반야다 반야야."

움츠린 스프링이 튀듯이 지금도 잔음(殘音)이 남도록 고유한 가늘고 긴 소리, 나를 꼼짝할 수 없도록 몰아갔다. 나는 이제는 속지 않는다 하는 마음으로 조용히 일어서서 스님을 부축하며 말씀을 드렸다.

"선지식이 중생들에게 그렇게 어렵게 법문을 하시며 누가 알아듣겠습니까? 스님 진중하십시오"

"그래, 그럼 너는 어떻게 말할 거냐?"

언하(言下)에 전광벽력(電光霹靂)과 같이 외쳤다.

"나도 반야다. 나도 반야야."

스님은 나를 한참 보시더니 크게 웃으시며 말씀하셨다.

"넌, 역시 반야를 잘 숙지하고 있구나. 그러할 뿐이다."

대략 더듬어보니 스님께 참문한 지 7년이란 세월이 갔고, 조사 앞에 머리 숙여 서래밀지(西來密旨)를 물은 지 꼭 일곱 차례가 될 때였다.

서옹당 상순 대종사님의 간절노파심은 이와 같았다.

다시 한 해가 가고 여름 어느 날 새벽 4시경 혼곤한 잠 속에서 스님의 전화를 받는다. "취현이여, 나 아마 5일 정도에는 일본에 가야 할 것 같아. 가슴이 영 좋지 않아, 아마 수술을 할지도 모르지." 힘이 없는 목소리. 피곤하게 느끼는 목소리가 전화를 타고 들려왔다. 이날 나는 새벽 6시 버스를 강릉에서 타고 곧바로 스님에게로 달려갔다. 한여름이 막바지인 8월 말일인 듯싶다. 10시쯤 백운암 조실에 드니 제주도에서 올라온 법화원에 계시는 시몽 스님이 앉아 있고, 당시 스님의 시자가 있었다. 스님은 반가워하시며 나에게 몇 가지 물건을 주시며 징표로 삼으라고 하셨다.

고방선사의 『표주벽암록』과 스님 직접 친필로 현토하신 『신심명』, 수처작주(隨處作主)라고 쓴 스님의 대필 글씨, 스님이 직접 수결 낙관한 스님의 저서 서옹연의 『임제록』 그리고 백양사 법맥을 인쇄한 계보첩(系譜帖)과 「시 송월조 거사(示 宋越祖 居士)」라고 쓴 진리의 노래를 주셨다. 그 게송은 아래와 같다.

示
宋越祖居士　송월조 거사에게 마음을 열어 보이다
超佛越祖是眞人 부처와 조사를 초월하니 이 사람이 진인이다
密移一步見飛龍 면밀한 데서 일보 이동하니 날으는 용을 보도다
摘破香囊熏大國 진리의 향주머니를 따서 깨뜨리니 온 나라가 훈훈하고
撥開天窺叫淸風 하늘 틈을 버선목 뒤집듯 열으니 맑은 바람이 울부짖도다
　　　　　　　　— 壬申八月十五日 西翁 임신년 8월 15일 서옹

게송을 주시며 말씀하셨다.

"내가 네 이름을 하나 지었지. 월조야, 월조."

옆에 잠자코 있던 인사차 조실방에 들른 시몽 스님이 '월조는 달 월 비칠 조 자입니까, 하고 물으니 스님께서 '아니야 뛰어넘을 월 자에 할아비 조 자야' 하시었다.

(4) 참회

아! 돌이켜보면 조사께서 나투신 간절노파심이 이토록 지극하셨는데, 스님의 뜻을 전혀 받들지 못한 나는 오늘도 이렇게 허무맹랑(虛無孟浪)하게 살고 있지 않는가.

스님이 이르신 직절(直截)의 말씀, 끝내 가르쳐주지 않은 그 적절의 말씀.

부처와 조사, 천하의 선지식도 말씀하지 안한 그 말씀을, 오늘 전 매스컴을 통해 세간에 또 한 번 열반의 소식을 전하니 눈 있는 자 듣고 귀 있는 자 볼 뿐입니다.

『금강경』에 이르기를,

> 만약 모습으로 나를 보려 하거나
> 음성으로 나를 구하려 하면
> 이 사람은 삿된 도를 행함이니
> 여래를 보지 못하리라.

하신 것과 같이 스님의 가르침은 무릇 이와 같았습니다.

참사람, 무간지옥(無間地獄)에 들다

— 선법사 서옹대종사 찬

> '극락에서 무간지옥으로 들었다 해도,
> 무간지옥에서 극락으로 가셨다 해도,
> 무간지옥에서 무간지옥으로 옮기지 안했다 해도
> 부족합니다.
> 실눈을 잘게 뜨신 참사람이
> 걸음도 당당하게 무간지옥에 들고
> 가없는 광명의 하늘 틈이 펼쳐집니다.
> 무간지옥이 된 눈먼 당나귀
> 몰록,
> 일할(一喝)을 바칩니다.'

2004년 2월 8일

嗣法小子 醉玄행자 越祖 송준영 謹頌

설악무산 스님

1. 네 가지 장면과 한 번의 생각

하나. 조계종 3교구 본찰인 신흥사의 임진년 동안거 결제 행사가 끝나고 우리 일행은 스님께 인사를 드리고 상경하기 위해 만해마을 심우장 조실 방에 들렀다. 그곳엔 납승들 대여섯 명이 도보다 돈을 얻기 위해 형형한 눈빛을 쏟아내며 앉아 있었다. 조실스님의 소참 법문 한 자락을 얻기 위해 덩달아 나도 바싹 침을 삼키며 다가가 앉았을 때, 조실 큰스님의 말씀이 계셨다.

"우린 모두 눈물로 있다. 눈물, 이 눈물자리가 마를 날이 없는 눈물로 있는 거다. 너도 눈물 나도 눈물 도도 눈물 돈도 눈물, 이 눈물이 보이느냐? 앞의 눈물스님 내게로 다가와라. 다음 눈물스님도 다가오고 그 다음 부처도 다가오고 그 다음 땡초도 다가오고, 그래, 그래 머리 기른 부처도 소리치며 다가오고 머리 없는 부처도 다가와라. 도보다 더 큰 돈 받아가라. 이걸 도라 여기는 놈 미친놈이다. 이걸 돈이라 여기는 놈도 미친놈이다. 속속대로 미친 눈물도 받아가라. 속속대로 고인 덩어리 눈물마저 받아가라."

설악산 무금선원엔 80여 수자들이 동안거에 들고, 백담에 흐르는 계곡물은 눈물이 된 장광설을 읊조리고 설악은 아들을 놓은 채, 천년 침묵에 들고 있었다.

둘. 설악, 귀엣말하다.

내 나이 일흔둘에 반은 빈 집뿐인 산마을을 지날 때

늙은 중님, 하고 부르는 소리에 걸음을 멈추었더니 예닐곱 아이가 감자 한 알
쥐어주고 꾸벅, 절을 하고 돌아갔다. 나는 할 말을 잃었다
그 산마을을 벗어나서 내가 왜 이렇게 오래 사나 했더니 그 아이에게 감자 한
알 받을 일이 남아서였다

오늘도 그 생각 속으로 무작정 걷고 있다
— 설악 무산. 「나는 말을 잃어버렸다」

셋.

(제목 - 미완성)

마음은 바라볼 수는
있어도 견뎌낼 수는
없는 노릇이군요

2012 · 1 · 29
설악무산
송준영시인에게 드림

넷.

법사 雪嶽大和尙 讚   진리의 스승 설악대화상을 찬하다

雪嶽忽得男   설악이 홀연히 사내아이를 낳으니
百潭相耳語   백담이 서로 귀엣말 하네
此箇誰能識   이 낱의 소식을 누가 능히 알리오
星宿日出東   별이 자니 해는 동에서 떠오르네

2012. 壬辰 早春
문인 越祖醉玄 송준영 謹頌

— 발문 「'빈 거울'을 절간과 世間 사이에 놓기」

2. 화상께서 베푸신 혜은을 잊지 못합니다(不忘和尙施慧恩)

스님을 처음 뵌 것은 2007년, 봉고 대통령이 만해축전에서 만해평화상을 받는 날이다. 그때 불교문예행사에 작은 논문을 발표하기 위해 만해마을에 가게 되었다. 처음 참석하는 만해마을은 생소하고 외톨이다 보니 무료했고 심심했다. 8월 중순 햇살이 무척 따가웠고 시멘트로 포장된 경내 가운데 길을 고개 숙이고 이것저것 생각하며 거닐고 있었다. 갑자기 파라솔 그림자가 보여서 고개를 들었더니 한 노장스님이 "종사가 웬일로 누지에까지 오셨소 신사동 선불선원에도 한 번 오소" 하시는 말씀에 이분이 바로 무산 스님이구나 하는 직감이 왔다. 훗날, 그날 파라솔을 받혀 준 이가 하는 말이 '저기 송준영이 왔다 내려가자' 하여 같이 따라 나왔다 했다. 이때 스치듯 지나치는 스님, 형형한 눈빛에 한 천년 세월의 나한(羅漢)을 뵙는 느낌을 받았다.

1994년쯤 여름, 양양 낙산사에서 열린 대학불교연합회의 선 수련회에 나는 강의를 하러 가게 되었다. 그곳에 무산 스님이 주석하고 계시는 줄 몰랐다. 그때 큰스님이 계신다는 말을 마근 스님으로부터 듣고, 졸저 『반야심경강론』을 드렸고 바쁜 일이 있어 스님을 못 뵙고 강릉으로 내려왔다.

그 후 나는 스님을 까맣게 잊고 있었다. 그리고 다시 새해가 되었다.

설악 조오현이라 쓰여 있는 등기가 한 통 왔다. 봉투 안에는 스님의 친필 '산호지지탱착월(珊瑚枝枝撐着月)'이라는 선구가 적혀 있었고 말미에는 '송준영 거사 창하 경진년 세단 설악 조오현.' 너무나 놀라운 일이어서 한동안 나는 아득하였다. 그리고 지금도 시와세계 낙원재 머리맡에 붙어 있는 이 글은 나를 지켜주는 화두가 되었다.

정진규 선생님으로부터 전화가 왔다. 오현 스님이 송 시인을 물으며 신사동 선불선원으로 다녀가라 하더라. 나는 바로 스님에게 전화를 하였고 스님께서는 오는 길을 가르쳐주었다. "3호선 신사역 8번 출구로 올라와서 바로 10미터쯤 좌측 골목에서 한 20미터 우측 골목으로 가면, 낙지 한 마리 수제비 간판이 있고 조금 더 가면 인사동 촌집이라는 간판 왼쪽 길로 약간 가면 MG 타워 빌딩이 있다. 그리 들어오면 엘리베이터가 있고 그걸 타고 3층에 오면 선불선원 간판이 붙어 있으니 그리로 오시오."

나는 노스님의 사이가 없는 이 말씀에 포로가 되었다. 스님을 뵙게 되었고 그분의 밝고 분명한 말씀에 오랜 세월로 다져진 선승의 웅모(雄模)를 느끼게 되었다.

나는 전생에 절집의 한 행자였던 것 같다. 스님과 나는 질긴 인연에 의해 현금에 다시 만난 것 같았다. 임진년 2월에 스님을 법사로 모시는 지극한 인연을 짓게 되었고 2010년 틈틈이 스님이 행장을 모아 정리해놓았던 기록을 보여드렸다. 하여 팔순 기념문집을 편저하는 계기가 되었다. 2013년 2월에 『'빈 거울'을 절간과 세간(世間) 사이에 놓기』를 발간하게 된다. 이 일이 우리나라 1000년 이어오는 선시가 문학사에 자리 잡는 계기가 되었다고 편자는 생각한다. 실로 고려 진각혜심 국사로부터 시작되는 우리나라 선시와 선시인들이 이어지는 통 무쇠가 되고 민족의 얼이 되었다.

어쩔 수 없이 한자로 씌어졌던 선시가 오늘날 시대의 흐름에 의해 우리글 한글로 써지게 된다. 이 현대선시는 만해 한용운의 시집 『님의 침묵』이 남상(濫觴)이 되어 많은 선시풍의 시와 시인들이 명멸(明滅)하였고, 미당 서정주의 시집 『동천』에 이르러 수사와 미학은 선시의 얼굴이 되었다. 그리고 설악 조오현은 그의 시집 『심우도』 『절간 이야기』 『아득한 성자』 등과 문학전집 『적멸을 위하여』가 출판됨으로 명실상부하게 선시가 우리 문학사에 자리 잡게 된다. 이어 실험적이고 전위적인 시를 써오던 이강 이승훈은 그의 생 후반기에 선가풍의 시집 『인생』을 비롯하여 선시집 『당신이 보는 것이 당신이 보는 것이다』에 이르러서는 현대의 선취시적인 일상시를 선보이면서 한층 더 선시의 외연을 넓힌다. 2000년대 이르러 현대선시의 흐름을 잇는 계간 『시와세계』와 동인지 『현대선시』가 간행되어 선시를 발흥시키고 선학들의 공덕을 계승하고자 감투(敢鬪)하는 것이 오늘날 선시의 명맥이라 할 것이다.

현대에 사는 우리들, 우리 문단은 스님에게 많은 은혜를 입은 것이 사실이다. 선과 선시를 위한 스님의 노파심절(老婆心切)은 곳곳에 옹이가 되었다. 누가 있어 이 흐린 세상 그 오랫동안 정진에 힘을 쓰고 침목(枕木)이 될 이가 있으랴. 그 혜은(慧恩)은 질곡(桎梏)된, 이 도시화된 불안과 초조(焦燥)의 삶, 칠통 같은 삶의 훈풍이 되었다.

뉘 있어 지혜의 샘, 선(禪)의 샘물을 끝임없이 퍼 올릴 수 있으리오. 이번 설악록 제2집 『지혜의 언덕 너머 춤추는 기호』의 발간은 강호제현들이 본 설악 큰스님의 면목이요, 그들이 보고 살핀 안정(眼睛)이다. 이 책은 세간 사람들이 귀가 될 것이고 선시의 핵이 될 것이며, 이 소식을 편저한 필자는 두려울 뿐이다.

> 책장을 넘겼다 자서, 그 하얀 백지 위엔 무수한 흰 개미가
> 몸을 흔들며 검은 기호를 털어내고 있었다.
> 동에서 서에서 동으로 넘어가고 있었다 이내 귀밖에 걸리는 소리 너머
> 내가 걷고 있었다 텅 빈 백지 위, 아득한 하얀 법의 속에
> 할안(瞎眼)의 노스님이 눈을 들고 있었다.

但只餘事看兩手	단지 두 손바닥을 볼 일만 남았네
父子多皆大瞎驢	저 부자 모두 다 위대한 눈먼 당나귀라
只末託師亦今難	이제 스승에게 맡기니 역시 오늘도 가난해
東山日出西日沒	동산이 해 건져내고 서산은 해 감춘다네
啞!	아!
不忘和尙施慧恩	화상께서 베푼 혜은을 잊지 못함이라
只敬不爲我說識	다만 나를 위해 말씀치 않음을 공경합니다

무술년 춘삼월
제자 越祖 醉玄 송준영 謹述하다

3. 설악무산 조오현, 생과 사의 편린(片鱗)

1) 산호지지탱착월(珊瑚枝枝撑着月)

1990년을 전후하여 10여 년간 강원도 강릉포교당에서 대학생불교연합회와 강릉불교청년회에서 지도법사로 경전 강의도 하고 대중 방에서 선 수련도 같이 한 적이 있었다. 당시 취현『반야심경강론』이란 경전으로 남은 세월이었다. 어느 여름. 불자 회원들과 함께 낙산사에서 여름 수련대회를 개최하게 되었습니다. 친분이 있던 주지 마근 스님에게 얼마 전 발간된 동인지를 회주 설악 큰스님에게 전해드리라고 부탁을 했고, 일이 있어 큰스님을 못 뵙고 하산하게 되었다. 얼마 후 설악 큰스님으로부터 서신을 받게 되었고, 봉투 속에는 "산호가지마다 달이 열렸네(珊瑚枝枝撑着月)", 송준영 거사 창하(窓下), 경진년 세일(歲日) 설악산 무산오현. 신년(新年) 휘호(揮毫)를 받았다. 차 한 잔 대접하고 싶었지만 속세에 떠밀려 큰스님께 죄를 지은 것 같았다.

2) 큰스님을 독대하다

2008년 계간『시와세계』가 서울 종로에 새 집을 마련했다. 가까이 있던 월간『현대시학』주간인 경산 정진규 선생님과 자주 만나는 시절이었고 내가 『현대시학』에「선, 발가숭이어록」을 연재하고 있었다. 어느 날 설악 스님께서『현대시학』사무실에 들러, 두 분이 담화 중 연재 중인 내 작품이 거론되었고, 내게 전화를 했는데 통화가 되지 않아 송준영이에게 신사동 선불선원으로 와달라고 했다는 큰스님의 전갈을 받았다. 다음 날 이른 아침 스님을 찾아뵙고 삼배를 드리려 하니 맞절을 하셔서 난감하기 그지없었다. 갑자기 벽력같은 목소리로 "월조(越祖)라 한다는데 무엇을 뛰어 넘었소" 나는 합장하는 자세로 가만히 있었는데 "뭐 그 자리는 그렇게 서 있는 게 아니여, 합장도 웃음도 침묵도 아니야, 뭐가 월조인고" 재차 다그치길래 나는 나도 모르게 스님 앞에 있는 탁자를 펄떡 뛰어넘으며, 큰 소리로 월~조 하고 소리쳤다. 스님께서 빙그레 웃으시며 "그래, 월조 맞네." 하셨다.

3) 설악 스님과 이승훈 시인, 그리고 이상시문학상

이승훈 시인이 춘천교육대학 교수로 첫 부임할 무렵 나는 졸업반이었다. 그 이후 2001년 만해축전에서 오랜만에 선생님을 뵙게 되었고 이를 계기로 2003년부터 이승훈 선생과 나는 6년 가까운 세월을 매주 목요일 만나 같이 공부하기로 하였다. 선생님은 프로이트, 라캉, 데리다에 대해 알뜰하게 말씀을 하셨고 나는 조금씩 귀가 열려갔고, 나는 선시와 선사상을 서로 토론하고 내가 간직하고 있던 여러 선장들의 법문과 공안들, 선시를 같이 공부했다. 그 결과 '선과 아방가르드의 회통'이라는 취지로 계간지 『시와세계』를 창간하게 되었다.

설악 스님을 독대하고 한 달여 뒤 이승훈 선생님을 설악 스님께 소개시켜 드렸다. 이승훈 선생님은 방장(方丈)이라는 법명을 받고 스님의 유발상좌가 되었다. 문단 최고의 포스트모더니스트에서 선시론을 펼치면서 새로운 현대 선시를 쓰게 된 이승훈 시인의 배경에는 스님께서 스승으로, 그림자가 없는 그림자로 계셨다.

2008년 봄, 스님께서 계간 『시와세계』에서 '이상시문학상'을 제정하여 운영해보라고 직접 문학상 명칭과 심사위원도 선정해주시는 은혜를 입었다. 이승훈 시인이 첫 수상자가 되었습니다. 스님의 은혜로 이상시문학상은 어느덧 올해로 12회를 맞이하였고 명성 있는 문학상으로 거듭나고 있다. 그리고 임진년, 2012년 12월 전인(傳人)으로 "山盡水廻處 有醉玄堂 越祖 송준영 丈室 雪嶽霧山 偈"를 수하고도 못난 짓만 하는, 그렇게 남아 있다. 스님, 잊지 못합니다. 저에게 가르쳐주지 않으신 혜은을 잊지 못합니다.

4) 큰스님 불 들어갑니다.

큰스님께서 입적하신 후 제가 보았던 이적을 적고자 한다.

스님께서 원적에 드신 5월 26일. 그리고 사흘 후 건봉사 연화대 다비장에서 일이었다. 스님의 법구가 운구되어 다비 직전 갑자기 폭우가 쏟아졌다. 연화대에 드실 때, "큰스님 불 들어갑니다."고 외칠 때 쏟아지던 비가 뚝 그치는 이적이 일어났다. 2천여 대중은 모두 합장을 하고 '나무아미타불 관세음보살'을 부르짖었다.

스님이 안 계시는 그해 8월, 만해축전의 행사는 고적하고 허황하였다. 마침 백담사 삼조 스님이 만해사 법당에 스님의 제상을 차려놓아 여러 문인들이 모여 생전에 있었던 스님과 각자의 얘기를 영정 앞에 나가서 붉어지도록 향 피우고 올렸다. 그 다음 날 일이었다. 본관 4층에서 여러 문인들이 스님을 모시던 얘기를 하며 밤을 새웠다. 새벽녘에 류흔 시인이 새벽 운동을 나갔다가 돌아와서 하는 말이었다. 운동을 하고 돌아오다가 이경철 시인을 만나서, 둘이 만해사 법당에 스님 영정에 참배를 하려 문을 열고 들자, 스님 영정 앞 복판 좌부동에 뱀 한 마리가 똬리를 틀고 고개를 꼿꼿이 세우고 스님 영정을 바라보고 있어서, 깜짝 놀라 문을 열어놓자 뱀이 슬며서 나갔다고 말하여 우리 모두는 놀랐다. 우리는 이경철 시인 없이 류시인 혼자 봤더라면 거짓말이라 했을 것이다 하고 참으로 어떤 인연인지 놀라운 일이다 하고 경탄을 했다.

南無觀世音菩薩

南無雪嶽尊者兮

2019년 초하(初夏) 월조취현 송준영 근술(謹述)

깨달음에 대한 몇 가지 단상

1. 유식론 입장에서 본 깨달음

5온(蘊) — 색(色) 수(受) 상(想) 행(行) 식(識)

12처(處) 안(眼) 이(耳) 비(鼻) 설(舌) 신(身) 의(意) 6근(根)
‖ ‖ ‖ ‖ ‖ ‖ 6식(識) → 18계(界)
색(色) 성(聲) 향(香) 미(味) 촉(觸) 법(法) 6경(境)

5온 12처 18계를 3과(科)라 지칭하며, 생멸의 세계 모두를 말한다. 이것은 의식계를 이르며 표피의식이다. 프로이트의 잠재의식은 표피식인 6식 다음의 7식 말나식과 배대된다. 그리고 무의식은 8식 아뢰야식을 말하며 의역하여 장식(藏識) 함장식(含藏識)이라고 한다. 깨달음은 무의식을 타파하여 무의식을 초월할 때 돈오라 한다. 향상일로(向上一路), 은산철벽(銀山鐵壁), 백척간두진일보(百尺竿頭進一步)한 다음 공적한 현묘처(玄妙處)에 머물 때, 승묘경계(勝妙境界)라 하며 선문에서는 8마계(魔界)라 하여 극히 경계(警戒)를 한다. 여기서 '백척간두진일보'하라 경책한다. 그 다음에 나타난 세계는 천하가 모두 진금이라고 선사들은 노래하고, 〈십우도〉에서는 아홉 번째, 반본환원(返本還元)하여 실상본지에 든다. 지혜가 자비며 자비가 지혜여서 바로 보살행으로 이어지니 〈십우도〉에서 말하는 입전수수(入廛垂手)의 세계로 든다.

2. 보조지눌의 수증에 관한 충고와 성철의 고창

1) 보조의 충고

보조는 『수심결』[1] 서두에서 아래와 같이 설하였다

슬프다, 이제 사람들은 어리석어서 자기의 마음이 참 부처인 줄 모르고 자기의 성품이 참 진리인 줄 몰라서 진리라면 항상 멀리 성인들에게서만 구한다. 부처를 찾으면서도 자기의 마음을 관하지 않는다.

보조는 마음이 진리이며 수증은 마음에 즉하여 닦는 것이 무엇보다 중요하다고 보았다. 그래서 진리는 이 마음, 즉 이 몸을 떠나서 있지 않다. 절막외구(切莫外求), 이 말은 깨달음을 찾는 보조의 절대 교훈이다. 보조는 마음을 공적영지(空寂靈知)한 바탕으로 보았다. 이것은 일체의 기관[6根]이 끊어진, 일체의 경계[6境]가 끊어진 공적한 것인 동시에 모든 것은 실상을 밝게 여시하게 비추어볼 수 있는 신령스러운 지혜의 바탕이다. 곧 마음은 선의 근원[本體]이며 선의 행위이다. 이것은 공즉시색 색즉시공의 수증(修證)이어서 본체와 응용이 둘이 아닌, 마음은 원만원융한 하나의 구(球)가 된다.

공적영지는 분별의 식(識)이 아니고 증오(證悟)의 지(智)도 아니다. 그러나 또한 능히 식과 지를 내서 혹은 범부도 되게 하고 혹은 성인도 되게 하여 선도 짓

---

1) 보조지눌, 『보조법어』, 「수심결」, 탄허 역, 교림, 1982.

고 악도 지어 어기고 따르는 작용이 갖가지로 형체를 변화한다.
— 규봉종밀, 『사집』「절요」, 탄허 역, 교림, 1976.

그리고 깨달음에 이르는 길을 점차적으로 닦아 이룸을 주창(主唱)한다.

처음 발생해서 부처가 되기까지 오직 적(寂)과 지(知)뿐이라 변하지도 끊어지지도 않지만 다만 그 지위를 따라 이름이 조금씩 다르다.

점수란 본성이 부처와 다름없음을 깨달으나 오랜 습기를 없애기 어려운 까닭에, 깨달음을 의지해 닦아서 점점 훈습해 성태를 장양하여 오래 오래하므로 성스러움을 이루니 이것이 점수다.
— 보조지눌, 『수심결』, 탄허 역, 교림, 1982.

이 법어는 보조의 돈오점수를 주창하는, 곧 깨달음이 단계별로 수증됨을 뜻한다. 마음이 적지(寂知)한다 함은 체(體)와 용(用), 혜(慧)와 행(行)이 하나임을 말한다. 보조가 참선납자에게 권하는 절대원칙은 '불타공적 불체수연(不墮空寂 不滯隨緣)으로 압축된다. 보조가 늘 견지하는 것은 선오후수(先悟後修)이며 돈오점수(頓悟漸修)이다.

보조가 보는 깨달음의 내용은 그의 저 『수심결』에 잘 나타나 있다.

돈오란 범부가 미혹했을 때, 사대를 몸이라 하고 망상을 마음이라 하여, 자기의 성품이 참 법신인 줄 모르고 자기의 신령하게 아는 것이 참 부처인 줄 모른다. 그래서 마음 밖에서 부처를 찾아 물결 따라 이리저리 헤매다가 선지식의 안내로 바른 길에 몰록 들어 한 생각에 빛을 돌이켜 자기의 본래 성품을 본다. 이 성품에는 원래 번뇌가 없고 온전한 지혜의 성품이 본래부터 스스로 갖추어져 있어서 일체 제불과 조금도 다르지 않은 까닭에 돈오라고 한다.
— 보조지눌, 『수심결』, 탄허 역, 교림, 1982.

이것은 공적영지(空寂靈知)한 마음에 대해 눈뜸을 이른다. 곧 마음이 부처임을 안다. 여기서 중요한 것은 망념은 본래 없는 공한 것이라는 확인과 확신이다. 진심은 가져야 하고 망념은 버려야 한다는 생각, 이것으로 '진/망(眞/妄)'의 이원적인 대립이 온다. 여기서 보조의 오염된 마음을 다 끈 수행은 바로 망념 자체가 공함을 알며, 자연히 일도양단된 마음이 원융해진다. 보조의 돈오점수는 『절요』 곧 『법집별행록절요병입사기』에서 이 대목을 우리에게 이렇게 일러준다.

> 비록 점진적으로 수생한다 하나 먼저 번뇌는 본래 없는 것이요, 심성은 본래 청정한 것임을 이미 깨달았기에 악을 끊는데 있어서도 끊어도 끊음이 없고, 선을 닦음에도 닦아도 닦음이 없으니, 그래야만 참으로 닦고 끊는 것이 된다
> — 규봉종밀, 『절요』, 탄허 역, 교림, 1976.

이런 자기 확신에서 심리적인 무한한 에너지가 형성된다. 그러므로 보조는 오후점수인 깨달음 다음의 수증을 강조한다. 보조는 깨달음에 따르는 열매를 『절요사기』에서 다음과 같이 말하고 있다.

> 오후 점수문은 다만 번뇌에 물들지 않을 뿐 아니라, 만행을 겸해 닦아 자타를 아울러 구제하는 것이니, 곧 깨달음과 자비행이 원만함을 말한다. 깨친 뒤에 차별지로 중생의 괴로움을 관하고 자비와 서원하는 마음을 내어 제 힘과 분수를 따라 보살의 도를 행하면 각행이 점점 원만해진다. 이 어찌 유쾌(愉快)하지 않으리오.
> — 규봉종밀, 「사집」 『절요』, 탄허 역, 교림, 1976.

이러한 수행은 보조의 어록을 점검해보면 다음과 같이 요약할 수 있다. 보조가 이르는 의미는 바로 정혜쌍수하여 정과 혜가 포개어지는 찰나는 바로 정혜가 본래 스스로 무위(無爲)하여 자성을 떠나지 않아서 우리가 본래 정혜 등지임을 여는 순간이다.

그러나 여는 찰나, 보조는 정혜의 쌍수에서 점차적인 차제를 두고 있음을

읽게 된다. 곧 깨달았을 때는 '이치적으로 지혜[理智]이며, 이것을 발심 수행할 때는 '정혜'라 하며 그 결과 공(功)과 행(行)이 둘이 아닐 때를 "보리열반(菩提涅槃) 혹은 적적성성(寂寂惺惺)"이라고 한다.(보조지눌, 『보조법어』「정혜결사문」, 탄허 역, 교림, 1982)

2) 성철의 고창

퇴옹성철은 『돈황본단경』에 간추려 뽑은 그의 『단경지침』에서 '정혜가 서로 다르다 하는 이런 견해의 사람은 법의 두 모양이 있다.(定慧各別 作此見者法有二相)' 해설에서 정혜가 등등(等等)[2]한 육조혜능의 정혜가 아니며 육조의 아손인 종문에서는 금기임에도 불구하고 '정으로서 어지러운 생각을 다스리고(以定治乎亂想)' 혜로써 무기를 다스린다(以慧治乎無記)고 하여 정과 혜를 각각 따로 점수의 방편으로 삼는 것을 육조의 남종선에 대한 반역이다.

성철은 교가인 점수사상을 버리고, 정혜등지(定慧等持)에도 화두를 참구하는 정전을 실천해야 한다. 대혜종고가 오매일여(寤寐一如)의 경지에 도달하여도 그의 스승 원오극근은 '언구를 의심치 않음이 큰 병이다(不疑言句是爲大病)'고 경책하여 끝내 대오(大悟)에 들었고, 태고보우의 유훈인 '오매일여한 때에 점차 이르러도 단지 화두하는 마음을 여의지 않음이 중요하다(漸到寤寐一如時只要話頭心不亂)' 함을 경책으로 해야 한다. 오매일여란 곧 승묘경계(勝妙境界)에서도 화두를 참구하는 데 진력을 다해야 함이니, 이러할진대 순간적인 착각을 정혜등지로 잘못 알고 주장함은 불조(佛祖)의 전등혜명(傳燈慧命)을 단절하는 외도가 된다고 격렬히 힐난하고 있다. 오직 『단경』을 스승으로 하여 정전의 본분납승이 되어야 하고 이것이 육조가 고창한 내외명철(內外明徹)한 단

---

2) 등등(等等). 의존명사로 여러 사물들을 죽 들어 말할 때 '그리고 비슷한 것들'의 뜻으로 쓰는 말. 등(等)은 가지런할 등, 곧 가지런하다. 가지런히 하다. 등급, 계단, 구분, 차별, 계급, 무리 부류의 뜻이 있다.

경사상임을 주창하였다.

그럼 어떤 경지이냐 하는 것을 성철은 후대에 추가된 덕이본『단경』과 종보본『단경』외 육조의 게송을 인용하여 경지를 드러내고 있다.

即心名慧 即佛乃定　　곧 마음의 이름이 혜요 곧 불이 정이다
定慧等等 意中淸淨　　정과 혜가 같이 해야 마음속이 정정하다
悟此法門 由汝習性　　이 법문을 깨침은 너의 습성에 연유함이니
用本無生 雙修是正　　용은 본래 남이 없으니 이것이 바로 쌍수다
　　　　　　　　　　　　　　　　　—육조혜능,『육조단경』「참청기연」

쌍수한다 함을 점수로 잘못 판단하는 학자가 있다. 이것은 위의 육조 게송과 같이 마음이 청정하여 정혜등등(定慧等等)한 자성무생(自性無生)의 경지에서 보는 안목이다. 무생에서 쌍수라 함은 적조쌍류(寂照雙流)라 함과 같으니, 무생을 증득하여 마음이 청청하면 '자연히 고요하면서 항상 비추고[寂而常照] 비추면서 항상 고요하여[照而常寂] 적조쌍류라 말한다. 이것이 정혜등등이며 등지(等持)하며, 정 가운데 혜가 있고 혜 가운데 정이 있어서 정과 혜가 쌍등쌍수(雙等雙修)라 한다.

보조와 성철의 주장을 살펴 읽고 깨달아 바다와 같은 넓은 마음으로 직면(直面)하기 요한다.

다시 간추려 이르면 돈오돈수는 그 이름이 돈오돈수이며 돈오점수가 역시 그 이름이 돈오점수라는『금강경』의 "불설 반야바라밀은 곧 반야바라밀이 아니고 그 이름이 반야바라밀"임을 살펴본다. 또 첨언하면 보조선은 돈오의 입장에서 설한 것이 아니라, 당시 승려들의 공부에 맞추어 말한 대기선수행법(對機禪修行法)으로 정리한다.

3. 『선요(禪要)』에 나타난 깨달음

선요는 송나라 고봉원묘 선사가 저술한 선서다. 선의 요긴한 점을 기록한 법문집이다. 선요는 우리나라 강원 교재로 필독하는 사집(四集, 절요, 도서, 서장, 선요) 가운데 하나이다. 고봉화상의 개당 보설을 살펴보자.

어떤 학인이 물었다.
"여러 곳의 사람들이 한 자리에 모여서
저마다 함이 없는 법을 배운다
여기는 부처를 뽑아내는 과거장
마음을 비워서 급제해 돌아간다[3]

거사의 이 오도송에 사람들을 위하는 곳이 있습니까?"
고봉선사가 대답한다.
"있다."
"어느 구절에 있습니까?"
"처음부터 차례차례 물어라."
"어떤 것이 여러 대중들이 한 자리에 모인 것입니까"
"용과 뱀이 뒤섞이고 범부와 성인이 함께 있다."
"어떤 것이 무위의 법을 배우는 것입니까?"
"입으로는 부처와 조사들을 집어 삼키고 눈으로는 하늘과 땅을 덮는다."
"어떤 것이 선불장입니까?"
"동서가 십만 리고 남북이 팔천 리이다?"
"어떤 것이 마음이 공해 급제하여 돌아가는 것입니까?"
"움직임에 옛길이 드러나서 하근기에 떨어지지 않는다."

---

3) 방온거사의 오도송. 석두를 방문하여 우주만물과 짝하지 않는 사람은 누구입니까? 하는 질문에 석두는 즉시 손으로 방거사의 입을 막으면서 "그거지" 하였다(방거사 어록 제1). 그 후 마조를 방문하여 석두에게 묻듯이 같은 질문을 하였다. 마조가 "그대가 서강의 물을 한숨에 마시면 바로 말해주겠네" 하는 말을 듣고 바로 오도송을 읊었다(『선문염송』, 8권, 312칙, 「시방(十方)」)

"그렇다면 말씀마다 분명한 진리이고 구절마다 으뜸가는 도리이겠습니다."

"그대는 어디서 그것을 보았는가?"

이때 학인이 할을 하니 고봉선사가 말씀하였다.

"몽둥이를 휘둘러 달을 치려 하는구나."

그 학인이 다시 말했다.

"이 일은 그만두고, 화상께서는 오늘 여러 사람들이 모여서 선불장이 열렸으니 어떤 상서로움이 있습니까?"

"산하대지 유정 무정이 모두 성불하였노라."

"다 성불했다면 무엇 때문에 저는 성불하지 못했습니까?"

"그대가 만일 성불한다면 어떻게 대지를 성불하게 하겠는가?"

"그러면 학인은 허물이 어디에 있습니까?"

"상주의 남이요 담주의 북이다."

"학인의 참회를 받아주시겠습니까?"

"절하여라."

학인이 절을 하자마자 선사가 말했다.

"사자는 사람을 물고 개는 흙덩이를 쫓는구나."

— 고봉원묘, 「선요」, 탄허 역, 교림, 1976.

고봉화상이 곧 불자를 세우고 대중에게 말했다.

이것이 바로 선불장이며 마음이 공해 급제하여 돌아감이다. 영리한 사람이 만일 이 속에서 알며, 바로 방거사의 안심입명처(安心立命處)를 볼 것이다. 만일 방거사의 안심입명처를 보았다면, 역대 제불의 안심입명처를 볼 것이며, 또 자신의 안심입명처도 볼 것이다. 자기의 안심입명처를 보았다면 주장자를 꺾어버리고, 자기의 참선처에서 쌀알 없는 밥을 먹고 국물 없는 국을 마시며 다리를 펴고 잠을 자며 한가로운 세월을 보낼 것이다. 그러나 만일 종과 상전을 분간하지 못하거나, 콩과 보리를 구별하지 못 한다면, 허공에다 한 줄의 상대인(上大人)을 써 놓고 여러 대중들로 하여금 그 본에 의해 고양이를 그려야 한다.

— 고봉원묘, 「선요」, 탄허 역, 교림, 1976.

● 강설

앞의 '보조의 깨달음'에 관해 발췌한 인용문은 보조사상의 돈오점수적 내용이라 하면 뒤 '선요에 나타난 깨달음'은 돈어돈수의 깨달음 곧, 자사선의 전통인 6조 혜능의 '돈오돈수 역무점차(頓悟頓修 亦無漸次)'의 사상으로 보아 보조는 점수를 수용했다고 할 수 있다. 그러나 필자가 보기로는 보조 역시 상근기에게는 돈오돈수를 설하면서 근기에 맞추어 돈오한 후 점수를 권하고 있다. 보조의 말년 저술한 『원돈성불론(圓頓成佛論)』이나 『간화결의론(看話決疑論)』에 의하면 돈오돈수에 대한 확실한 깨달음에 이르렀음을 알 수 있다. 그러나 보조 당시 고려 승단의 나태함이나 승려들의 깨달음에 대한 퇴굴심을 익히 보았으므로, 정혜결사라는 새로운 참 불교운동을 전개하였다. 보조로서는 '돈오돈수 역무점차'라는 선종의 정통사상을 역행한 것이 아니라, 돈오돈수로 사람의 근기에 따라 사람의 근기에 따라 돈오점수를 수용하였다고 보아진다.

사후에 밝혀진 『간화결의론』에서 보조가 『대혜어록』을 읽고 그 간화선(看話禪)을 긍정적으로 받아들이고 크게 선양함으로써 우리나라에 간화선을 크게 유통시켰다. 그 내용은 말을 여의고 생각이 끊어진 실상본지를 실증하는 최상의 지혜를 증장하는 경계를 아낌없이 천명하고, 조동종의 묵조선(黙照禪)에 대해 간화선은 활구선(活句禪)이며, 복종 신수의 점수선(漸修禪)에 대해 간화선은 돈오선(頓悟禪), 천태교관의 의리선(義理禪)에 대해 격외선(格外禪)임을 밝힌다.

4. 선과 양자물리학의 배대

좀 더 현대적이고 논리적인 접근을 위하여 양자물리학 이론과 선을 같이 살펴보자. 고체가 기체로 전환할 때 고체인 먼지 입자와 아원자(亞元子) 입자를 비교할 것 같으면, 먼지 입자는 고체 즉 물체이다. 그러나 아원자 입자는 물체라 할 수 없다. 양자역학에는 아원자 입자들은 '존재하는 경향(tendencies to exist)' 혹은 '일어나는 경향(tendencies to happen)'으로 보고 있다. 곧 아원자 입자는 양자(quantum)이며, 양자란 어떤 것은 양(量)이다. 많은 현대 물리학자들은 우주의 궁극적 질료를 찾으려는 노력을 하고 있다. 그러나 이것은 환상일 수도 있다. 아원자 수준에서는 질량과 에너지가 끊임없이 서로 변환한다. 입자물리학들은 질량이 에너지가 되고 에너지가 질량으로 변환하는 현상에 너무 익숙하여 의례 입자의 질량을 에너지 단위로 측정한다. 이것은 엄격히 말해서 아인슈타인의 특수상대성이론에 따르면 질량은 에너지이고 에너지는 질량이다.4)

곧 하나가 있는 곳에 다른 것이 있다. 선에서는 이것이 궁극적 실재(實在), 바로 공(空)이며 이 공은 쉽게 아원자 물리학의 양자장(量子場)과 비교된다. 공(空)인 장(場)은 한없이 다양한 현상을 낳으며, 동시에 보존하면서 다시 거두어들인다. 결국 물질적 현상[色]과 본질의 순수함[空]의 관계는 동일 실제의 양면으로서 공존하면서 끊임없는 협력관계 속에 존재한다. 이러한 반대되는 개념들이 하나의 단일한 전체(全體)로 융합되는 것을『반야심경』에서는 "색즉시공 공즉시색 색불이공 공불이색(色卽是空 空卽是色 色不異空 空不異色)"이라 말한다.

아인슈타인은 오랜 연구 끝에 중력장이론과 양자장이론 둘 다에서 소립자들이 그것들을 둘러싸고 있는 공간으로부터 분리될 수 없고, 또 그것들은 그 공간의 구조를 결정하는 반면에 독립된 실체로서 여겨질 수 없고, 전 공간에 미만해 있는 연속적인 장(場)이론에 따르면 진공이란 완전히 비어 있는 것이 아니다. 그 반대로 그것은 끝없이 생겨나고 사라지는 무수한 입자들을 함유

---

4) 주커브,『춤추는 物理』, 김영덕 역, 범양사, 1979, 77~78쪽, 294쪽.

한다. 이런 이론은 바로 우리가 탐구해온 선(禪)불교와 현대물리학이 같이 보는 부분이다. 그러나 선불교에서는 이것은 이론이 아니라 실재(實在)임을 제조사들이 천명한다.[5]

현대물리학에서 말하는 아인슈타인의 장(場)이론을 보자. 양자장은 근본적으로 물리적 실체인 공(空)으로 여겨지며 공간의 어디에나 있는 연속적인 매체로 여겨진다. 소립자들은 단지 그 장(場) 국부적인 응결에 불과하다. 즉 에너지의 집결로서 그것들은 왔다가는 가버림으로써 특성이 상실되고 바다의 장으로 용합된다. 이것은 공즉시색 색즉시공(空即是色 色即是空)의 분석적 현상이다. 아인슈타인의 말에 의하면 우리는 물질이라는 것을, 극도로 강하게 집중된 공간의 영역들에 의하여 성립된 것이라고 볼 수 있다. 이와 같이 새로운 물리학에서는 장(場)과 물질의 양자(量子)를 위한 것이 있을 수 없다. 장(場)즉 공(空)이 유일한 실제이기 때문이다.[6]

선불교의 견지에 있어서도 모든 현상들을 떠받치고 있는 실재(본체, 공)는 어떠한 형태도 초월하고 있으며 어떠한 묘사와 상술로도 설명이 불가능하다. 그리하여 그것을 종종 무형(無形), 공(空) 또는 허(虛)라고 일컫는다. 그러나 이 공은 단순한 무(無)로 생각되어서는 안 된다. 오히려 그것은 모든 형태의 본질이며 모든 생명의 원천이다. 그리하여 동양의 신비주의 공은 아원자 물리학의 양자장과 쉽게 비교될 수 있다. 양자장처럼 그것은 한없이 다양한 현상을 낳으며 그것을 보존하면서 결국엔 다시 거두어들인다. 이것이 "색즉시공 공즉시색"의 원리이다.

아인슈타인의 중력장(重力場)이론과 양자장이론은 둘 다 소립자들이 그것들을 둘러싸고 있는 공간으로부터 분리될 수 없음을 밝혀주었다. 한편 그것들은 그 공간의 구조를 결정하는 반면에 독립된 실체로서 여겨질 수 없고 전

---

5) F. 카프라, 『현대물리학과 동양사상』, 이성범 · 김유정 역, 범양사, 2006, 247~248쪽, 251쪽, 254쪽, 262~263쪽 참조.
6) 위의 책, 247~248쪽

공간에 미만해 있는 연속적인 장의 응결로서 이해해야 한다. ……가상적 소립자들과 진공(眞空)의 관계는 본질적으로 동적(動的)인 관계다. 진공은 진실로 생성과 소멸의 끝없는 리듬으로 고동치는 '살아 있는 공'이다. 진공의 동적인 성질의 발견은 많은 물리학자들에 의하여 현대물리학에서 최고로 중요한 발견의 하나로 간주된다. 물리적 현상을 담는 빈 그릇으로부터 공은 이제 가장 중요한 동적인 양으로 나타났다.7)

---

7) 위의 책, 252쪽, 254쪽, 262~263쪽 발췌 인용.

이 시대의 법사와 거사는 누구인가

고영섭(시인·동국대 불교학과 교수)

월조(越祖) 송준영 선생은 '시인'이기에 앞서 '법사'이자 '거사'라고 할 수 있다. 그는 오랜 세월을 재가 법사와 월조 거사로 살아오면서 '활발발한 법문'과 '벌거숭이 어록'를 남기고 있다. '법사'와 '거사'는 출가적 삶과 달리 재가적 삶을 사는 존재이다. 일찍이 조계종정 서옹상순(西翁尙純, 1912~2003) 선사로부터 '조사조차 뛰어넘었다'는 법호와 전법게를 입실면수(入室面授)하여 전해받고(임신년 8월), 이어 월조 선생은 저자와 산속을 넘나들며 '법사'와 '거사'의 삶과 '선사'와 '시인'의 삶을 하나의 몸속에서 일원화시켜오고 있다. 이 때문에 우리는 그에게서 중국 당·송대 거사이자 선사의 모습과 한국 대한시대의 '거사'이자 '법사'의 모습을 반추해보고 있다.

월조 선생은 다양한 글쓰기를 통해 '선시론가'로서 때로는 '거사 법사'로서 자유자재한 살림살이를 보여주고 있다. 그의 글은 선사의 글인가 하면 이내 거사의 글이고, 법사의 글인가 하면 이내 시인의 시로 읽힌다. 문학계간지 『시와세계』를 발행하는 송준영 주간의 말을 들을 때면 이따금씩 그는 선사이자 거사이며 법사이자 시인의 변화무쌍한 살림살이를 보여주고 있다. 이번 간행되는 『선설 선화(禪說禪話)』에 실린 선생의 글들은 선의 원천회귀성과 선시의 텍스트부터 '후기현대주의' 혹은 '탈현대주의' 시와 선시의 '격의(格義)'와 '탈출(脫出)'을 모색한 것이다.

월조 선생은 『눈속에 핀 하늘을 보았니』, 『습득』, 『조실』, 『물 흐르고 꽃 피고』 등 여러 권의 시집을 낸 시인이지만 그는 탁월한 선시론가로서도 주목할 만한 업적을 쌓아왔다. 그동안 그가 낸 선시이론 및 수행 관련 저술로는 『반야심겸 강론』(1993년), 『표현방법론으로 본 선시 연구』(2000년), 『현대시의 실기와 이론』(2004년), 『현대언어로 읽는 선시의 세계』(2006년), 『선(禪), 언어로 읽다』, 「선(禪), 빈거울의 언어』(2016), 『선(禪), 초기불교와 포스트모더니즘 너머』(2016) 『선(禪), 발가숭이 어록』 등 여러 권이 있다. 이들 저술들은 그가 선시이론 정립과 확장을 위해 얼마나 끈질기게 노력해왔는가를 잘 보여주고 있다.

월조 선생의 전작(前作)인 『현대언어로 읽는 선시의 세계』(2006년), 『선(禪), 언어로 읽다』(2016)나 유심학술상 수상작인 『선(禪), 발가숭이 어록』(2017)의 각장마다 선시를 읽는 데 활용되는 수사법은 현대선시이론에 바탕을 둔 이론의 전개라는 점에서 주목된다. 그는 '선시와 아방가르드'를 비교하면서 과거의 선장(禪丈)들이 사용해온 적기법문(賊機法門)에 주목했다. 선생은 적기법문이 역대 선장(禪丈)들의 언어로 쓰여질 때는 적기어법, 문학적 수사로 쓰여질 때는 적기수사법, 그리고 적기수사법의 하위 단위로 선시의 반상합도(反常合道), 선시의 초월은유(超越隱喩), 선시의 무한실상(無限實相)이라 명명하였다. 반상합도란 우리가 정상이라 규정하는 일상을 돌이키고 뒤틀어서 정상과 비정상을 융통하고 회감하여 수승(殊勝)된 다른 세계로 나아감을 말한다. 즉 서로 다른 구나행이 상호 합일되어 고차원 것으로 합도되는 경지를 이른다. 선생은 우리 문단에서 쓰고 있는 서구의 상징은 허상, 가상과 상통하는 플라톤의 영육이원설(靈肉二元說)에서 파생된 것이다. 석가세존이 갈파한 무아(無我)

는 불이(不二)이기 때문에 상징이란 말이 있을 수 없다. 선시나 선 사상에서는 본질적인 실상(實相), '무한실상이 있을 뿐이다'고 역설한다.

선생의 이러한 이론들은 현대인이 선 사상과 선시를 공부하는 데 중요한 지침이 된다. 특히 그가 선시의 중심적인 사상을 표현하는 수사법을 적기수사법(賊機修辭法)이라 규정하여, 선시를 해독하고 비평하는 근거를 마련한 것은 특별히 지적해두어야 할 업적이다. 이 수사법으로 선시가 현대 언어로 자리를 잡게 한 공로는 수상자 월조 송준영 선생의 역할이라 해야 할 것이다. 그의 이번 발간한 『선설 선화』의 주제를 보아도 능히 드러난다.

참고문헌

1. 문헌

『경덕전등록』, 동국역경원, 1977.

『경덕전등록』, 보련각, 1982.

『돈황본단경』, 장경각, 1987.

『법보단경』, 탄허 역, 영은사, 1959.

『벽암록』, 현암사, 1980.

『육조단경』, 탄허 역, 영은사, 1959.

『임영지』 제3장, 충절1 김시습, 강릉오죽헌 소장, 1788.

『잡아함경』 동국역경원, 1977.

『조당집』 동국역경원, 1981.

『조선왕조실록』(「태종실록」「세종실록」「문종실록」「세조실록」「성종실록」)

경허성우, 『선문촬요』 현토 한길로 역, 보련각, 1982.

김수온, 『식우집』, 한국문총, 1988.

김시습, 『매월당전집』, 강원도, 2000.

나옹혜근, 『나옹어록』 월정사장 판.

동산양개, 『조동록』 선림고경총서 14, 장경각, 1987.

보조지눌, 『보조법어』 「원돈성불론」 교림, 1982.

복천암, 『선교도총섭 신미 혜각존자 실기』, 2009.

서거정, 『동문선』 「남원 승련사기」, 이색, 도서출판 다운샘, 1994.

서산대사, 「청허당」, 『서산대사집』, '행적', 동국역경원, 1970.

성현, 『용재총화』 열락, 1996.

수양대군, 『석보상절』, 세종대왕기념사업회, 1997.

양기방회, 『양기록』 장경각, 1987.

조주종심, 『조주록』, 경서원, 1986.

진각혜심, 『선문염송』, 동국역경원, 1977; 1980.

청허휴정, 『선가구감』, 용담 역, 인물연구소, 1982.

태고보우, 『태고록』 장경각, 1987.

──────, 『태고어록』 월정사장 판.

함허기화, 『함허어록』 월정사장 판.

효봉학눌, 『효봉어록』 불일출판사, 1996.

2. 단행본

고교형, 『이조불교』, 일본 보문관. 1929.

김준오, 『시론(詩論)』, 문장, 1986.

나가아르주나, 『중론송』 황산덕 역, 서문당, 1976.

두송백, 『선과시』 박완식·손대각 역, 민족사, 2000.

박해진, 『훈민정음의 길, 혜각존자 신미평전』, 나녹, 2014.

서옹상순, 『서옹연의 임제록』, 임제선원, 1993.

서정주, 「내가 돌이 되면」, 『동천』, 민중서관, 1968.

설악무산(조오현), 『선문선답』 불교시대사, 2015.

──────, 『열흘간의 대화』 아름다운 인연, 2004.

──────, 『적멸을 위하여』 권영민 편, 문학사상, 2012.

송욱, 『시학평전』 일조각, 1977.

송준영, 『반야심경강론』, 경서원, 1993.

──────, 『선, 언어로 읽다』, 소명출판, 2010.

──────, 『선, 초기불교와 포스트모더니즘 너머』, 소명출판, 2016.

──────, 『선, 발가숭이 어록』 소명출판, 2018.

──────, 『선시의 세계』 푸른사상사, 2016.

──────, 『물 흐르고 꽃피고』 시와세계, 2017.

──────, 『선의 시각으로 읽는 반야심경』 북인, 2010.

──────, 『현대어로 읽는 선시의 세계』 푸른사상사, 2006.

──────, 『선, 빈거울의 언어』 푸른사상사, 2016.

──────, 『현대어로 읽는 금강경, 반야는 반야를 완성하고』 소명출판, 2019.

송준영 편저, 『'빈거울' 절간과 세간사이 놓기』(설악문집1), 시와세계, 2013.

───────,『지혜의 언덕너머 춤추는 기호』(설악문집2), 시와세계, 2019.

───────,『무엇이 움직이는가』(이승훈 친필유고시집) 시와세계, 2019.

스즈키 다이세츠,『선의 진수』, 동봉 역, 고려원, 1987.

───────,『에크하르트와 선』, 강영계 역, 주류출판, 1981.

심재상,『노장적 시각에서 본 보들레르의 시세계』, 살림출판, 1995.

이능화,『조선불교통사』, 동국대학교 출판부, 2010.

이승훈,『선과 하이데거』 황금알, 2011.

───,『시론』, 고려원, 1979.

───,『모더니즘 시론』 문예출판사, 1995.

───,『이상문학전집 1』 문학사상사, 1989.

───,「인생」,『인생』, 민음사, 2002.

───,「비누」,『비누』, 고요아침, 2004.

───,「안녕, 잘 있어!」,『당신이 보는 것이 당신이 보는 것이다』, 시와세계, 2014.

이정호,『포스트 모던시대에서의 영미문학 이해』 서울대 출판부, 1991.

이지관,『교감역주고승비문』, 1996..

───,『사집사기』, 해인총림, 1968.

───,『한국불교소의경전연구』, 보련각, 1969.

주커브,『춤추는 물리』, 김영덕 역, 범양사, 1979.

짜라·브르통,『다다/쉬르리얼리즘 선언』, 송재영 역, 문학과지성사, 1987.

한용운,「군말」,『님의 침묵』, 회동서관(복사본), 1926.

───,「心」,『님의 침묵』, 인물연구소, 1921.

───,『한용운전집』, 2006.

F. 카프라,『현대물리학과 동양사상』, 이성범⑥김유정 역, 범양사, 2006.

3. 논문

강대현,「실담장에 나타난 동아시아 불교가의 실담에 관한 연구」, 위덕대학 박사학위
　　　논문, 2015.

김광해,『한글창제와 불교신앙 불교문화연구』 제3집, 1992.

김봉태,『훈민정음 창제의 비밀, 한글과 산스크리트 문자』, 대문사, 2000.

───,『훈민정음의 언어체계와 글자모양』, 삼우사, 2002.

김영수,「조계선종에 대하여」,『진단학보』 제8집, 진단학회, 278~305쪽.

―――, 「오교양종에 관하여」, 『한국조계종의 성립사 연구』, 민족사, 1986.

김영태, 「조선 선가의 법통고」, 『불교학보』 22집, 동국대 불교문화연구소, 1985, 11~44
쪽.

김용곤, 「세종·세조의 숭불정책의 목적과 의미」, 『조선정치와 사회』, 집문당, 25쪽.

김용덕, 「한용운의 생애와 사상」, 『행당』 10집, 1981.

―――, 「님의 침묵 이본고」, 『한용운 사상연구』 2집, 만해사상연구회 편, 1981.

민덕식, 「혜각존자 신미의 가계와 생애」, 『충북사학』 24집, 2010.

이재열, 「5교 양종과 조계종통에 관한 고찰」, 『불교학보』 22집, 동국대 불교문화연구
소, 1985, 11~44쪽.

―――, 「오교양종과 조계종통에 관한 고찰」, 『한국조계종 성립사 연구』, 민족사,
1989.

장원규, 「조계종의 성립과 발전에 대한 고찰」, 『불교학보』 1집, 동국대 불교문화연구
소, 1963, 311~351쪽.

정황진, 「조선불교의 사법계통」, 『불교』 신집, 제15호.

한종만, 「한용운의 십현담주해에서 본 진리관과 선론」, 『한용운 사상연구』, 민족사,
1981.

찾아보기(인물 및 용어)

찾아보기(작품 및 도서)

송준영 宋俊永

경북 영주 출생. 법명 취현(醉玄). 당호 월조(越祖). 18세에 선문에 든 이후 동암성수, 탄허
택성, 고송종협, 퇴옹성철, 서옹상순, 설악무산 등 제조사를 참문하다. 임신년 8월 서옹선사
에게 7년간 일곱 차례 서래밀지(西來密旨)를 묻고 수법건당(受法建幢)하다. 임진년 2월 설악선
사로부터 전법게(傳法偈)를 받다.

저서로 시집『눈 속에 핀 하늘 보았니』『조실』『물 흐르고 꽃피고』, 수상시집『습득』, 논
저『취현반야심경강론』『표현방법론으로 본 선시연구』『선(禪)의 시각으로 읽는 반야심경』
『반야는 반야를 완성하고』, 선서·선문염송 강의록『현대언어로 읽는 선시의 세계』『선(禪),
빈거울의 언어』『선(禪), 발가숭이 어록』, 대담집『선(禪), 초기불교와 포스트모더니즘 너머』,
한국 현대 선사의 열전『황금털사자의 미미소』, 선시론『선(禪), 언어로 읽다』『현대시의 이
론과 실제』, 편저『빈거울을 절간과 세간 사이에 놓기』『이승훈 문학의 탐색』『지혜의 언덕
너머 춤추는 기호』와『무엇이 움직이는가』(이승훈 유고시집) 등이 있다.

제6회 박인환문학상, 제17회 현대불교문학상, 제16회 유심 학술상을 수상했다. 현재『시
와세계』와『현대선시』발행인 및 주간으로 있다.

선설 선화 禪說 禪話

초판 1쇄 인쇄 · 2020년 4월 17일
초판 1쇄 발행 · 2020년 4월 27일

지은이 · 송준영
펴낸이 · 한봉숙
펴낸곳 · 푸른사상사

주간 · 맹문재 | 편집 · 지순이 | 교정 · 김수란
등록 · 1999년 7월 8일 제2-2876호
주소 · 경기도 파주시 회동길 337-16 푸른사상사
대표전화 · 031) 955-9111(2) | 팩시밀리 · 031) 955-9114
이메일 · prun21c@hanmail.net / prunsasang@naver.com
홈페이지 · http://www.prun21c.com

ISBN 979-11-308-1663-0   93220
값 35,000원

이 도서의 국립중앙도서관 출판예정도서목록(CIP)은 서지정보유통지원시스템
홈페이지(http://seoji.nl.go.kr)와 국가자료종합목록 구축시스템(http://kolis-net.nl.go.kr)에서
이용하실 수 있습니다. (CIP제어번호 : CIP2020015348)